BRUNO CARELLI

URBE SELVAGEM

KOTTER
EDITORIAL

Coordenação Editorial: Sálvio Nienkötter
Editor-Executivo: Claudecir de Oliveira Rocha
Editor-adjunto: Daniel Osiecki
Capa e design editorial: Carlos Garcia Fernandes
Foto da capa: O Autor
Produção: Cristiane Nienkötter
Revisão e preparação de originais: O Autor

Dados Internacionais de Catalogação na Publicação (CIP)
Angelica Ilacqua CRB-8/7057

Carelli, Bruno
Urbe selvagem / Bruno Carelli. – Curitiba : Kotter Editorial, 2022.
408 p.

ISSBN 978-65-5361-163-4

1. Carelli, Bruno – Biografia I. Título

CDD 920.71

22-7078

KOTTER EDITORIAL

Kotter Editorial Ltda.
Rua das Cerejeiras, 194
CEP: 82700-510 - Curitiba - PR
Tel. + 55(41) 3585-5161
www.kotter.com.br | contato@kotter.com.br

Feito o depósito legal
1ª Edição
2023

BRUNO CARELLI

URBE SELVAGEM

Agradeço a Felipe Salgado, grande motivador, revisor e amigo.
Aos professores Roberto Assaf, Clecy Ribeiro e Francisco Duque,
por todo apoio ao longo do curso de Jornalismo e,
particularmente, por este projeto.

Dedico esta obra à querida avó Julieta e meu inestimável padrinho Hélio.

Sumário

A natureza como refúgio da selvageria das cidades

Passados mais de dez anos desde a publicação da primeira edição desta obra, tive a honra de ser 'reconvidado' pelo autor (e protagonista) a escrever o seu prefácio. O convite, no entanto, veio acompanhado de um grande desafio. Enquanto as histórias permanecem imunes ao tempo, já não somos mais os mesmos. Nem mesmo o título original do livro "sobreviveu". Foi preciso reexaminar, portanto, as frágeis convicções de nossas consciências.

Ao se deparar com as histórias relatadas aqui, leitor, tenha em mente que qualquer semelhança com o Brasil atual não é mera coincidência. Nas próximas páginas, você verá o "lugar comum" que ocupam os vendilhões da fé, a repressão policial, a guerra contra as drogas e a hipocrisia da instituição familiar na vida do autor. Por vezes, parece que ele irá desmoronar. A sensação é de que o colapso é iminente.

Para romper o cerco da "urbe selvagem", o nosso herói encontra refúgio na natureza. Em suas longas andanças, ele busca nada mais do que a si mesmo. É quando descobre a palavra como instrumento de guerra, o registro de suas memórias como estratégia de sobrevivência para evitar o esfacelamento do self. Escrever se torna não apenas um imperativo moral para ele, mas uma compulsão movida pela necessidade de conservar sua sanidade mental.

De todas as aventuras do Bruno pelas estradas, montanhas, mares e rios do Brasil, o leitor pode ter uma certeza: nenhuma delas é maior do que a arriscada sinceridade de contá-las nesse confessionário literário-poético. Como seu amigo, sou testemunha disso.

Felipe Salgado

Minhas raízes

Grajaú, Hospital dos Italianos, 20/09/1979. Recém-saído do ventre da minha genitora, uma insuficiência respiratória seguida de pneumonia quase abrevia minha vida. A partir daí, diversas restrições marcaram minha primeira infância. Alimentação limitada, alergia a tapetes e bichos de estimação, seguidas internações, diferentes médicos, até meus pais conseguirem soluções para amenizarem minhas enfermidades clínica e física.

A primeira delas foi a natação. Aos dois anos dava minhas braçadas na piscina do Espigão. Romualdo era um nordestino forte, zombador e dedicou-se à natação desde a juventude, tornando-se professor do prédio onde dei os meus primeiros passos. Não costumava ser um aluno dos mais dedicados, mas Romualdo foi um dos grandes responsáveis pela minha frequência na água. A paciência era um grande trunfo para lidar com os alunos indisciplinados.

Durante as manhãs frias de inverno, os ventos gélidos atingiam com força o *playground*, por vezes via-me sozinho na beira da piscina e esboçava uma fuga, mas logo era superado pelas pernas compridas do cabra nordestino. E assim tivemos uma relação de mais de sete anos, onde a natação e Romualdo acompanharam-me em boa parte da infância. Ainda posso ouvir sua voz marcante dando início à série de braçadas às oito da manhã: "– Prepaaraaaaa, eeeeeiiii!!!".

Enquanto meu pai supostamente viajava, minha mãe procurava imaginar que sua ausência se justificava pelo sustento da família. Fazia-nos poucas visitas. E assim passaram-se dez anos de viagens, sem que soubéssemos seu real paradeiro. Vivíamos no limite, mas éramos uma família feliz. Ao lado de Manoela*, minha irmã, tive todo amparo de nossa mãe Rosa Maria*, portuguesa, professora rigorosa, disciplinadora e exemplo de retidão em casa. Cientes do abandono parental que sofríamos por nosso genitor, meus avós maternos Julieta e Gaudêncio foram de grande importância em nossa criação, assim como tia Vera e seu marido Darcy.

Com a bola grudada no pé, as peladas logo passaram a ocupar grande parte da minha infância. Mais tarde fui levado à escolinha do Vasco pelo inestimável avô Gaudêncio. Português autêntico e vascaíno roxo, chegou a depositar alguns milhares de cruzeiros em prol do clube da colina. Na meia-direita, despontei entre os muitos garotos, vivenciei por uns três anos os ares do futebol, mas a carreira de jogador não passou de um sonho. Outra grande diversão proporcionada por meu avô era levar-me ao Maracanã ou a São Januário aos domingos. Dos sete aos quatorze anos, conhecia todos os times do Vasco. Nos corredores do clube, vi de perto elencos recheados de craques, como o time campeão brasileiro de 1989, com Bebeto, Geovani, Mazinho, Tita, o louco equatoriano Quiñonez e outros bons jogadores.

Tanto na escola quanto no Espigão, era dos mais desordeiros da turma. Morávamos no maior prédio do Méier e não faltavam brincadeiras lúdicas: bola de gude, bafo-bafo, futebol de botão, taco, polícia e ladrão e algumas outras que tirávamos da cartola. Constantemente era o alvo preferido da geração mais velha, mas nada costumava aborrecer-me; ora fugia correndo, ora virava objeto de escárnio entre os grandões sacanas.

O gigante Espigão possuía vinte e um andares e do seu terraço, tínhamos uma visão panorâmica de grande parte da Zona Norte do Rio. Apesar de proibido, vez ou outra subíamos até a caixa d´água para tomar alguns banhos nas alturas.

Durante essa fase de descobertas, contei com a parceria dos amigos Rodrigo He-Man (fiel escudeiro), Fred*, Rafael Zekinha, Rodrigo Kaled, Alexandre Nana, Fabiano Biano, Kadu*, Feijão*, Michel* Boop, os irmãos Curt e Guilherme, Leandrinho e Cláudio Máquina, Fernando Gordo e Felipe Pinho, além do trio Edinho, Evandro e Dudu. Mais tarde, juntaram-se ainda Marcelinho*, Digão, Juninho Sobral e outros de breve passagem.

Acima de tudo, um irmão especial nos deixou grande saudade: Fernando Trakinas. Negro forte, alegre, debochado e faceiro, nos abriu uma perspectiva de vida divertida e aventureira ao chegar no Espigão. Com ele, conhecemos a boa malandragem e aprendemos a nos jogar pela cidade sem gastar qualquer grana. Saíamos sem um tostão para qualquer lugar, em direção à praia ou a qualquer outro canto que nosso nariz apontasse. O calote era nossa única possibilidade de percorrer a cidade, e com Trakinas nos sentíamos encorajados para qualquer infortúnio pelo caminho. Encorajou-nos também a furtar chocolates no Mini Box, nas Lojas Brasileiras e outras traquinagens que costumava sacar da manga.

No flerte com as meninas, também nos deu um belo empurrão. Na adolescência, logo apresentou-nos o bordão "o não você já tem!", e assim nos tornamos mais espertos e caras-de-pau. Trakinas não só nos mostrou seu modo atirado de ser, mas também apresentou na prática como se devia fazer. Talvez o cara que mais vi com belas mulheres. Sua risada escandalosa e irônica era outra marca registrada. E assim ele vivia, a rir e brincar. Era como também jogava bola. De frente para o gol, em cima da linha, voltava aos risos driblando e enfileirando os adversários, para desespero de seus companheiros de time. Jogava para os dribles, canetas e balões. Esbanjava categoria, mas era um autêntico gozador. Aos trinta e três, deixou-nos num pífio acidente de moto, mas seu legado espalhou-se para muito além das fronteiras do Espigão.

Vivemos inesquecíveis histórias no arranha-céu vermelho e branco. Na companhia do parceiro He-man, protagonizei a maioria delas. Sr. Marcilio, dono do bar, fora nossa principal vítima, quando rapinávamos caixas de chocolates e picolés através do estreito basculante e corríamos para a rua a fim de evitar qualquer flagrante. No salão de festas, esperávamos acabar o rega-bofe e fazíamos nossa própria festa, com as sobras de salgadinhos, cachorros-quentes e outros quitutes.

Vez por outra o evento era mais abastado e os refugos mais generosos, como no dia em que Kadu esteve presente e incentivou-nos a levar dois engradados de cerveja, além de duas dezenas de refrigerantes pet. Na semana seguinte adicionamos alguns quilos de carne e proporcionamos o churrasco da galera.

Os síndicos mal-humorados eram constantemente "homenageados" por nós. Certa vez, confeccionamos uma grande faixa com mais de quinze metros pedindo a queda de uma corriola que administrava o condomínio. Pendurada entre os dois grandes blocos, pôde ser vista por todo o bairro: "FORA SÍNDICO E CIA. – LADRÕES DE GALINHA!"

Aproximava-se da meia-noite quando Kadu entrou novamente em cena e propôs-me uma arriscada ação no recinto deste grupelho. Com todo cuidado, suspendemos a janela e fomos bem-sucedidos em burlar a tranca. Na pequena sala, a geladeira e os armários estavam sortidos. Em poucos segundos surrupiamos mais de uma dezena de baralhos importados, algumas cervejas e uns quilos de carne.

As surrupiadas no comércio vizinho e nos salões do *play* aconteciam naturalmente, hábitos de jovens duros com vontade de degustar iguarias. Atitudes de meninos do subúrbio que perderam o medo com Trakinas e transformaram-se em adolescentes destemidos para os percalços da vida. Fortes emoções passaram a ser parte da minha rotina, desde escalar os mais altos muros da vizinhança até andar pela madrugada à deriva. Não curtia exatamente o ato de pichar, mas vez ou outra me vi pendurado nas marquises a fim de acompanhar os amigos.

Eu e Manoela no Espigão: raízes vascaínas

Tia Vera, Manoela e eu, com o mascote entre elas

O lado de lá

A ausência do meu pai gerava-me uma tímida tristeza, aquela onde falta coragem para admitir. Na tentativa de suprir essa carência, meus tios Darcy e Vera regularmente nos davam presentes e nos levavam para passeios aleatórios. A praia e o sítio da família do tio Darcy, em Rio Bonito (RJ), eram os mais corriqueiros. Talvez não preenchesse o carinho paterno, mas sentia-me bem amparado na companhia daquela referência masculina.

O catolicismo regia a família portuguesa, e as manhãs dominicais costumavam ser reservadas à missa na igreja Sagrado Coração de Jesus. A Primeira Comunhão aconteceu naturalmente e, junto ao amadurecimento, vieram os questionamentos sobre perder tanto tempo entre dogmas e pregações modorrentas.

Após o precoce abandono de meu pai, Rosa Maria passou a procurar alternativas e respostas que pudessem amenizar as necessidades emocionais que a afligiam, mas a Igreja Católica e seu discurso engessado não a confortavam à altura dos seus anseios. Através de um discurso cabisbaixo, ouvia repetidas vezes no canto da casa: "Onde está o meu marido? Como vou manter meus filhos e educá-los numa escola digna?"

Enquanto meus amigos estudavam em colégios particulares e comiam em *fast-foods*, eu não tinha uma vida material abastada, mas o esforço e a dedicação de minha mãe supriam qualquer bem que o dinheiro pudesse comprar. Seu exemplo satisfazia-me plenamente. Cada mês era verdadeira batalha para manter colégios, condomínio, supermercado e despesas domésticas em dia. Aniversário, Natal ou Dia das Crianças eram datas que não sabíamos ao certo se teríamos presentes ou mesmo um só agrado para não passar o dia especial em branco.

Diante das constantes tormentas, deparei-me com aquela figura materna exemplar abdicando do catolicismo e passando a frequentar centros de umbanda, esperando encontrar as respostas para a solução dos seus problemas. Minha primeira experiência ocorreu quando fui carregado por ela para participar de uma Festa de São Cosme e São Damião, num centro espírita a quinze minutos de casa. Senhores e senhoras beiravam os sessenta anos e passavam por baixo de uma imensa mesa de doces como verdadeiras crianças, aos gritos, lambuzando todos de maria-mole, suspiros e chocolates, causando enorme arruaça. Não entendia o porquê daquilo tudo, mas senti muito medo. Sequer aceitei os doces e bombons ofertados por eles. Posso afirmar que ali seria o pior lugar que uma criança de dez anos gostaria de estar. A mudança de crença de Rosa Maria fora muito drástica para toda a família, acostumada com o discurso passivo e mantenedor da ordem como a Igreja Católica costumava pregar.

Passei a ver minha mãe em constante anseio e desconfiança, confabulando com Manoela sobre o que escutara naquele lugar esquisito. Compreendia o seu sufoco, mas não entendia sobre as tantas incertezas que o centro de umbanda a trazia. Era uma professora de português dedicada e quase sempre com duas matrículas para se desdobrar, onde não lhe faltavam afazeres.

Sua vida dividia-se entre aborrecimentos com alunos, correções de prova, preparo das aulas, além das diversas tarefas de casa que exercia. A correção e rigidez eram duas características marcantes, o que lhe custou alguns empregos durante sua trajetória.

Ainda que não me manifestasse, quase sempre me via intrigado com a sua solidão: "Onde estaria meu pai naqueles longos anos de dificuldades em casa?".

Numa de suas visitas relâmpago, meu genitor passou no Espigão e levou-me sozinho para passear, porém, o destino não seria a praia, jogo de futebol ou o parque de diversões, mas o longínquo bairro de Realengo. No percurso, ele insistia em dizer que não esteve em Vitória ou em Salvador, como alegava. Neste longo dia, tive a triste surpresa de conhecer seu paradeiro e sua verdadeira família: a legítima esposa Sylvia e seu filho de criação, Felippe. A situação financeira por lá não parecia ser tão precária quanto pelos ares do Méier.

Funcionária da Vale do Rio Doce, Sylvia ganhava um bom salário e cabia a meu pai acompanhar seu padrão de vida da casa. Fora tudo muito rápido e estranho, mas em todo lugar logo me ambientava, e por lá não aconteceu diferente. Num almoço na casa da sua sogra, conheci a sua numerosa família. No final do dia, voltei para casa com a sensação de esconder algo da minha mãe. Percebia que restava uma gota de esperança de um dia ver seu marido voltar, por isso não quis desapontá-la. Apesar de omitir aquela visita, convenci-me de que em Realengo estaria sua verdadeira família.

As idas para a Zona Oeste passaram a ser mais constantes e fiz boas amizades por lá. Havia sempre um clima de festa e churrascos entre os vizinhos. Percebia também o quanto meu pai era respeitado em sua autêntica família, numa estreita relação com todos, a quem ele realmente prezava.

Novos ares

Com meu pai e sua família de Realengo conheci Ibicuí, pequeno e aprazível bairro litorâneo na cidade de Mangaratiba, onde mantinha o aluguel de uma casa e uma traineira para a pescaria da família. Com seu cunhado Sydney, dividia os custos da boa vida praiana. Deixara de dedicar-se às suas proles para uma família que escolhera por adoção. Essa vida paralela perdurou por bastante tempo e até me fez-me acostumar. Um menino de treze anos, afinal, não teria voz ativa para desafiar a opção de vida escolhida pelo seu pai.

Em Ibicuí, a vida era bastante sedutora, onde desfrutei de algumas temporadas de férias escolares e pude conhecer o prazer de viver a poucos metros do mar. Saía de casa de manhã e, por vezes, só voltava no raiar do dia, com apenas uma bermuda e nenhum dinheiro. O mar azul, as saídas de barco e as pescarias na costa eram como um *playground in natura*. Quando a fome apertava, ia até o Quiosque do Lili e descolava alguns quitutes na conta de Serafim, bastante conhecido nos arredores da praia.

Felippe era um pescador inveterado, desde criança admirava o mar como ninguém. Por vezes pescava de caniço na costa, destacava-se nas pescarias a bordo do velho Maipir, jogava puçás para os siris e passava arrasto na beira da praia. Com ele passei a ter uma relação de respeito e uma maior sintonia com o oceano e a natureza.

A natação passou a acontecer em boas distâncias no oceano e de barco encarei alguns dias de tormenta para fora da Baía da Ilha Grande. Ainda que nos momentos de tensão, Felippe mantinha a serenidade no leme e encarava apenas como momentos de diversão e novos aprendizados.

Em pouco tempo, acostumei-me com minhas novas tias e até ganhei uma avó emprestada, Haidea, negra, baiana de fibra, mãe de seis filhos e avó de muitos netos. Logo passou a me tratar como um dos seus e, num afeto mútuo, senti-me naturalmente adotado.

Vez por outra saía também para pescar na costa com Seu Carlitos, marido de Dona Dea. No seu estilo soteropolitano raiz, beirava as oito décadas de vida e dizia ter sido um grande pescador de baleias em Salvador. Todavia, eram raros os dias que voltávamos com algum peixe no cesto, tornando-nos alvos certos da Tia Sueli.

Próximo a Ibicuí, havia muitas praias de mar calmo e cristalino, vilarejos com poucas casas e, pela linha do trem de minério, parávamos de uma a uma, ora pescando, ora simplesmente explorando a orla da região. O prazer de flanar por aquelas praias remotas nos fazia andar cada vez mais distante. Por vezes, pescávamos clandestinos embaixo da ponte do *THE BIG,* grande cais que recebia todo aquele minério, para serem depois despejados nos cargueiros. A vida marinha era como uma extensão do quintal de Felippe e, ainda na adolescência, iniciou no mergulho e no surfe.

Apesar das minhas longas férias em Ibicuí, nem sempre poderia contar com a presença do meu pai na praia, pois havia saído da Vale do Rio Doce e investido sua indenização num mercado de médio porte próximo a Realengo, no humilde bairro de Padre Miguel. Frequentemente estaria preso no comércio, apesar dos seus dois sócios minoritários.

O que era para ser um comércio rentável e trazer benefícios e conforto para sua vida, contudo, lhe trouxera problemas e responsabilidades demais. Costumava, por gosto, ajudar-lhe no mercado. Meus esforços se concentravam mais para o batente do que para empunhar livros. Os anos letivos foram marcados por indisciplina, notas baixas, recuperações, além de eternas gozações com os coleguinhas.

Depois de sentir-me ambientado em Realengo, as visitas passaram a ser mais constantes e o tratamento oferecido por meu pai já não era a indiferença de outrora.

Meu pai jamais havia frequentado reuniões escolares e sequer conhecia os pais de meus amigos. Assim como eu, era fanático por futebol e pelo Vasco. Apesar disso, jamais me viu disputando uma pelada. As rodas de samba regadas a churrasco e cerveja eram parte do cotidiano de Realengo, momentos onde ele demonstrava total descontração e um tantan afiado.

Em família, vivia uma confortável rotina, com certas mordomias que não foram apresentadas à ala de seus herdeiros do Méier: viagens pelo Brasil nas férias, veraneio em Ibicuí e diversos passeios que pude ver nos álbuns de fotografias.

Enquanto isso, seguia a omitir em casa sobre as pessoas com quem passava as férias em Ibicuí: o argumento é que estaria com famílias de amigos do meu pai. Sentia-me na vontade de libertar-me daquelas mentiras, mas faltava-me coragem ao saber que poderia decepcionar minha mãe. Certo dia, ele contou à Manoela sobre sua vida dupla e também a levou para conhecer sua rotina em Realengo.

Um tanto apegada à nossa mãe, Manoela imediatamente sentiu o golpe e desabou em lágrimas, mas acabou por engolir a farsa contada por ele. Seu primeiro contato com Sylvia já não fora dos melhores, as duas tinham temperamento explosivo e a feição de Manoela demonstrava toda sua insatisfação após a descoberta do adultério.

Numa de nossas visitas, resolvera vasculhar fotos antigas e algumas registravam a data em que foram tiradas, e os longos dez anos foram difíceis de serem digeridos por ela. As fotos dos belos lugares viraram um combustível a mais para aumentar a sua revolta, e, ao chegar em casa, decidiu desvendar toda a farsa para nossa matriarca. Apesar de prevista, a notícia da perda oficial do seu marido caiu como uma marquise à sua cabeça, e, num misto de desilusão e tristeza, fora a primeira a cair em pranto. Logo em seguida, nós dois desabamos juntos.

Vivemos uma profunda desilusão, longos dias de amargura e sem saber como escorar aquela grande referência materna. A partir dali, nossa situação financeira ficaria ainda pior diante da espera do processo de separação e pensão dos filhos.

Rosa Maria precisaria recomeçar sua vida já acima dos quarenta. Entre ressentimentos e decepções, fora seduzida pelo tabagismo, na contramão da maioria dos fumantes.

Rumos cruzados

Não bastasse a traição e o desamparo do genitor dos seus filhos, Rosa Maria passou a lidar com um grave problema de saúde da tia Vera. Em poucos meses, perdera peso e sua imunidade se tornara muito baixa, necessitando de muitos cuidados médicos. Apesar dos enfermeiros, diversos remédios e toda estrutura montada em nossa casa, seu quadro passou a ficar dramático e, com insuficiência respiratória, precisou ser internada num CTI. Contudo, o hospital não fora suficiente para a reversão do seu quadro e partira no dia seguinte, vítima do HIV.

Sob constante abalo, tio Darcy passou a viver uma vida conturbada e penosa de viúvo. Era um cara boa pinta e vaidoso, quase sempre bem vestido, de carro do ano e talento com as mulheres. Talvez tenha contraído o vírus numa de suas aventuras sexuais. Era início da década de 1990 e a doença ainda constituía um tabu. Àquela altura, deixou de dar valor à vida e viveu seus últimos meses com o remorso carregado em sua alma. Cabeça baixa, fisionomia esmorecida, sua vida era vagar. Parecia esperar pelo fim. Não demorou muito a sua partida.

Depois de uma varredura no apartamento do casal por parte de José Luiz, irmão do tio Darcy, não sobrou nada a não ser alguns utensílios de cozinha. O sujeito era desonesto por natureza e não tivemos voz ativa suficiente para correr atrás do prejuízo.

Restou-nos esperar o inventário para saber o que seria nosso por direito. Depois do inventário desenrolar-se por alguns anos, fora decidido que o apartamento onde o casal morava ficaria para nossa família e os dois terrenos em Cabo Frio seriam repartidos, um para cada lado.

Tia Vera, eu e a avó Julieta

Um futuro incerto e sombrio atormentava a cabeça de Rosa Maria. Após a morte de sua irmã, viu-se sozinha em nossa criação, sem a preciosa contribuição da tia Vera. Meses depois, fora concluído o divórcio e meu pai seria obrigado a pagar uma pequena pensão, o que normalmente acontecia com algumas semanas de atraso. Estudar a cada ano era verdadeiro desafio. Nas primeiras séries ainda frequentei escolas particulares, ainda que de forma alternativa, estudando onde minha mãe lecionava. Manoela deu mais sorte após ser encaixada no disputado Colégio Pedro II, através de um professor, colega de nossa mãe. Àquela altura todos sabiam da nossa delicada condição financeira e, vez por outra, uma alma caridosa nos prestava algum favor.

Para o meu caso, a solução foi estudar nas escolas que ela lecionava, pois teria a gratuidade necessária para cumprir meus anos letivos. Meu comportamento nunca foi dos melhores e complicava o fato de ter uma mãe professora, o bom exemplo ao qual deveria seguir. Conhecido por ser frequentado pelos *playboys* do Méier, o Metropolitano fora o primeiro colégio que me deparei com esta embaraçosa situação. Por vezes, recebia papeletas de advertências e ela poderia assinar na mesma hora, algumas salas ao lado.

Ao ser demitida do Metropolitano, segui com Rosa Maria para o Nícia Macieira, onde continuava a estudar por conta da sua lida. Ingressei na sexta série e ela dava aulas para turmas mais avançadas. Tão breve aconteceria o nosso encontro.

Os primeiros meses no Nícia foram um tanto difíceis. Rosa Maria era a professora mais indesejada da escola e logo deparei-me com algumas intimidações dos seus principais algozes. Contudo, ao perceberem que era mais um desordeiro, passei a ser respeitado por todos.

Na sétima série, chegara enfim o momento de enfrentar aquela que tanto diziam ser uma megera. De fato, os prognósticos se confirmaram. E como seu filho, fazia questão de mostrar que não me daria vida fácil. Algumas vezes, ao liberar os alunos, com seu humor ácido insistia para que fosse direto para casa, e não fazer hora pela rua.

Estava num período completamente avesso aos estudos e até o português passou a ser um sufoco. Diante de uma situação um tanto adversa, aguceі meu faro curioso e fui atrás da solução para o meu dilema particular.

Numa noite em que minha professora esteve ausente em casa, junto com Manoela tratei de desvendar cada canto dos cômodos, até finalmente encontrar a prova final numa mala empoeirada em cima do seu armário. A dedicada professora conhecia bem as travessuras do seu filho. Com as respostas na mão, tirei um glorioso 8,5 e sacramentei minha aprovação com a maior nota da sala, junto com dois colegas *nerds*.

Apesar de toda minha negação aos estudos, ela insistia em me passar redações aos sábados e eu só saía de casa depois que elaborasse algum texto criativo. Talvez tenha sido o principal motivo que me levou a escrever este livro.

Durante minha passagem pelo Nícia, um polêmico professor de inglês acumulara controvérsias em suas aulas, quando, ao invés de ensinar o verbo *to be*, resolvera dar lição de moral ao endeusar o exército e a ditadura militar. Paulo era um homossexual assumido, e para a nossa surpresa, seu fetiche seria pela farda verde-oliva. Durante suas cagações de regra, insistia em dizer que, para sermos homens de verdade, teríamos que servir às Forças Armadas. Alegava que precisávamos de disciplina e do respeito existente entre a tropa e seus superiores. Passados sete anos da queda da ditadura, Paulo era um autêntico órfão dos censores e torturadores da caserna. A sociedade do final do século XX ainda sofria as consequências diretas do regime, e o velho professor coxinha insistia em louvar os covardes de farda.

Certo dia, o autoritário professor resolvera intimidar Fábio Feijão e seu tiro saiu pela culatra, quando o negão decidiu quebrar o seu velho discurso autoritário.

"– Vocês só vão se tornar homens quando servirem ao exército!"

"– E o senhor, por acaso serviu nas Forças Armadas?"

Uma simples afronta foi necessária para a sala desabar em risos, e segundos depois, em insatisfação e revolta do professor linha-dura. O apreciador da farda constrangeu-se a frente de todos e imediatamente expulsou o Negão da sala, entre desaforos e esperneio.

Fábio era um grande amigo e vê-lo humilhado por aquele professor reacionário não foi bem digerido por mim, até que num impulso de coragem, levantei calmamente e indaguei-o sobre seu abuso de autoridade em sala:

– O senhor não respondeu ao Fábio, você serviu nas Forças Armadas? Porque o seu despreparo é ridículo, além da sua falta de educação e destempero.

Ao ver-se diante de um novo ultraje, Paulo partiu num tom furioso para bem perto de mim, e a menos de dois metros do meu nariz apontou o dedo para a porta e decretou:

– Sai daqui agora, seu moleque! Um filho de professor mal-educado que não respeita nem um colega da sua mãe.

Minha nova resposta desaforada foi a gota d'água para sua face avermelhar por completo e levar-me à tiracolo até a sala da Direção. Ao descer as escadas, o professor bufava como um touro selvagem, sua vontade era colocar-me no pau-de-arara assim como seus ídolos faziam com seus algozes.

Ao chegar na Direção, fui recebido por um sermão exaltado da herdeira da escola, Maria Cecília. Filha da matriarca Nícia, legara também a rispidez com os estudantes desordeiros. Depois de mais uma hora emparedado de castigo, restou-me o silêncio e a inércia.

Após esse entrevero, não pude renovar minha matrícula e, por outro lado, minha mãe fora convidada a se retirar do quadro de professores. Pesava contra ela muitas reclamações de pais de alunos quanto ao seu temperamento explosivo. Nícia ficara famosa por fazer testes orais com os alunos que a tiravam do sério.

Diante da solidão afetiva, Rosa Maria encontrou nas vizinhas as amizades que lhe faziam espairecer e enxergar novas possibilidades de afeto. Depois de começar a frequentar os *happy hours* do clube dos quarenta, não demorou muito para surgir com um namorado em casa.

César Careca era um mineiro nada convencional: violeiro, boêmio, libertino e hilário, um autêntico *bom vivant*. Sua irmã Vera era casada com Arnaldo Batista, ex-marido da Rita Lee e integrante da clássica banda Os Mutantes. Orgulhava-se da sua proximidade com aquele que fora um dos ícones da psicodelia no país. Apesar de um tanto descolado, seu modo autêntico e sacana logo conquistou Rosa Maria. Careca apreciava fumar um baseado todos os dias, era avesso ao trabalho e fora sentenciado inválido pela família aos trinta anos, cabendo-lhe o benefício de um salário mínimo. Menos de dois meses de namoro e César viraria mais um habitante da casa.

Após uma década sem uma companhia por perto, Rosa Maria passou a não desgrudar do seu novo *affair*. Apesar de careta assumida, espantou-me com a passividade com que lidava com a erva do Careca.

A partir dos meses de convivência, a rigorosa professora deixaria de fazer vista grossa para a vidinha: maconha-lazer-praia-viola do seu companheiro. As cobranças passaram a ser diárias e um tanto ríspidas, para que tivesse um mínimo ganha-pão e deixasse seu cotidiano faceiro de lado. Numa primeira tentativa, aventurou-se a vender bijuterias na feira hippie de Ipanema e depois sacolés na piscina do Espigão. Ambas malsucedidas. Trabalho não era verdadeiramente o seu forte.

Alguns meses depois, César ganhara uma pequena herança de família e comprou um carro popular zero, sobrando-lhe ainda uns trocados, capazes de boas benesses. A partir daí, o Careca ganhou asas e se manteve longe do raio de visão de Rosa Maria. Passava o dia inteiro a voar. Casa de amigos, cerveja na esquina, noites longas e sem paradeiro. Aos poucos, a relação instável tornou-se um tanto insustentável. Após menos de um ano de matrimônio, seria hora de Rosa Maria despachar o seu companheiro.

* * *

Sem grandes perspectivas com os estudos, precisaria arregaçar as mangas e tentar um respiro financeiro. Tinha apenas quatorze anos, mas viver numa eterna penúria passou a afetar o meu estado de espírito.

Serafim era o principal responsável por aquela situação periclitante, e, ao invés de abastecer o filho, propôs-me que tentasse o processo seletivo ao cargo de Menor Aprendiz da Vale do Rio Doce. Sylvia trabalhava por lá e ele anda tinha um bom conhecimento, que poderia dar-me um empurrão no processo de seleção. Passei por inúmeras provas, seguidas de longas dinâmicas de grupo, reuniões e por fim as entrevistas individuais. Depois de duas semanas intensas de avaliação, recebi a gratificante ligação da sra. Yone informando-me da minha aprovação.

A remuneração não era das melhores, pagavam apenas dois terços do salário mínimo, contudo, o vale-refeição chegava a quase R$ 20, valor que poderia saciar meus desejos gastronômicos.

Na Vale, fui encaminhado para a Secretaria do Setor Jurídico, responsável por dar suporte aos advogados em seus campos de atuação. Tributário, trabalhista, criminal e o ambiental, que depois de privatizada, se tornou uma grande pedra no sapato da empresa. Marcílio era um chefe boa gente, de fino trato com seus comandados e incapaz de chamar atenção de alguém em público. Um verdadeiro lorde. Formado em processamento de dados, procurou ensinar-me todos os caminhos do mundo dos computadores.

Enquanto no trabalho ia bem, na vida estudantil tinha grande dificuldade de avançar plenamente. Os problemas de indisciplina e displicência deram lugar à negligência total, até deixar os livros definitivamente de lado.

Na oitava série ingressei no Pedro II e não tive capacidade para prosseguir no colégio modelo do Rio. Depois de três recuperações no meu ano de batismo, o início do segundo grau não poderia ser mais indigesto, e minha carreira estudantil degringolou. Por duas vezes, tentei completar o primeiro ano, e falhei. No turno da noite o expediente corria mais frouxo e sem nenhuma cobrança em casa, fazia o que bem entendia. Sem qualquer expectativa, deixei as aulas de lado antes do final do ano letivo, e logo dei dava adeus ao Pedro II.

Ao perder a vaga no colégio, sequer fui repreendido pela matriarca, sua vida era por demais atribulada e envolvida num turbilhão de emoções.

Após o relacionamento frustrado, sua rotina passaria por um novo processo de busca pela felicidade, ou pelo menos amparo diante das agruras do seu cotidiano. Os terreiros de umbanda voltaram a ser a sua válvula de escape, onde parecia encontrar o conforto que tanto buscava.

Causava-me estranheza alguém buscar serenidade diante daquelas cenas esquisitas que presenciei na festa de Cosme e Damião. Dessa vez, contaria com a inseparável companhia da Manoela, outra que tanto questionava as nossas adversidades.

Como caçula, não teria voz ativa para opor-me àquela opção religiosa, todavia, as consultas obscuras pareciam um tanto perturbadora às duas. Muitas vezes, as via sussurrarem pelos cantos da casa, pareciam intrigadas com tudo que ouviam naquele ambiente de profetas do apocalipse. Por vezes, se trancavam para estarem mais à vontade e tinha a certeza que eram assuntos ouvidos nos cubículos disfarçados de bola de cristal. Apesar do meu conhecimento por aquela opção tomada, jamais quis saber detalhes do futuro, minha crença estava no meu ceticismo, e não em adivinhações proféticas de entidades ou almas penadas.

Descontentes com certas profecias, mudavam de centro em centro atrás das respostas desejadas. Cada mês era um pai diferente! Quase sempre desenterravam histórias do passado a respeito do meu pai, trazendo seus erros à tona e o responsabilizando por toda precariedade que vivíamos.

Nessa busca pela decifração do futuro, uma nova mãe-de-santo demonstrou maior afinidade com Rosa Maria, em pouco tempo de préstimos religiosos passou a frequentar nossa casa e dias depois já carregava seu filho adolescente à tiracolo.

Adriana* era tia do meu amigo Michel Boop e, ao conviver comigo, demonstrou mais intimidade do que esperava. Não havia qualquer identificação entre nós, mas ainda assim ela insistia em buscar algum estreitamento durante nossos breves encontros. Adriana era uma mulata alta e encorpada, tinha um tom naturalmente rude, pouca discrição e nenhuma cerimônia.

Certa noite cheguei do trabalho e lá estavam as duas confabulando, majestade e sua súdita. Minha presença constrangeu a intimidade da dupla e elas logo trouxeram-me ao assunto, entraram para o quarto de Rosa Maria e, envolvido, acabei por entrar junto.

A enorme mulata portava uma garrafa de cachaça e alguns cigarros, sentou-se no chão e passou a se contorcer, tremer muito, até começar a falar com vozes retorcidas. Numa posição imperativa, passou a tentar decifrar coisas a meu respeito. Como num jogo de loteria, arriscava alguns palpites para ver se era contemplada com alguns números premiados. A fim de testar seus poderes sobrenaturais, informei-a sobre uma dor crônica no pulso e pedi que ela me prestasse o seu atendimento. Desafiada, a mulata incorporada deu início a um ritual um tanto bizarro, com alguns goles na cachaça e baforadas no meu pulso, com breves massagens em seguida. Ao todo, contei mais de cinco talagadas empregadas pela doutora esquisita, e apesar daquilo tudo, a dor no pulso ainda perseguiu-me durante alguns meses.

Logo depois da funesta consulta, a mulata começou uma corrida desvairada pela casa e, depois de alguns segundos perambulando, empacou dentro do tanque de lavar roupas. Agia feito uma criança, porém sua fala grossa e um tanto incisiva destoava daquela aparente infantilidade. Enquanto achava tudo medonho e lastimável, minha mãe encontrava graça e a endeusava.

Apesar de ostentar poderes paranormais, a senhora do destino vivia numa profunda dureza. Certo dia endividou-se mais seriamente e fora bater à nossa porta, onde seria prontamente assistida. Apesar das nossas dificuldades, nada era negado à suposta vidente. Passados alguns dias, comprou geladeira e outros utensílios no cartão de crédito de Rosa Maria. Na semana seguinte, arrumou uma desavença e sumiu. Seria só mais uma frustrante experiência de Rosa Maria na tentativa de encontrar na religião o conforto para sua vida ressentida.

Com a autonomia de quem trabalha fora e ganha seu dinheiro, passei a ter mais liberdade para ficar o dia inteiro na rua e não ser incomodado por ninguém. Os pileques se tomaram corriqueiros amigos no *play*; primeiro umas cervejas e depois conhecemos o vinho, que não deixava um de pé.

Após desvendar os efeitos do álcool, fui seduzido de vez pela madrugada e, nos finais de semana, não costumava chegar em casa antes do galo cantar. Meu destino passou a ser as festas juninas de rua, os bailes do Mackenzie, do Imperator e umas baladinhas que fazíamos no Espigão.

Durante a adolescência, o querosene manteve minhas madrugadas quentes e inebriantes, com dezesseis anos já me sentia à vontade para consumir qualquer dose etílica, apesar da minha relação com o álcool não ser das melhores.

Certa vez, Fred organizou um churrasco na casa da sua namorada Gisele, no bairro de Piedade, a cerca de cinco quilômetros do Méier. O destino, porém, não esteve tão piedoso comigo.

Todos bebiam e comiam descontraídos em meio a risos e zombaria geral, como geralmente acontece nos encontros do clube do Bolinha. Marcelinho, Pinho, Digão, Leandrinho e Fred, era quase sempre a mesma trupe. Depois de um grau etílico elevado e cansado da batalha de sexta, resolvi partir antes de todos, ciente de que o salvador 260 me levaria para casa. Contudo, meu corpo pedia descanso e aquele breve percurso não fora suficiente para tirar um reconfortante cochilo, meu sono se estendeu demais e, ao despertar, meus olhos não reconheceram de imediato onde estava. Ciente de que o Méier ficara ao longe, olhei ao redor e identifiquei a Praça XV, ponto final do *busão*. Era um solitário passageiro no ônibus, além de mim somente o cobrador e o motorista, que se preparava para zarpar. Ao perceber que teria outra longa viagem pela frente, recostei-me ao banco e pus-me a descansar novamente, e, ao fechar os olhos, entrei em novo estado de semidesmaio e percebi o Espigão distante de novo. Um tanto cambaleante e sonolento corri até o motorista e pedi que parasse o mais breve possível, de onde voltei caminhando por mais de trinta minutos. Ao contar minha saga aos amigos fui achincalhado como um autêntico bebum à deriva pela madrugada.

Corredor de emoções

Os bailes *funk* começavam a virar febre na cidade, e, como a maioria dos jovens, logo seduzi-me pelo som dos batidões e dos shortinhos curtos no salão. Noites intensas, divertidas e um tanto perigosas. Minha primeira experiência nesse mundo aconteceu na comunidade do Chapéu Mangueira, favela tranquila do Leme, bairro litorâneo ao lado de Copacabana. Os operadores do tráfico faziam da festa um lugar de paz, drogas e pegação. Não havia polícia para perturbar e o comércio de drogas funcionava a todo vapor, movido pela grande frequência de playboys e cocotas da Zona Sul.

Ao som do *funk* pesado, o clima era de extrema liberdade, com cigarros de maconha e carreiras de cocaína à vontade entre os corpos dançantes.

Não havia em mim a malícia e ousadia de flertar com alguma mulher naquele lugar, mas sentia-me satisfeito por estar naquele mundo libertino e entre os mais velhos do Espigão. Pela primeira vez atravessava as fronteiras da favela, um tanto emblemática e temida pelos que moram em bairros comuns. Realidade tão próxima e ao mesmo tempo tão distante de grande parte da classe média carioca.

Outro baile que me trouxe à tona a realidade da favela fora no Morro da Mangueira, da Estação Primeira, berço do samba na cidade. Apesar de tão próximo ao Méier, jamais havia pisado nas suas cercanias. Somavam-se a mim Trakinas, Marcelinho e Digão, além de Romário e *Biga,* dois vizinhos do Espigão.

As enormes caixas de som ditavam uma batida alucinante na entrada da quadra, ao entrarmos nos deparamos com dois sujeitos de fuzis fazendo a recepção, o que já me causou certo espanto. O ambiente da quadra era escuro, quase um breu, e os frequentadores em sua maioria moradores da comunidade, que tiravam a sexta-feira para desanuviar toda a carga de estresse da semana de labuta. A massa de funkeiros era diversa, dos grupos de dançarinos aos mais acelerados, como Biga e Romário, que a cada meia hora cheiravam uma carreira de cocaína. Já os baseados rodavam por todos os lados, mantendo o ambiente sob uma forte essência canábica. No decorrer da madrugada, as mentes entraram em efervescência e soltaram-se pelo salão, com os proibidões a todo volume a embalar os jovens aditivados e um tanto quanto faceiros.

Os fuzis também resolveram passear no baile e eram exibidos com orgulho pelos varejistas do tráfico, numa fila indiana desfilavam por todo o salão, remexendo seus corpos esguios num frenesi intenso, conectados numa alta voltagem.

Depois de certa ambientação ao funk, vieram os bailes que se tornariam febre na década de 1990. Bailes que viraram o Rio de ponta a cabeça e acirraram os nervos dos jovens dos subúrbios cariocas. Os bailes de corredor juntaram bairros aleatórios separados nos clubes por pouco mais de dois metros de distância, entre eles alguns seguranças parrudos capazes de conter a pancadaria generalizada.

A galera do Méier ocupava o lado A e se juntavam conosco as comunidades do morro do Amor, Outeiro, Cachoeirinha e Camarista, além do vizinho Cachambi. As equipes Furacão 2000 e ZZ Discos mandavam aos bairros alguns ônibus fora de circulação e os funkeiros superlotavam as latas-velhas volantes. Alguns viajavam pendurados na janela, outros nas portas, no buraco da ventilação e os mais ousados surfavam no teto. Por vezes, mais de duzentos jovens ocupavam os coletivos caindo aos pedaços.

A maconha e a cocaína eram companheiras fiéis dos passageiros do busão libertino, onde poucas mulheres ousavam-se espremer entre os gladiadores dos bailes.

O Country Club da Praça Seca se tornara o programa semanal dos funkeiros. Ao chegarmos à praça, diversos ônibus espalhavam-se ao redor do grande largo e alguns grupos já se preparavam para a primeira oportunidade de ataque aos alemães. Bastava um grupo rival chegar e estaria deflagrada a guerra. Algumas vezes senti de perto o calor da batalha campal. Correria para todos os lados, paus e pedras voando e até tiros disparados a esmo. Naquela explosão de fúria, não havia polícia que contivesse a multidão. Durante a correria buscávamos chegar no muro do lado direito do clube, onde estaríamos protegidos com nossos aliados. A fim de separarem os grupos, colocavam uma bilheteria para cada lado, assim como banheiros e lanchonete dentro do salão. Um corredor com alguns armários ambulantes separava os dois ambientes, ao redor deles dezenas de carcaças insanas em busca da automutilação.

Os mediadores brucutus tinham como objetivo apenas evitar uma fatalidade e impedir a invasão de um dos lados. Pouco se importavam com as agressões. Por vezes a situação fugia do controle e emplacavam verdadeira varredura, distribuindo golpes de cassetete e chicotadas, além de chutes e socos para todos os lados, a fim de abrirem um clarão na multidão.

Certa vez um deles pegou-me para Cristo e com um chute rodado atingiu meu peito sem dó, fazendo-me voar um metro para trás. Caído, içou-me pela camisa e levou-me até o portão de saída, a fim de intimidar-me com a expulsão do baile. Marcelinho acompanhou-me a todo instante e deu pressão para que o brutamonte me soltasse. Por fim, esperei cinco minutos e voltei àquela espécie de coliseu carioca, mais atento ao meu algoz, que não poderia fisgar-me de novo. Minha camisa rasgada e a sola do seu tênis estampada sobre ela jamais fizeram-me esquecer a sua face.

Pequeno, não era presença constante na linha de frente, mas às vezes me encorajava e ousava encarar os brigões do lado B. Hematomas, machucados, roupas rasgadas e sangue, essa era a rotina dos gladiadores dos bailes *funk*. A violência no Rio era cotidiana, e os bailes só um reflexo de uma cidade partida.

Renascer, Pan de Pilar, Anchietão, Chaparral, seriam dezenas de episódios de violência e barbárie. Os corpos destemidos eram meros objetos da disputa de status e da autoafirmação de um ser quase adulto, de origem simples e baixas perspectivas.

Éramos dos poucos *playboys* que tinham presença cativa nos bondes do *funk*, ocupados em sua maioria por moradores das comunidades. O roteiro dos ônibus consistia em passar nos principais morros e favelas do Méier e Lins de Vasconcelos. Alguns pequenos varejistas e gatunos também marcavam presença nos busões. Entre tantos funkeiros, eram momentos de liberdade para aqueles que costumavam viver sorrateiros.

Dentre tantas, uma noite marcante de violência e adrenalina a mil aconteceu no Pan de Pilar, singelo clube na cidade de Duque de Caxias. Do Méier, estávamos eu, Marcelinho, Digão e He-man, geralmente os mais assíduos do asfalto.

Para os rincões de Caxias, o único bonde do *funk* que teríamos disponível sairia da Praça da Bandeira, outra galera do lado A, com quem o Méier dividia as linhas de frente. Apesar da junção com outros bairros, o ônibus partira vazio, com poucos jovens dispostos a desvendar aquele misterioso baile na longínqua Baixada Fluminense.

As cercanias do lugar eram bem modestas, quase uma área rural. Ruas de terra batida e sem qualquer iluminação, uma penumbra só. Ao entrarmos no salão, ficamos surpresos como a maioria se vestia, alguns apenas de short, descalços e sem camisa; outros amarravam os tênis nas canelas, prontos para o combate.

Era um clube bem modesto e menor que os outros onde costumávamos frequentar, o corredor não era tão disputado e a qualquer hora estávamos frente a frente com os alemães. A pancadaria comia solta e os poucos seguranças liberavam a selvageria sem recato. O *funk* pesado ditava o ritmo da violência e, Zezinho, dono da equipe Z.Z. Club, vez ou outra surgia para capitanear a barbárie. Quase sexagenário, a idade avançada não fora capaz de amansar seu coração. Havia momentos que aparecia no meio do corredor, e, junto com seus capangas, apontava um funkeiro mais exaltado e dava-lhe um corretivo sem dó. Outras vezes, surgia depois dos seguranças conterem o embate e escolhia um lado para arremessar seu cassetete giratório a esmo, abrindo um clarão entre os funkeiros brigões. Um muro humano era formado à sua frente e não teria erro, para alguém sobraria aquela paulada. Em poucos segundos, os jovens valentes tornavam-se um bando de cordeiros acovardados. Da meia-noite às quatro da manhã não houve um minuto de trégua, no corredor faltavam seguranças e sobravam socos e voadoras.

Sair daquele clube dos horrores exigiu ainda novos contornos de temeridade. A fim de evitarem a selvageria na rua, anunciavam no microfone a saída de um grupo por vez, e conforme o salão esvaziava, mais sobravam embates acalorados. Em minoria, nos tornamos presas fáceis do lado B e nos vimos encurralados contra a parede, quando, num ato surpresa, Zezinho surgiu no meio da quadra e nos salvou com seu bendito cassetete giratório.

O anúncio da nossa saída fora verdadeiro alívio. Ao corrermos até o ônibus, chegamos numa praça escura e suplicamos para que o motorista desse a partida.

Depois da longa viagem, finalmente aportamos de volta na Praça da Bandeira, onde ainda teríamos o 260 pela frente. Estávamos nós, os *plays*, e pouco mais de dez caras do Morro do Amor. O clima era de guerra e andávamos sempre atentos para não esbarrarmos com alemães pela pista. Um ônibus parou no ponto e dois jovens de bonés para trás nos olharam com desconfiança, num misto de aflição e impaciência, pareciam ansiosos para o ônibus partir. Eram garotos de pouca idade, mas logo foram notados pelos funkeiros do Morro do Amor - que de amor, nada teriam. Ao se aproximarem dos guris, notaram os dois vestindo blusas de times de futebol, o que fora o suficiente para aguçar os seus anseios mais macabros, através de uma breve intimidação do lado de fora do busão:

– Moram aonde?

Nem mesmo consegui ouvir a resposta quando quatro deles embarcaram imediatamente e arrancaram na marra a dupla de garotos indefesos. Apesar de não aparentarem fazer parte da guerra do *funk*, morar num bairro rival seria o suficiente para terem suas vidas colocadas em risco.

Numa ação de poucos segundos, a turma do Morro do Amor atropelou os guris como uma manada sedenta. Depois de caídos, sofreram diversas bicudas sem qualquer chance de reação. À meia distância ainda consegui ver quando um dos agressores arremessou um paralelepípedo sobre o estômago de um dos moleques, jorrando sangue por suas vias aéreas. Logo depois virei o rosto e preferi não mais acompanhar aquela barbárie insana. Era um funkeiro como eles, curtia toda a adrenalina dos bailes, mas não aceitava bem ser cúmplice de tamanha crueldade. As poucas pessoas que assistiam àquela crueldade nada podiam fazer, algumas demonstravam revolta, mas mantiveram-se calados para não se tornarem novas vítimas. Para a sorte dos garotos, o 260 parou no ponto e zarpamos em direção ao Méier, com seus corpos estirados em semidesmaio no asfalto.

A manhã já se aproximava quando a poucos minutos de casa o ônibus sofreu uma abordagem da polícia, e, dentro da viatura, os dois funkeiros juvenis massacrados, e seus rostos quase desfigurados. Munidos de uma raiva desmedida, três policias começaram verdadeiro pente-fino no coletivo, levando todos os funkeiros para a calçada em frente.

A exceção fora apenas eu e Marcelinho, os únicos brancos fora do estereótipo do funkeiro favelado. Entre os detidos, estavam He-Man e Digão, cuja pele parda foi o suficiente para serem reconhecidos como parte dos agressores.

No dia seguinte, os dois disseram ter apanhado por mais de uma hora, com direito a coronhadas, tapas na cara e outras humilhações mais. O sol já despontava na manhã de sábado quando subia a ladeira do Espigão com Marcelinho, agradecidos por chegarmos em casa sãos depois de uma madrugada pra lá de violenta.

Outra noite de tensão aconteceu numa segunda ida minha ao Anchietão, na companhia do comprido Digão. Em nossa primeira incursão, nos deparamos com um campo de terra batida lotado de gente disposta a se digladiar, e nem mesmo a profusão de areia suspensa inibia aqueles impulsos selvagens. Ao contrário, parecia encorajar ainda mais os bárbaros funkeiros. A fim de não se enfiarem naquela tempestade de areia, os seguranças faziam vista grossa e pouco interferiam no quebra-pau generalizado.

Quanto mais poeira subia, mais a cortina de fumaça mantinha a atmosfera hostil do lugar. Socos e chutes eram percebidos a menos de um metro dos nossos rostos, toda atividade ainda era pouca. Após a noite de embates, deixamos o Anchietão com a adrenalina a mil, os corpos imundos e a promessa de voltarmos naquele antro de selvageria.

Em nosso retorno, embarcamos em Irajá num coletivo sucateado, e quinze minutos depois, ele não suportou seguir viagem, como já era de praxe nos bondes do funk. Na pista de mão dupla não passava um só carro, do lado esquerdo um cemitério indicava um lugar funesto e pouco convidativo, logo depois confirmado pelo motorista.

– É o cemitério de Ricardo de Albuquerque. O motor esquentou e não sei se vamos conseguir sair não. Melhor vocês descerem e tentarem chegar por conta própria.

Uma favela no morro ao lado completava o cenário sinistro, dando ares um tanto temerários ao lugar. Enquanto nos reuníamos a fim de decidir o que fazer, fomos surpreendidos por um ônibus escuro e pouco conservado, já íntimo dos funkeiros. Passava da meia-noite e a iluminação era precária, mas os caras reconheceram alguns dos nossos e desceram para o embate. Sequer sabíamos de onde vinham os alemães, contudo, estaria conflagrada a batalha.

Um sujeito parrudo portava um taco no estilo *baseball* e tomou frente na investida, seguido por mais uma dezena deles. Estávamos ao lado de um canteiro com algumas plantas, pedras e paus, munimo-nos com tudo o que podíamos e começamos a arremessar contra eles. Alguns outros tentaram descer do ônibus e também foram rechaçados por pedradas, mas a tropa de dez valentes aproximou-se disposta ao quebra-pau. Franzino, fugi do "mano a mano" e posicionei-me na retaguarda a fim de pegar algum deles na covardia. Os camaradas mais fortes se posicionaram a frente e começaram uma troca insana de socos e pontapés, alguns rolaram por cima do canteiro e outros trocaram pauladas, sob gritos de raiva e tensão.

O lugar ermo e sombrio tornou-se turbulento e ameaçador, ofensas e agressões para todos os lados, até um opala preto passar com quatro ocupantes mal-encarados e aos gritos mandar cessar o confronto. Ao perceberem que na intimidação não seriam atendidos, sacaram suas armas e deram uma saraivada de tiros ao alto, para que enfim tivessem sua ordem aceita. À época, os policiais disfarçados de justiceiros entravam em ação para conter os grupos marginalizados, como funkeiros brigões, pequenos delinquentes, usuários de drogas e moradores de rua. Os grupos de extermínio agiam nas décadas de 1980 e 1990 no subúrbio e na Baixada Fluminense, e a mais sangrenta e midiática de suas ações aconteceu na Candelária, quando oito menores em situação de rua tiveram suas vidas ceifadas. Diante da ausência do Estado, mais tarde as milícias ocuparam e ampliaram esse poder paralelo.

Os tiros logo fizeram com que os alemães batessem em retirada, procurávamos a todo custo sair dali, mas àquela hora nenhum ônibus costumava passar por aquelas bandas soturnas. Na estrada deserta duas inexpressivas bicicletas surgiram ao longe, porém, ao se aproximarem, percebemos não serem tão inofensivas quanto demonstravam. Com quatro elementos mal-encarados a bordo, emparelharam conosco e sacaram dois calibre 38 para tratarem de anunciar o motivo do passeio de bike àquela hora da noite.

– Todo mundo aí parado, perderam. Vai ficar todo mundo paradinho enquanto vamos recolher tudo."

Enquanto dois deles empunhavam as armas, os outros recolhiam tudo de valor com algumas sacolas plásticas, tratando de fazer um verdadeiro arrastão nos funkeiros valentões. Os larápios se encarregaram de levar meu *Nike* moderno e todo meu dinheiro, deixando-me duro e descalço naquele campo minado. Digão portava um par de chinelos velhos e era motivo de chacota da minha parte, até o jogo virar e eu terminar descalço e sem um centavo no bolso. Além de mim, outros funkeiros também perderam os seus *pisantes*, mas numa decisão comum decidimos não retroceder. Para aquele baile modesto não precisaríamos de nada daquilo. Na bilheteria explicamos o ocorrido e todos tiveram a entrada liberada, mas para a nossa decepção o baile aconteceu num salão interno, nada comparado ao areal a céu aberto. Apesar da noite não muito animada, dificilmente me aborrecia, e ao chegarmos em casa, Digão e eu só tínhamos a rir daquilo tudo.

A vida arriscada desafiava-me a cada dia e não me impunha quaisquer limites. Sabendo disso, meus amigos costumavam me convocar para atividades movidas à adrenalina. Certa noite, estávamos reunidos no *play* quando Michel Boop surgiu com um revólver 635, arma de pequeno porte, mas fatal como qualquer outra. Boop não tinha um canto seguro para guardá-la e pediu-me que entocasse para ele, o que prontamente atendi. Em casa gozava de boa privacidade no meu quarto e tanto Manoela quanto Rosa Maria estariam ocupadas demais em suas consultas umbandistas. Escondi-o em cima do armário e lá ficou por uma semana, até que Kadu soube da sua existência e pediu-me emprestada para uma de suas ações fora da lei.

Montado em sua CB-400, sua mente era ainda mais perniciosa. A princípio, nem quis saber o que faria com aquele diminuto revólver, contudo, com alguma relutância ele me convenceu a acompanhá-lo em sua empreitada nebulosa.

– Mas e aí Kadu, vai fazer o que com ela?

– Tem um baile na Mangueira, vamos até lá e no caminho a gente ganha alguém.

– Porra, Kadu, não sei se vou não.

– Vem comigo que está tranquilo, eu faço tudo e a gente curte o baile depois.

Ainda receoso, lá fui eu. Ao subirmos na motocicleta ele logo mudou o discurso, dizendo que iria emparelhar com alguém e eu faria a abordagem. Alegou que assim nossa fuga seria mais eficiente e ligeira. Era próximo da meia-noite e as ruas já estavam desertas, com poucas propensas vítimas a serem abordadas. A poucos quilômetros da Mangueira, um jovem trabalhador de mochila nas costas andava pela calçada quando Kadu indicou nossa suposta vítima:

– Enquadra esse aí, não tem ninguém olhando! Vai logo, enquadra! Já vai tomando a mochila e corre de volta pra cá.

A arma não tinha munição e pelo menos sabia que não colocaria a vida de ninguém em risco, mas ainda assim refuguei sem nem descer da moto. Por alguns segundos meu subconsciente falou mais alto e questionou aquela atitude marginal, ao indagar-me o motivo de apontar a arma para aquele cara.

– Kadu, não vou roubar ninguém não! Acelera e vamos embora!

Ainda que contrariado, ele pesou a mão no acelerador e resmungou por não termos concretizado o assalto.

Ao acessarmos os arredores da Estação Primeira, nos deparamos com algumas viaturas da PM abordando suspeitos, e dois jovens numa moto seriam alvos fáceis dos meganhas. Ao perceber que poderíamos rodar com aquela arma, ele rapidamente encostou ao lado de um quiosque e apressou-se em pedir ao dono para guardá-la. Logo em seguida entramos num baile na quadra e permanecemos por mais de uma hora, até a poeira baixar.

De volta ao Méier, meu parceiro insano ainda conseguiu tempo para aprontar mais uma das suas, quando, numa esquina próxima ao Mackenzie, um carro nos fechou e ele iniciou os xingamentos. Depois de uma breve discussão com o motorista, ousou puxar o 635, mas por sorte consegui conter mais aquela ação violenta.

Aproximava-se das duas da manhã quando chegamos de volta ao Espigão, numa noite curta e de alta voltagem.

Na labuta

Passado o contrato de um ano e precisei deixar a Vale, que tanto acrescentou-me profissionalmente. Meu convívio com os funcionários não poderia ter sido melhor e nos meses seguintes ainda estive a visitá-los.

Se de um lado a minha vida profissional fora interrompida, a do meu pai passava por constantes turbulências. Seus sócios no mercado venderam seus percentuais a um novo empreendedor, um desconhecido gaúcho, de nome Ademar. De sotaque arrastado num estilo camponês, demonstrava distinção e veemência nas suas atitudes, e logo não demorou para conquistar a confiança de Serafim. Contudo, o forasteiro sulista não trabalharia sequer um ano na sua nova empreitada.

Durante uma madrugada de domingo, um incêndio de enormes proporções atingiu todo o estabelecimento, restando pouca coisa. Todo o depósito, equipamentos comerciais, geladeiras, produtos do salão, tudo destruído. O lugar ficou completamente devastado, as paredes negras, caixas e mais caixas de mantimentos queimadas e altas cifras financeiras pendentes, enquanto o mercado não voltava a funcionar. Centenas de milhares de reais precisariam ser gastos para levantar novamente aquele lugar. Para isso, fora aberto o processo de indenização do seguro. Os meses se passavam e as dívidas se acumulavam, sem Serafim encontrar saída para aquele buraco sem fim. Sua vida chamuscava mais que as labaredas do mercado. Nome sujo na praça, conta bloqueada e um caminhão de dívidas com fornecedores, onde só o pagamento do seguro poderia salvá-lo. Durante as investigações, algumas pessoas foram intimadas a depor, e entre elas, Ademar. A princípio Serafim estranhara sua convocação, não sabia que estivera presente no local, porém, alguns depoentes o reconheceram e logo seu sócio se tornaria testemunha do incêndio.

Mais especificamente um morador da região o viu entrando no mercado naquele fatídico domingo, e a polícia tratou de pressioná-lo incansavelmente. Ao aprofundarem as investigações, os detetives ligaram seu nome a uma advogada com passagens por golpes do seguro e, acuado, sumiu antes de ser preso.

Na sentença, confirmou-se que se tratava de uma quadrilha que perambulava pelo Brasil em busca de dinheiro fácil. Ademar seria um mero laranja do bando.

Serafim ficara sem carro, salário, com o CPF suspenso e em busca de um rumo para sua vida. Andava cabisbaixo, moribundo, sua autoestima despencara e passou a desenvolver doenças ligadas ao sistema nervoso, como pressão alta e temperamento depressivo. Transtornado, certa vez cogitou tirar sua própria vida, pois só assim conseguiria eliminar os infindáveis problemas que acumulara.

Sua companheira Sylvia foi incansável para resgatá-lo do abismo, contribuindo financeiramente e até reivindicando um emprego com seu irmão Sydnei, onde fora bem-sucedida. Os negócios prosperavam e Serafim fora escalado pela administração da empresa e dos funcionários. Alguns meses depois, surgiu a necessidade da contratação de um auxiliar no escritório e o novo gerente logo convocou-me para assessorá-lo. Trabalhava apenas meio expediente e o salário não era dos melhores, mas o ambiente compensava pela diversão e o clima familiar.

O escritório funcionava num espaçoso casarão na Praça Onze, lugar humilde e um tanto quanto sinistro, com muitos sobrados velhos e apinhados de gente, além de oficinas mequetrefes, em plena região central da cidade. Era só mais um funkeiro entre eles e logo me entrosei com a rapaziada local.

Menos de um ano após minha entrada na Trialtec e uma nova oportunidade surgira na grande empresa de metais. Em uma das minhas visitas, meu ex-chefe Marcílio avisou-me que abriria novo processo de seleção para estagiário.

Estava decidido a voltar a trabalhar na Vale e para o cargo havia a necessidade de lecionar num curso profissionalizante, o que logo me fez correr atrás de um colégio que pudesse atender aos quesitos do processo seletivo.

Conforme sugestão de Marcílio, matriculei-me em processamento de dados, no colégio Wakigawa, reduto dos alunos menos estudiosos da cidade. Os que não deram certo em nenhuma escola encontravam no Wakigawa boa oportunidade de aprovação.

As notas exigidas eram acima de sete, e nem nos meus melhores sonhos poderia reunir um somatório de tantos bons resultados. Tinha a certeza que no decorrer do processo seletivo poderia ser bem-sucedido, contudo, aquele bendito boletim era um problema a ser superado. Durante a semana inteira, esmerei-me na elaboração de um projeto genérico que me garantisse as notas suficientes à aprovação. A fim de não forjar ter me transformado num *nerd*, mantive uma média pouco acima do exigido, o suficiente para não ser um obstáculo para mim. Ainda não existia *scanner* e as edições de imagens eram pouco acessíveis, o que fez o boletim ser aprovado sem qualquer desconfiança.

Como estagiário, teria mais responsabilidades, quem me assessorou e contribuiu com meu progresso fora o companheiro Nilson, que na minha primeira passagem, me substituíra como Menor Aprendiz. Éramos os responsáveis por dar suporte aos mais de quarenta computadores do andar, entre os renomados advogados e juristas.

Pouco depois de deixar a Trialtec, uma chance imperdível surgira no colo de Serafim, quando o ancião João Carlos o convidou para trabalhar na representação de equipamentos do segmento gastronômico.

Amigo de longa data, João representava a Gelomar Refrigeração Paranaense, das maiores empresas de refrigeração comercial do país, e seus diretores passaram a exigir um comprometimento maior do velho e cansado João.

Senhor quase septuagenário, exibia porte físico avantajado e muitos quilos excedentes, o que o deixava ainda mais limitado. Vez por outra, visitava Serafim na Trialtec e ostentava carrões e trajes refinados. João representava também outras duas empresas de menor porte, o que seria inviável para aquele senhor manter tantas atividades.

O convite não fora espontâneo e confirmou-se o velho ditado "amigos, amigos, negócios à parte". Com sua idade avançada e a saúde precária, a Gelomar percebia que em poucos anos seu representante não daria mais conta de viajar os longos percursos e atender assiduamente seus clientes, muito menos ampliar os negócios no Estado.

Serafim reclamava bastante da avareza do seu cunhado e não pensou duas vezes ao aceitar a proposta de apenas 10% de participação na Representação do sr. João. A partir daí, o sócio majoritário esquivou-se por total da labuta, deixando para o seu sucessor o trabalho pesado da empresa.

Galanteador da terceira idade, o senhor João passou a gozar de bastante tempo e dinheiro para dedicar-se às suas três mulheres extraoficiais. De idade mais avançada que o vovô João, dona Nícia, a titular, era uma autêntica burguesa de Copacabana, um tanto reacionária e elitista. Há muitos anos pareciam manter o casório por mera conveniência.

Após a exigência de um sócio, a Gelomar os obrigou também a instalar um escritório com uma pessoa exclusiva para trabalhar no local. Era tudo feito de forma amadora, a sede da empresa se restringia a um quarto no apartamento de João. E novamente meu pai acionou minha mão de obra familiar para trabalhar com ele, apesar do meu bom desenvolvimento na Vale.

O Brasil passava por um processo de desmonte proporcionado pelo presidente Fernando Henrique Cardoso e entre os bens comuns ao povo a Vale seria mais uma empresa lucrativa a ser rifada. Enquanto instituição pública interessava-me prosseguir, contudo, trabalhar para o capital não seria tão atraente para mim.

Por outro lado, as comissões do vovô João eram bastante convidativas, e com o decorrer do tempo poderia vislumbrar o espaço que em breve ficaria vago.

Meus primeiros trinta dias de trabalho se transformaram numa verdadeira odisseia, quando me apresentei na casa do meu novo patrão e precisei passar pelos ensinamentos da senhora burguesa. Chegava antes das nove e era obrigado a encará-la durante um dia inteiro. João deixava-nos a sós e zarpava sem hora para voltar. Além das tarefas profissionais, a megera conservadora passou a fazer-me também de seu *office-boy*, com autoridade:

- Preciso que você vá à rua pra mim, coisa rápida. Tem esses endereços aqui pra você dar uma passada. É só marcar o cabeleireiro, dar um pulo nos Correios, depois vai no mercado...

Ao perceber que ganhou um *office boy* a senhora praticamente deixou de dar seus badalos na rua, delegando a mim qualquer necessidade externa. Seus dias de ócio eram dedicados exclusivamente à pintura, filmes e carteado com suas amigas madames.

Conversei com meu pai sobre o sufoco que passava e ele logo tratou de me consolar, pois em breve aquela tormenta teria fim. Depois do teste de paciência em Copacabana, voltaria a frequentar os ares sinistros da Praça Onze, onde Serafim alugara um escritório vizinho à Trialtec, e eu seria o responsável por ele.

Caminhos legalize

Depois da minha contagem regressiva, seria hora de enfim gozar da liberdade prometida por meu pai. Atendia esporádicos telefonemas e anotava alguns pedidos, ninguém me mandava fazer nada. Com algumas anilhas de malhar, procurei me ocupar com outras atividades, que não fosse o trabalho.

No Espigão, não só o álcool fazia a cabeça da rapaziada, amigos como Feijão, Fred e Leandrinho experimentaram a *cannabis* e começaram a gostar mais do que hambúrguer. Um sentimento de curiosidade começou a aguçar meu interior, a fim de conhecer aquela onda e saber até onde ela me traria satisfação.

Era uma corriqueira festa no prédio e já passava da cota etílica que suportaria naquela noite. E como todo bêbado, tomei coragem e pedi para que Fred e Feijão me apresentassem a tal erva que tanto apreciavam fumar. Fomos até o terraço e chegou minha vez na roda, traguei o cigarro com pressão e minha cabeça girou sem sair do lugar. Tive certo medo de cair para trás e encostei numa parede para escorar-me, num momento cheguei a pensar que aquela combinação poderia estar sendo muito forte para um novato como eu. Depois do trago, estive alto, por vezes tonto, mas nada que alterasse demais os meus sentidos.

A fim de novamente testar os efeitos da *cannabis*, subi ao terraço durante toda a semana, onde tive a confirmação da calmaria que ela exercia sobre meus neurônios. Mente vagarosa, pensamentos vãos e crises de riso. Os primeiros baseados também me trouxeram certa sonolência e um leve incômodo sobre a cabeça. Depois fui entender que seria a chamada lombra. Por longos minutos, desligava-me deste plano a fim de dar um descanso ao pragmatismo da vida.

O terraço do Espigão era o ponto de encontro ideal para se queimar uma erva e viajar pelos arranha-céus da Zona Norte. Assim como o chá das cinco dos ingleses, a maconha tornou-se o motivo dos nossos encontros diários. Depois do expediente, seria hora de batermos ponto no poleiro e curtirmos a brisa sob divertidas e mirabolantes resenhas.

Na boemia, deixei para trás a vida dos bailes e os amigos funkeiros. Até cheguei a fumar alguns nos ônibus do *funk*, mas logo vi que aquela deixou de ser a minha onda. Minha mente pedia paz e sossego.

A tribo canábica no Espigão se expandia em larga escala, e além de Feijão, Leandrinho e Fred, somavam-se ainda Marcos *Manteiga*, Marcelinho e Narciso Gnomo. Alguns agregados também costumavam bater ponto no terraço, como Vinícius *Vini*, Dudu, Mauro, Mário *Modelo* e o Vitor *Pereira*, que moravam nos arredores e eram presença diária no *playground* dos maconheiros.

Minhas madrugadas passaram a ser mais leves e alternativas, quase sempre ao som do reggae de Bob Marley e outras bandas rastafáris.

No Teatro de Lona costumavam acontecer as *nights* mais frequentadas pela galera legalize. A grande lona de circo armada na emergente Barra da Tijuca representava ainda o velho e bom entretenimento por entre as dezenas de arranha-céus que subiam desenfreados no bairro.

Numa remodelagem do tradicional Circo Voador, os shows no Teatro de Lona eram conhecidos pela tranquilidade ao se fumar um baseado. Uma pequena arquibancada abrigava os maconheiros mais acomodados. Por vezes aconcheguei-me entre os degraus e só ergui meu corpo para ir ao banheiro e comprar cerveja.

Aos poucos, a garotada mais nova do Espigão começou a fumar maconha e nosso poleiro nas alturas passou a reunir um grande encontro de gerações. A tranquilidade do terraço passou a atrair também novos frequentadores, quando os amigos dos amigos começaram a invadir a colina edificada. Alguns eram bem-vindos e outros entravam na surdina, até a situação ficar insustentável. Por vezes, mais de uma dezena de maconheiros reunia-se no topo do Espigão, e todo aquele movimento levou os cagoetes a cogitar o funcionamento de uma boca de fumo entre os *playboys*. Logo meu nome passou a ser ventilado entre as bocas ferinas. Não demorou muito, e depois de alguns avisos os repressores do Estado passaram a dar corriqueiras batidas à caça dos perigosos maconheiros. Por sorte, tínhamos a simpatia de alguns porteiros que nos avisavam a tempo e podíamos abrir fuga pela escada.

Contudo, certa vez nossos olheiros não funcionaram e Feijão e Modelo não conseguiram escapar da varredura dos tiranos de farda. Numa situação um tanto constrangedora, foram levados a bordo de um camburão pelo simples fato de estarem portando *cannabis sativa*.

A busca por conseguir erva se tornou uma ação frequente, e fugir da polícia nos arredores da favela virou uma novidade um tanto desafiadora. Suas temidas rondas tinham como única finalidade a usurpação de dinheiro e da nossa maconha, a quem eles alcunham gansos.

Apesar dos contratempos, trafegar por estas áreas de uma cidade partida era para mim uma novidade um tanto instigante. Nas favelas, pude conhecer uma realidade dura, onde a escassez é rotineira e os direitos básicos são negados há décadas, tão perto e tão longe da minha realidade. Saneamento básico, segurança alimentar, educação primária e saúde pública, direitos que lhes são negados desde os primórdios da cidade, quando escravizados ocuparam as encostas sem qualquer reparação capaz de lhes dar dignidade.

O cenário de casas de tijolos, negros nas calçadas e crianças a brincar nas vielas trazia-me a imagem dos quilombos e senzalas, redutos de refugiados da barbárie escravocrata ocorrida em quatrocentos anos da nossa história. A ausência do Estado há quatro gerações acarretou em precariedade e pobreza entre a sua população, e o varejo de drogas se tornara uma atividade um tanto atrativa aos jovens.

Em meio às adversidades e à sensação de insegurança que a polícia lhes trazia, percebia que compartilhavam animadamente rodas de cerveja, carteado, churrascos nas lajes, ou simplesmente reuniões na calçada como extensões das suas casas. Em contraste com as armas pesadas, reinava um clima de descontração e sintonia, de gente resiliente que aprendeu a satisfazer suas vontades com o pouco que a vida lhe ofertara. De escassos recursos, estão dispostos a dividir o mínimo que têm. Nascido e criado no subúrbio, desconhecia por completo esse senso de coletividade da favela.

Perto de casa, frequentei muitas delas: Jacaré, Rato Molhado, Sampaio, Matriz, Mangueira, Tuiuti, Manguinhos e, vez por outra, o complexo do Lins, onde a erva era malhada e de baixa qualidade. Havia épocas de seca na cidade que eu e Giovanni *Gão* chegávamos a incursionar em até seis comunidades diferentes. A peregrinação pouco importava, ele também não tinha pré-conceitos com o cotidiano da favela e até nos divertíamos diante daquela empreitada sem fim.

Nas comunidades, via também uma grande quantidade de moradores usuários de drogas. Apesar do dinheiro escasso, o acesso à maconha e cocaína se torna muito próximo e a sensação de prazer das drogas logo seduzia os jovens em busca de liberdade e diversão.

Dentre as muitas incursões, algumas tive menos sorte e acabei nas mãos dos sanguessugas fardados, sedentos por abocanhar um ganso nas cercanias da favela. Diante da pressão em torno de um fichamento, o arrego se tornava a única opção de livramento.

Pelas bandas da Zona Norte, costumava ser bem-vindo nas favelas, contudo, longe do meu perímetro nem sempre fui bem tratado pelos varejistas.

Como jovens do asfalto, não tínhamos preferência pelo Comando Vermelho ou pelo Terceiro Comando, mas por uma maconha de qualidade. No Morro da Coroa, em Santa Teresa, com desprazer pude experimentar esse espírito de desconfiança que rondava a disputa por território entre as duas maiores facções do Estado. Depois de uma hora de busão até o Centro, Feijão e eu ainda precisamos encarar uma Kombi que nos deixou a duas quadras da favela, de onde seguimos a pé.

Passava das sete da noite quando adentramos a comunidade, um tanto escura e sombria. Algumas caçambas de lixo e duas barricadas indicavam que havíamos atravessado a invisível fronteira entre o bairro e a favela. Ao avançarmos para o seu interior, avistamos alguns jovens fumando maconha pendurados em balanços e gangorras, e, ao perguntarmos onde estaria a boa, começaram numa chacota sem fim, apontando para diferentes lados e gargalhando entre si. Ao perceberem que não ficamos satisfeitos com a resposta, nos rechaçaram e falaram para buscarmos a erva por nós mesmos.

Um tanto cabreiros, passamos a andar aleatoriamente à procura da banca, imaginando que certo momento encontraríamos um usuário que indicaria o caminho. Certa aflição pairava em nosso subconsciente, a impressão era de estarmos sendo vigiados por todos os lados, até que do alto de uma laje um vulto gritou na nossa direção, obrigando-nos imediatamente a parar:

– Aí vocês dois, encosta aí, estão indo aonde?!! Vou descer pra falar com vocês melhor!

A viela escura impedia que sequer víssemos sua fisionomia, ao se aproximar o sujeito subiu o tom de voz e aos gritos começaram as intimidações, mais direcionadas ao meu camarada de um metro e noventa.

– O que vocês querem aqui? Moram aonde?!

Feijão suava frio e gaguejava ao responder as perguntas daquele elemento macabro, ao perceber que tinha dificuldades em dialogar, entrei na conversa e fui direto ao ponto que ele queria chegar:

– Moramos no Méier e viemos buscar a maconha de R$ 5 que está rolando. Não tem aí não pra gente comprar?

Sem nem querer saber de dinheiro, o cara passou a endurecer ainda mais com Feijão e logo associou o Méier aos morros do Lins e do Comando Vermelho:

– Então vocês são do Méier ou do Lins, dos *alemão*? Aqui vocês não são bem-vindos não, pode ralando!

Com as pernas bambas ainda busquei coragem para responder-lhe à altura, demonstrando não ter qualquer associação com o tráfico da Zona Norte.

– A gente mora no asfalto, tem nada a ver com as favelas não. Somos maconheiros e só queremos pegar uma maconha boa.

Apesar de todas as minhas tentativas de negociação, ele expirava desconfiança e um ódio desmedido, e logo sentenciou a nossa debandada.

– Vão sair daqui agora! Pode saindo por onde vocês vieram! Vaza, agora porra!

Frustrados e cabisbaixos, saímos sem ao menos saber quem nos colocou para correr da favela, por todo o tempo o indivíduo manteve-se oculto sob a penumbra, um tanto medonho e pérfido.

Sem erva, voltamos de Santa Teresa numa profunda decepção. Tomamos um enquadro na favela, perdemos a grana da passagem, e gastamos a noite toda em vão.

O maconheiro deseja apenas fumar a sua erva e curtir a brisa, mas vê-se obrigado a alimentar toda cadeia de mercenários que mantém o comércio de uma planta a base de violência e da corrupção.

Na estrada

Minha vida passava pela prática de novos hábitos, ambientes mais calmos e com amigos mais rodados, entre eles, Dudu. Apesar de não morar no Espigão, era dos mais assíduos do terraço. Aos poucos, Dudu passou a me apresentar alguns lugares propícios para se fumar um baseado. Caminhar por entre a floresta passou a ser um refúgio um tanto prazeroso e libertário, quando podíamos nos desligar um pouco do Méier e das suas altas camadas de dióxido de carbono.

Os antigos hábitos de bailes e biritas davam lugar aos *becks* e à vida *in natura*, estava satisfeito com a minha nova fase, mas meus pais também notaram minhas mudanças e, ao contrário, demonstraram certa preocupação.

Interpretar uma dupla personalidade nunca fora o meu forte e, antes que viessem me delatar, preferi eu mesmo dar-lhes a notícia. O filho deles era um maconheiro verdadeiramente assumido. À minha mãe, tive apenas o trabalho de informá-la naturalmente, numa notícia já esperada. Há algumas semanas escutava indiretas suas e da sua prole. Numa noite de domingo, entrei chapado em casa e, ao ver meus olhos vermelhos, Rosa Maria olhou-me desconfiada e eu mesmo tratei de dar-lhe a notícia.

– Você deve estar percebendo que tenho andado diferente, é porque estou fumando maconha de vez em quando, mas pode ficar tranquila que não tem me atrapalhado em nada, pelo contrário, tenho trabalhado bem e feito mais esportes, além de frequentar outros lugares mais tranquilos.

Apesar de todo discurso naturalista-zen-esportista, ela deu uma engrossada e apertou-me de imediato, a fim de manter sua autoridade matriarcal.

– Tudo bem, vou acompanhar de perto se não está viciado mesmo nisso e não tem atrapalhado sua vida. Você também abre o olho para as drogas mais pesadas, como a cocaína. Tô de olho em você a partir de agora.

Os efeitos lentos da maconha em nada se aproximam à aceleração da cocaína, e esse era mais um tabu que precisava ser quebrado. Não tinha a menor intenção de experimentar uma droga que me fizesse andar açodado e um tanto paranóico. A porta de entrada da maconha é para o sossego, a paz e a tranquilidade da alma.

Em nossas rodas, Dudu empolgava-se ao falar de um lugarejo que havia acabado de conhecer no alto das montanhas. Poucos cariocas falavam do Sana, a não ser alguns viajantes alternativos que se isolavam em busca do frescor da serra, das cachoeiras e dos cogumelos alucinógenos dos zebus.

Embarcamos no busão para Casimiro de Abreu e Dudu sentou-se ao meu lado, falava pouco e tinha os olhos esbugalhados, o que logo me fez pressentir que havia dado um *rabisco*. Ao sentar na janela, pela primeira vez demonstrava prazer na viagem, e logo em seguida suas narinas se mostraram igualmente contentes.

Tão logo o motorista deu a partida e ele cutucou-me com uma nota de R$ 2 na mão, para que enrolasse e lhe devolvesse em seguida. Enquanto fazia o canudo, ele remexia um dos bolsos e logo saíram alguns papelotes de pó.

Do Rio a Casimiro, Dudu me acionara para incontáveis rolinhos, seguidos de aspiradas profundas. Durante mais de duas horas não tivemos o mínimo diálogo, sua atenção era estritamente para sua companheira ensacada. Conhecíamo-nos há mais de um ano, mas ainda não havia presenciado aquela saga do seu nariz afiado.

Os ônibus de linha que subiam até o Sana pararam de rodar às cinco da tarde e àquela altura já passava das sete, e logo precisamos encontrar alguma outra solução. Na singela Rodoviária uma única lanchonete permanecia resiliente, onde o balconista nos informou de alguns táxis ao lado que fariam a viagem. Depois de alguma insistência, conseguimos um senhor que aceitou os R$ 50 propostos, para enfim seguirmos em direção ao tal paraíso dos maconheiros.

A estrada escura e sinuosa não fora capaz de frear o nariz aguçado de Dudu, e ele seguia a me cutucar para ajudar-lhe na aspiração de pó. Num tom assustado, olhava para todos os lados, por vezes cheguei a testar sua paranoia e mostrei-me cabreiro com nada, e logo ele respondeu com olhares intrigados.

Depois de quase duas horas de pedraria e solavancos, enfim chegamos no calçamento do vilarejo longínquo. Uma grande praça na chegada à vila trazia um tom bucólico ao lugar, ainda cogitamos a parar num único boteco aberto, mas Feijão sugeriu que fôssemos direto ao *camping* do Caroço fincar nossa base.

Um riacho corria nos fundos do *camping* e o céu estrelado descortinava sobre nossas cabeças, o anfitrião era mais um degustador da erva e logo acendemos um charuto canábico que selou as boas-vindas.

Passados outros *beck*s, Feijão não aguentou a sequência e capotou barraca adentro. Dudu estava conectado em 220 volts e seu corpo jamais pediria descanso. Através de monossílabos, sugeriu que déssemos uma volta no vilarejo, e, apesar do pouco papo, resolvi aceitar sua ideia, quando depois das onze saímos a flanar pelas ruas de terra do lugar.

O vilarejo era um tremendo breu e certamente não havia nenhuma concentração de meninas que pudesse render um flerte. Andamos por algumas ruas desertas e na varanda de uma casa encontramos uma roda de viola com meia dúzia de hippies. Ao chegarmos na galera paz e amor, procuramos não incomodar o som intimista, evitamos os cumprimentos efusivos e em silêncio, oferecemos nossas cervejas como cartão de visitas.

A maioria deles passava dos quarenta, eram bem experimentados na estrada, e, sem cerimônia, trataram de entornar as duas latinhas, até retornarem para nossas mãos vazias. Os sujeitos alternativos fizeram-se de verdadeiros malucos, como se nada tivesse acontecido, e, sem meia palavra, logo zarpamos para longe dos malandros andarilhos.

Na companhia do meu brother acelerado, fui até o resiliente bar do lugar. Éramos os únicos frequentadores do boteco e Dudu mostrava-se com as narinas incansáveis, com idas ao banheiro a cada dez minutos.

Logo depois, dois argentinos surgiram em meio ao nada, iniciamos um portunhol tolerável, mas a língua universal eles passaram a falar com Dudu, ao descobrirem o que ele tinha nos bolsos.

Ao perceber todo o entusiasmo do trio, desisti de vez da madrugada e pedi a saideira, que me acompanhou a flanar pelas ruelas tranquilas do Sana.

Dudu cheirava demais, demonstrava imenso prazer em dar um teco, mas costumava nos alertar para não nos deixarmos seduzir pela cocaína. Segundo ele, a noite ficou pequena e os três só pararam no início da alvorada.

No sábado de manhã, Vini desembarcou do primeiro ônibus e juntou-se a nós no *camping*. Dudu estava praticamente pernoitado e ainda assim puxou um forte ritmo na trilha em direção às cachoeiras. Atravessamos alguns bonitos poços no caminho e ele seguia incansável, com a fixação em chegar às maiores quedas para nos apresentar o chamado circuito.

Ao pousarmos na cachoeira do Pai, nosso guia sequer nos avisou que estávamos no poço mais alto do rio, e, transpirando por todo corpo, atirou-se direto ao pequeno buraco, uns dez metros abaixo.

Ainda sob a adrenalina da caminhada, não permitimos o medo nos desafiar e saltamos em sequência, a fim de um encorajar ao outro. Do poço do Pai escorregamos por uma pequena greta e alcançamos um diminuto lago, onde fizemos uma parada até encararmos a próxima descida. Um lindo e grande véu como um escorrega natural nos convidava para deslizarmos sobre suas águas, e Dudu novamente nos deu as boas-vindas e lançou-se por aquela linda queda como uma criança que desce de um tobogã.

A solina da serra mostrava sua força e nem chegamos a visitar os zebus e seus cogumelos psicodélicos. Seria preciso chover ou serenar à noite para que brotassem os vegetais mágicos, e, durante o final de semana acalorado, acabamos por ter nossos planos frustrados.

A fim de suprir a falta dos cogus, os prevenidos amigos portavam alguns ácidos lisérgicos. Não tão naturais, mas tão bem-vindos quanto eles. Acontecia o meu batismo nas drogas alucinógenas e não me importava tanto a sua origem.

Acendemos uma fogueira no *camping* e entornamos algumas cervejas, junto com elas uns baseados, na companhia do anfitrião Caroço. O céu cintilante reluzia sobre nossa animada prosa e um misto de sensações aguçou os meus sentidos, quando minha mente se distanciou por alguns segundos, girou por alguns outros, e só depois retornou ao terreno do *camping*. Sentados sobre uma grande mesa, sorvermos dezenas de cervejas, a resenha animada estendeu-se durante toda a madrugada, quando meus maxilares já adormeciam dos risos intensos.

O LSD foi capaz de deixar-me por algumas horas ligado, por vezes era um tanto difícil manter-me inerte dentro daquele pequeno terreno, mas lembrar da noite anterior, logo me restabelecia à realidade pacata do lugar.

Eu, Dudu e Vini

Em meio à natureza, passei a buscar alternativas para manter meu corpo e minha mente sã. Ao conviver com amigos maconheiros, fui incentivado a praticar novos esportes e o surfe veio logo depois das trilhas. Morava longe da praia e a falta de um carro dificultava meu acesso às ondas, mas ainda assim comprei uma prancha meia boca do Yves *Meio Quilo* e, vez ou outra, conseguia uma carona amiga para dar minhas primeiras remadas. Com tamanha distância do mar precisei de alguns meses e muitos caldos para conseguir enfim deslizar sobre as ondas.

A maconha deixava-me hiperativo, sentia a necessidade de gastar a sua brisa, e logo depois comprei um skate *long board* para surfar no asfalto e não depender do percurso até o oceano. Na infância, havia andado de skate e precisei apenas adaptar-me à velocidade do *long*. Apesar da falta de técnica arriscava-me nas maiores ladeiras, e logo vieram algumas quedas, arranhões e até alguns pontos.

Estar em casa já não me dava mais prazer, não vivia à vontade como se preza num lar. Em diversos momentos flagrava as duas pessoas que mais amava falando do centro de umbanda ou de entidades, e o que teriam escutado em suas consultas ditas espirituais. Quase sempre estavam intrigadas. Um tanto questionador, passei a me opor sobre aquelas consultas obscuras, mas logo fui interpelado e fui vencido pela maioria.

Sem qualquer identificação em família, meus momentos alegres passaram a estar bem longe de casa, de preferência na floresta ou na praia, em busca de novos lugares e culturas.

À deriva

Réveillon de 1997. O próximo destino estaria traçado, Ilha Grande. Numa tal praia do Aventureiro diziam ter as melhores ondas da ilha, além de longínqua e selvagem. Por lá não havia casas para aluguel ou pousadas, apenas a possibilidade de dormir sob uma barraca. Apesar de exercer um trabalho não muito forçado, só pude sair no derradeiro dia do ano. Fred, Mário Modelo, Luciano *Lucca* e outros camaradas partiram com alguns dias de antecedência, e lá os encontraria para conseguir um teto.

Com minha prancha e uma mala gigante, carregava roupas, comidas, panelas e tudo que precisaria para uma semana de acampamento. Menos barraca. Depois de duas horas de estrada, zarpei na barca das dez da manhã, a última do ano. Ao descer no Abraão o trânsito de turistas era enorme, gringos por todos os lados e alguns jovens nativos com carrinhos de mão disputando os viajantes mais carregados de bagagem. Nas temporadas passadas, em Ibicuí, já havia conhecido a ilha, mas aquele grande movimento de pessoas, mercados, pousadas, farmácias e gringos não era bem o perfil da praia que estava procurando. Em total contraste com aqueles visitantes, dois jovens moradores me abordaram intrigados sobre onde eu iria tão carregado.

– Vai surfar aonde? Lopes Mendes?

– Não, Aventureiro.

– Mas você vai pra lá ainda hoje?

– Vou sim, tenho uns amigos me esperando lá.

– Se eu fosse você acelerava o passo, têm muitas praias pelo caminho.

Como autêntico forasteiro, achei que para alcançar a praia seria questão de algumas horas de caminhada, nada que não conseguisse percorrer até o final do dia. A fim de entender melhor o percurso, encaminhei-me até alguns barqueiros numa praça e poucos se mostravam dispostos a trabalhar no dia trinta e um. Segundo eles, o percurso duraria mais de cinco horas e não sairia por menos de R$ 150. Percebi que estava mesmo longe e precisava me adiantar, num mapa ao lado entendi que teria de cruzar boa parte da ilha, entre trilhas e praias desertas. Procurei informar-me sobre o caminho e segui pela principal ruela do Abraão, quando fui reconhecido por um dos carregadores de carrinhos, que me abordou instintivamente.

– Você não é o Bruninho, lá do Espigão?

– Isso. Ah, você é o Leandro, irmão do Lincoln?

– Aham. O Lincoln está com a namorada por aí. Vai ficar no Abraão?

– Estou querendo ir pro Aventureiro encontrar o Fred, você sabe para onde fica a trilha?

– Rapaz, o Aventureiro está longe, mas se você quiser, podemos ir até minha casa, você bebe uma água e dá uma descansada. De lá, é caminho para a trilha. Vou só fazer essa entrega aqui rapidinho. Depois a gente segue.

Leandro tinha quatorze anos e era um primo mais novo de Fred. Seu irmão Lincoln costumava frequentar os bailes com a gente no Méier, e algumas vezes ele esteve conosco no Espigão. Lincoln era um sujeito ingênuo e metido a piadista, quando apenas ele seria capaz de rir das suas tiradas. Seu estilo pueril o transformara numa figura marcante durante as resenhas no Espigão.

Menos falante, Leandro era um adolescente trabalhador, estava com o carrinho lotado, mas ainda assim parou para me dar uma mão.

Sua família estava morando na ilha, e depois de meia hora perambulando pelo vilarejo pude enfim repousar um pouco minha coluna e recarregar as energias. Sob a sombra da sacada, Leandro deu-me água gelada e indagou-me se estava certo de seguir adiante. Logo em seguida sua mãe chegara em casa, e, desconfiada, tratou de inquirir-me como uma verdadeira autoridade policial.

– Quem é você, está fazendo o que aqui? Para onde você vai com essa prancha?"

– Sou amigo do Fred e estou querendo encontrar ele e outros amigos no Aventureiro, marquei com a galera de chegar ainda para o réveillon.

Ao citar o nome da praia, a matriarca logo torceu o nariz e franziu a testa, dando-me uma espanada de imediato:

– Lá é lugar de maconheiros, malandros e *hippies*. Um antro de gente doida.

– Ah, eu quero encontrar meus amigos, surfar e acampar na beira da praia. Cada um que faça o que quiser por lá.

A senhora reacionária parecia não estar muito a fim de diálogo e logo procurou despachar-me, pois segundo ela, se acelerasse na trilha chegaria ao Aventureiro até o raiar do dia.

Ao perceber que seria *persona non grata* na sua casa, debandei imediatamente a caminho da praia de Dois Rios, a algumas horas dali. Ao contrário da sua mãe, Leandro se solidarizou comigo e cedeu-me uma garrafa d'água, além de acompanhar-me até a entrada da trilha que levava à primeira colina.

Ainda nos primeiros vinte minutos de subida, senti o forte calor sobre minha cabeça e um grande desconforto com minha mala gigante, era impossível acomodá-la em qualquer parte do meu tronco. A cada trezentos metros, precisava mudar de posição para aliviar o lado mais afetado, no intuito de ao menos minimizar meu sofrimento. Sobravam disposição e vontade de chegar, mas faltavam bons equipamentos para seguir numa só toada. No alto da montanha, deparei-me com dois *bikers* que demonstraram perplexidade ao ver-me marchando com a prancha e a mala pendurada debaixo daquela soalheira de uma da tarde. Alcançado o primeiro cume, pus-me a descansar sob uma sombra e, alguns metros à frente, vislumbrei a tão desejada descida. Por cerca de meia hora, acelerei no declive e sequer avistei a praia no horizonte, quando cruzei com um casal de caminhantes paulistas e procurei pegar maiores informações do que estaria por vir adiante.

– E aí, galera, beleza?

– Opa, tudo bem. E você, tranquilo aí?, respondeu o camarada.

– Mais ou menos, essa mala está matando meus ombros, preciso chegar logo em Dois Rios e dar uma parada. Falta muito até lá?

– Ih rapaz, deve ter quase uma hora de caminhada pela frente. Ainda mais você com esse peso todo.

O casal era experiente nas trilhas e estava bem equipado, com mochilões, sacos de dormir, barraca e botas para encarar aquele barro todo. Apesar do esforço físico, pareciam confortáveis com aquele excesso de bagagem nas costas.

Em pleno dia 31, minha cabeça era como uma nuvem de incertezas sobre o meu destino, até que o rapaz tratou de trazer-me à tona minha dura realidade.

– Você pretende chegar até aonde?

– Quero encontrar uns amigos no Aventureiro, não tenho barraca e preciso chegar até lá.

– Ih, *brother*, não quero frustrar seus planos não, mas se fosse você desistia da ideia e seguia de volta para o Abraão. Pela hora, você vai acabar passando o réveillon no meio da mata escura. Tem muito caminho pela frente e hoje você não consegue chegar nem se fosse levitando. Em Dois Rios, você não pode pernoitar, os moradores são bem conservadores e não permitem viajantes dormirem no vilarejo. De lá, você teria que seguir até a Parnaioca, umas três horas adiante.

– Caramba! Pela hora seria o máximo que conseguiria hoje então. Vou fazer isso que você sugeriu. Obrigado pela ideia.

Não tinha barraca e sequer uma lanterna, era um marinheiro de primeira viagem e não poderia arriscar após ser desaconselhado pelo mochileiro raiz. Como única opção, restou-me voltar com o casal para o Abraão e lá decidiria o que fazer para a noite da virada. Com boas prosas com o casal caminhante, a trilha de volta tornara-se leve e confortante, principalmente ao lembrar que evitei uma maior enrascada.

Ao chegar no Abraão sem teto, precisei retornar à única base que me restara. Ainda que não fosse das visitas mais aguardadas pela matriarca, procurei chegar com humildade e boa dose de derrotismo.

Na sacada da casa, ela no ato surpreendeu-se com o meu retorno, fixou os olhos arregalados em mim e logo indagou-me sobre aquela minha nova aparição:

– Oi garoto, o que você está fazendo aqui de volta?

– Pô, Dona Cátia, quase cheguei em Dois Rios, mas encontrei dois caminhantes que me aconselharam não seguir, porque poderia escurecer e ainda estar no meio da trilha, e estou sem lanterna. Fiquei com receio de passar a noite no mato, em plena virada de ano. Não tem condições de guardar minhas coisas aqui na sua casa? Vou passar a noite na rua mesmo, não quero incomodar não.

– Pode sim, tudo bem, meu filho. Deixa sua prancha aqui na varanda e a mala você coloca ali dentro, no quarto do Leandro. Quer tomar um banho?

– Muito obrigado! Eu aceito o banho sim, mas agora quero dar um mergulho e dar uma volta no calçadão. Vou deixar esse banho mais para à noite, pode ser?

– Pode sim, quando você voltar, fique à vontade.

O clima dos fogos de artifício e da chegada de um novo ano pareciam ter amansado o coração da matriarca, o que me garantiu um canto para pousar na Ilha Grande.

Leandro acabara de chegar e também se espantou com a minha presença, contudo, demonstrou certo entusiasmo e até guardou o carrinho para darmos uma volta na praia. O vilarejo estava repleto e o clima de festa já tomava conta dos bares do Abraão. Leandro era um adolescente maduro e trocamos boas ideias no caminho. Num clima de leveza e a certeza de uma estadia, encostei num bar e sorvi a primeira cerveja, para enfim comemorar as boas novas. Num frenesi constante as turistas embelezavam a orla do Abraão, e por lá ficamos em estado de regozijo até o início da noite, com mais algumas cevadas à mente.

Ao voltar para minha base provisória, pude finalmente tomar uma ducha e o ambiente festivo aflorou de vez a compaixão da Dona Cátia, que me indicou um canto no quarto do Leandro para esticar o meu lençol.

Numa breve aparição Lincoln despontou em casa, cumprimentou-me rapidamente e logo zarpou em seguida, para encontrar a namorada. O sujeito era do tipo caseiro e disciplinado e não passava uma hora longe da companheira.

Por volta das dez da noite, saí para aquela atípica virada de ano, as gatas bronzeadas e sorridentes já se apinhavam pela rua da praia e Leandro mais uma vez fez-me companhia, prometendo à mãe que voltaria até às onze. Apesar da diferença etária, aconteceu uma sintonia natural entre nós, sentamos no calçadão em frente a um boteco e a prosa era de risos e brincadeiras em torno de todo aquele fervo do Abraão.

Depois de apreciarmos as modas na areia, Leandro voltou para casa e encostei em frente ao boteco, onde as almas já se mostravam etílicas e eufóricas. Estava sem um amigo ou alguém próximo para trocar as boas novas, mas pela primeira vez fazia uma viagem sozinho e não seria aquele momento em solitário que abalaria o meu estado de espírito, livre e explorador. Junto a alguns caiçaras, sorvi meia dúzia de cervejas, de tão empolgados aparentavam já ter avançado ao ano seguinte. Abaixo de nós, a praia fora tomada por uma multidão de roupas alvas, do calçadão via muitos vestidos e semblantes femininos, o Abraão me surpreendia com tantas mulheres bonitas e disponíveis.

Com o aproximar da meia-noite, os fogos passaram a estourar com maior frequência, e na companhia de uma Brahma fui à beira mar curtir os últimos minutos do ano. Num ambiente mais florido, finquei as minhas raízes, procurando-me cercar de boas fragrâncias no ar.

Depois da contagem regressiva, uma euforia geral tomou conta da praia, entre abraços, felicitações, troca de amores e entusiasmo. Muito entusiasmo.

Ao não ter com quem confraternizar, permaneci por alguns minutos desconectado e num misto de meditação e embriaguez coube a mim desejar-me que o ano de 1997 fosse tão animado quanto aquele que se findava. Estava plenamente satisfeito com meus novos hábitos, e meu instinto era aprofundar ainda mais as incursões em meio à vida *in natura*.

Ao voltar ao plano real, notei uma pequena morena a me observar, seus cabelos cacheados davam um realce mais bonito ao seu rosto, por vezes me desligava e lá estava ela de novo a me olhar. Aos poucos, nossos olhares transformaram-se em sorrisos e sem qualquer palavra nos aproximamos e nos envolvemos num acalorado abraço. A fim de manter o clima cordial, desejei-lhe boas festas, e, ao encostar nossos rostos, escorreguei meus lábios ao seu sorriso e enfim selamos um beijo profundo. Depois disso, não desgrudamos por mais um minuto, tomamos algumas cervejas juntos e a noite transcorria num dos melhores cenários. Patrícia era uma gata paulistana e estava na companhia de uma amiga, que, ao perceber nossa sintonia, fora flertar por outras bandas.

A menina paulistana mostrava-se doce e ao mesmo tempo quente, e entre beijos intensos e amassos vorazes, convidou-me para dormir na sua pousada, a poucos minutos dali. Para quem estava desabrigado até poucas horas atrás, não seria nada mal desfrutar de uma confortável cama e ar condicionado na companhia daquela linda pequena.

Levitávamos pela areia até ela começar a procurar a chave em seus bolsos, revirou todos os seus pertences e descobriu que não estava mais com ela. Já acima do seu limite alcoólico não lembrava se havia deixado com a amiga ou se teria perdido na areia. Ainda voltamos e tentamos localizar aquela agulha no palheiro, mas o destino parecia não conspirar ao meu favor e minha noite perfeita duraria apenas durante alguns beijos e abraços. Numa última tentativa tentamos localizar sua amiga, mas ela parecia ligeira e já não estava mais nos arredores. Antes de nos despedirmos, ainda trocamos algumas carícias na praia, e próximo ao amanhecer, segui ao meu destino provisório.

Ao aportar em casa, Leandro já se arrumava para sair com seu carreto e ofereceu-me sua cama para dormir. O moleque era mesmo um tanto gentil e hospitaleiro. Ainda assim, consegui descansar por poucas horas, estava com o pensamento no Aventureiro e fui atrás de algum barco no cais.

Era o primeiro dia do ano e os barqueiros ainda se curavam da ressaca, ao ouvirem falar no Aventureiro logo torceram o nariz, e antes mesmo das suas respostas, já me resignei e procurei voltei ao meu teto no Abraão. Lincoln por acaso aportara em casa, aproveitei para contar minha estória triste e disse-lhe que precisaria de mais um dia de abrigo. Seu espírito boa praça logo se mostrou aflorado, e sem sequer consultar sua mãe deu o aval para pernoitar de novo no seu lar. Nosso encontro, mais uma vez, não durou trinta minutos, Lincoln era um sujeito apaixonado e seu rumo dependia para onde fosse sua namorada.

Leandro por outro lado voltou para casa e deixou seu carrinho de canto, convocou-me para bater uma bola e depois caminhamos até a praia do Crena, longe das manilhas de esgoto do Abraão.

À noite, meu encontro com a matriarca fora mais brando, quando ela se deparou com meus pertences no quarto e apenas confirmou se dormiria mais aquele dia por lá. Afinal, instalado eu já estava.

Na manhã seguinte despertei cedo disposto a chegar ao meu destino. O movimento de turistas na praia já era maior, a cabine de venda de passagens perfazia uma modesta fila e finalmente consegui uma embarcação que daria a volta na ilha.

Depois de uma saudosa despedida da anfitriã bipolar, embarquei na traineira e instalei-me na sua proa, um tanto leve e feliz. Diante de um mar manso, navegamos a poucos metros da costa, onde podia observar cada recorte da costa leste da ilha. Ao contornarmos o Farol dos Castelhanos, avançamos para o lado sul e nos deparamos com uma imensidão de mata atlântica, estendendo-se por longos quilômetros, sem qualquer vestígio da presença humana.

Enquanto cruzava aquele enorme percurso, pude entender a distância da caminhada que precisaria percorrer, o capitão anunciou que a ilha abrigava mais de uma centena de praias e quase cinco mil habitantes, a terceira maior do país.

O mar *flat* nos permitiu aportarmos no pequeno *deck* do canto esquerdo da praia de Lopes Mendes. Sua água azul turquesa e cristalina convivia em perfeita harmonia com os três quilômetros de areia infinitamente branca, onde repousei sob a sombra de uma amendoeira para incinerar um *beck* à vontade. Apesar de toda sua beleza e receptividade, não passamos muito tempo na praia, ainda teriam mais três paradas para contemplação e um bom trecho de mar a ser percorrido.

Pouco tempo depois de dar a partida na traineira velha de guerra, o capitão entrou numa pequena enseada e encostou na bela e diminuta praia do Caxadaço. Intocada entre rochedos, seu recorte é uma parada estratégica em dias de mares tortuosos. Do lado direito da praia, um riacho escondia-se por trás das pedras, e, a fim de desfrutar daquela fonte natural, subi para beber um pouco d'água e banhar meu corpo num refrescante poço. Com um cigarro no bolso, subi a costa e pus-me a apreciar do alto todo o encanto da enseada cristalina, e depois de um prazeroso salto, retornei nadando à praia, quando o barco já reunia os passageiros para zarpar.

Pouco mais de uma hora de viagem e enfim chegamos ao meu propenso porto seguro. No tempo em que os passageiros teriam para aproveitar, precisaria localizar algum camarada.

Ao lado do *deck,* alguns coqueiros davam um tom paisagístico junto ao mar translúcido, no fundo, a praia com parcas casas dava-me a impressão de realmente ser um vilarejo acolhedor.

Ao chegar na praia, não quis saber de nem dar um mergulho. Na esperança de encontrar alguém do Méier, passei a andar num labirinto de iglus e lonas plásticas, e com pouco tempo de busca finalmente ouvi alguém a anunciar meu nome:

– Faala Bruniiinho!

Numa sensação de alívio e felicidade, olhei por cima das barracas e vi Fred com sua cabeleireira loira, o sorriso largo e uma saudação efusiva.

Ao redor dele, um círculo de barracas formava a comunidade alternativa ZN no Aventureiro. Além de Fred, Lucca e Modelo, estavam também Toninho *Moleque* e o salva-vidas Bittencourt, com suas respectivas namoradas.

Alguns dias depois, Flavinho, Feijão, Raoni e Gão vieram da Parnaioca e estenderam seus sacos de dormir, abrigando-se também na rapaziada do Méier na praia.

Gão era o único deles que surfava e resolveu ficar de hóspede fixo da comunidade. As boas ondas quebravam a poucos metros do Aventureiro, na vizinha praia do Demo. Junto às pedras, se formavam perfeitas esquerdas, de onde dropavam os surfistas mais cascudos. Para um iniciante como eu sobravam apenas as marolas do *inside*, que me serviam para um ótimo treino.

O *crowd* no Demo era grande e logo Fred me apresentou a praia do Sul, deserta e com vários picos de surfe. O longo costão indicava o início de uma área de preservação ambiental para proteção da praia, de areias alvas e completamente selvagem.

Apesar de calouro no surfe, costumava passar algumas horas na água, a fim de praticar ao máximo todos os movimentos, como a remada, o golfinho e o *drop*. O bom preparo que obtive na natação ajudava-me também quando o mar subia, quando precisava encarar as ondas pesadas sobre a cabeça.

Depois de alguns dias instalado no conjunto habitacional praiano, Gão decidira voltar à Parnaioca para resgatar sua mala. Passara aqueles dias só com a roupa do corpo e os camaradas hospedados na praia partiram de volta para o Rio.

Serginho e Feijão disseram que a esconderiam debaixo de uma lona velha, a praia era pouco frequentada e, após o réveillon, poucas pessoas ainda a habitavam. Para a trilha um tanto longa, Gão pediu uma companhia e logo prontifiquei-me a ir com ele, a fim de desvendar mais alguns lugares inóspitos daquele éden fluminense.

Num bom ritmo inicial, logo cruzamos o costão e depois a praia do Sul, sob uma solina que assava nossos pés. Depois de atravessarmos a remota praia, adentramos num sublime corredor de manguezal conhecido como ilhote, fronteiriço com a praia do Leste. De água cristalina, podíamos ver os siris e guaiamuns apressados em busca do seu sustento.

Superado o mangue atingimos o início da segunda praia inabitável, por onde percorremos ligeiros os dois quilômetros de areia fina e macia, até finalmente alcançarmos a trilha da Parnaioca. Do outro lado, estaria enfim o nosso destino. Estávamos descalços e apenas de bermuda, nossa única garrafa d'água havia se esgotado e somente na Parnaioca conseguiríamos nos abastecer de novo.

Com força nas canelas escalamos as altas raízes iniciais, passamos por uma área pedregosa e quase no topo do morro a trilha se estreitou, surgiram gramíneas e alguns arbustos, até que nosso caminho ficou completamente obstruído. No alto dos nossos impulsos, nos vimos envoltos por uma infinda sequência arbustiva, sem nenhum sinal da trilha original.

Tentamos ainda dar meia-volta, ziguezagueamos por entre bromélias e sisais afiados, mas logo perdemos a esperança de encontrar a trilha de volta. Por entre tantos obstáculos, decidimos avançar morro acima, quando já somávamos alguns arranhões e cortes nos pés. Do cume, procuramos alguma saída aparente, mas não enxergamos qualquer clareira diante do nosso raio de visão. Por entre um espinhaço verde, começamos a descida entre trancos e barrancos, pelejamos por mais de meia hora e enfim atingimos a costa à beira-mar.

Ao pisarmos em terra firme, um horizonte azul nos trouxe um ar de esperança, no costão rochoso, fomos agraciados com um riacho fino de água cristalina, onde pudemos nos hidratar e lavar nossas feridas, que já não eram poucas. Ao voltarmos à nossa realidade, olhamos ao redor e a Parnaioca sequer estava à nossa vista. Havíamos parado na primeira metade da montanha e teríamos de contornar sua outra metade em direção à praia.

Nos primeiros metros da costeira avançamos sem maiores problemas, em alguns rochedos maiores precisamos fazer uma leve escalada, o que não chegou a ser um grande obstáculo. Pouco mais adiante, e uma enorme rocha vertical colocou nosso preparo físico à prova. Um paredão com mais de três metros altura surgiu diante de nós e por longos segundos não conseguimos encontrar uma solução para avançar sobre aquele rochedo. Num último recurso, tentamos voltar à mata para sairmos mais a frente, mas os espinhos afiados logo trataram de nos expulsar morro abaixo.

Sem qualquer opção no plano terrestre, sugeri ao meu companheiro a única maneira que enxerguei de escaparmos daquela enrascada:

– Vamos pular na água, Gão. A gente nada um pouco até umas pedras pequenas e quando as ondas derem uma acalmada, voltamos para a costa.

– Como isso, Bruninho? Será que vamos conseguir voltar de boa?

– Vamos nadando até encontrarmos um ponto tranquilo, só ter cuidado com os ouriços quando for subir nas pedras, a corrente está fraca.

Sem tempo para dúvida, lancei-me ao mar e dei rápidas braçadas até avançar uns dez metros para fora dos rochedos. Gão encorajou-se e veio logo em seguida, um tanto escaldado naquele recanto inóspito da costa.

Depois de nadarmos por uns cinco minutos, encontramos alguns pequenos degraus de pedra e aproximei-me para ver se algum ouriço submergia no vai e vem da maré. Ao perceber que teria condições de subir, aproveitei o embalo de uma marola e impulsionei meu corpo por entre uma pedra rachada, para enfim lançar-me para cima de novo. Gão vinha logo em seguida e também aproveitou o embalo para voltar à terra firme.

Depois do mergulho forçado, finalmente uma boa notícia para nossa empreitada: ainda que distante avistamos as areias desertas da Parnaioca, enfim uma luz no fim do oceano. Por outras duas vezes, nos deparamos com paredões gigantes e intransponíveis, nos jogamos novamente no mar e já avançamos sem sustos.

Ao chegar à praia, fomos recebidos por um cristalino rio de água doce desembocando no mar, emoldurado por bromélias, bambuzais e uma linda vegetação ao fundo, sem qualquer sinal de gente. Já não havia mais barracas e turistas, o desfrute daquele paraíso era somente para o nosso deleite.

Durante um bom tempo, mantive-me envolto e submerso sob o lindo lago, como num *spa* a céu aberto. Minutos antes de irmos embora, avistamos a lona velha já quase enterrada na areia, coberta por folhagens e galhos, e embaixo daquilo tudo, o fruto da nossa louca investida.

No início da trilha, nos abastecemos com uma fonte que descia direto da montanha, nos refastelamos por alguns minutos e preparamos nosso psicológico para encarar outra longa jornada. Com todo cuidado, procuramos nos manter atentos para não errarmos de novo a trilha, àquela altura a noite se aproximava e qualquer deslize poderia acarretar em passarmos a madrugada ao relento.

Dessa vez, a trilha da Parnaioca não dificultou a nossa vida e em menos de uma hora alcançamos o Leste, iniciando nosso périplo de volta pelos cinco quilômetros de areia fofa. Uma linda lua cheia despontava sob o horizonte quando enfim aportamos no costão, na sua companhia reluzente, caminhamos por mais meia hora até nossa desejosa chegada no Aventureiro.

No acampamento a despensa era limitada, não tínhamos opções de lanchonetes ou mercadinhos, além do dinheiro já ser escasso. Com a união dos nossos mantimentos costumávamos improvisar boas refeições, contudo, depois da primeira semana as guloseimas já haviam sido todas devoradas, restando apenas os mais básicos alimentos. De hábitos um tanto exigentes, de um dia para o outro passei a comer com gosto mingau de fubá, fruta pão, leite puro e pão de forma a seco.

O *camping* estava pago por tempo ilimitado e nosso tempo de estadia na ilha dependeria exclusivamente da duração da despensa. A *cannabis* era outro ingrediente indispensável no Aventureiro, enquanto o rango trazia sustento ao corpo, a erva mantinha nossa mente flutuante.

Os vizinhos de *camping* começavam a retornar para casa e passamos a receber todo o tipo de doação que nos ofertavam. Passadas duas semanas na praia e os únicos remanescentes do Méier seríamos eu, Fred e Modelo. Fazíamos de tudo para seguir a respirar o ar puro de uma vida regada a surfe, praia e *cannabis*. Nosso dinheiro minguava, mas nossa dieta cerebral era constantemente satisfeita. Através de alguns vizinhos, conseguimos uns baseados e quase chegamos à estaca zero. Com a grana do barco sacrificada, ensacamos alguns mantimentos indesejados e um par de botas largados para oferecermos ao capitão da traineira. Aquela sobra jamais pagaria pelos R$ 90 dos três, com boa vontade estaria quitada a passagem de apenas um de nós.

No meio da viagem, o Sr. Jair nos surpreendeu com a cobrança da passagem e encarregou seu filho galego de receber de cada passageiro, a fim de evitar lidar com caloteiros como nós. A nós coube apenas adiarmos o golpe, ao alegarmos que o dinheiro estava nas malas, guardadas no porão do barco.

Depois de três horas de viagem na pequena traineira, chegamos ao desejado porto de Angra. Jair liberou todos os passageiros e já com pouca paciência sua cobrança tornou-se um tanto ríspida:

– Cadê o dinheiro da passagem de vocês?

Sem qualquer resposta aceitável, olhamos uns aos outros e confessamos não ter a grana, mas algumas bolsas de comida e um par de botas para lhe dar em troca da viagem. Sua fisionomia caiçara logo se fechara, a testa parda franzira e os olhos esbugalharam, indicando que não estaria para brincadeiras. Em poucos segundos, sua raiva e indignação voltaram-se direto a mim, com um rasante na minha direção agarrou minha prancha com toda gana, a fim de levá-la embora. Estávamos à beira mar e por pouco ele não pula para o barco agarrado à ela. Enquanto disputávamos um acirrado cabo de guerra, meu algoz demonstrava-se cada segundo mais furioso, e seu filho pronto para zarpar com a traineira.

A fim de dar um desfecho naquela disputa acalorada, imprimi uma força maior e consegui puxá-la para mim, aumentando a ira do senhor caiçara. Jair esbravejava como um leão faminto, mas seu porte médio e o meio século de vida deixavam a impressão de um felino cansado de guerra. Ao perceber que na força não teria sucesso, partira ensandecido a fumegar e despejar palavrões pelas ruas de Angra. Num tom de ameaça, disse que chamaria a polícia, e logo em seguida delegou seu filho para ficar de sentinela até sua volta. O que seria fisicamente impossível. O guri era um adolescente que não passava dos quinze anos e, antes mesmo dele pular para fora do barco, pegamos nossas tralhas e saímos em disparada. O jovem russinho ainda tentou certa investida, gritou algo para arregimentar os pedestres, mas não fora ouvido por ninguém, restando apenas nos acompanhar com os olhos.

Com tantos penduricalhos sobre os ombros, nossa corrida fora um tanto prejudicada, e pouco antes da Rodoviária nos deparamos novamente com o insistente caiçara.

Ao passarmos pela esquina de um boteco, ele repentinamente despontou à nossa frente, e, na companhia de um mulato parrudo, voltara com feição ainda mais furiosa. O sujeito olhava as movimentações e sequer abriu a boca, enquanto Jair chegara disposto a receber seus R$ 90 a qualquer custo.

Num tom impositivo, voltou a dirigir sua ira a mim, minha prancha seria o único objeto valioso para o pagamento daquela custosa tarifa.

– Deixa a prancha agora para vocês saírem! A polícia está chegando e vai ser pior!

Com toda aquela insistência, comecei a suspeitar que poderia perdê-la, caso a polícia realmente chegasse. Por sorte, minha aflição durou poucos segundos, quando num passe de mágica Fred arremessou uma barraca ao encontro do caiçara duro na queda:

– Toma essa barraca e tá tudo resolvido.

Modelo e eu não entendemos bem de onde surgiu a tal barraca, só tínhamos uma velha e quebrada, e não foi ela a ser rifada. Depois de olhar superficialmente, o caiçara comprovou que estava com aparência de nova, e com certa relutância, finalmente nos liberou.

Agradecemos imensamente a Fred por ter nos salvo, mesmo sem ter a mínima ideia da origem daquela salvadora barraca. Aos risos, ele nos disse que a arrematou em nossa corrida repentina, ao catar nossos equipamentos ela teria vindo junto, esquecida por alguns dos mochileiros. Um inesperado presente e de grande serventia.

Passado o entrevero, embarcamos de volta ao Rio e, três horas depois, pisávamos novamente na terra da beleza e do caos.

Meu corpo admitia cansaço, mas a mente fervilhava de sentimentos felizes. Minhas companheiras de lar já dormiam e não precisei contar as inusitadas e enriquecedoras novidades. Ao deitar no travesseiro, lembrei que o paraíso existia e nem era tão distante assim.

Coceira, eu, Modelo, Gão, Raoni e Lucca

Nas asas da BR

Minha nova rotina passou a ser regida pelo desapego. Família, bens materiais ou estudos, comprometimentos duradouros passaram a ser renegados por mim. Meu modo de viver e de pensar contrastava por completo com a rotina das duas pessoas mais próximas a mim, mas ainda assim imaginei que com respeito e consideração, poderíamos ser uma família feliz.

Elas seguiam influenciadas por pais de santo, expunham aquela influência a todo tempo, e por vezes cobravam-me uma personalidade aliada com suas ideias umbandistas e capitalistas, o que passou a causar certo desgaste na nossa relação.

Questionavam sobre meus novos amigos, os ambientes que frequentava e o porquê de não ter a mesma ambição que elas. Achava um tanto estranho aquela falta de respeito às minhas escolhas, e logo passei a desconfiar que aquela intolerância estaria ligada com aquilo que pregava a atual autoridade espiritual. Fazia de tudo para evitar atrito e a cada dia passei a estar mais ausente da minha morada.

Não demorou muito e o Sana ficou associado à maconha e outras drogas para os caretas da cidade. Meus pais também ouviram falar sobre a tradição do vilarejo alternativo, e a cada viagem, preferia despistar, informando outro roteiro.

As micaretas e trios elétricos da Região dos Lagos já não faziam mais parte do meu cardápio, e o refúgio no Sana seria minha principal opção para o Carnaval.

Fred e Marcelinho eram meus antigos companheiros das empreitadas no axé e, por mais um ano, eles iam cumprir aquele calendário etílico em Arraial do Cabo, na casa de um tio de Fred. Aproveitei o ensejo e disse em casa que iria para lá também, com a cabeça nas aprazíveis montanhas do Sana. Desde meu primeiro encontro com elas, senti um enorme prazer em desfrutar daquela vida no campo. Do acordar à beira do rio ao aroma de esterco bovino.

De Ibicuí meu pai e sua esposa Sylvia evoluíram para uma casa de veraneio em Cabo Frio, e Serafim ofereceu-me uma carona até meu suposto destino. Marcelinho aproveitou a oportunidade e também fora conosco, desfrutando da boa vontade do coroa. Serafim entendia que a quinze quilômetros de mim, poderia estar perto o suficiente para saber sobre meu paradeiro. Ledo engano.

Agradeci imensamente seus préstimos e despedi-me em tom breve, despachando-o logo em seguida. A viagem para o Sana ainda seria longa e não poderia perder tempo.

Durante toda a tarde, encarei três ônibus e aportei em Casimiro pouco depois das cinco, quando o último busão acabara de partir. Por alguns minutos, rodeei o quarteirão da Rodoviária mas não detectei nenhum carro com perfil de frequentadores do Sana.

Indócil por chegar, enfiei os sacos de compras no mochilão e tratei de encarar os vinte e dois quilômetros de terra batida. Em meio ao desconhecido, mergulhei na estrada opaca emoldurada pelo barro, quando a luz do dia já dava seus últimos lampejos. Não tinha barraca e nem dinheiro de sobra que pudesse pagar uma pousada, a mais barata que fosse. Era a estrada ou pernoitar ao relento.

Alguns carros pingados traziam uma repentina esperança, mas quando passavam por mim sequer diminuíam a velocidade. Um mochileiro solitário não era muito bem visto por aquelas bandas.

Uma garoa fina chegou a ameaçar o prazer da minha caminhada, até que uma Kombi repleta de jovens me mostrou a boa e velha solidariedade da estrada. Em velocidade moderada, o carona pôs o rosto para fora e anunciou uma alvissareira notícia:

– Precisando de uma carona, está indo pra onde?

– Opa. Vou até o Sana, mas onde vocês me deixarem está ótimo.

Ao informar meu destino, ele imediatamente abriu a porta de correr e falou para entrar. O grupo de jovens ia para Barra do Sana, na metade do caminho, e já seria de grande valia.

Ao acomodar-me entre eles notei que suas brincadeiras eram ingênuas, quase pueris. Alguns segundos depois, entoaram alguns cânticos evangélicos e confirmaram as minhas suspeitas. Mostravam-se animados e efusivos para um Retiro espiritual, enquanto eu seguia em busca do meu refúgio mental.

Ao deixarem-me na Barra do Sana, alguns foram cordiais e procuraram me encorajar, desejando-me boa caminhada. A ansiedade e o impulso por chegar norteavam meu pensamento, a noite caiu e meus olhos não enxergavam cinco metros diante do nariz. Meus batimentos ligeiros ditavam também o ritmo dos meus passos, nem mesmo uma garoa fina era capaz de esfriar meu ânimo. Poucos minutos depois, algumas nuvens pesadas passaram a me fazer companhia, torci com fervor para conseguir um abrigo e fui agraciado por um novo motorista solidário, quando uma Brasília amarela piscou o farol e indicou que estaria disposto a contribuir com o caminhante solitário. Sr. Antonio era um agricultor da região e fazia aquele percurso diário para casa, sentei-me no banco do carona e iniciamos uma animada prosa, puxada por seu tom de curiosidade ao se deparar com um mochileiro àquela hora da noite.

O senhor camponês beirava os sessenta anos e dizia com orgulho cuidar de uma grande propriedade no meio da serra, com mais de uma centena de cabeças de gado e algumas monoculturas.

Ao chegarmos em frente à sua casa, informou-me que ainda faltariam cinco quilômetros para o meu destino, o que seriam plenamente caminháveis. Agradeci imensamente ao senhor sertanejo e mais uma vez pus o pé na estrada, com boa injeção de ânimo do meu novo amigo.

Sob o sereno da montanha, já conseguia contemplar o brilho das poucas estrelas que descortinavam no céu, o vazio e o silêncio da noite não me traziam a apreensão de outrora, e acompanhavam-me passo a passo rumo ao meu desejado destino.

O otimismo de estar próximo passou a tomar conta de mim, e a sinergia positiva logo se apresentou de forma mais concreta, quando um fusca, anos 1970, emparelhou comigo e sem nem mesmo pedir ajuda, uma voz feminina do carona agraciou-me com mais aquela surpresa inusitada.

– Está indo pro Sana?

– Estou sim.

Então vem com a gente, entra aí!

O diminuto carro estava repleto de bagagem no banco traseiro, perguntei onde me enfiar e o casal boa gente disse para me juntar àquela bagunça toda, por cima das suas malas.

A dupla de *hippies old school* não demonstrava qualquer apego ou delicadeza com seu material de viagem. Eram quase sessentões, diziam ter vivido a fase de mochileiros e agora cruzavam a BR a bordo do fusquinha.

A viagem durou pouco mais de vinte minutos e, com o sacudir da estrada de terra, poucos assuntos troquei com o generoso casal. Passava das nove da noite e, no bar da praça, meia dúzia de gatas alternativas davam as boas vindas da cidade, mas, em busca de um abrigo, fui direto ao *camping* do Bambuzal, onde possivelmente encontraria Gão ou *Now*.

Fernando Now era um camarada de Maria de Graça, bairro vizinho ao Méier, e mais um agregado do Espigão. Skatista, maconheiro convicto e jovem de classe média, virara artesão por opção e um convicto semeador da paz. Apesar de imerso no mundo urbano da Zona Norte, parecia quase sempre distante, ora física, ora mentalmente. Seu *boeing* e os diversos instrumentos musicais ajudavam-no a buscar sua inspiração, alheia ao bafo quente da cidade. Não tinha a menor intenção de conseguir um trabalho convencional e, para ganhar uns trocados, passou a fazer camisas e artesanatos, vendidos numa banca improvisada no Méier. Filho e neto único, tinha todo apoio da mãe e da avó, e dessa forma Now jamais cedera sua mão de obra ao capital. É preciso coragem para desafiar o sistema, e Now era um dos poucos entre nós a não querer envergar-se a ele.

Ao chegar no Bambuzal, notei um iglu rosa que seria um tanto familiar, assobiei na porta e lá estava ele, com a cara amarrotada e o sorriso estampado no rosto. Nem mesmo quando acordado, demonstrava mau humor. Tão logo despertou e pulou para fora da toca a fim de fumar um *beck* comigo.

Depois de tantas horas de estrada, pude finalmente sentir o suave frescor do orvalho das noites frias do Sana. Sentamos à margem do rio e degustei meu primeiro *beck* do dia, quase das dez da noite. A triste notícia que lhe dei foi por conta da minha estadia, que ainda estava em aberto.

Apesar de não ser a melhor das companhias para um cara solto no Sana, ele olhou-me de rabo de olho, deu uma leve risada e logo concordou em me dar abrigo.

O Carnaval no vilarejo passava e sequer percebíamos que estávamos na folia de Momo, que ditava o ritmo no litoral do Rio, entre trios elétricos e carros com o som nas alturas.

Gão também apareceu no Bambuzal e instalou sua barraca às margens do rio, onde aconteciam divertidas prosas canábicas. Nas noites tépidas do Sana o máximo que se via era um *reggae* improvisado na rua ou um forró tocado pelo resiliente bar da praça.

Independente do panorama da noite, Gão e eu éramos assíduos nos drinks e laricas, e na quarta de cinzas, nosso dinheiro também viraria pó. Reservamos apenas o da passagem do ônibus até Casimiro e de lá daríamos um jeito para chegar no Méier. Now era mais prudente e não esperou sua grana chegar ao fim, voltando para casa antes mesmo do Carnaval terminar.

Ao pousarmos na BR-101, combinamos de ficar na beira da pista, onde escolhemos alguns quebra-molas para facilitar a parada de um motorista cortês.

Depois de uma hora de poeira na estrada, nosso insucesso passou a me deixar preocupado, a noite estava prestes a cair e a jornada não se encaminhava bem para o nosso lado. Comover os carros em movimento não estava dando muito certo, sugeri ao Gão de partirmos então para outra frente de batalha.

Na Rodoviária, sentamos ao lado da plataforma e permanecemos desolados por longos cinco minutos, até que um ônibus vindo de Macaé despertou nossas antenas de sobrevivência. Enquanto os passageiros lanchavam, procurei sondar a lotação do ônibus, e uma senhora boa gente informou-me que ainda teriam alguns assentos livres, o que me deu um fio de esperança.

Sem muitas opções disponíveis, sugeri a Gão de nos infiltrarmos naquele busão, a fim de ver se a sorte finalmente nos contemplava.

O motorista já estava a postos quando subimos com os mochilões à tiracolo, sem a possibilidade de guardarmos no bagageiro. Duas únicas poltronas livres nos esperavam no fundo do ônibus, a fileira final abrigava cinco bancos seguidos e, além de nós dois, jovens amigos ocupavam as janelas, com um senhor de meia idade completando a retaguarda.

Pouco mais de cinco minutos de viagem e como um ser do além, surgiu o cobrador fazendo a contagem dos passageiros. Possivelmente entrou depois de nós e nem notei a sua presença. Ressabiado, passou conferindo bilhete por bilhete, sem dar margem para o erro. Pensei em sermos atirados para fora em plena BR ou na pior das hipóteses deixados na cabine policial mais próxima. Ao ver o conferente se aproximando, Gão resolveu bancar o espertinho e simulou um sono profundo, se dependesse dele seu cochilo duraria até a Novo Rio. O camarada do meu lado foi o primeiro a ser cobrado e de imediato mostrou dois bilhetes, o seu e do amigo na outra ponta. O senhor foi o próximo. Ao chegar a minha vez, os bancos da frente deram-me cobertura e com dois cutucões no companheiro ao lado, dei-lhe a entender que poderia salvar a nossa viagem. Enquanto fingia procurar na mochila, sem titubear, ele me entregou as passagens e, como num passe de mágica, fiz surgir aqueles preciosos papéis entre meus dedos, diretamente às mãos do cobrador. Mal sabia que haviam acabado de passar por suas digitais.

– Esta é minha, e essa outra do meu amigo aqui.

"– Certo, ok."

Para a nossa sorte, ele devolveu-me sem suspeição e voltou para a frente do ônibus, com a sensação do dever cumprido. Enfim estaria garantida nossa volta. Ao abrir os olhos Gão parecia sonhar acordado, quando dormiu no calote e despertou liberado. Minha sensação também fora de alívio imediato, como a de um pugilista salvo pelo gongo. Logo depois, agradeci imensamente ao jovem sagaz e tirei um relaxante cochilo, até o acender das luzes do busão.

Now teve uma partida precoce. Estivemos juntos em algumas outras viagens, o encontrava bastante no Méier e se tornou um grande amigo. Sua negligência com as coisas mundanas não o fez preservar sequer uma boa alimentação, comia frequentemente miojos, passava muitas horas sem alimentar-se e sua imunidade não esteve das melhores. Uma forte gripe transformou-se em pneumonia, seu quadro agravou e precisou ser internado às pressas num hospital. Depois de resistir por apenas três dias, seu organismo não suportou manter-se de pé.

Uma obra do destino permitiu ainda que Now germinasse uma semente no mundo, através de sua namorada grávida. Partida precoce e um tanto sentida pela tribo canábica do Méier.

Liberdade no pé de serra

Assim como meus hábitos, a trilha sonora da minha vida também passava por mudanças, processos de uma mente em constante ebulição.

Narciso Gnomo era um filho de nordestinos e também morador no Espigão. Tinha baixa estatura e portava uns óculos de lentes espessas, a cabeça chata e uma vida intelectual dedicada. Na infância, fora caseiro, pouco enturmando-se conosco. Nas raras vezes que ousou descer para o *play,* era sacaneado e pisoteado por Kadu e mais alguns moleques debochados. Algumas vezes estive entre eles, confesso.

Anos mais tarde, mais maduro e corpulento, demonstrou-se disposto a não mais levar desaforo pra casa. Vinha de anos de academia e anabolizante, e fora mais um a integrar a *hemp family* do Espigão. Com uma veia nordestina aflorada, Gnomo passou a falar sobre um tal forró que começara a frequentar na Feira dos Paraíbas, reduto de migrantes nordestinos que escolheram o Rio para tentar ascender na vida.

Achamos que seria uma viagem dele ou só uma forma de se dar bem com algumas nordestinas selecionadas que frequentavam a Feira. Gnomo insistia que brotavam gatas de toda Zona Sul e, metido a dançarino, dizia esmerilhar todas elas. Segundo ele, eram poucos forrozeiros de plantão, e quase todas elas maconheiras e alternativas, num ambiente alheio à luxúria e ostentação.

Depois de tanto insistir, finalmente escutamos os seus conselhos e fomos conhecer a tal feira dos nordestinos. Ao chegarmos num enorme largo em São Cristóvão, um infinito de barracas perfazia diversos corredores aleatórios, com comidas típicas, cachaças, discos de forró, *souvenirs*, carnes penduradas e todo tipo de tempero ardente do Nordeste. O forró eletrônico começava a explodir na cidade, e a maioria dos espaços eram reservados para os shows dedicados às bandas com guitarra, baixo e toda uma pegada eletrônica.

Contudo, no mais acanhado deles notamos um público diferenciado, as profecias do Gnomo pareciam ser mesmo certeiras. As meninas vestiam saiões finos e sandálias de couro, além de tatuagens ao longo dos corpos definidos, basicamente num estilo *neo-hippie*.

As cervejas desciam em sequência até Gnomo resolver nos mostrar a bebida que apimentava os corpos dançantes no salão. A Xiboquinha era uma pinga de cravo e canela com uma pitada adocicada que descia leve como um caldo de cana. Apetitosa ao paladar e um turbilhão para a mente. Meus dotes para a dança nunca foram dos melhores, e minha primeira empreitada no forró também não fora diferente, apenas observando como Gnomo e outros casais se soltavam no bate-coxa no salão.

O bailado de alguns deixou-me impressionado pela sintonia com que giravam entre si, faziam malabarismos e também dançavam um tal miudinho, conhecido como xote. A partir daquela noite, a Feira passou a fazer parte do nosso roteiro aos sábados e não demorou para me integrar ao reduto nordestino na cidade.

Algumas vezes faltava dinheiro, mas o forró de graça era um motivo a mais para não ficar em casa, e a Xiboquinha se tornava nossa principal opção etílica. No alto do meu teor alcoólico, batia a vontade de degustar algo e o que não faltavam eram laricas expostas para todos os lados. Com a cota baixa de grana, Gão e eu passamos a apelar para uma solução furtiva, nem tão franciscana.

Os estoques de queijo coalho dos ambulantes ficavam em isopores nas suas costas e enquanto um procurava puxar assunto ou comprar uma cerveja, o outro por trás surrupiava alguns espetinhos crus, sem a menor cerimônia. Diante de todo furor da feira, tudo acontecia e nada se via. Logo depois, escolhíamos algum outro barraqueiro distante e pedíamos para assá-los, dando um pequeno valor pelo serviço prestado. Os camaradas do forró diziam que, com um revés, receberíamos boa sessão de peixeiradas dos nordestinos *arretados*. Gente simples que varava a madrugada para voltar com o sustento de casa. Entretanto, qualquer surrupio para nós era verdadeira diversão, independente de quem fosse lesado. As doses de álcool contribuíam para subir o teor da adrenalina, e, junto com ela, nosso destemor.

O forró passou a se espalhar pela cidade e virou nossa principal opção aos finais de semana. Os amigos do Méier também se encantaram com o que viram e passamos a formar uma legião do Bronx no pé de serra. Àquela altura, ninguém resistia ao estilo musical ardente do Nordeste, a dança dos umbigos colados, dos braços entrelaçados e do cheiro no cangote perfumado. Ainda que não acontecesse um flerte ou uma troca de carícias, o dançar em harmonia e as tantas gatas no salão deixavam o ambiente sempre num astral animado.

Outro fator que nos atraía ao forró era a tranquilidade para se fumar *cannabis*. Em sua maioria, os eventos eram *legalize* e os frequentadores adeptos ou simpatizantes da prática de fumar um baseado. Ainda que fosse um consumidor precoce de álcool, a combinação da birita com *beck* não costumava fazer muito bem para mim, com essa mistura em larga escala, por algumas vezes passei do ponto. A mais dura queda aconteceu no Malagueta, em São Cristóvão, onde a tentadora Xiboquinha foi como um caminhão a me atropelar. Doce, suave, forte e alucinógena. Um tanto solto no salão, contracenei cenas cômicas e vergonhosas que só pude saber no dia seguinte. Meu cérebro sofrera autêntica perda total, os amigos diziam não saber se riam ou acudiam-me para me tirar daquela enrascada.

Ainda aos risos, diziam que cambaleei de um lado para o outro, tonto, incomunicável e sem direção. Consegui arrumar um princípio de tumulto com um *hippie* conhecido da galera e para piorar, abri o zíper da calça num impulso de dar uma mijadinha no canto do salão. Por sorte, logo fui contido por alguns amigos, que cientes do meu estado deplorável, acompanhavam de perto os meus passos. Por mais esforço que fizesse, não conseguia lembrar de nada do que aconteceu durante minha overdose etílica.

No boêmio bairro de Santa Teresa, aconteciam os dois mais atraentes forrós: o Lagoinha, panorâmico clube no alto do bairro, e a Quinta do Bosque, um casarão cercado de mata e muito astral. Nós forrós, o estilo era despojado, homens vestiam bermuda e camisa de malha e as mulheres roupas soltas e mini-blusas, no ponto para uma dança quente e desenvolta.

A entrada para os eventos era também um tanto fustigante, quando, ao chegarmos no clube, iniciávamos uma varredura nos arredores a fim de mapearmos as falhas na segurança. Gastar dinheiro nem sempre estava nos meus planos, e quase sempre no aperto, ou pagava a bilheteria ou bebericava algo.

Nos dois enormes casarões o que não faltavam eram entradas paralelas, e dezenas foram as vezes que para fugir das catracas escalei os altos muros ou embrenhei-me nas matas fechadas. O hábito de entrar de graça passou a ser não só pela economia de grana, mas também pela injeção de endorfina nas veias. O sentimento de ação e o drible nos sentinelas faziam minha noite começar de maneira ainda mais especial.

No Lagoinha não houve uma vez sequer que tenha despejado meus trocados nas mãos dos bilheteiros.

Nossa principal entrada alternativa começava por uma pequena floresta antes da chegada do clube, ainda no asfalto onde trafegavam os carros. A borda da mata aparentava ser um tanto hostil, mas, ao entrarmos no seu interior, mais parecia um bosque vertical. Quase sempre encorajado por algumas doses etílicas, galgava o morro com uma obsessão e destemor sobrenaturais; de início tateei o percurso, depois de algumas investidas, passei a atravessá-lo como um mero passeio no parque.

Nos arredores do salão, as margens da floresta eram ocupadas por homens de preto, e, sem nenhuma grade a nos separar, nossa entrada dependia apenas de alguns segundos de distração deles. Ao atravessar as fronteiras, misturava-me a alguns forrozeiros e corria direto ao bar, a fim de converter a entrada em meia dúzia de cervejas.

O verde e panorâmico gramado era um mirante aconchegante para boas rodas de *cannabis*, com grande parte da cidade sob os nossos pés. Assim como toda a atmosfera do lugar, as forrozeiras do Lagoinha pareciam ser selecionadas, o que trazia ainda uma maior harmonia ao ambiente.

Na Quinta do Bosque, o *jump* era sempre a melhor pedida. Havia pelo menos três entradas extraoficiais, e a mais utilizada era também a mais escancarada: um alto portão bem ao lado da bilheteria. Apesar de corriqueira, mantinha um aproveitamento elevado, e, enquanto alguns amigos se aglomeravam na fila pelo ingresso, eu e alguns camaradas em poucos segundos avançávamos pelo portão.

Certa vez, eu e Jorginho *Berlota* nos aproveitamos da parede humana para nos camuflarmos e nos jogarmos para o outro lado, em mais uma empreitada na surdina.

Berlota era outro morador da Zona Norte que dispunha de pouca grana e encantou-se com os atrativos do forró. Pequeno como eu, era também um grande esportista, fosse no surfe, no skate ou no *jiu-jitsu*. Mais ambientado com o lugar, joguei-me para o outro lado e senti um leve cheiro de fezes canina, até que alguns segundos depois deparei-me com um medonho *rottweiler* preto, pronto para surpreender os jovens sorrateiros. Ao ver-me naquela enrascada, procurei manter a calma e permaneci intacto no canto do portão, contudo, seu faro guardião o fez aproximar-se de mim e num bote ligeiro escalou com as patas dianteiras no meu peito, levando-me ao medo e à apreensão. Depois de me cheirar dos pés à cintura, o cão de guarda deu um impulso maior e esfregou a cabeça junto a mim, demonstrando carência e solidão. Demonstrava-se disposto a construir novos laços de amizade, e eu logo lhe forneci meu ombro amigo.

Depois da fase de apresentação, trocamos algumas carícias e o trouxe junto ao meu corpo, a fim de criarmos um laço de amizade. Por vezes abanou o rabo e mostrou-se um tanto eufórico, deixando-me bem tranquilo diante das mandíbulas afiadas do cativante cão de guarda.

Berlota seguia pendurado no portão a fim de ver que desfecho eu teria com o canino, e ao perceber que estava sob controle, logo despencou para o outro lado e foi mais um a brincar com o dócil mascote.

Num tom de despedida, recostei sua cabeça à minha perna e fiz alguns cafunés na sua face, ele retribuiu com mais alguns saltos sobre mim, umas lambidas nos meus braços e a certeza de ter selado uma inusitada amizade. Meu estado etílico desejava distrair mais aquele adorável animal, mas voltei a lembrar que o forró era minha prioridade e logo precisei deixar meu companheiro. Afagos à parte, precisávamos completar nossa missão. Ao avançarmos pelo terreno anexo, acessamos um gradeado de madeira e rolamos por debaixo de um pequeno vão para finalmente pisarmos no salão. A empreitada fora consumada.

Depois disso, o negão de quatro patas fez-me companhia em outras investidas. Reza a lenda que após apegar-se à pessoa, o cachorro é capaz de fazer o seu registro fotográfico e não se esquecer jamais. Confiante, até chamei outros *brothers* e apresentei meu amigo canino. Alguns riam de mim, mas aqueles que ousaram pular o portão puderam confirmar o quão companheiro era o *rotweiler*.

Outra invasão divertida e com uma dose maior de risco acontecia pela vila vizinha dos fundos, na fronteira com a comunidade dos Prazeres.

Diogo *Didi* era um amigo de infância do Espigão, também tomou gosto pela erva e passou a ser mais um a integrar a tribo canábica. Era mais um que vivia com a grana contada e tinha grande apreço pela liberação de endorfina, pelas cervejas e os chamegos no forró.

Era dia de grande evento e muitos seguranças faziam a proteção do casarão, rodeamos todo o quarteirão e fizemos a opção pela vila, a única passagem que parecia desobstruída.

Pelas escadas do pequeno vilarejo, descemos silenciosamente até a última casa, ao lado da grande murada que dividia os dois terrenos. Ao pularmos o muro em direção à laje, já avistamos alguns homens de preto na vigilância das cercanias, e a fim de driblá-los, pulamos para a casa anterior, na busca por um espaço livre para darmos o bote. Ainda no raio de visão dos seguranças, decidimos por escalar para outra casa, e outra, e outra... Com o teor etílico avançado, pulávamos os muros e grades como dois praticantes ligeiros de *Le Parkour*.

Durante o pique-esconde retrocedemos mais da metade da vila, mas, ainda assim, seguimos obcecados por darmos um desfecho feliz àquela árdua empreitada. Nossas atenções eram todas voltadas para o muro fronteiriço, e entre a embriaguez e a displicência, não percebi o vão da área de serviço e simplesmente pisei no vazio, quase desabando uns quatro metros abaixo. Com o sensor de sobrevivência ativado, pendurei-me com os dois braços nas extremidades e sustentei-me por alguns segundos, até Didi alavancar-me de novo para terra firme, onde pude respirar aliviado.

A investida já ia ganhando tom de despedida, quando, numa das primeiras casas, fomos surpreendidos por alguns latidos ao longe, que logo se tornaram mais próximos, e segundos depois, três vira-latas histéricos despontaram acelerados diante de nós, dispostos a enterrar de vez nossas pretensões.

Num curto espaço do terraço, avistamos uma escada de madeira com acesso à caixa d'água e alçamos nossos corpos para os seus degraus iniciais, pendurados cada um para um lado. Nossas canelas estavam a poucos palmos dos focinhos dos vira-latas, e eu, do lado de fora, logo alcancei o andar de cima. Didi precisou encarar os latidos estridentes dos cães e, logo em seguida, a enfezada anfitriã, que deixara o descanso do lar para averiguar se um propenso larápio subira no terraço. Seria fim de linha para o Didi.

Enquanto meu companheiro era levado embora, permaneci escondido na laje, e assim que abrandou a situação, voltei decidido a fazer valer todo aquele percurso insano.

Ao deixar aquele campo minado, lancei-me de espreita por trás do muro fronteiriço, mas antes mesmo de pensar em despencar para o forró, dois homens de preto logo anunciaram suas presenças, um tanto camufladas:

– Ei, homem-aranha, pode descendo! Daí você não passa não!

Sem qualquer opção de fuga, saltei para o outro lado e logo fui recebido pela dupla de vigias. Ao deparar-me com dois sujeitos um tanto amistosos, até tentei um pequeno arrego para deixarem-me pelo salão. Com meu pedido negado, sob a escolta dos dois, percorri todo o casarão e fui despachado no portão principal, onde esbarrei com alguns amigos que seguiam no caminho inverso.

Num misto de frustração e adrenalina, encontrei Didi com uma cerveja na mão e juntei-me a ele para digerirmos toda aquela peripécia. Pela primeira vez meu bolso sentia o desprazer de ser desfalcado para o desfrute de uma noite na Quinta do Bosque.

Viagens alucinantes

Depois de sentir o gosto renovador das montanhas, deixar a urbe era questão de tempo, tanto nos feriados quanto nas férias de final de ano. Lugares onde sentia o silêncio da minha alma em sinergia com o vigor da natureza. Pés no chão, no corpo uma bermuda e no meu interior uma alegria desmedida. Ao longo dos anos, o Sana tornou-se uma extensão das nossas rodas no terraço do Espigão, mas, ao invés da erva, nossos encontros giravam em torno dos cogumelos dos zebus.

Quase sempre subiam a serra Feijão, Dudu, Vini, Felipe *Topete*, Gustavo *Coceira* e Cidinho. Galera do Méier unida pelos cogus. Todo o ritual era de extrema descontração e felicidade, da colheita coletiva aos primeiros goles, e uma dessas congregações psicodélicas foi capaz de mostrar-me *in loco* a reação dos meus instintos aos efeitos dos vegetais lisérgicos.

Os primeiros raios da manhã refletiram nos bambuzais e nos deram o sinal para despertarmos das barracas. Com mais ansiedade do que fome, cada um engoliu um pedaço de pão e zarpamos rumo à caça ao tesouro. Além da tradicional trupe, somavam-se a nós Gão, Mauro e Vitor Pereira. Sob um ameno sol matinal, deixamos o vilarejo rumo ao caminho das Pirâmides, caminhamos durante uns vinte minutos por uma estrada de terra até finalmente aportarmos na fazenda dos zebus.

Com rapidez e desenvoltura, avançamos por entre o arame farpado e sentimos o gramado orvalhado e gélido, com dezenas de zebus espalhados pelo enorme pasto.

Dividimo-nos em pequenos grupos com sacolas plásticas e, com Dudu e Vini fui em direção ao alto do morro, onde alguns bois abrigavam-se nas sombras de uma dúzia de árvores. Antes mesmo de começarmos a subida, encontramos dois cogumelos frescos e Dudu os degustou na mesma hora, bebeu um gole d'água e esperou a brisa bater.

Por entre os bois, catamos quase duas dezenas de cogus e paramos embaixo de uma sombra para degustarmos um *beck*. À distância víamos os amigos em tom de comemoração quando encontravam uma boa safra. Ao voltarmos ao *camping,* contamos mais de cem vegetais colhidos naquela farta manhã. Os pedaços que sobravam ainda virariam um *brigamelo*, para quando a onda baixasse. Misturados ao leite condensado, seria a sobremesa dos mais resistentes.

No riacho do *camping,* nos reunimos no entorno de uma grande pedra para degustarmos nossas doses de energia lisérgica aditivada. Em pequenas talagadas, cada um entornou quase dois copos duplos, Pereira sentiu a pressão no intestino e chegou a golfar depois de uns goles mais robustos.

Em poucos minutos o imaginário passou a aflorar o meu interior, minha sensibilidade tornou-se mais aguçada e logo uma vontade desmedida de explorar o mundo, sob o desfrute daquela onda pujante. No caminho para a cachoeira, alguns já davam sinais de uma brisa latente, com pouco diálogo e mais introspecção, acelerados na trilha como bichos do mato em fuga da cidade. Num poço antes da Cachoeira Mãe, encostamos para um banho e por lá enraizamos. O ritmo acelerado deu lugar à alegria, seguido de infinitas crises de riso, com boa dose de euforia. Meu cérebro levitava numa alucinação que transcendia meus sentimentos. Com o passar do tempo, o gás dos amigos foi se esgotando, meu interior pedia por silêncio e reflexão, por uns instantes cheguei a considerar-me parte daqueles organismos vivos da floresta. As árvores se contorciam, pedras caminhavam pelo rio, podia sentir até o respiro das águas a bufar na minha epiderme. Numa imersão intimista viajei por um longo tempo. Ainda assim, permaneci com alguns *flashbacks* de lucidez e procurei curtir minha onda com um mínimo senso de localização. Na mais duradoura viagem alucinógena, segui ainda por toda tarde com um pensamento distante, entre a agitação do cérebro e a concentração da alma.

Durante dois anos frequentei mais assiduamente o Sana e os pastos dos zebus, e entre uma colheita ou outra, lembro-me de um ritual mais modesto, mas onde pude novamente sentir a força que tinham os vegetais lisérgicos sobre meu organismo.

Éramos só eu, Dudu, Vini e Feijão, e depois de poucas doses, passamos um dia tranquilo, de intensas risadas e baseados, entre banhos de rio, *camping* e algumas frutas colhidas no terreno. Brisa leve de pouco mais de duas horas que logo imaginei estar controlada. Feijão fora descansar e Dudu, Vini e eu fomos almoçar numa pensão ao lado. Mais veteranos e experientes com os *cogus*, meus companheiros demonstravam-se plenamente refeitos para degustarem suas refeições, já a minha sensação não era exatamente a mesma.

Enquanto nos servíamos na mesa *self-service,* percebi minha mente aérea e um tanto indecisa, o tom colorido das saladas dava-me a impressão de que estaria prestes a comer os organismos ainda vivos, o que me soou um tanto estranho. Precisei olhar ao redor e ver o prato dos camaradas para entender que os alimentos estavam prontos para serem ingeridos. Com movimentos leves e certeiros, procurei servir-me daqueles vegetais intrigantes, e, ao sentar para comer, tive a certeza de que algo estava fora do normal.

Meus talheres não conseguiam alcançar o alvo, as verduras e legumes se moviam e o meu prato parecia rodar, deixando-me um tanto desconfortável com aquela inalcançável comida. A fim de bancar o durão, procurei manter a calma e não comentei com os camaradas, que comiam num apetite voraz a fim de recuperarem as energias. Com o intuito de voltar ao plano terrestre, ousei algumas garfadas a esmo e aos poucos obtive maior sucesso, quando enfim consegui desafiar aquele *insight* e pude degustar meu almoço em doses homeopáticas.

Rapaziada do Bronx no Sana: quintal dos cogumelos

Perdas e ganhos

Numa família onde a harmonia não era habitual, a presença do meu avô até algum tempo significou para mim uma referência masculina, num misto de cumplicidade e confiança mútua. Contudo, seus últimos três anos de vida resumiram-se entre a cama improvisada na sala e alguns poucos momentos de ar fresco no quintal. Um grave problema na medula o fez penar por dolorosos anos. Todo esforço foi feito para aliviar seu sofrimento: cama hospitalar, cuidadores e até enfermeiros de plantão, o que lhe garantiu apenas a redução de danos.

Estava castigado pelo tempo e pela vida de luta que levara. Chegara ao país colonizado por seus conterrâneos com vinte anos, casado e com uma filha, numa longa jornada pelo Oceano Atlântico. Trabalhou em bondes, limpou carros, passou a comprar e vender alguns deles e, alguns anos depois, tornou-se um bem-sucedido dono de agência de veículos. Por quase duas décadas ostentou duas grandes revendedoras na Intendente Magalhães, avenida dos carros na cidade. A partir daí sua bonança aconteceu também entre as mulheres, quando passou a manter diversas delas.

Apesar de alguns flagrantes entre os familiares, sua reputação permanecera ilesa, sem qualquer dano à sua imagem de macho alfa provedor. Apesar de quase chegar à falência, aposentou-se vendendo uns carrinhos e garantiu o benefício da previdência à avó Julieta. O máximo que conseguira após anos de adultério.

Das últimas reuniões em família com o avô Gaudêncio

Após uma grave crise, foi internado às pressas e mantido em coma induzido. Já não lhe restava forças suficientes para reverter aquela adversidade. Depois de dois dias internado, seu coração deixaria de pulsar, chegando a sua derradeira hora, num merecido descanso.

Pela primeira vez obriguei-me a ir num enterro e a estar num cemitério. Era questão de honra fazer aquela despedida. Clima fúnebre, marcha desoladora, muito pranto e a paz de espírito de um sofredor que necessitava descansar deste plano terrestre.

Com a partida do avô Gaudêncio, meu convívio familiar tornou-se ainda mais distante, minha mãe e irmã passavam parte das suas vidas enfurnadas em terreiros de umbanda, e eu pouco queria saber das previsões infundadas dos seus supostos gurus.

De maneira mais contundente, passei a me opor àquela filosofia da adivinhação, porém, já não dispunha de qualquer credibilidade em casa, falava a esmo como se proferisse palavras ao vento. A falta de argumentos para justificar aquela devoção emergente era notória, e logo vinham os ataques com o intuito de enfraquecer minha moral.

– Quem é você pra criticar alguém, você é um maconheiro, drogado, só anda com quem não presta no Méier!

O fato de usar drogas começava a me colocar numa eterna afirmação do meu caráter, quando calado, já estaria no erro. Seria eu o marginal e elas as religiosas. Levantavam suspeitas sobre aonde ia parar o meu dinheiro e o que estaria fazendo nas madrugadas, artifícios banais que virariam trunfos para denegrir minha moral. Meus defeitos eram visíveis, de um jovem assíduo no uso da *cannabis* que todos conheciam, mas o delas acontecia na surdina, omitido socialmente e sob algemas invisíveis, além das relações obscuras. As diferenças e embates passaram a ser cada semana mais constantes, e o filho caçula logo passaria à condição de filho bastardo.

Numa discussão mais acalorada, percebi a matriarca em total descontrole, ao provocar uma briga risível sobre meus horários durante o final de semana, quando, muitas vezes, trocava o dia pela noite. O forró até o clarear do dia mudou naturalmente o meu fuso, e nada mais justo do que acordar já pronto para o próximo embalo.

Autoritária como em sala de aula, chegou disposta ao embate, esbanjando arrogância e abuso de poder:

– Por onde você anda nessas madrugadas que só chega de manhã? O que você anda fazendo por aí, tá usando outras drogas além da maconha?!

– Só fumo maconha e bebo cerveja, não tem nada demais aí!

E um simples questionamento logo se tornaria uma verdade absoluta, quando, em questão de segundos, iniciaram os ataques rasos.

– Seu comportamento está agressivo demais e você não fica mais em casa conosco! Só anda com esses seus amigos, que vida é essa que você está levando?! Você deve estar usando cocaína e outras coisas mais! Aqui em casa, não, pega as suas coisas e vai pra casa do seu pai!

– Não estou usando nada, você que está arrumando problema comigo e não é de hoje! Você está usando a sua casa pra me chantagear e me dizer como devo viver! Quero que se foda você e sua casa!

Estava cansado daquela corriqueira estória de amigos levarem-me ao fundo do poço, das acusações levianas e das constantes barganhas a fim de cercear meus passos. Apesar da certa dose de apego, percebi que minha relação familiar havia se esgotado. Não havia ainda completado a maioridade e ela demonstrava pouco se importar em me dar adeus.

Apesar de todo empoderamento, a matriarca não teve sequer coragem de olhar nos meus olhos, parecia envergonhada do que se prestava a fazer. Ao perceber toda a sua determinação, não vislumbrei qualquer possibilidade de defesa, restou a mim despedi-me do meu quarto e até da minha prancha, que precisei deixar para trás. Com a roupa do corpo e meu mochilão às costas, larguei todo meu vínculo com o Espigão.

Num sentimento de desespero e indignação, liguei para o meu pai e disse que precisava do seu abrigo, independente da sua aprovação. Às pressas, precisou ainda contar com o aval da sua companheira, para que me tornasse um hóspede em definitivo.

Na estação do Méier, encarei o primeiro ônibus para Cascadura e depois o 744, que me deixou no portão do Parque Residencial da Piraquara, minha nova casa.

Com um colchonete improvisado passei a dormir no quarto com Felippe e precisei dividir com ele o seu armário. Meu pai também teve suas prioridades divididas, quando passou a dedicar-se mais a mim e agradar-me com algumas benesses. Pela primeira vez, poderia desfrutar do seu cartão de crédito e da sua veia consumista num *shopping center*.

O espaço restrito em casa e a ausência de intimidade em família levaram-me à uma vida ainda mais itinerante, fazia de tudo para não absorver os problemas que me traziam, no intuito de apenas usufruir de uma vida leve e plena.

Durante um feriado prolongado, combinei com Felippe de irmos à Ilha Grande, mais precisamente ao Aventureiro. Felippe costumava pescar e mergulhar nos arredores da ilha, conhecia a maioria das praias, mas ainda não havia pisado na longínqua praia dos viajantes alternativos. Além da caça submarina, também surfava e se saía bem em todos os esportes náuticos, *natureba* e abstêmio, quase um *water man*.

Além de nós dois, Felippe levaria sua namorada Cristiane* e a irmã Carolina*, encaixando-se de última hora o hilário Ricardo *Tizil*. amigo da família de longa data. Tizil tinha trinta anos, aparência de vinte, e um piadista nato, com quem tinha boas resenhas. O surfe vivia aflorado nas suas veias, e a prancha e o copo de cerveja eram amigos inseparáveis.

Felippe tinha um carro pequeno e era bem cuidadoso com ele, e para adiantar o expediente, Tizil e eu partimos no dia anterior, rumo à casa de praia da sua família, em Mangaratiba.

Aportar na praia do Saco nos exigiu verdadeiro périplo pela Zona Oeste da cidade. Felippe deixou-me na casa de Tizil em Bangu e de lá pegamos três ônibus até finalmente chegarmos no bairro praiano.

Já passava da meia-noite quanto aportamos nas ruas vazias e silenciosas, caminhamos sem nenhum sinal de movimento até que, bem próximo à casa do Tizil, aterrissamos numa birosca que resistia de portas abertas. Na cadência de uma boa prosa, entornamos meia dúzia de ampolas e pousamos na cama mais de duas da manhã, num autêntico sono dos justos.

Felippe chegou na Praia do Saco antes das dez e nos apressou para entulharmos nossas bagagens no carro, a fim de aportarmos ainda de manhã em Angra.

Sua cunhada Carolina tinha um estilo alternativo e demonstrou animação ao me ver. Estava sem minha prancha e sem meus amigos maconheiros, mas um tanto agradecido pela oportunidade daquele novo acampamento na praia. Ainda no carro, Carolina comentou que gostava de erva e logo iniciamos uma boa sintonia. Portava alguns poucos cigarros e durante a viagem de barco enrolei o primeiro, a fim de uma maior aproximação entre nós.

Ao montarmos acampamento, chegara a hora da divisão dos tripulantes nas barracas, só tínhamos dois abrigos e Felippe com sua namorada já haviam reservado o deles. Caberia a mim abrigar Tizil e Carolina no meu iglu, numa hospedagem um tanto inusitada.

Passado o jantar, o casal se entocou e saímos para beber algo, a fim de contemplarmos a noite e fumarmos o digestivo na praia. Tizil não queimava erva, mas a brisa parecia estar no seu interior. Carolina acabara de alcançar a maioridade, era conhecida como a filha rebelde da abastada família de Laranjeiras, e mesmo com alguns quilos a mais, tinha uma beleza peculiar, com seus longos cabelos cacheados e um sorriso de covinhas cativantes.

As estrelas despontavam em meio a um céu nublado que durou todo dia, nos esticamos na sua canga enquanto Tizil fora pegar uma cerveja.

Sentados a sós, acendi um *beck* e antes de passar para sua mão acariciei seu braço em silêncio, sua pele se arrepiou e, num gesto brando, ela moveu a cabeça até mim e nos envolvemos entre olhares afetuosos. Ao perceber que os afagos foram bem aceitos, aproximei-me do seu rosto e finalmente pude sentir o seu beijo quente. Por longos segundos nossos lábios se conectaram, nos abraçamos e permanecemos com nossas epidermes coladas, a fim de desfrutarmos daquela boa sintonia.

Num clima romântico de dois pombinhos apaixonados, tomamos algumas biritas, nossa libido aflorou e despedimo-nos precocemente do nosso companheiro de quarto. Atento aos movimentos, Tizil permaneceu na praia e deixou o caminho livre para apetecermos nossos desejos.

Mal entramos no iglu e os beijos logo se transformaram em ações mais picantes, deslizei com as mãos sobre os seus seios rígidos e seus bicos salientes logo fizeram-me um convite a colocá-los na minha boca. Enquanto me deliciava com seus mamilos, nossos corpos esfregavam-se maliciosamente, até que seus sussurros demonstraram querer algo mais. Com as costas das mãos percorri todo o seu corpo e vagarosamente abaixei o seu pequeno short, sua calcinha era também miúda e cravada, e logo pude sentir sua pele macia e aconchegante. Não demorou muito e meu membro se pôs em ponto de bala, excitado e ereto.

Ao tocá-lo, Carolina desceu com os lábios do meu peito à minha cabeça rosada, sua chupada me levou às nuvens, e com o tesão a mil, enfiei a mão por baixo da sua calcinha e senti a sua boceta quente e melada. Em poucos segundos tratei de encapar meu guri ouriçado e pude finalmente deslizar sobre sua vagina. Por mais de uma hora, transamos como dois cães famintos. Carolina era mesmo animada e, minutos depois, capotamos sob um longo abraço, sacramentando um bom sentimento entre nós. Mais tarde, Tizil chegou da boemia e dormiu ao nosso lado, sem nenhum constrangimento.

Na manhã seguinte despertamos num clima de romance e passamos o dia na praia do Demo, onde Tizil e Felippe surfaram boas marolas. À noite, o casal ainda passou um tempo conosco no bar da praia, mas eram avessos às prosas etílicas, e pouco interagiram com a cultura de boteco.

A temporada no Aventureiro estava vazia e, antes da meia noite, o bar já ensaiava para fechar. Antes disso, saí à francesa com Carolina, a fim de escapar do nosso companheiro de cabana. Depois da noite anterior, a menina fogosa deixou-me numa enorme vontade de senti-la de novo.

Já estávamos num amasso fervente quando Tizil assobiou do lado de fora e avisou que queria descansar. Astuto, nem de longe tinha a intenção de empatar nossa transa. Ao entrar, fez questão de encostar na lona lateral da barraca e virar para o lado oposto, a fim de nos deixar mais à vontade.

Enrolados sob o lençol, nem a sua presença seria capaz de conter nossos impulsos. Rebolando devagar, ela me provocava despudoradamente, enquanto beijava seu pescoço ela desabotoou o short e deixou pronto para que eu terminasse de tirá-lo. Nossa preliminar esquentava deliciosamente enquanto esperávamos Tizil pegar no sono, ou pelo menos dar sinal de apagamento.

Em movimentos leves, deixei-a de calcinha e comecei a esfregar meu membro por entre as suas pernas, para logo depois encaixá-lo no seu apetitoso canal vaginal. Em câmera lenta fazíamos um sexo miúdo, ela mexia devagar, de ladinho e pressionava meu abdômen contra o seu traseiro. Sem muita cerimônia, passou a rebolar com mais pressão e eu devolvi com mais força. Carolina era insaciável e eu não negava fogo. Aos sussurros, pedia para penetrar com vontade, remexia seu traseiro em mim e gemia num volume cadenciado. Já sentia seu mel expelindo por sua vagina, a intensidade aumentava e de mansinho ousamos novas posições. A presença de Tizil já não constrangia nossos ímpetos, e apesar da nossa ação intensa, ele permanecia imóvel, como um objeto inanimado.

Depois da noite picante, nosso dia iniciou frio e distante. Sua companhia já não me era tão benquista, tinha vontade de conhecer gente nova e estar mais solto, o que me fez despistar pela praia e nadar um longo percurso, até perdê-la de vista.

Durante o dia, ela notou com desconfiança nossa relação. Meu amor platônico já dava sinais de desgaste. De noite, fui tomar umas com Tizil, a fim de ver as modas femininas.

Não demorou para Tizil confessar-me que esteve o tempo todo ligado enquanto transávamos na noite anterior. Sacana, ria e dizia que teve vontade de sentir a Carolina também. Eu achei graça e falei que não teria ciúmes se ela tivesse vontade. O machismo era corriqueiro e ainda mais danoso na década de 1990, e objetificar a mulher era só uma parte dessa autoafirmação masculina.

A fim de evitar a aproximação a dois bêbados machistas, Carolina se mostrou mais esperta e fora dormir com o casal sossegado. As mulheres têm muito a ensinar os homens machistas e hipersexualizados.

Diante de uma manhã nublada e o mar *flat*, Felippe e Tizil resolveram inventar uma nova atividade pela praia, ao iniciarem uma coleta de cocos e bananas na surdina, mais para o alto do morro.

Felippe gostava de escalar coqueiros e se prontificou a subir num dos mais altos entre eles, porém, depois de cortar um cacho sortido, a lâmina afiada passou do ponto e atingiu parte da sua mão, gerando apreensão em todos que estavam embaixo.

Com a mão ensanguentada, Felippe despencou do coqueiro e correu até o *camping* em busca de primeiros socorros. Por sorte, Cristiane era estudante de Medicina e tinha um kit sortido com anti-inflamatório, cicatrizante e atadura, amenizando um pouco sua dor.

Ao longo do dia Felippe demonstrou frustração e desapontamento ao ver-se limitado naquele paraíso. Durante uma volta no cais com Cristiane, soube da saída de uma traineira no final da tarde, e logo anunciou que partiria em pouco tempo, já dobrando as roupas e apressando a todos. Sem grandes opções, os outros tripulantes também decidiram retornar para casa.

Durante a arrumação da galera, contei os meus trocados e avisei que iria desgarrar da barca. Enquanto amontoava seus pertences, Tizil deu-me uma ideia de verdadeiro amigo, abrindo mão do seu mais precioso bem durante a viagem.

– Aí Brunão, fica com a minha prancha, aproveita essas ondas e me devolve quando voltar.

– Valeu Tizil, muito obrigado irmão! Pode deixar, vou cuidar bem dela aqui.

De uma hora para outra, havia recebido uma prancha emprestada, um cacho de bananas e alguns cocos frescos, sobrando-me motivos para estender minha hospedagem no Aventureiro.

Algumas incertezas ainda pairavam sobre mim, como fazer uma boa comida, com quem conversar quando estivesse só, e até sobre a erva, que era bem escassa. Por outro lado, vinha em mente o desapego da cidade e a oportunidade de descobrir-me como um ser autônomo e autossuficiente.

A traineira vinda de Angra trazia alguns mochileiros, e no vaivém do cais deparei-me com três bonitas meninas, suas fisionomias eram um tanto familiares, tão vistas por mim no meu cotidiano.

Graziela, Érica e Carol eram inseparáveis companheiras que costumavam girar pelos picos alternativos do Rio. Animadas e desinibidas, as três zoavam e enfumaçavam por onde passavam. Nos saudamos com alegria e entusiasmo e logo as arrebanhei para o *camping* comigo. O que seria uma despedida, logo tornou-se uma nova chegada. Por fim, dei adeus aos meus companheiros e voltei com uma nova e bela equipe.

Depois de se instalarem ao lado da minha barraca, saímos para a praia e passamos uma tarde canábica de longas risadas. Despretensiosamente, fui até um bambuzal no *camping* e confeccionei um *boeing natural*, para evitarmos o papel e mandarmos a erva direto ao conector de ideias. A empolgação com o *boeing* fez com que se tornasse nosso companheiro diário, o consumo aumentou demais e logo escasseou a erva das amigas. Com a baixa da *cannabis*, nosso artefato se transformou em moeda de troca para ganharmos algumas aspiradas dos vizinhos.

Com as meninas, aprendi algumas novas receitas e até preparamos alguns doces com os cocos e bananas do meu quintal. No Demo quebravam boas marolas sem ninguém na água, num clima sereno, quase celestial. De posses, não tinha nada, mas a rotina de sol, sal e mar já seria capaz de suprir minhas energias e meu estado de espírito.

Meu pai soube da extensão da minha estadia através do Felippe e, sem qualquer contato, passei ainda mais uma semana na ilha. Ao acabar nossos mantimentos, pegamos a traineira no início da tarde e, na Rodoviária de Angra, dei um longo abraço nas três, agradeci por toda a companhia e os momentos vividos entre nós.

Ao voltar para Realengo, minha estadia duraria pouco, Rosa Maria passou a me ligar insistentemente, e, num tom amistoso, marcamos um almoço para voltar às boas. Com certa desconfiança, ela perguntou sobre a maconha, meu trabalho e toda a preocupação de uma mãe distante de um filho.

Depois de alguns meses de negociação, ela finalmente deixou o sentimento materno falar mais alto e propôs que voltássemos às boas, pedindo que retornasse ao meu antigo lar.

Apesar de sujeitar-me às suas condições de anfitriã, deixei claro para que respeitasse nossas diferenças. Em nossa última conversa, prometi arrumar minhas coisas e voltar em definitivo em até uma semana, depois de conversar com meu pai. Minha estadia em Realengo chegava ao fim depois de pouco mais de um ano, entre novos convívios e muitos quilômetros rodados.

Devoção e rapinagem

Um tanto ressabiado, retornei ao Méier e a matriarca percebera que nossa relação esfriara, passamos a ficar menos tempo juntos e as duas seguiam em suas rotinas umbandistas. Dessa vez, ela procurou evitar o desgaste de implicar com minhas amizades ou sobre o meu paradeiro, seu precioso tempo estaria ocupado demais com as atividades espirituais.

A fim de evitar novos confrontos, passei a viver alheio àquela esquizofrenia e procurei absorver na rua o que a vida tinha de melhor a me oferecer.

Manoela vinha de um relacionamento frustrado com Leonardo, um cara de mais idade, independente, funcionário público e muito prestativo com nossa família. Incentivou-a estudar para concursos e, depois de algumas tentativas, fora aprovada em três ou quatro empregos públicos.

O relacionamento se manteve estável por cinco anos, mas como se uma voz soprasse ao seu ouvido, ela o pressionou por casar e ele não suportou ver-se acuado. Ao não ter sua vontade satisfeita, Manoela deu um pontapé em Leonardo e acabou com uma longínqua relação sem a menor cerimônia.

Em meio à turbulenta separação do casal, um novo momento de dificuldade aflige a vida daquele que seria o nosso porto seguro. Após exames de rotina, um pequeno cisto apareceu em um dos seios de Rosa Maria e fora constatada a presença de um tumor benigno. Em estado de choque, choramos copiosamente e nos abraçamos os três, selando simbolicamente uma maior união entre nós.

Nos dias seguintes, aquele tumor significou um grande transtorno em nossas mentes, até ela finalmente operar e fazer sua retirada.

Coincidentemente, o câncer de mama também afetara o organismo de Sylvia, contudo, em maiores proporções. Sua cirurgia aconteceu no mesmo período, mas num grau avançado, precisou ainda passar por delicados procedimentos pós-cirúrgicos. Penosas sessões de quimioterapia, perda de cabelo, limitação do movimento do braço e dieta rigorosa. Ainda assim, Sylvia mantinha um humor inabalável e uma vida bastante ativa, apesar da licença médica junto ao trabalho.

Com minha mãe, as restrições médicas foram mais brandas, ao ser somente impedida de realizar tarefas domésticas. Manoela e eu ficamos responsáveis por lavar louças, pendurar roupas na corda e outros afazeres básicos. Procurava fazer de tudo para agradá-la, a fim vê-la recuperada e evitar novos embates.

Entretanto, nem todos os préstimos seriam necessários para atenuar suas dores. A partir do seu período de recuperação, aconteceu também o seu maior momento de devoção. O profeta do momento atendia pela alcunha de Pai Joaquim, e logo passei a ouvir seu codinome diariamente em casa, por vezes aclamado como guru. Após a cirurgia e a boa evolução do seu quadro, Rosa Maria passou a justificar sua cura a ele. Além de guru, era também o seu médico espiritual.

Não demorou muito e Manoela também se encantou pelo vidente umbandista. Poder de sedução não faltaria ao guru garanhão. Pelos cantos da casa, já se falava em namoro. A futura sogra comemorava, e naturalmente fora o cupido entre eles. Leonardo ainda a procurava constantemente, mas as influências religiosas tiveram maior poder sobre Manoela, e logo se deu por vencido. O caminho ficara livre para o sujeito de dupla identidade.

Em pouco tempo, sacramentaram a relação e num almoço de domingo tive o desprazer de vê-lo pela primeira vez. De pele morena e a face larga, ostentava um cabelo escorrido e o corpo em forma de pera. Tinha ainda uma filha do seu primeiro casamento, e constantemente estava às vias de fato com sua ex-mulher na disputa pela menina.

Durante nosso primeiro contato, pouco nos falamos, o sujeito olhou-me de cima a baixo e não nos identificamos em praticamente nenhum assunto. Em pouco tempo, tornou-se frequência assídua em casa, e logo também uma referência em carne e osso, apesar da sua baixa instrução.

Depois dos primeiros meses de calmaria, o clima voltaria a ficar acirrado entre eu e a matriarca. Os meros afazeres domésticos tornaram-se motivos de conflitos diários, quando as duas pareciam testar minha paciência, a fim de verem até onde iria o meu limite. Alegavam que só queria saber de rua, maconha e noitadas, e com isso descumpria todo nosso acordo de cooperação mútua. Apesar de considerar risíveis aqueles argumentos, elas passaram a levar aquilo a ferro e fogo, e logo nos primeiros embates a professora autoritária mostrou que estava decidida a superdimensionar aquele assunto banal.

– Você não presta, não quer saber da família, de nada! Você tem que ser igual ao seu cunhado, ele é um homem de bem, um cara família, seja como ele!

Entre tantas discussões, o desfecho quase sempre tinha esse tom uníssono e um tanto suspeito, contudo, passei a afirmar minha identidade e pedia para que evitasse comparações, pois jamais seria um pai de santo como ele.

A maconha voltou a ser alvo das conspirações da dupla infame e, apesar de nenhuma delas ter vivido a rotina de um maconheiro, seus insultos e bravatas levavam a crer que eram grandes especialistas no assunto.

– Você vem com esse papinho de que só fuma maconha, mas eu sei que já está em drogas mais pesadas! Um cara inteligente, largado assim, no meio de drogados! Se orienta!

As forças ocultas que motivavam aquelas ofensas maldosas pareciam impedir uma amizade fraternal entre eu e minha família. Não demorou muito para o meu espaço novamente se reduzir, minhas atitudes cada vez mais questionadas e as companhias sempre denegridas. Mais uma vez via minha credibilidade ruir ao chão.

Aos dezenove anos, vislumbrei a possibilidade de tirar a carteira de habilitação e mais à frente via a possibilidade de comprar um carro. Alguns amigos já dirigiam, e passei a enxergar no carango a sensação de liberdade que almejava desfrutar. Apesar de cru na direção, precisei de poucas aulas para marcar a prova e ser aprovado. Através de um pecúlio deixado por minha tia, daria entrada num carro popular e meu pai se comprometeu a pagar as prestações.

Manoela também tinha carteira e seria beneficiária do carro, contudo, tomou frente do negócio e alçou-se a usufrutária, ao ir na concessionária e definir todos os trâmites burocráticos. Num sábado de sol, fui à praia e deixei o dinheiro em casa, e, ligeira, Manoela voltou na agência e sacramentou negócio, informando-me que o carro estaria liberado na semana seguinte.

Inocente, pensei no carro como um agregador em casa, um bem comum para nós três desfrutarmos. Contudo, Manoela e seu namorado não pareciam ter o mesmo sentimento. Em mais um dia de desligamento, Manoela sequer comunicou-me sobre a entrega do veículo. Junto com seu guru, fora fazer a retirada, e só neste momento, entendi que o bem não ficaria no meu nome. Sem cerimônia, sequer consultou-me sobre esta possibilidade, legitimando o carro como se fosse seu.

Nossos interesses eram distintos, e alguns dias depois já pude sentir o desprazer de estar em desvantagem dentro da própria casa. Ao combinamos de revezar o horário de utilização do carro, logo percebi que não teria a autonomia que imaginei ao pagar pela entrada. Os sussurros eram diários sobre as consultas umbandistas e comecei a perceber que meu nome era bastante ventilado nas sessões de descarrego. A fim de evitarmos novos conflitos, decidimos que de dia o carro ficaria com ela, e à noite comigo.

Não demorou muito e começaram a surgir invenções a respeito de avarias na lataria ou que fulano me viu embriagado dirigindo na madrugada, com o carro lotado de homens loucos aprontando na rua. Essas e outras conjecturas nefastas eram jogadas ao simples sabor do vento, acusações sensacionalistas que tinham o único motivo de deslegitimar minha conduta. Diziam estar preocupados com a minha integridade, mas não era bem o que corria como pano de fundo. Àquela altura, Manoela não só agia sob a influência de seu guru, mas também do seu namorado, amante e defensor.

O profeta fanfarrão tinha um Monza velho e não demorou para assumir a direção do carro zero apropriado por sua namorada. Ao nos esbarrarmos, olhava-me enviesado e entendia perfeitamente que aquela relação abusiva não soava nada bem aos meus olhos. Poucas vezes encarou-me frente a frente, quem é de mentira sabe quem é de verdade.

As especulações a respeito das minhas estripulias com o carro foram ganhando força até virarem afirmações convictas, de que corria risco de vida e teria o carro confiscado caso apresentasse algum novo risco na lataria.

O carro e meus questionamentos eram como um barril de pólvora prestes a explodir, e para evitar os embates, passei a me afastar de toda e qualquer rotina familiar. Entrava em casa apenas para a subsistência, nos finais de semana, voltava de manhã e convivia no contrafluxo das duas.

Aos poucos, as perseguições passaram a ser constantes, e para isso contavam com a legitimidade da matriarca, que outrora esbanjava retidão. Dentre tantas, numa discussão banal, ela demonstrara mais rispidez e arrogância, suas acusações levianas tinham um tom ameaçador, e apesar de rebater na mesma moeda, ela seguia decidida a acuar-me dentro do seu recinto.

– Você vai morrer se continuar dirigindo esse carro! Confisquei a sua chave e a partir de agora só a Manoela vai dirigir! Você é um irresponsável, só anda na madrugada e não está nem aí pra conservar o seu bem!

O discurso contundente e articulado de Rosa Maria quase me causou comoção, apesar de baseado em meras adivinhações.

– Da onde você tirou essa porra de ideia?! Tá maluca, de novo você querendo decidir sobre a minha vida! Não vou aturar essa porra mais não!

Autoritária, não admitia ser contrariada, e, para seguir com sua moral intocada, retrucou:

– Ou você convive com a gente sem o carro ou pode sair de casa!

Já prevendo esse malfadado destino, apressei-me em arrumar meu mochilão e segui a disparar minha metralhadora, contra ela e os interessados naquele bem em disputa. O apartamento explodia entre ofensas e xingamentos, àquela altura os vizinhos já haviam se acostumado com as trocas de farpas diárias.

Sem qualquer possibilidade de diálogo, juntei a maior quantidade de roupas e documentos e saí em disparada, expelindo ódio e revolta. Estava sendo perseguido e açoitado de casa sem qualquer motivo aparente, e, para descontar minha raiva, bati a porta com toda força possível, a poucos palmos do seu nariz. Era um domingo frio e modorrento, passava das nove da noite e jamais esperava deixar minha casa àquela hora.

Ainda nas dependências do Espigão, liguei para o meu pai e pedi seu consentimento sobre mais aquela estadia inesperada. Ciente dos nossos atritos, de imediato deu-me seu aval sem nem mesmo consultar Sylvia. Sem nem um baseado para me acalmar, acendi um incenso e saí a vagar em direção à estação do Méier. Caminhava aéreo pela Dias da Cruz quando esbarrei com Duda* Mãozinha, camarada do forró que morava em Del Castilho e passara a frequentar o Méier. Mulato alto, magro e esguio, tinha o braço direito encurtado fruto de uma complicação no parto da sua mãe. Seu braço diminuto não esticava e sua mão para dentro limitava seus movimentos. Ainda assim demonstrava equilíbrio e flexibilidade, jogava futebol com habilidade e dançava com desenvoltura no salão. Morador de um bairro cercado pelo Complexo do Alemão, Mãozinha tinha sempre um baseado para salvar e, pela rua mesmo, enrolamos um cigarro e acendi o meu calmante. Ainda pude desabafar um tanto com ele, chorei minhas mágoas e logo depois embarquei no 383, um pouco mais sereno.

De porta em porta

A segunda hospedagem em Realengo já fora de menor transtorno. Felippe conhecia as dificuldades de dividir o quarto e o consumo da despensa sofreria novo aumento. Durante a semana, jantávamos todos juntos e tínhamos boas conversas à mesa, contudo, de sexta em diante nem eu mesmo previa ao certo meu paradeiro.

Depois de juntar os cacos, seria hora de correr atrás do prejuízo gerado pela minha debandada forçada, principalmente em tentar reaver o carro, que ainda acreditava ser meu. Durante todo o sábado, tentei contato com Manoela e Rosa Maria e não tive nenhuma das minhas ligações recebidas, àquela altura elas tinham a certeza que seriam cobradas por sua apropriação indébita. Apesar de não estar no meu nome, as duas sabiam que não desembolsaram um tostão pelo carro, e já prevendo que teria dificuldades, lancei mão de uma chave de fenda e um alicate e fui atrás do que era meu.

Durante o périplo do busão, fui pensativo sobre todo aquele revés que vinha sofrendo, um misto de mágoa e ódio tomava conta de mim, e depois de uma hora cruzando boa parte da cidade, finalmente aportei no Espigão, disposto a vender caro minha derrota.

Um sentimento de justiça expelia pelos meus poros, subi a ladeira do prédio aos trotes, primeiro tentei a campainha, mas não fui muito bem-sucedido. Pelo olho mágico vi a sombra de alguém, que se negou a abrir para mim. Porém, arrombar a fechadura não seria novidade para mim, que tantas vezes perdi a chave e precisei apelar para as ferramentas. Em poucos minutos, desaparafusei o acabamento da maçaneta e com o alicate girei o bocal para abrir a porta. Do outro lado, a matriarca parecia não acreditar que eu estava violando seu apartamento. Histérica, tentava aos gritos amedrontar-me e conter meus ânimos, procurei evitar o embate e fui até os armários na tentativa de localizar a chave do carro.

Sem sucesso na minha busca, avancei a menos de um metro da sua face odiosa e olhei-a fixamente, com o dedo em riste fiz uma última tentativa de sair com meu carro dali.

– Cadê a chave do meu carro, porra?! Vou revirar essa casa toda e vou tirar ele daqui! É meu e vocês querem me roubar!

– A-a-as-as chaves não estão aqui, eles levaram o carro embora, não está na garagem!

Na tentativa de me frear, ela seguia com seu discurso engessado e um tanto manipulado:

– Você é um vagabundo, maconheiro, desgraçado! Quer me bater, é?! Agradeça a mim que estou salvando a sua vida te tirando desse antro de drogados! Você morreria se continuasse aqui!

Durante aquele pouco tempo, percebi que nada mudaria sua opinião, a trama estava muito bem plantada e naquele momento já germinava generosos frutos ao seu fatídico mentor. Sob revolta, mais uma vez saí esmurrando a porta, a única onde podia descontar toda fúria pela qual faziam-me passar.

Depois de toda gritaria, desci a escada aos pulos, rodeei a garagem na tentativa de encontrá-lo, mas eles realmente haviam dado um sumiço no carro.

A fim de valer minha empreitada, não me dei por vencido e num último impulso deixei o Espigão e corri até a rua Maranhão, onde morava a mãe do malfadado guru.

Sob suor e lágrimas, pousei na fachada onde imaginava ser a sua moradia, e, impaciente, cheguei de sola ao interfone:

– Aqui é o irmão da Manoela, você pode chamá-la e dizer que precisamos conversar.

Por certo, peguei a interlocutora de surpresa e ela não sabia bem o que responder, mas entendeu perfeitamente que não estava na sua porta para conversa fiada. Do outro lado da linha, sequer respondeu algo, restando-me a dúvida quanto a um possível encontro.

Não demorou muito para Manoela despontar no alpendre, olhando-me estupefata e ao mesmo tempo com certo desdém sobre minha visita surpresa.

– O que você está fazendo aqui?

– Vim pegar meu carro, cadê ele?

– Veio pegar o quê, hein? Se manca, você não tem carro nenhum. Nunca teve! A partir de agora nós vamos pagar as prestações e o carro é nosso! Você é um vagabundo, não merece ter porra nenhuma.

Seu tom de voz impositivo era um símbolo de fraqueza e medo, e sua metralhadora aleatória era só uma forma de ocultar sua pequenez, a fim de bancar a superior moral.

– Vocês são todos pilantras, vão trabalhar e comprar, seus filhos da puta!

Ao perceber que sua namorada passava por maus bocados, o guru mequetrefe surgiu na sacada e tentou me intimidar, a fim de não explanar suas falcatruas na vizinhança.

– É melhor sair da porta da minha casa se não chamo a polícia! Sai daqui, seu moleque!

– Não fode, seu arrombado! Vocês são dois ladrões, hoje estão saindo na vantagem, mas um dia a minha hora vai chegar!

Minha vontade era invadir aquela casa e encher a sua cara larga de porrada, contudo, depois de mais alguns segundos de bate-boca, percebi que não teria sucesso e saí diante de um ataque de fúria. Desnorteado, cabeça baixa, duas ferramentas na mão, em vagueio, sem direção. Um fardo pesado se alojava sob meus ombros e minha mente clamava por justiça diante daquela apunhalada nas costas.

A fim de desanuviar, voltei ao Espigão e encontrei Marcelinho e Fred, fumamos um terraço e saímos direto para o Malagueta, para ao menos findar a noite num pé de serra animado.

A intensa rotina de trabalhar longe de Realengo trazia-me grande desgaste, passava grande parte do dia esmagado nos ônibus, e a falta de uma sintonia familiar também pesava para eu não conviver em casa.

Marcelinho vez por outra abrigou-me no Espigão, mas não gostava de incomodar os amigos e preferia buscar outros meios para não ter que voltar para casa.

Um apartamento vazio, no primeiro andar, era sempre acessado por mim nas peladas de fim de tarde quando isolavam a bola, e, numa certa madrugada, resolvi parar pelo Espigão e experimentar aquele apê que outrora era ocupado pela linda morena Dalva. Voltado para os fundos do *playground*, não tive problema para escalar o cano de ferro e atingir a varanda.

A vidraça costumava ficar entreaberta, e, em menos de um minuto, tive um teto privativo. Com um blusão e outras roupas forrava o chão, minha mochila virava o travesseiro e por lá dormia sonos profundos, revigorantes para um sujeito embriagado. Ao acordar, tomava um banho e num instante estava no *play*, onde acontecia a disputada pelada da galera. Alguns engraçadinhos diziam que de casa já ouvia a bola rolar.

Outro lar que passei a abrigar-me foi o de Duda Mãozinha, no conjunto habitacional do PAM de Del Castilho, bairro envolto por favelas e de gente simples e necessitada.

As manhãs na Cohab começavam cedo com os funks e pagodes nas alturas, contudo, apesar da casa acanhada, estava sempre de portas abertas para mim. À época, o conjunto era vigiado por alguns moradores policiais que pretendiam formar uma milícia local, e fumar maconha só seria permitido na casa do Édson.

Senhor de quase sessenta anos, aposentou-se por invalidez do Exército aos vinte e dois, devido a transtornos psicológicos que já não o afligiam mais. Sujeito boa-praça, procurava ajudar a todos da comunidade. Durante muitos anos, fora usuário frequente de cocaína e de cachaça, constantemente era visto alcoolizado e largado pelas ruas do Conjunto. Seus vizinhos já haviam acostumado a resgatá-lo moribundo pelas calçadas. Além de ter perdido o convívio familiar, contou que certa vez perdera também todos os móveis de casa, e junto com eles, a dignidade.

As visitas ao lar do Édson eram diárias, grande parte dos jovens usuários da Cohab usavam o seu apê como o *point legalize* local. Era um sujeito solitário e gostava de ver a casa cheia, mas às vezes dizia-se sufocado e sem espaço para sua privacidade.

Entre os visitantes, havia também os estelionatários, "157" e os varejistas do tráfico. Excluídos do sistema de consumo, encontraram no Comando Vermelho a busca pela inserção na sociedade de mercado.

Nos seus pequenos redutos, viviam como reis, mas do lado de fora pouco desfrutavam de uma vida liberta. Alguns foram e não mais voltaram à casa do Édson. No Méier, a menos de cinco quilômetros dali, nenhum dos meus amigos largara a escola para portar um fuzil.

Dentre tantos, dos que fiz maior amizade fora João Grandão, sujeito alto e largo que, com seu porte físico avantajado, tinha por hábito caçoar de todos à sua volta. Mãozinha costumava ser o principal alvo dos seus ataques, quase nunca rechaçados. Além de todo seu tamanho, Grandão era respeitado também por sua atividade de portar um fuzil 762 durante as noites no Morro da Fazendinha. Num caso atípico, deixava seu prédio de classe C ao lado da Cohab e fazia a segurança do tráfico a partir das seis da noite.

Na favela era conhecido como um cara que não recuava para a polícia, passando a ter todo crédito junto aos patrões. Através dele podíamos conseguir qualquer quantidade de erva, e vez por outra passei a me aproveitar desse contato mais próximo com Grandão.

A vida nas trilhas e nos giros de *skate* trouxe-me um constante desconforto no joelho direito, com algum desgaste vinha o inchaço e a limitação dos meus movimentos.

Depois dos exames, um triste diagnóstico: rompimento do ligamento cruzado anterior. Pequena e tão importante membrana na ligação entre o fêmur e a tíbia. A cirurgia seria inevitável. Meu pai e seu sócio precisavam se preparar para minha recuperação, o escritório não poderia ficar descoberto e ele encontrou uma solução caseira para o meu lugar.

Sônia era irmã da Sylvia, mulata corpulenta, mais de uma centena de quilos, fala grossa e um coração respectivo ao seu tamanho. Beirava os cinquenta anos e estava desempregada há quase dois, com seu lado caridoso, Serafim logo pensou em Sônia para ocupar o meu lugar. O sobrepeso e a idade avançada eram dois grandes fardos para sua retomada ao mercado de trabalho, e ele também conhecia bem essas dificuldades. Por duas semanas, convivemos no escritório e pude lhe passar todas as tarefas que teria pela frente, com pouco trabalho, dividido por dois, meu ofício ficara ainda mais leve e prazeroso. Na mochila passei a carregar roupas para dois ou três dias e o escritório se tornou uma extensão da minha casa. A madrugada nos arredores do Estácio era sombria e temida, mas o lugar transformara-se no meu reduto e o seu cotidiano hostil não poderia me amedrontar. Na volta do forró, descia na deserta Presidente Vargas e seguia em direção à estação de metrô da Praça Onze, para depois imergir nas entranhas do bairro, por onde se sucediam cortiços e vielas. O caminho era vigiado por vultos ao longo dos becos e esquinas, e a fim de evitar um encontro inesperado, caminhava pelo meio da rua, logo passando a ser reconhecido pela rapaziada local.

No interior dos cortiços aglutinavam-se diversas famílias e bocas de fumo, em sua maioria esticas do Morro São Carlos, a poucos metros dali. Durante o dia, costumava comprar alguma coisa com eles, e logo ganhei a confiança de dois varejistas, tanto Adolfo, como DJ.

Adolfo era um sujeito marginal de boa índole. Quase dois metros de altura, parrudo, de pele parda e dentes faltando à boca. De longe, mais um vilão social. Após conhecê-lo melhor, compartilhamos alguns baseados no seu biombo e fui apresentado à sua mulher e filha. O tal vilão não era tão feroz quanto os muros do sistema induziam. Seu negócio era apenas revender drogas e ganhar o seu dinheiro, nem arma dizia portar. No passado fora carregador de carga nas montanhas da Serra dos Órgãos, curtia fazer longos percursos de bicicleta e logo nos identificamos em diversos assuntos.

Com DJ costumava comprar erva na porta do seu sobrado e, depois de algumas visitas passou a me convidar para queimar no interior do biombo. As tatuagens tomavam todo seu corpo e, além das expressões violentas na pele, fazia questão de afirmar-se como um sujeito sinistro e fora da lei. Em meia hora de conversa, era capaz de contar algumas peripécias no mundo do crime. Roubos a lojas, estelionato, tráfico de drogas, além da rotina no interior de uma cela. Era um az da vida bandida. Apesar de estar na condicional, demonstrava sempre disposto a planejar novas atividades ilícitas.

Sua mulher Nega era tão intimidadora quanto ele, quase sempre aos gritos atrás dos quatro rebentos. DJ era mais um que tachava-me de *playboy*, era dos poucos brancos a trafegar por aqueles ares e costumava estar de calça e mochila entre uma galera de vestes precárias. Por vezes, tentou captar-me em algumas atividades criminosas, mas logo percebeu nossas diferenças e desistiu de qualquer empreitada comigo.

Um misto de ansiedade e alívio tomava conta de mim, o tão esperado dia havia chegado, e, ao invés da incerteza de uma cirurgia, preferi apegar-me ao consolo de ter minha perna recuperada num breve espaço de tempo. Depois de uma breve internação, passei pela anestesia geral e, em menos de duas horas, estava de volta ao quarto, com a perna suspensa e enfaixada.

De volta à Realengo, passei a ficar sob os cuidados de Lica, que passou e me ajudar nas necessidades diárias. Marli era seu nome de batismo, mas Lica teria mais a ver com sua simpatia e cordialidade. Sorridente, prestativa e inquieta, era como um furacão a arrastar tudo pela casa. Desde o primeiro ao último dia de recuperação, Lica fora uma grande companheira, tanto para ajudar-me na alimentação, quanto para ouvir meus desabafos.

Durante quase trinta dias, passei pelo estaleiro em Realengo, e, junto dele, um longo período de abstinência. Há dois anos usava *cannabis* com frequência e jamais passara tanto tempo sem fumar um *beck*.

Nas terras quentes da Zona Oeste, não havia grandes opções de fisioterapia e meu pai sugeriu que passasse uma temporada na casa de Tia Sueli, no Méier, ao lado da clínica onde fui operado. Não gastaria dinheiro de condução e teria alguém por perto a me ajudar. Sueli era uma grande anfitriã e, antes da sugestão de meu pai, o assunto deve ter sido acertado entre eles. Seus filhos Gustavo e Raquel eram ainda guris, João passava grande parte do ano fora em sua vida de marinheiro, achei então que poderia ser uma boa companhia à aquela cordial família.

Raquel cedeu-me sua cama e passou a dormir com sua mãe, os três demonstravam estar bem felizes em poder contribuir comigo com casa, comida e roupa lavada. Sueli dava todo suporte para o desenvolvimento de suas crias, e, além de se destacarem entre os melhores alunos de um colégio de freiras, faziam curso de inglês, judô e natação. Uma criação à base de compromisso e força de vontade, que certamente os levaria à boas posições no futuro.

Com o auxílio de uma linda fisioterapeuta balzaquiana, minha recuperação aconteceu de forma rápida e prazerosa. Em pouco mais de um mês, vi-me livre das desconfortáveis muletas, o que já fora um enorme passo para minha volta ao cotidiano.

Ainda em abstinência, meus primeiros passos levaram-me diretamente ao Espigão. No terraço, encontrei Feijão e Leandrinho a contemplar a paisagem suburbana. Quase dois meses se passaram e pude novamente levar minha mente a passear.

Numa segunda visita ao mirante, combinei de encontrar Mãozinha e pedi que resgatasse R$ 10 de maconha para mim. Com direito à passagem gratuita, costumava badalar pela cidade para ver os amigos e tirar uma graninha por fora. Com duas servidas trouxas de R$ 5, voltei para casa abastecido, depois de tanto tempo recluso.

Sem armário na minha casa temporária, restou-me entocá-las na minha pequena mochila, emboladas entre meia dúzia de roupas.

Era uma quinta-feira e, apesar dos movimentos limitados, sentia-me mais solto, a fim de reaver os amigos, o forró e as forrozeiras. Na resenha do terraço consegui a carona de Feijão para o forró do Balroom, e, de lá, voltaria a dormir no escritório, sob o consentimento relutante de Serafim. Tia Sueli também não se mostrou muito favorável à minha saída, mas não tinha por hábito ter minha liberdade tolhida e logo fiz-me de desentendido.

Antes de sair, peguei uma das trouxinhas e guardei a outra de volta, observado por Gustavo da entrada do quarto. Tinha pouco mais de dez anos e era curioso por natureza, uma criança bastante astuta e observadora. Ao chegar no escritório, passava das quatro da manhã, expelindo álcool e cansaço.

Sônia chegou às oito, e, ao perceber meu sono profundo, deixou-me descansar à vontade, pois também gostava de uma cerveja em abundância. O telefone também colaborou e poucas vezes tocou, mas umas das ligações seria exclusivamente para mim, e o tom não muito amistoso.

Com a mente vagarosa atendi a tal ligação, meu pai queria falar comigo e o assunto não seria nada profissional. Com voz de descontentamento e um tanto constrangido, disse-me que Sueli teve acesso à minha trouxa da Fazendinha, e logo imaginei ter vindo das mãos do seu inquieto filho. Não soube detalhes do diálogo entre eles, contudo, Serafim fora curto e direto na sua última mensagem:

– Quando chegar lá, pega suas coisas e volta pra Realengo.

Ainda tentei me desculpar, procurei explicar que não facilitei com o flagrante, mas nada romperia a sua sensação de desgosto ao ver-me saindo pela porta dos fundos. O garoto que eles tanto gostavam era um usuário de drogas e decidiram que naquele unido lar eu não poderia mais estar. Em meio à ressaca e à tristeza, passei um resto de dia amargo, quando enfim fui ao encontro da Tia Sueli e seus filhos. Ao findar da tarde, toquei a campainha com as desculpas decoradas à mente, disposto a encurtar aquele constrangimento.

Ao abrir da porta, lá estavam os três. Diante das suas faces moribundas, não consegui encontrar palavras que expressassem aquela despedida, antes mesmo de me pronunciar minhas retinas encheram d'água e procurei dar um abraço em cada um deles, para logo depois todos cairmos no pranto. De cabeça baixa, apenas soletrei um "muito obrigado", coloquei a mochila nas costas e, consternado, retirei-me. Após um mês de uma agradável hospedagem, restaram-me três minutos para uma melancólica despedida.

Roda, vida

Passados alguns anos de vacas magras, a vida financeira de Serafim passaria por uma ascensão meteórica. As fábricas para quem trabalhávamos resolveram dispensar o majoritário João, contemplando-lhe uma polpuda indenização pelos serviços prestados. O velho de guerra João precisava mesmo descansar e a única forma das empresas o verem longe seria sob uma considerável quantia. Suas cifras passariam dos três dígitos, o que lhe foi muito bem aceito.

Depois de uma comunicação formal aos clientes, João fora colocado de escanteio e meu pai passou a ocupar o seu cargo. E logo Serafim deu a entender que eu ocuparia o seu. Para isso seria preciso visitar dezenas de clientes e rodar grande parte do Estado, e só motorizado poderia fazer isso tudo. A fim de fazer-me vendedor, Serafim planejou financiar um carro por trinta e seis meses, cujos boletos seriam pagos com descontos mensais do meu salário. Passaria a ganhar R$ 1000 e me sobrariam R$ 700. Se por um lado não ajudou com um tostão, por outro deu-me a oportunidade de escolher o modelo que desejava, e optei por comprar uma pequena *pick-up*. Um carro valente que poderia suportar qualquer viagem e com espaço suficiente para carregar mochilão, *skate*, prancha e outros equipamentos que precisasse nas minhas andanças.

Dias depois, mostrou-me o anúncio no jornal de um utilitário seminovo à venda numa concessionária perto de casa, e, com apenas uma consulta formal, perguntou se me agradava um carro branco.

– Claro, tá ótimo.

Pouco mais de dez dias depois, e enfim tinha um carro novamente. Novo e inexperiente, Serafim temia que não desse conta do recado. Com pouco mais de vinte anos, um bom carro e emprego tão flexível, poderia esbanjar liberdade e dificilmente valorizaria o ofício.

Vinha de uma escalada de seis anos de labuta, e como vendedor externo, não me faltaria oportunidade de umas escapadas na surdina. Enquanto eu seria o peão, ele somava as funções de administrador e contador.

O velho João teve suas comissões reduzidas a dez por cento e demonstrou enorme insatisfação, mas àquela altura já não apitaria como antes. Sua mesada seria uma mera retribuição àquela grande oportunidade oferecida ao meu pai.

Apesar do chega para lá dado pelas fábricas, o ex-mandatário não quis saber de largar a rua. Afinal, era o único motivo que o levava a sair de casa sem desconfianças. Fazia questão de visitar clientes no interior do Rio, rodar um dia inteiro, inventava de tudo para não estar na companhia de dona Nícia. Suas saídas de casa se justificavam também para que pudesse estar com suas clientes preferidas: as três mulheres não oficiais. Na verdade, de cliente não tinham nada, pois as contas eram dele e os produtos consumidos, delas.

Como num laboratório, andamos algumas vezes juntos para conhecer sua abordagem perante aos clientes. Seus mais de setenta anos pesavam sobre sua carcaça, era até um sujeito legal, mas estava cansado de guerra e chegava a fechar os olhos durante a espera em clientes. Um dia inteiro com o velho João era um fardo pesado a carregar. Geralmente ainda o deixava em Copacabana, depois de uma cansativa jornada de trabalho.

Nas primeiras viagens, seguimos no seu carro, com ar condicionado, direção hidráulica e todo conforto para o vovô. Suas sete décadas de vida deram-lhe muita bagagem, mas naquele momento, faltava-lhe saúde e paciência. As vistas costumavam embaçar e passou a usar diariamente colírios para lubrificá-las e mantê-las abertas, principalmente para dirigir. A indicação do médico era que passasse pouco tempo ao volante, mas, para manter sua rotina de encontros e hotéis, o carro era o seu principal instrumento de fuga.

Numa viagem à Nova Friburgo, sua deficiência visual quase nos leva direto ao para-choque de um caminhão, e, depois disso, a direção ficou por minha conta, com o vovô João também sob a minha vigilância.

Passados alguns dias, e meu companheiro de viagem proporcionou mais um lamentável episódio, antes de uma viagem para o Sul Fluminense. Marcamos próximo ao escritório para nos encontrarmos e ele deixar seu carro num estacionamento. Vovô João estava sempre atrasado, mas fora responsável por meu emprego e procurava retribuir um pouco no dia a dia.

Ao atender meu telefone, João procurou se desculpar e disse não ter conseguido chegar a tempo no escritório. Sua parada de emergência aconteceu na oficina do Renan, a poucos metros de mim, e um tanto aflito, pediu que o acudisse logo em seguida.

Renan tornou-se um amigo próximo, de riso fácil e deboche aflorado. Ao encontrá-lo, apontou para os fundos da oficina e disse que João chegara bufando, largou o carro na porta e correu aflito até o banheiro. Por entre uma fresta da porta, vi sua cabeça branca e logo quis saber o que se passava com ele:

– Fala João, precisa de ajuda?

Num tom de alívio, o vovô desabrochou e falou sobre o incidente que o levara a parar naquele biombo.

– Minha cueca e minha bermuda estão sujas, dei uns peidos molhados que vazaram e me sujaram todo. Faz o favor de pegar umas roupas reservas na mala do carro, que vou tomar uma ducha para já sairmos.

O vovô estava mesmo lânguido, sua idade pesava para carregar aquela enorme carcaça, e não consegui sequer tirar um sarro daquela situação. Corri até o carro e peguei as roupas de emergência que o senhor prevenido já guardava. Havia momentos que me via como autêntica babá do ancião de Copacabana. Enquanto eu o ajudava com o prolongamento de suas peripécias na rua, ele colaborava me passando seu conhecimento sobre as regiões do Rio.

Conhecer diversas cidades a trabalho era uma grande diversão e uma sensação de descoberta interessante. Aos poucos, sua saúde tornou-se mais debilitada e acabou deixando o trabalho externo. Coube a mim assumir o cargo de vendedor e passei a ter toda a autonomia que desejava, com pequena dose de responsabilidade.

Serafim já suspeitava que meu espírito livre poderia ser uma barreira na minha dedicação profissional. Seus cinquenta anos também eram de sobrepeso, com mais de cem quilos a carregar, sofria dificuldades de locomoção, e sua disposição de trabalhar na rua era cada dia menor.

A fim de suprir essa demanda, Serafim pensou em uma nova solução caseira, e para minha surpresa ele convocou o ex marido de Sylvia, pai de seu enteado Felippe.

Carlos Marinho era vendedor e piadista nato, ao longo de toda vida trabalhou na área comercial de grandes empresas e sua retórica era capaz de dobrar o mais duro dos compradores.

Carlinhos também beirava meio século de vida e era mais um a sentir o peso da idade no mercado de trabalho, sua admissão fora uma oportunidade de ouro, tanto pelo salário, quanto pela liberdade ofertada pelo patrão.

Como no teste que fiz com João, por alguns dias trabalhei com Carlinhos para conhecer sua forma de trabalhar, além de outras rotas que ainda não havia feito. Portava um Fiat Uno vermelho 1985 e costumava fazer estripulias por onde passava, fosse numa ultrapassagem pela direita ou em marcha à ré em plena Avenida Brasil. Trabalhar com Carlinhos significava dar boas risadas, ouvir muita lábia e algumas tiradas certeiras.

Em poucos meses, a saúde do vovô João despencou, seus problemas cardíacos acentuaram e sua diabetes disparou, ocasionando um infarto seguido de coma profundo. Passadas duas semanas no hospital, seu organismo não suportou e João não retornou para casa.

Serafim ficou bastante sentido, foi ao enterro e disse que a viúva estava um tanto comovida. Sra. Nícia passava dos oitenta e a renda de João significava um bom aporte financeiro para ela. No funeral, Serafim levou seus pêsames com portentosas coroas de flores, mas na semana seguinte precisou encarar ardilosos espinhos, plantados por dona Nícia e sua filha.

A viúva desejava receber uma pensão vitalícia e Serafim não cedera à sua pressão. Primeiro, telefonemas, depois algumas cartas e até a ameaça de um processo judicial.

A Terra girara por anos em torno do Sol e a anciã da Zona Sul não percebera que seus privilégios já não eram mais os de outrora.

Mercado paralelo

O forró seguia ditando o ritmo dos meus embalos, e entre uns amassos no salão ou uma noite de sexo casual, Paula* despertou-me um interesse a mais. Nossos encontros eram esporádicos e geralmente breves, ainda assim, intensos.

Paulinha viera do Espírito Santo para estudar Fisioterapia no Rio e era uma forrozeira assídua. Gostava razoavelmente dela, mas preferia ter uma vida sem ligações diárias e de poucos compromissos. E isso incluía namorada, família e tudo que viesse a comprometer meu tempo livre para desfrutar a vida.

A fim de manter uma rotina liberal, passei a adotar o escritório como minha segunda casa, principalmente de quinta a domingo, quando os forrós esquentavam na Zona Sul e Santa Teresa. Minhas fontes de *beck* na Praça Onze estavam em constante movimento, e certa vez procurei DJ e não o encontrei em casa. Logo em seguida, esbarrei com sua sinistra mulher perambulando pela esquina, quando resolvi abordá-la:

– Você sabe onde está DJ? Estou querendo falar com ele.

"– O que você quer com ele? De repente, eu posso te ajudar."

Achei que não faria sentido uma mulher maltrapilha como ela ser traficante de alguma coisa, mas como era companheira do cara, talvez soubesse de alguma boca e ficasse com uma pequena quantia para ela.

– Traz quatro trouxinhas de R$ 2 pra mim. O troco é seu, vou te esperar aqui.

Com os R$ 10 na mão, suas pupilas só enxergavam cifrão, e um minuto depois eu já desconfiava não ter feito a coisa certa. A vontade de fumar maconha talvez fosse maior que minha capacidade de raciocínio. Com a sensação de desconfiança, tratei, ao menos, de acompanhá-la com os olhos, o que consegui só até a segunda esquina, onde ela sumiu numa viela. Imaginei que ali seria a boca e certa hora despontaria em meu raio de visão. Passaram cinco, dez minutos e nada. E logo percebi que teria problemas para reaver o meu dinheiro. Inquieto, fiz questão de ir até a última quadra onde eu a vi, rodeei as calçadas e olhei por entre os becos. Nada. Nenhum sinal dos varejistas do tráfico. Aquela eterna espera deixava-me ansioso e impaciente.

Sem muita esperança, decidi entrar num boteco a fim de ficar na espreita para pegá-la de surpresa. Antes de abordar o atendente, dei uma visão geral no bar e olhei uma mesa de sinuca no centro, três banquetas vazias e algumas máquinas caça-níqueis ao fundo. Em frente à uma delas, mirei uma mulata de costas com um copo de cachaça à mão. Custei a crer no que meus olhos presenciavam. Parecia bem à vontade e completamente desligada quanto à minha possível cobrança. Talvez ela não esperasse que o tal *playboy* fosse surgir quente para lhe fustigar.

– Quem mandou você gastar meu dinheiro aqui no bar? Eu te dei a porra do dinheiro pra isso?

Com os olhos esbugalhados, ela imediatamente olhou para o atendente esperando que ele pudesse salvá-la. Antes de cobrar minha grana, procurei indagá-lo a fim de ter certeza sobre a origem daquele seu gasto.

– Que nota ela te deu pra jogar isso aí e beber cachaça?

– R$ 10.

Imediatamente pedi o troco e ele me devolveu R$ 7, prontos para serem rifados. Com o trocado no bolso, minhas atenções voltaram-se exclusivamente à maltrapilha trapaceira.

– Você tá pensando que tem algum idiota aqui, que você vai me dar volta e vai ficar por isso mesmo!? Agora você vai ver que mexeu com o cara errado!!

Em sua direção parti ensandecido, sem saber exatamente o que fazer com ela, mas no mínimo para lhe dar um grande susto. A sujeita entrou em desespero e aos gritos tentou atrair a atenção dos pedestres, e, sem sucesso, iniciou uma corrida insana por volta da mesa de sinuca, comigo no seu encalço.

Ao perceber que não estava para brincadeiras, esperneava afirmando que um homem queria agredi-la. Minha intenção era apenas dar-lhe uma lição, jamais agredi-la fisicamente.

Como gato e rato, demos umas cinco voltas ao redor da mesa, até que resolvi dar um basta naquele pique-pega e lancei mão de um taco, decidido a fazê-la parar.

– Para aí agora, senão vai tomar uma porrada na cabeça!

Atônita, ela choramingava e em tom de desespero, pedia desculpas, num certo momento disse estar grávida e apontou para a barriga. Sem tempo para seus rodeios, encaminhe-me na sua direção e a acuei no canto do bar, ameaçando acertá-la com o taco. A doida berrava e pedia pelo amor de Deus para não lhe fazer nada, e, depois de todo aquele encalce, já seria hora de colocá-la no seu devido lugar. Sem ter para onde fugir, ela abaixou-se e tapou o rosto com os dois braços, esperando o golpe final. Com o bico do tênis dei-lhe um singelo cutucão na canela e, atônita, ela virou-se até mim, sua feição medrosa implorava para não lhe fazer nada, até que ferozmente levantei o taco, ela protegeu sua carola, e no momento da pancada, deixei-a suplicando e larguei o taco em cima da mesa. Ao deixar o boteco, uma dezena de espectadores acompanhava na calçada aquele espetáculo tragicômico.

Sem qualquer satisfação em casa sobre meus lugares, horários e companhias, desconhecia uma rotina de regras e limites, sem qualquer freio para minhas empreitadas. A vida de praia, forrós e viagens era bem sedutora, e quase sempre dava um jeito de escapar nos dias de semana para fazer um surfe ou curtir um pé de serra.

A fim de manter-me no circuito boêmio, a venda de cervejas passou a ser uma razoável opção. Numa primeira empreitada, contei com Flavinho para me auxiliar nas vendas. Enchíamos os isopores na caçamba, e cerca de três horas antes posávamos no forró, em concorrência aos humildes ambulantes. Até uma da manhã, já havíamos vendido e bebido tudo. Com um trocado salvo e a mente alta, a noitada rendia até o alvorecer.

Depois de pouco tempo de ambulante, Flavinho desistiu da labuta, e Vini o substituiu por alguns meses. Fosse no Balroom, Quinta do Bosque ou na Casa Rosa, lá estaria a etílica *pickup* branquinha.

Certa vez, faturei alguns reais a mais e com uma sobra de cervejas no gelo engatei direto para o Sana. Mãozinha já tinha sua mochila às costas e logo topou a repentina viagem. Com uma muda de roupa e alguns baseados, pegamos BR-101 e em menos de duas horas aportamos em Casimiro de Abreu. Tragamos uns três pães de queijo bem servidos na Rodoviária e subimos a serra no início da manhã. No *camping* do Caroço a galera despertava e começava a preparar seus cafés, enquanto eu e Mãozinha seguíamos sorvendo as últimas *longnecks*.

Ao perceber que o caminho estaria livre para meus negócios, troquei a venda de bebidas pela de *cannabis*. Além do maior valor agregado, pesava o fato da maconha ser de difícil acesso e assim teria a minha erva garantida por bastante tempo. Com boa erva na mão, meu telefone tocava diversas vezes ao dia, até mesmo com interlocutores desconhecidos, e logo veio a sensação de popularidade e reconhecimento entre a galera legalize do Méier. Vivia a embriaguez do (in) sucesso.

Por vezes vendia fiado ou facilitava a vida dos camaradas, minha intenção não era lucrar rios de dinheiro, mas ter uma boa erva sem aplicar uma grande margem de lucro. Considerava-me um mero facilitador entre um produto de difícil acesso e os usuários temerários em consegui-lo.

Algumas vezes pegava em bairros de classe média como Tijuca ou na Barra, o que facilitava a minha vida. Apartamentos requintados de médios fornecedores que dificilmente eram grampeados pelos meganhas.

Do outro lado da pirâmide social, vendedores de *cannabis* não têm vida fácil. Arriscam sua cabeça e por vezes pagam com a própria vida. São os funcionários descartáveis do tráfico nas comunidades. Em empreitadas mais arriscadas, resgatava os tabletes de um quilo na comunidade da Fazendinha, através de João Grandão.

Seu posto de trabalho era quase sempre próximo ao campo do Seu Zé, no alto do morro. Com um fuzil cruzado às costas largas, era capaz de amedrontar qualquer um, contudo, ao ver-me no seu reduto, abria um sorriso franco e logo aflorava seu lado debochado de ser. Negociávamos um ou dois tabletes como quem comprava um cachorro-quente na esquina. Grandão tinha a pele branca e havia terminado o segundo grau, diferenciando-se dos outros soldados da boca. Por mais de dois anos, fora um funcionário dedicado do Comando Vermelho, até sua rotina no asfalto ser grampeada quando passeava num badalado shopping da Zona Norte.

Havia também os imprevistos do ramo canábico que eram difíceis de reverter: ora a qualidade vinha baixa, ora a quantidade reduzida, mas como todo produto paralelo, não havia garantia e muito menos selo de qualidade.

Em qualquer roda que parasse o riso era fácil e o senso comum era de eterno brinde à vida. Regada a boas doses de pileques e generosos cigarros de *cannabis*.

Do forró para o Sana: o Branquinho e suas estripulias

Ilusão de papel passado

Alguns meses após o início do namoro e Manoela já estaria de casamento marcado. Em mais uma tentativa de reconciliação com meu pai, dessa vez viera mais branda e serena, junto da informação de que estava prestes a se casar. Em poucos dias de reaproximação, veio a estocada financeira, digna da sua ganância. A imposição do momento era que o pai da noiva bancasse a festa. E não seria uma singela comemoração, de acordo com as posses dos pombinhos.

Acuado e com o velho peso na consciência, Serafim acatou custear a festa, imaginando que coubesse no seu bolso. Aos poucos, os pedidos se tornariam exigências. Logo suspeitei que o profeta do subúrbio estivesse por trás daquelas extravagâncias.

A dupla reservara data na Casa de Festas, consultou igreja e estava pronta para aquinhoar um casamento a custo zero. A soberba parecia não ter limites, e todos os detalhes já estavam acertados, inclusive o rega-bofe.

Disperso e ausente, Serafim deixou o barco rolar e as marolas ganharam força, a ponto da sua nau quase adernar. No buffet ele tinha uma amiga que faria um preço amigo, e disso não abriria mão. Do outro lado, a dupla de achacadores via-se na razão de arrancar cada centavo seu, e este seria apenas o estopim para desnudar toda a farsa. Depois de intenso desgaste, vieram à tona os velhos problemas. Discussões e muitas brigas, até o tal casamento melar de vez.

Tudo era altamente contraditório, um sujeito que mal conhecia o sogro, com no máximo dois encontros, e impunha-se como autêntico dono da situação. E assim, mais uma vez, a relação entre pai e filha seria interrompida. Como bom jogador do capitalismo, Serafim não caíra naquele conto de fadas mequetrefe.

Depois do entrevero, a dupla de pombinhos manteve as datas e planejou subir ao altar nas suas modestas condições. Antes disso, a matriarca fora usada para me convidar para a cerimônia. As duas me conheciam bem, sabiam da minha vontade de voltar às boas, e apesar de desconfiado, resolvi fazer as pazes. De fachada ou por grau de parentesco, fui convidado ainda para ser padrinho dessa desconfiável união. A condição de padrinho ainda me valeu o custo de um ar-condicionado de presente. Seria a primeira vez que vestiria terno e gravata na minha vida.

Sem dar a mínima para aquela cerimônia, tive um dia de boas ondas com João Índio e saí da praia no final da tarde. Minhas roupas estavam no escritório e precisei ainda passar no Estácio para me arrumar.

Apesar de viverem enfurnados no terreiro, para a minha surpresa casaram-se na Igreja católica, numa contradição que traduzia bem a dupla personalidade do guru espertalhão. Depois de casados, alugaram um singelo apartamento e viviam com as contas justas, até Manoela me assediar no intuito de ceder metade do apartamento que minha avó mantinha como herança da tia Vera. Dona Julieta e minha mãe já estavam acordadas, bastava só o meu aval para cederem o apartamento ao casal.

Já era naturalmente pressionado por não compactuar com os hábitos adotados pelas duas e, naquele momento, não teria força suficiente para negar esta cessão. Aquele convite repentino estava cercado de outras intenções, e não era o ar condicionado.

Fruto de uma doação um tanto quanto tendenciosa, precisavam legitimar o bem e aquele imóvel não era dos mais fáceis a ser regularizado. A herdeira natural estava viva e a solução encontrada fora uma venda de fachada, para que um novo proprietário transferisse para seus nomes. Para isso, entrou em ação Sr. Dirceu, o suposto comprador e sogro do vidente.

Com seis meses de casados, já tinham casa e carro próprios sem desembolsar um tostão. Na herança da minha tia havia ainda um terreno em Cabo Frio e logo Manoela tratou de convencer minha avó a doar-lhe também, para construírem a casa de praia da família. Há anos que não falávamos neste terreno, segundo minha avó era um tremendo matagal, esquecido e abandonado.

Ao levantarem as dívidas, encontraram somas altíssimas, que nem com uma década de labuta conseguiriam quitar. Aposentada após a descoberta do câncer, aproveitaram do ócio da matriarca para escalarem-na a apurar todas as pendências, negociar com os credores e convencer a financiadora a pagar. Novamente, Dona Julieta seria escalada para a dura missão de entrar com o dinheiro.

Depois de regularizado o terreno, a casa de veraneio veio logo em seguida, com contribuições diversas. D. Julieta mais uma vez cedeu-lhes bons reais para a compra de material e emprestou outros tantos sem receber em devolução. Em menos de um ano, fora levantada a casa de praia do casal apropriador. Impressionava-me a maneira voraz que conseguiam seus bens, pareciam desconhecer limites quando o assunto era acumular dinheiro. Os dois começaram a estudar Direito e logo em seguida veio o conhecimento das leis, capaz de legitimar qualquer negócio obscuro.

Avó Julieta era o caixa forte da família e logo surgiu a mirabolante ideia de convidá-la a fazer parte do clã umbandista. Depois de insistentes tentativas, arrebanharam-na para uma consulta e confessou-me desconfiar das previsões futurísticas do marido da sua neta. Católica apostólica romana, considerei um insulto fazê-la passar por aquele constrangimento. Mais tarde, eu também seria alvo desse golpe.

Em mais uma tentativa de reconciliação, Rosa Maria pediu para buscá-la nesse reduto um tanto sombrio. Aguardava com outras seguidoras na antessala quando ela despontou porta afora, e logo a mãe e secretária do guru convenceu-me a entrar, a fim de desanuviar com o tal Pai Joaquim.

"– Entra, hoje não iremos lhe cobrar nada não. Fica à vontade."

A fim de não ser taxado de intolerante, decidi presenciar com meus próprios olhos o que aquele sujeito era capaz de realizar. Num cubículo de três metros quadrados, ele se portava como o verdadeiro senhor do destino, cercado de imagens e sentado no centro da sala, sobre um tapete onde ele compartilhava com seu súdito. O feitor dos desolados tinha ainda algumas balas ao lado, que servia como uma panaceia, de acordo com a necessidade do freguês.

Por dez minutos, ele falou palavras retorcidas e ao mesmo tempo coerentes, sobre assuntos de quem conhecia minha rotina. Emendava uma frase à outra sem parar, abordava também temas do senso comum, com pitadas de desconfiança e intrigas. Tentara ainda arrancar-me desabafos, no intuito de exercer seu dom de manipular. Ressabiado, não abri nada da minha vida para aquele feitor mequetrefe. Ao final da funesta consulta, catou meia dúzia de balas e indicou-me o seu medicamento padrão, um autêntico *coach* espiritual.

"– Sua família gosta de você, você é querido, esteja sempre do lado deles. Volte quando quiser. Leve essas balas que vão te fazer bem."

Aqueles nefastos dez minutos foram suficientes para entender que minha vida jamais dependeria da influência de uma entidade. Meus pais não costumavam dar opiniões e sugestões na minha vida, e não seria uma alma encarnada que permitiria fazê-las.

Reggae o surfe

Passados alguns reencontros com a matriarca, fizemos as pazes e, pela terceira vez, busquei me aproximar daquela que me gerou. Acreditava na sua correção, desde seus momentos em sala de aula aos ensinamentos que me transmitira até os quinze anos de vida. Percebia um amor materno, e, apesar dos ruídos entre nós, imaginava que daquela vez poderia ser melhor. Estaríamos morando a sós e nosso contato seria direto, sem a mediação de terceiros.

Diferente do que imaginei, com a rotina, naturalmente surgiam as diferenças, a matriarca estava aposentada e sem qualquer atividade externa. Passava horas dentro de casa e tratava-a como verdadeiro palacete, onde mal podíamos ficar à vontade. Margareth, secretária do lar, costumava sofrer em suas mãos. Se quebrasse algo, devia pagar; se manchasse as roupas, a mesma pena. Ou o desconto, ou a demissão.

Em pouco tempo, e não seria só Margareth alvo das suas perseguições. As cobranças financeiras passaram a ser constantes e, para qualquer passo que desse, teria de pagar pedágio. Numa primeira estocada, obrigou-me a custear parte das contas mensais e o salário de Margareth.

Apesar de acreditar na sua boa índole, percebia seus valores morais confusos, sobrepostos por bens materiais. Geralmente nossos caminhos se cruzavam quando era submetida à sua sessão semanal de conflito mental, seguida da hipnose espiritual. Pai Joaquim parecia tudo num só, insistia que ele esbanjava sabedoria e profecias certeiras. Eu só não entendia o porquê de ele não acertar na loteria, precisando seguir sua decadente rotina de guru nos recôncavos do subúrbio.

Não satisfeita com tantas arrecadações, implementou a taxa das compras mensais, mesmo eu me alimentando muito pouco em seu palácio de cristal.

*   *   *

A Semana Santa se aproximava e a cabeça já estava no próximo feriado, de preferência com forró, praia e surfe, minha trinca preferida. Ouvíamos muito falar da praia de Itamambuca, onda de peso na cidade de Ubatuba, litoral norte paulista. Apesar de não surfar, Marcelinho era companheiro de todas as horas e estaria comigo a bordo do branquinho.

Os outros tripulantes partiram de manhã cedo e diziam ter alugado uma confortável casa, num valor bem acessível para todo mundo. Junto com *Greenlherme* partiram na sua barca Gustavo e o casal boa gente Fred e Mariana. Greenlherme era conhecido no Méier por ser um sujeito mais abonado, dentista formado e conhecido por seu apreço em fumar *skunk*, o famoso *green*. Gustavo acabara de completar a maioridade e fora criado conosco no Espigão, ao começar a fumar erva, passou a andar com a tribo legalize e com Greenlherme, com quem tinha certa identificação de classe.

Na quarta-feira à tarde, deixamos a cidade diante de uma chuva torrencial, e quando pensamos ter passado a tempestade, um raio vestido de bege atravessou justamente o nosso caminho, no primeiro trecho da BR. Queimávamos tranquilamente o primeiro cigarro da estrada quando o meganha no acostamento suspeitou da nossa passagem. Às pressas, Marcelinho entocou a *bagana* por dentro da cueca, e, conforme o esperado, fomos obrigados a encostar. Ao chegar perto do carro, o bigodudo de barriga saliente logo indicou que teríamos problemas com ele.

– Rapaz, acabaram de fumar um baseado aqui, né! Onde está a maconha?"

– Não temos nada, estávamos fumando só pra viajar até Ubatuba.

– Ah, vocês acham que tem idiota aqui?!

– Não, senhor. É que só tínhamos esse *beck* mesmo.

– Vamos procurar, se tiver, é melhor me dar.

Antes mesmo do sujeito dar o pente fino no carro, chamou um outro policial e cada um começou a revistar nossos corpos, o que não demorou para o vigia federal grampear a bagana com Marcelinho. Ao encontrarem o pequeno flagrante, a dupla se inflou e iniciou suas intimidações baratas.

– Cadê o resto da maconha, de onde veio este, eu sei que tem mais!, disse o sósia de um leão marinho.

Seu comparsa era um mulato de quase um metro e noventa, parrudo e careca, medonho por natureza.

Debaixo do protetor da caçamba, levava dois tabletes de vinte e cinco gramas, um meu e outro que venderia para Gustavo e Greenlherme. Por outras vezes, já havia sido bem-sucedido neste esconderijo, resolvi então negar até o fim e não ceder àquelas ameaças grosseiras.

Enquanto um abria nossas malas o outro revirava a cabine, conferindo cada vão do painel. No interior, guardava ainda dois *becks* para o decorrer da viagem, e depois de quase vinte minutos de pente-fino, resolvemos fazer uma proposta para nos livrarmos de vez daqueles meganhas. Com toda humildade, chamei o leão-marinho num canto e com R$ 100 garanti nossa liberdade. Cada um perdera R$ 50 e os danos se tornaram leves diante da erva transportada.

Ao chegarmos em Ubatuba, logo entreguei o tablete ao Gustavo e comentei com os amigos sobre nosso prejuízo na estrada. Teria de me dar R$ 50, mas disse que pegaria metade com Greenlherme e depois me pagaria de uma só vez. Na confortável casa, Marcelinho e eu tínhamos um quarto reservado para nós, com duas camas e toda mobília de um aconchegante lar.

Na manhã seguinte, despertamos cedo e fomos fazer o primeiro surfe do dia. No final da rua, acessamos o rio Itamambuca e, pela água, Fred, Mariana e eu atingimos o canto direito da praia, onde varamos até o pico. Apesar das marolas, durante a primeira hora, pegamos boas ondas, até o vento entrar e dar uma mexida no mar. Marcelinho e Greenlherme levaram suas pranchas, mas na maior parte do tempo estiveram com elas fincadas na areia, optando pelo frescobol ou baseados.

À noite um forró esquentava no centro e todos os dias fomos atrás de um esmeril com as paulistinhas. Alguns flertes aconteceram, cheiro no cangote, suor no salão, mas nenhum beijo na boca.

No clima de forró, praia e surfe passamos todo o final de semana, no sábado o dinheiro escasseava e não entramos no pé de serra, depois de uma breve passada no centro. Estávamos na véspera da partida e até aquele momento não havia recebido minha grana, apesar da dupla de *boys* não demonstrar estar com o saldo insuficiente na conta. No sábado à noite, fiz questão de lembrar Gustavo de sua dívida pela terceira vez, e com seu ar *blasé* logo recorreu à mais uma desculpa esfarrapada.

– Pô cara, já te disse que vou dividir com Greenlherme, não tá faltando dinheiro não, mas estamos sem trocado aqui.

– Eu não vendi pra ele, combinei com você e espero que me pague o que combinamos.

Apesar do clima estremecer entre nós, seu estilo fanfarrão fazia parecer estar tudo normal, menosprezando tudo e todos ao seu redor.

Domingo de manhã e o tempo amanheceu nublado, a chuva ameaçava despencar a qualquer momento, e a praia já não era tão desejada pela galera. Impaciente pelo problema que me traziam, acordei com cara de poucos amigos e antes mesmo do café voltei ao assunto do dinheiro.

– Gustavo, cadê a grana da maconha? Hoje já é o último dia, e até agora nada.

– Porra cara, você toda hora vem falando nisso! Já te disse que vou pegar a metade com Greenlherme e te dar.

– Tá pensando que eu sou sua babá pra te trazer bagulho em Ubatuba e ficar te cobrando toda hora, seu babaca?!

Na mesma hora, meu sangue esquentou e a sua feição se fechou, a fim de bancar sua atitude sovina. Contudo, seria hora de dar um basta naquela ladainha, e resolver de uma vez aquela pendenga. Num ataque de fúria, parti em sua direção e cerrei os punhos para ver se haveria sua resposta, e, mesmo negativa, avancei com a mão aberta e lancei um tapa em cheio na maçã do seu rosto. O tabefe estridente soou como alerta em toda casa, e todos vieram presenciar o que acontecia no quarto. Aquela sensação de ser passado para trás não me soava nada bem, se Marcelinho e Fred não separassem talvez ainda completasse o serviço. Por fim, deixei bem claro para o fedelho o motivo daquela rusga que havia criado entre nós.

– Da próxima vez que combinar de pagar alguém, cumpre sua palavra e não fica de desculpinha. Seja homem!

Depois do reencontro súbito, fui para a cozinha e deixei-os em seus quartos confabulando. Marcelinho veio comigo e me deu todo apoio, entendendo minha situação. Depois do café, acendemos o digestivo e, passada meia hora, rondamos a casa e não havia mais ninguém. Gustavo e Greenlherme deixaram a casa pela porta dos fundos e largaram uma nota de R$ 50 em cima da cama, e o casal do surfe foi no embalo da dupla, sem sequer se despedir de nós.

Eram dez da manhã e ainda teríamos o dia todo pela frente, com muitos mantimentos na casa, mas sem clima nenhum para permanecermos por lá. Pouco tempo depois, arrumamos as malas e zarpamos, sem muitas saudades de Ubatuba. Ah, o dinheiro, fruto da cobiça e das discórdias do Homem.

De volta ao Rio, segui levando minha mãe em banho-maria, com muitos questionamentos à sua religião e toda aquela devoção. Ainda assim, preferia evitar expor minha opinião e não levantar as questões que traziam à tona nossas diferenças.

Enquanto a paz era algo distante em casa, da porta para fora minha vida seguia intensa e animada, e uma próxima *road trip* já estaria marcada. O século XXI se aproximava e a tão esperada virada aconteceria em terras baianas. Além do meu carro, Feijão também colocou o seu à disposição, e logo surgiram os candidatos às vagas.

Meu parceiro da vez seria Rafael *Maluquinho,* com quem não tinha grande proximidade, mas era um grande amigo de faculdade de Marcelinho e também morador do Méier. Nos encontramos poucas vezes no forró e nas rodas de erva. Surfista há muitos anos, tinha longos *dreads* queimados pelo sol, o riso fácil e, acima de tudo, um maconheiro convicto. Uma *tattoo* do personagem de Ziraldo na panturrilha mostrava o orgulho que tinha do seu apelido. No carro de Feijão, iam Pereira, Modelo e Marco *Manteiga.* Nas primeiras horas de estrada, a sintonia já se mostrava boa entre eu o meu carona. Inspirados pelo *reggae* e muitas ideias em comum, fumamos alguns baseados e logo percebi que uma boa parceria aconteceria entre nós. Seus desarrumados *dreads* davam-lhe a aparência de um *rastafári* alternativo, contudo, era um comum estudante de Nutrição e o autêntico caçula da mamãe.

Numa breve parada em Itaúnas, curtimos dois intensos dias de praia, cachaça e pé de serra. A trupe era animada e Pereira se mostrava mais à vontade com as mulheres, com botes quase sempre certeiros. Alguns dias antes do réveillon, deixamos o vilarejo do forró e partimos em direção à Itacaré, cidade-surfe da Bahia.

Depois de muita chuva durante a manhã, nos lançamos na estrada e nos deparamos com um lamaçal que preenchia toda a pista, Feijão refugou em algumas poças e numa grande cratera engasgou de vez. O assoalho da sua Parati colara sobre a terra, sem qualquer sinal de vida. Tentamos dar um tranco e nem a força de cinco homens fora suficiente para tirar o carro do lugar.

Feijão começou a demonstrar nervosismo e logo se tornou motivo de diversão da rapaziada sacana. Nem o calor e o carro atolado faziam a galera perder o humor. Numa segunda tentativa, peguei uma corda que levava na caçamba e içamos um ao outro, para depois de muito acelerar conseguir tirar o carro empacado.

Já passava do meio-dia, quando voltamos à BR-101, a estrada tinha grande movimento e muitos caminhões em sequência não ajudavam o fluir do nosso ritmo. No trevo de Itabuna, deixamos a BR e pegamos uma estrada secundária que nos levaria até Ilhéus. Passava de uma da manhã quando cruzamos a terra de Jorge Amado, seguimos por setenta quilômetros de um asfalto macio e desértico e finalmente aportamos em Itacaré.

Àquela altura os bares já estavam à meia porta, encostamos em um boteco onde o proprietário sorvia algumas geladas e sentamos para comemorar nossa chegada, onde emendamos até o senhorzinho encerrar suas atividades.

Sem paradeiro, reunimo-nos em frente à praia do centro e, numa roda de *beck*, decidimos que seria melhor esperarmos o amanhecer para conseguirmos uma estadia. No final da praia, encontramos uma marquise abandonada que se tornou um convite à uma parada.

Sem cerimônia, Maluquinho estendeu o saco de dormir e apagou por ali mesmo. Um tanto pregado, estirei-me ao lado e cochilei por alguns momentos. Nem mesmo as zombarias da galera eram capazes de nos despertar daquele relento.

No início da manhã, paramos para um café na padaria e o balconista nos indicou uma casa vaga para aluguel. Ao chegarmos numa jeitosa casinha de cor salmão, nossa tarefa foi mais fácil que o esperado. Num banco ao lado, um senhor mulato de parcos cabelos proseava com uma senhora, e ao perguntarmos como faríamos para alugá-la, ele de pronto assumiu a causa:

– É comigo mesmo.

Negociamos para ficar durante uma semana e cada um desembolsou R$ 170 por aquela confortável hospedagem.

Na sugestão de alguns locais, fomos em direção à praia da Engenhoca, conferir o primeiro surfe de Itacaré.

Encostamos o carro na beira da estrada e descemos por uma fazenda de cocos até chegarmos num grande bosque, onde, à frente, avistamos a bonita Havaizinho, com seus coqueiros numa admirável sintonia vertical. No caminho oposto, seguimos por uma trilha de mata atlântica por uns vinte minutos, até finalmente chegarmos às boas ondas da Engenhoca. No canto esquerdo elas quebravam em sequência, com uma crista pesada e, por vezes, tubular. Apesar de mais de duas dezenas de surfistas na água, a rapaziada do Méier andou bem nas ondas e, por mais de duas horas, nos divertimos no mar. De volta à areia, incineramos alguns *beck*s a fim de relaxar a musculatura e nos hidratamos com cocos vendidos a R$ 1.

A noite em Itacaré era regida por um único bar com bandas ao vivo, na praia das Conchas, próxima ao centro. Os telões de surfe e a galera descolada davam um tom alternativo ao lugar, já quase meia-noite um trio pé de serra subiu no pequeno palco e tratou de esquentar de vez o ambiente. Apesar da desenvoltura da galera no salão, Pereira mais uma vez obteve destaque e levou consigo uma forrozeira.

A madrugada não rendeu tanto e despertamos cedo na manhã seguinte, o carro do Feijão fora vazio e a maioria dos amigos curtia a brisa na caçamba. Em Itacarezinho pegamos umas marolas sem ninguém na água, mas também sem muita ação. Na praia, quase selvagem, passamos a manhã inteira como únicos habitantes da areia.

A fim de buscarmos melhores ondas e admirar alguns corpos femininos, seguimos até a Tiririca, onde diziam ser o fervo da cidade. Durante a tarde, o vento entrou e deixou o mar mexido, o que nos fez passar pouco tempo na água.

Um gramado acima da areia era como um *lounge* praiano, onde à vontade consumíamos cervejas e baseados. Pereira não brincava em serviço, e, mesmo na praia, estava sempre atento para um provável flerte. Não demorou muito, e, no gramado da Tiririca, ele fora tentar a sua sorte.

Entre alguns gestos e olhares, encaminhou-se para a canga de duas gatas e logo fora bem recebido, estabelecendo suas raízes entre as bonitas meninas. Com um *beck* na manga tratou de acendê-lo e arrancou bonitos sorrisos das gurias, demonstrando estar bem à vontade e pronto para fisgar uma delas. Apesar de torcermos pela sorte do amigo, o sol nos deixara e a fome afligia nossos estômagos, acenamos ao Pereira que subiríamos até o carro e o aguardaríamos na beira da pista.

À espera do camarada conquistador estávamos todos a postos, carro ligado e toda a trupe na caçamba, quando ele aportou no calçadão acompanhado das duas gatas. Com beijos e afagos numa delas, Pereira despediu-se, e, num pique de felicidade, pulou de uma só vez na carroceria. Ao olhar no retrovisor, imaginei que ele já havia se instalado, arranquei com o carro, mas ouvi um enorme barulho ao fundo, quando precisei ratear, e logo depois escutar as risadas debochadas dos amigos. Pereira batera com as costas na tampa traseira e por sorte caiu para dentro, acarretando em danos leves. Seu prejuízo maior fora o constrangimento diante das meninas, que havia recém-conquistado. Ao perceber que elas presenciaram a cena tragicômica, o escárnio foi geral, e logo Pereira anunciou que não ficara nada satisfeito com a minha arrancada fugaz.

– Caralho, Bruninho, você quase me machucou sério e me fodeu com as gatas. Vou te matar!

– Qual é, Pereira, foi sem querer, cara!

– Sem querer porra nenhuma, você me sacaneou bonito e vamos resolver quando a gente chegar lá.

Pela janelinha de trás, o cara fungava no meu cangote, afirmando que assim que parássemos ele tiraria a limpo comigo. Pereira tinha os músculos inflados na academia e quase um metro e oitenta de altura, por certo um embate físico acarretaria em sérios prejuízos a mim.

Para a minha sorte, durante o percurso os amigos o acalmaram e assim que chegamos não corri o risco de uma luta corporal. Apesar do diálogo um tanto acalorado, os mediadores logo entraram em ação e apaziguaram de vez os ânimos.

No dia trinta e um, finalmente conhecemos a tal máquina de marolas da Tiririca com o vento terral. Apesar do bom rendimento, não estendemos muito o dia no mar, e antes do final do dia já estávamos com a carne na brasa e a cerveja no gelo.

Às onze da noite, minha mente levitava e ia longe, os amigos eram cascudos e pareciam estar bem à vontade, preferi deixar o carro com o Maluquinho e fomos todos a bordo do branquinho para o Quiosque das Conchas.

Mal chegamos à praia quando explodiram os fogos, seguidos dos gritos de euforia e animação. As boas vindas ao século XXI eram especialmente efusivas e lisérgicas, com alguns LSDs capazes de intensificar ainda mais a madrugada. Maluquinho, vez por outra, ia ao balcão e voltava com uma dose de Catuaba, o que só fazia aumentar o meu estado de ebriedade. Aos poucos a rapaziada se desgarrou e cada um foi tentar a sua sorte no salão.

O forró aconteceu até de manhã e nem sei ao certo como foi o desfecho de tudo. Meu corpo se pôs no piloto automático e, ciente do meu estado, Maluquinho levou o carango de volta para casa.

Rapaziada num sobrado em Itacaré

Reboque na estrada de Itaúnas

Primeiro dia do ano e acordamos numa ressaca anunciada, com pouca disposição de encararmos um dia de sol e sal. Um jovem nativo que costumava filar nosso *beck* nos ofereceu para subirmos o rio de Contas de canoa, onde segundo ele, algumas cachoeiras se escondiam no interior das fazendas. Num preço em conta, aceitamos o *tour* do baiano e morremos em R$ 10 cada um. Nosso capitão era um mulato magro e esguio, cabelos negros retintos, de origem quilombola.

Da foz do enorme rio, subimos lentamente contra a corrente, margeando um lindo manguezal sob a batuta do nosso bravo remador. Vez ou outra, alguns de nós saíram da zona de conforto e procuramos ajudar o jovem com os remos.

O rio de Contas se mostrava belo e um tanto primitivo, às suas margens, não se via nenhuma edificação, apenas aratus, guaiamuns e *risophoras mangle*. Milhares delas.

Quase duas horas depois, chegamos à fazenda que dava acesso à primeira cachoeira; debaixo da água gelada, curamos nossa ressaca e nos refrescamos diante de um escaldante verão baiano.

Depois dessa propriedade, subimos mais o rio e encostamos numa ainda mais bonita, com alguns degraus naturais e quase dez metros de queda d'água. Por quase uma hora fumamos alguns *beck*s e contemplamos aquele lindo manancial, até que nosso guia nos lembrou de que já era hora de zarparmos.

Insatisfeitos com o rendimento do surfe e das gatas, a tripulação da Parati do Feijão decidiu que deixaria a cidade no dia seguinte, apesar de mais dois dias de aluguel da casa. Maluquinho e eu até tentamos demovê-los da ideia, mas estavam decididos e, na manhã seguinte, partiram para Caraíva.

À noite fomos tomar uma cerveja no centro e conhecemos uma galera capixaba boa gente, que, depois de algumas biritas, nos chamou para queimar um no *camping* onde estavam instalados. Eram três camaradas engraçados e duas meninas descoladas, coloquei os cinco na caçamba e partimos em direção àquele tal lugar legalize.

Já quase no final da praia das Conchas, chegamos numa grande igreja católica e mais adiante entramos numa rua de calçamento, que indicava um lugar singelo e um tanto bucólico.

Passava das dez da noite e muitas crianças brincavam nas calçadas, os anciãos proseavam em cadeiras de praia, e em toda extensão da rua o cenário era de gente simples e animada. Os amigos indicavam para seguir adiante, mas pisei devagar no acelerador a fim de observar aquela curiosa comunidade. Eram todos afrodescendentes e muitos deles exibiam orgulhosos seus *dreadlocks* pela rua. Algumas crianças e senhores de idade também mantinham seus cabelos inspirados nas tranças de Bob Marley. Um rádio na calçada tocava Edson Gomes e confirmou que aquela era mesmo uma comunidade especial. Os baianos da praia têm um estilo de vida muito semelhante ao que o *reggae* transmite: simplicidade na vida, respeito à Natureza e solidariedade aos irmãos. Por uns instantes, senti-me nos arredores de *Kingstown*. No *camping* compartilhamos alguns *beck*s, trocamos boas ideias e emendamos com uma vodka que eles tinham guardada. Voltei para casa num belo grau e capotei em menos de três minutos, já pensando no revigorante surfe matinal.

Na véspera de deixarmos a cidade, fomos fechar nossa passagem com um surfe na Prainha, onde entramos por uma trilha e caminhamos meia hora por dentro de uma fazenda de cocos. Subimos o morro acelerados como dois porcos famintos, no alto da montanha, contornamos por uma costeira e já avistamos o canto esquerdo da praia; quebrando uma série de quatro ondas perfeitas, que batiam nas pedras e se formavam idênticas, como na piscina do Kelly Slater. O vento parado e as ondas de um metro faziam do mar da Prainha um verdadeiro *playground* do surfe, ladeiras perfeitas para o *drop*, cheias e, ao mesmo tempo, com força. Os mais cascas grossas tiravam três ou quatro batidas, enquanto eu buscava mais a linha da onda, no movimento *base-lipe*, a fim de andar nela até o seu final.

A cada dia aumentava a sintonia entre eu e o *brother* das tranças queimadas pelo sol, éramos muitos parecidos na forma de ver o mundo, e também sobre o desfrutar da vida. Depois de entregarmos a casa ao senhorzinho, fomos até a Tiririca e umas marolas de meio metro nos convidaram a fazer um surfe. Por volta do meio dia, a fome começava a apertar quando decidimos deixar aquela boa vida de Itacaré e voltar à estrada, cujo destino seria Caraíva, a mais de trezentos quilômetros de nós.

O estômago gritava quando chegamos em Ilhéus e uma convidativa pensão nos indicou nosso primeiro *pit stop*. Entre os diversos pratos anunciados num cartaz, pedimos aquele que mais parecia apetecer nossos famintos desejos: baião de dois com carne seca.

Com o diafragma prestes a explodir, voltamos à 101, acendemos uma bomba e sob uma animada prosa lembramos do que ficou para trás em Itacaré. As praias, as ondas e as noites alternativas eram rememoradas com entusiasmo e saudosismo, e, ao perceber Maluquinho animado, perguntei se Caraíva seria mesmo o destino que ele queria traçar.

– E aí *brother*, vamos embora mesmo? Ou voltar pra Itacaré?

Na mesma hora, ele me olhou assustado, com um riso sacana demonstrou que não estava nem um pouco preocupado com o seu destino, e logo em seguida deu o veredicto sobre a nossa próxima parada.

– Vamos voltar então, faz esse retorno e vamos embora pra Itacaré!

Ao chegarmos de volta à cidade, a noite caía e resolvemos parar pelo centro, a fim de bebericarmos ao simples sabor do vento. Sentados na calçada admirávamos o movimento de turistas que lotavam os bares e transitavam por entre as lojas de *souvenirs*.

Passava das dez da noite quando o brilho das cervejas aguçou nossos neurônios, e junto dele o nosso instinto de sobrevivência. A fim de garantirmos nossa estadia, seguimos até o tal *camping roots* para montar acampamento. No gramado escuro um sujeito de cabelos longos se dirigiu até nós e nos deu as boas-vindas, apesar de um tanto ligeiro, tratou de informar que o terreno estaria sob sua guarda.

– Ei, vocês, vão ficar no *camping*? Estão chegando agora?

– Vamos sim, é com você que a gente trata?

– Isso, sou o Fadul, dono daqui. A diária é R$ 10, mas depois vocês acertam, agora estou de saída.

Assim como todo aquele clima despojado e selvagem do lugar, o anfitrião parecia ser um sujeito boa gente, sua fala era ligeira e arrastada, como o autêntico baiano.

Com a mente pesada, despertei cedo e acendi um para clarear as ideias, e poucos minutos depois surgiu o falante dono do *camping*, com seu faro um tanto afiado.

– Cheiro bom, meu rei. De onde veio esse?

– Lá do Rio, prensado. Chega mais.

Em pouco tempo de papo, Fadul se apresentou e disse que seu *camping* era para os maconheiros de Itacaré, e no seu terreno gostava de ver as pessoas à vontade. O cara tinha longos cabelos aloirados queimados de sol e disse passar dos cinquenta, apesar de pouco aparentar meio século de vida. Numa prosa sem fim, disse que fora um desbravador das ondas de Itacaré nos anos 1970, quando veio de Salvador numa exploração pelo litoral e se deparou com as terras virgens da costa de Ilhéus. Por estradas de terra precárias e vilarejos remotos, encontrou as melhores ondas de toda Bahia.

Depois de uma agradável resenha com Fadul, Maluquinho acordou e logo o intimei para curarmos a ressaca na Tiririca, a fim de aproveitarmos o vento parado da manhã.

Apesar de despojado e alternativo, meu amigo dos *dreads* carregava cremes para o cabelo, hidratante para o corpo e outros cosméticos mais, e nem sempre sua saída acontecia de imediato. Sua *necessáire* lotada logo o fez ganhar a alcunha de *Rastaplay*, para mim era grande novidade conviver com um sujeito alternativo com tanta vaidade na carcaça.

Em Itacaré passamos mais uma intensa semana, entre o surfe, a boemia e a leveza de viver como um bom baiano.

Enquanto desmontava a barraca, Fadul chegou para o cigarro matinal e me disse sobre uns músicos cariocas hospedados numa casa sua, de partida para Arraial da Ajuda.

Canamaré era uma banda de Niterói que se apresentou durante a temporada de verão na cidade. Com uma levada cadenciada, o reggae dos niteroienses falava sobre a vida itinerante, o respeito à natureza e às boas práticas sociais. Banana e sua trupe somaram-se à roda de *cannabis* e comentaram que tinham um *show* marcado em Arraial da Ajuda, perto do nosso próximo destino. Itacaré já não rendia grandes frutos e, durante a prosa, pediram para transportarem alguns instrumentos na caçamba.

Quatro deles entulhavam-se com os instrumentos num Golzinho e outros dois eram incumbidos de carregar o restante de ônibus.

A fim de evitar esse desgaste aos músicos da estrada, amontoamos o máximo de caixas na caçamba e amarramos nossas pranchas à algumas delas. A grana dos caras parecia estar escassa, mas ainda assim ofereceram-me uma pequena ajuda de gasolina.

Depois de tudo no lugar, nos despedimos de Fadul e zarpamos em seguida, em comboio com o Golzinho do reggae. Com todo aquele sobrepeso, a viagem tornou-se lenta e um tanto demorada, e, quase três da tarde, aportamos na cidade do axé.

Num estilo bem diferente de Itacaré, por ali predominavam os *playboys* com seus músculos enrijecidos e as patricinhas no estilo *barbie*. O contratante do show cedera também uma confortável casa para os músicos, que pagamos um valor simbólico e só paramos para acender um *beck*.

Sem tempo a perder, Banana e sua trupe foram direto ao Parracho, bar mais famosinho e badalado da praia. Por lá aconteciam as bregas coreografias de axé *music*. Os músicos tinham alta dose de energia, e em poucos minutos os instrumentos já estavam todos montados.

A tarde nublada atraía poucas pessoas ao calçadão, as mesas do quiosque permaneceram vazias e Maluquinho e eu fomos os únicos espectadores do som niteroiense. Desanimados, sequer seguiram para o segundo *set*.

Ao perceber que a tendência seria de baixo movimento na cidade, Banana cogitou voltar para casa e, num rápido consenso entre eles, decidiram que dia seguinte estariam de partida. Nossa intenção também não era ficar ali, aproveitamos o pernoite na casa alugada e deixamos a terra do axé na manhã seguinte, junto com os camaradas conterrâneos.

Depois de um cigarro de despedida, paramos para um mergulho numa tranquila praia de Porto Seguro e, com as areias vazias, avistamos ao longe um grupo de locais numa roda de *cannabis*. Nosso estoque ia chegando ao fim e resolvemos abordá-los discretamente, na tentativa de conseguirmos ampliar nosso estoque. Os baianos eram ligeiros e logo um deles percebeu o motivo da nossa abordagem. De bate pronto, encarou-me com os olhos e com a cabeça me indagou, como quem diz: "o que você quer, *playboy*?"

– Fala rapaziada, beleza? Somos do Rio e estamos sem nada pra fumar. De onde veio esse aí, vocês conseguem algum pra gente?

– Claro, meu rei! Esse aqui é um solto do bom, vocês esperem um pouco aí que já trago pra vocês. Quanto estão precisando?

– Cinquenta reais tá bom.

O mulato magro e esguio era o mais malandreado deles, e logo se apressou em descolar algum fumo pelas redondezas. A maconha não era das melhores, mas pela Bahia o que se via era uma erva solta, magra e escura, plantada em lugares secos e de baixa umidade. O camarão de qualidade não nadava pelos mares baianos.

Durante a conversa comentamos estar de saída para Caraíva, e no mesmo instante o malandro tagarela procurou se inserir numa carona no branquinho.

– Estou querendo chegar em Trancoso, meu rei, me adiante um bonde pra lá?

– Beleza, velho. Estamos indo agora.

– Estou junto, pai.

O mulato magricela vestia apenas bermuda jeans e chinelos, e em nada parecia ameaçador.

Na caçamba ele viajava entre as mochilas e pranchas, o que talvez tenha despertado os seus anseios materialistas.

– Ali em Trancoso é que tem maconha boa. Ali é minha área, se vocês quiserem ir comigo, consigo uns camarões servidos pra vocês. Eu tava trancado, fiquei três anos e saí ontem da cadeia, agora estou indo ver meus amigos de novo. Me levem lá!

Durante o percurso o sujeito cismou em grulhar por entre o vidro de trás o tempo todo, meus ouvidos já começavam a saturar do sotaque daquele baiano arredio. Maluquinho também conectou seus papos maldosos, e, com alguns olhares trocados, nos mostramos dispostos a dar um basta naquelas intimidações baratas.

No trevo de entrada para Trancoso veio a sua última tentativa de levar a gente no papo:

– Vou ficar lá dentro, logo na entrada da cidade.

– Oi, aonde?!

– A menos de cinco minutos daqui, onde tem aquele camarão bom que falei pra vocês! Vamos embora, me levem lá!

O baiano linguarudo já havia falado demais, e finalmente chegara a hora em que daríamos um basta na sua matraca. Desviei o carro para o acostamento e descemos com cara de poucos amigos, a fim de ver se ele não sairia por bem.

– É aqui que você vai ficar, baiano! Ninguém vai te levar lá dentro não. A carona até aqui já ficou muito boa pra você!

Ao percebermos que o mulato pretendia resistir, nos encaminhamos na sua direção, e, ao atentar que na caçamba seria alvo fácil, pulou de uma só vez, para logo em seguida dar um trote e se afastar ainda mais do nosso raio de ação.

– Tá certo, valeu então. Maior vacilo de vocês, cariocas! Vão me deixar aqui na beira da pista...

– Valeu baiano, segue seu caminho.

Ao adentrarmos pela estrada de terra batida, o clima serenou e logo acendemos um *rette* tamanho G para avançarmos os vinte quilômetros de calmaria.

Um lindo entardecer sobre o rio despontava diante do horizonte, encostei o branquinho num canto e enfim fizemos a breve travessia da balsa. Durante a caminhada pela areia fofa, nos indicaram um tal *camping* do Abdalho, o mais barato da vila. Depois de instalados, banho tomado e estômago forrado, saímos em direção à barra a fim de desfrutarmos do ambiente bucólico do lugar.

Caminhávamos tranquilamente pela escuridão do vilarejo quando ao longe alguns semblantes conhecidos passaram a se aproximar de nós, as vozes também pareciam bastante familiares, até que no momento do encontro, logo vieram as felicitações efusivas:

– Oh eles aí, chegaram em Caraíva! Como estão meus camaradas? Como foi a viagem até aqui? Disse Manteiga.

Os assuntos eram muitos, e entre abraços e gentilezas fomos até a casa que a rapaziada havia alugado perto dali. Diziam-se numa boa sintonia com os locais e de boa reputação com as mulheres.

No esquenta para o forró, tomamos algumas rodadas de Netuno e dentro do pequeno salão, sorvi quase meia dúzia de cervejas, até meu corpo entrar no piloto automático e remexer sozinho no salão.

A noite parecia render bons momentos até que, num instante, estive só e um bêbado local resolvera testar minha paciência. De costas, senti alguns mexidos no meu cabelo, olhei para trás e ele entoava gracinhas e induzia que seriam outros caras a me provocar. Num certo momento, o flagrei num cutucão e pedi que parasse, a fim de evitar uma rusga entre nós. Não satisfeito, o folgado comprou de vez a briga e resolveu me ofender descaradamente:

– Carioquinha de merda.

Por um breve instante, tentei dialogar, pedi que me deixasse quieto, mas ao virar as costas, deu-me um leve tapa na cabeça, a fim de afirmar sua condição de local.

Com pouca paciência e alta dose de álcool no sangue, aproximei-me com o olhar fixo e levantei a cabeça em tom de confronto, enquanto ele seguia com risos de deboche e pouco caso.

Sem condições de propor mais um acordo de paz, fui de encontro a ele e com as duas mãos chapadas dei-lhe um enorme empurrão no peito, levando o doidão imediatamente ao chão. Ao vê-lo caído, seus comparsas se solidarizam e o ajudaram-no a levantar, enquanto eu dei um trote rápido para junto dos meus amigos, reunidos do outro lado do salão.

Sem qualquer represália imediata, imaginei que aquele entrevero cessaria por ali, porém, alguns minutos depois o *bebum* despontou de surpresa, acompanhado por uma legião de fortões à tiracolo.

Em poucos segundos vi-me cercado por uns quatro deles, procurei defender-me do meu algoz, mas num golpe surpresa, o mais corpulento atingiu-me com um soco no peito, quando troquei as pernas, cambaleei, e desabei ao chão, sem qualquer chance de defesa. Ao me verem em queda livre, os amigos do Méier vieram ao meu encontro e os dois grupos se encararam com vontade mútua de se esmurrarem. Contudo, uma pancadaria generalizada ganharia graves transtornos no acanhado lugar. Por bom senso, o *bebum* e seus capangas deixaram o forró e nós seguimos com alguma desconfiança, até o último rufar da zabumba.

O dia já alvorecia quando encorajamos de sair, ao imaginarmos não ter mais nossos algozes pela frente. De sobreaviso, margeávamos o rio quando meu agressor despontou diante dos nossos olhos, sentado num deck aos beijos com uma forrozeira carioca.

O sujeito cabeludo era forte e valente, e, ao mirar os olhos em nossa direção, chegou a tentar impor-se diante dos seis. Entretanto, numa marcha ligeira nos aproximarmos e quase o encurralamos, fazendo-o abandonar sua ficante. O malandro tinha ciência da covardia que cometera, só não esperava que o retorno viria tão breve. Em fuga, ainda prometera vingança:

– Vocês tão fodidos! Vão entrar na porrada!

Colocamos o grandão para correr em seu próprio reduto, e ele não se deu por vencido. Logo depois soubemos que se tratava do mestre de capoeira local, com histórico de conflitos com turistas despojados. Depois da intimidação, ficamos preocupados e decidimos procurar por ajuda, e a mais próxima encontrada fora dona Fia, senhoria da casa que os amigos alugavam.

Dona Fia beirava os setenta anos e tinha a pele calejada pelo sol, seu corpo delgado era serelepe e seu vigor de uma jovem senhora. Depois de lhe contarem sobre o incidente, a baiana de fibra demonstrou preocupação e o seu rosto enrugado ficou ainda mais franzido, matutando numa solução para o nosso problema.

– Vocês não podem andar com medo aqui! Gostei de vocês e ninguém vai sacanear vocês não! Já sei o que vou fazer, vou falar com meu amigo policial!

Logo após dar o veredicto, dona Fia pôs-se a trotar pelas areias negras e fofas, que no início da manhã já assavam os pés.

Depois de cruzarmos algumas vielas, passamos por dentro de quintais com carnes penduradas e algumas criações de galinhas, até finalmente encontramos o único policial da vila. sr. Zenito beirava os sessenta anos, era um senhor sereno e boa praça, e em nada se assemelhava com os policiais dos grandes centros. Ao explicarmos o caso, o senhorzinho logo acreditou na nossa versão e na mesma hora prometeu nos ajudar.

Com um trinta e oito na cintura, sr. Zenito deixou sua casa disposto a dar um freio nos abusados locais de Caraíva. Insistia para que se víssemos algum deles, o apontasse na mesma hora, sem temermos represália.

Depois de uma busca malsucedida por alguns bares, o policial foi em direção ao boteco do Pará, onde alguns locais costumavam fiscalizar a natureza. Enfim, seu tiro fora certeiro. Ao encontrarmos o cachaceiro que deu origem a todo aquele tumulto, apontei-o de imediato e a feição do policial logo se alterou, dando a entender que já conhecia a fama da peça. A menos de um metro de distância, o senhorzinho encarou de frente o idiota e, num enquadro bem dado, deixou o sujeito sem reação, calado e cabisbaixo.

"– Você está vendo esses rapazes aqui?! Eles são turistas e estão aqui a fim de se divertir! Não querem tumulto e confusão com ninguém. Se acontecer alguma coisa com eles, você e sua rapaziada vão ser cobrados. Pode avisar a quem não está aqui agora!"

Ao redor dele tinham ainda uns três nativos que também participaram da confusão. O recado fora curto e grosso, e nenhum deles deu um pio. Ao olhar a cara de coitado do babaca lembrei-me da noite anterior, quando depois de algumas cachaças, bancava o malandro e valente.

Em breves segundos conseguimos resolver da melhor maneira e eu respirei aliviado. Durante o encalço aos locais, meus amigos não paravam de me culpar por ter lhes trazido aquela confusão. Estavam há duas semanas em Caraíva e logo na minha primeira noite causei todo aquele alvoroço. Minha paciência sempre foi pouca para abusados e soberbos, e aturar provocações não era bem o meu forte. Por outro lado, tinha o dom de ser para-raio de malucos, não era incomum encontrar-me em embaraço com alguns deles.

Já pelas nove da manhã, fomos finalmente dormir, num sono regenerativo e confortante. Apesar da casa dos camaradas ser confortável e fresca, gostava de frequentar os ares do *camping*; a interação com a galera, a comida coletiva e a roda de viola espontânea, regada a alguns baseados.

A viagem seguia numa toada de alegria e descompromisso com o tempo e com a vida. Em Caraíva, o celular não pegava e de vez em quando encontrava um orelhão para informar meu paradeiro a Serafim. Preocupava-se sobre o dia da minha volta ao batente. Na última delas, disse que já podia pensar em retornar, pois o trabalho havia apertado e ele precisava dos meus préstimos. Maluquinho estava de férias na faculdade e me informara de antemão que estenderia sua jornada por terras baianas. Os outros tripulantes também estavam bem acomodados e pareciam não ter urgência de voltar. Apenas para confirmar, perguntei a todos eles, e o "não" foi unânime.

Já começava a preparar meu psicológico para encarar tantas horas na estrada quando, na véspera de Manteiga partir, perguntou-me se passaria em Itaúnas antes de cruzar a 101. Com alguns trocados restantes, dei-me ao luxo de mais uma parada antes de voltar aos ares quentes do Méier.

À deriva, Manteiga acompanhou-me até Itaúnas e filamos os dois forrós do final de semana, com os camaradas de Niterói da banda Forró Sem Frescura, que se apresentavam no vilarejo.

Domingo de manhã e seria hora de enfim despedir-me da temporada de verão. Sob uma chuva torrencial, deixei o vilarejo com o pé embaixo, apesar do lamaçal da estrada, procurei manter o branquinho em aceleração constante para não engasgar numa poça.

Por entre muita lama e barro, ultrapassava um Gol branco quando o motorista disparou o dedo na buzina a fim de chamar minha atenção. Estava com os vidros fechados e o som ligado e custei a acreditar que fosse comigo, até que reduzi a velocidade e ele emparelhou lado a lado, abrindo o vidro logo em seguida. Ao volante Bruno *Diasepan* ria e acenava para mim, gesticulando para que encostasse a frente. No Golzinho, estavam ainda Marco Aurélio e *Guiverme*, e também tinham o Méier como destino de casa.

Ao dizer-lhes que estava indo para casa, Guiverme na mesma hora se prontificou a me acompanhar e pulou para o meu carro. Era dos mais divertidos da galera e boas risadas estariam garantidas.

Depois de quatorze horas na BR, finalmente aportamos na Zona Norte carioca, quando já passava da meia noite. Minha mente fervilhava por tantas experiências vividas e meu corpo agradecia por uma cama disponível depois de trinta dias dormindo no solo.

Fim de tarde no Bar do Pará, Caraíva

Um novo sentimento

De volta ao Rio, levaria pelo menos três dias para me adaptar novamente à rotina de trabalhador. Depois de um mês sem calçar um tênis e atender uma ligação, não era nada fácil estar a postos de novo, de calça, blusão e atendendo cinco, seis clientes ao dia.

Depois da temporada baiana, Maluquinho passou a ser um amigo mais próximo, e, a fim de selarmos a boa parceria, combinamos de viajar no Carnaval para o Aventureiro, numa folia tranquila, de boas ondas e modestos luaus na praia.

A estratégia da viagem foi a mesma de tantas outras: comprei um quilo de erva e logo passei boa parte para os amigos se divertirem na folia de Momo. Para a Ilha Grande, deixei reservado ainda cinquenta gramas, destinados aos consumidores da praia.

Mãozinha também partira de ônibus, levando consigo Gustavo *Cabeça* e Bruno *Ruivo*, outros frequentadores da casa do Édson. Dois camaradas que conheciam bem o comércio de *cannabis*, e junto com Mãozinha estavam dispostos a contribuir com a venda do meu produto.

Na viagem de três horas de traineira, o ritmo de baseados era intenso, a rapaziada de Mãozinha mantinha com fidelidade a sequência de um seguido do outro.

A sexta-feira de carnaval era de grande movimento no cais, durante o dia, os *campings* ficaram tomados e logo o vilarejo estava repleto de surfistas e meninas alternativas.

Um grande luau em frente ao *camping* foi montado e durante uma intensa sequência de *beck*s e catuaba nos divertimos e nos embebedamos, sem grandes expectativas com as mulheres. A trilha sonora de Skank, Lulu Santos e Legião Urbana pouco animava as mentes chapadas de erva.

Um vento forte soprou do Sul e levou a frente fria para a costa fluminense, e o mar, que era sereno, tratou de mudar o seu curso, quando as ondas começaram a balançar com força e intensidade.

No canto direito do Demo, as séries maiores chegavam a mais de dois metros de altura, num cenário de lindas e pesadas massas d'água. Nos primeiros dias, estava com um bom ritmo de remada e encarei as mais fortes ondas da minha vida. Com uma pranchinha 5'11, dropava no limite as potentes montanhas e fazia de tudo para adiantar ao máximo, para não ser engolido por elas. Depois de desafiado em alguns caldos pesados, preferi não mais me arriscar e apenas apreciar os bons surfistas na água. Fred também aportou na Ilha e se jogou em algumas sessões pesadas.

À noite os luaus seguiam insípidos, a galera mais se entorpecia do que beijava na boca. Ainda assim, não perdíamos nenhum, até quem sabe uma melhor sorte.

Sentado à roda, passei o baseado à uma menina do *camping*, instalada bem perto da nossa comunidade. Por vezes ia na bica d'água e trocávamos alguns olhares, seus olhos de mel brilhavam a qualquer hora do dia e, naquela noite, suas pupilas pareciam a fim de me dizer algo. Era de poucas palavras e nem quando lhe passei o *beck*, consegui perguntar seu nome. A pequena morena estava com alguns amigos, e, na verdade, não sabia bem qual era a relação entre eles. Depois de muitos *drinks* e a noite prestes a se esgotar, aproximei-me novamente a fim de saber um pouco mais sobre ela, com a velha historinha de alguém pouco criativo.

– A noite por aqui é tranquila né, acaba cedo. Qual é o seu nome?

– Tatiana, mas todo mundo me chama de Tati.

– E você é do Rio mesmo?

– Sou de Petrópolis, mas moro no Recreio. Estudo lá, e você?

– Moro no Méier, conhece?

– Não, já morei na Tijuca, mas estudo em Vargem Grande e hoje ando mais por lá.

– Saquei. Você vem sempre na Ilha?

– Não, a primeira vez, estou gostando muito daqui. Alguns amigos vão embora amanhã, mas vou ficar mais uns dias.

– Legal, também vamos ficando enquanto o dinheiro permitir...

Apesar de poucas palavras, sua fala era doce e serena, e depois do início de diálogo, logo a convidei para fumar um a sós, mais próximo ao mar.

– Vamos sim. Vou só falar com meus amigos.

Nesse meio tempo, corri para pegar uma cerveja e fomos juntos para mais distante do luau, onde alguns corpos cansados se esticavam sobre colchonetes e sacos de dormir. Sentados na areia olhamo-nos fixamente um para o outro e logo em seguida nos envolvermos num longo abraço. Sua pele macia me atraiu para junto de si e logo não resisti a dar-lhe um cheiro no cangote, deslizei meu nariz por suas gostosas bochechas e, finalmente, senti seus lábios delicados e molhados. Beijamo-nos profunda e longamente e naquela noite não desgrudamos mais. Nem mesmo encontrei de novo meus amigos, ao entrarmos na sua barraca, tivemos uma noite das mais intensas, entre carícias, beijos quentes e um desejo penetrante e avassalador. Como dois adolescentes no cio, transamos por horas e dormimos agarrados até o esquentar matinal da barraca.

Durante os dois dias restantes que estivemos na ilha, nos encontrávamos brevemente de dia e à noite voltávamos a ficar juntos. A menina serrana tinha vinte anos, estudava Veterinária e demonstrava grande amor pela natureza, assim como pelos animais. Seu jeito doce e cativante logo me conquistou e proporcionou-me adoráveis momentos na sua companhia.

Na volta para casa, combinamos de ir embora juntos, a fim de estendermos um pouco mais daquela agradável relação.

Com Tati, seu amigo *Fabito* e meus camaradas fomos até o cais e uma traineira se aprontava para zarpar. Um tanto apressados, ela e seu *brother* embarcaram de imediato, e, ao tentar pular, fui contido por um dos marinheiros, que me informou ter lotado a embarcação. Segundos depois, a tripulação soltou os cabos, e, sem ação, vi a pequena ganhar o Oceano Atlântico. Com acenos tímidos tentamos ao menos minimizar aquela frustração. Sequer havíamos trocado telefone, e assim perdi de vista a menina petropolitana dos olhos de mel.

A rotina da cidade insistia em me incomodar, fazendo-me lançar mão de doses diárias de *cannabis* para conseguir aturar mãe, congestionamentos e toda a correria do trabalho na rua. Meu patrão não costumava colaborar muito e, ao perceber que tinha absorvido as tarefas da Representação, passou a reduzir ainda mais seu ritmo de trabalho.

Os esportes e a boemia davam o tom de diversão à minha vida, e o Teatro de Lona era dos lugares onde mais curtia estar. Naquela sexta-feira, algumas bandas de *reggae* marcariam presença, e novamente Maluquinho fora meu copiloto, com quem dividia boas risadas, *beck*s e biritas.

Ao chegarmos na grande lona, nos deparamos com uma imensa fila na bilheteria, o *reggae* rufava no interior do circo e a fumaça inebriava os que permaneciam do lado de fora. Dentro do salão, o ar pouco circulava diante de tanta gente, desde a arquibancada canábica aos cantos dos banheiros. Durante o *show* do Dread Lion, o ambiente era enfumaçado e descontraído, atravessei por uma galera espremida até o bar e ao chegar no balcão, tive a impressão de ser alvo de alguns olhares enviesados.

Apesar da ebriedade, mantinha as antenas ligadas, além do faro apurado. Com a cerveja na mão, olhei ao meu redor, e, mesmo com os muitos corpos a frente, tive a suspeição de ser a menina que a lotação do barco havia nos separado. Pelo canto, fui até o seu encontro, e, ao me ver, Tati estendeu os braços e me propôs um delicioso abraço. Em poucas palavras, disse-lhe ter sentido saudade e logo nos beijamos, para não nos soltarmos mais. Depois do último show, ela apressou-se em me convidar para sua casa e finalmente desfrutamos de novo de uma noite de sintonia entre nossos corpos. A afinidade de ideias também era marcante entre nós, enquanto fumávamos um *beck,* os assuntos se multiplicavam, e, já na tarde de sábado, Tati cogitou a ideia de esticar um pouco mais minha estadia.

– Quer dormir aqui de novo?

– Acho que posso sim.

Tati dividia o apartamento com Ana, amiga de faculdade oriunda de Volta Redonda, e naquele final de semana, ela fora passar uns dias com os pais. Durante o domingo, desfrutamos de mais um dia juntos e só à noite voltei para o Méier, num final de semana bem atípico. do qual ainda não havia contemplado.

Aos poucos, passei a vê-la também durante a semana, ajudava-a nas tarefas de casa, no mercado e costumava a levar até a faculdade. Vivíamos uma relação leve e sem cobranças, até o dia que ela me convidou a ir até Petrópolis, no intuito de conhecer seus pais. Nesse meio tempo ainda curtia alguns forrós e, quando via Paulinha, costumávamos ficar juntos. Contudo, estava disposto a levar a sério a pequena serrana, e logo aceitei o seu convite, sem tempo e olhos para outras mulheres.

Ao final de uma tarde de sábado, deixamos o Recreio e pegamos a estrada rumo às terras apossadas por D. Pedro II. O ar fresco da montanha deixava o clima agradável e ameno, ela tinha um estilo leve e um tanto despojado, mas ainda assim, cheguei em Petrópolis bastante receoso quanto à reação dos meus novos sogros ao me conhecerem.

Para minha sorte, seus pais ainda não haviam chegado da labuta, o que facilitou minha adaptação. Apenas Paula se encontrava no confortável apartamento. Jovem de dezoito anos, era uma menina com hábitos caseiros, e pouco saía da serra. Renata, a mais velha, fazia intercâmbio em Portugal e só meses depois pude conhecê-la.

Não demorou muito e o casal de jovens senhores aportou em casa, Tati tomou frente e anunciou quem seria aquele sujeito infiltrado em vosso apartamento.

– Mãe, pai, esse aqui é o Bruno, ele vai ficar com a gente aqui o final de semana...

Simpática e mais falante, sua mãe logo concordou e veio até mim, deu-me dois beijos e procurou deixar-me melhor ambientado no seu lar.

– Prazer, Bruno, seja bem-vindo. Eu sou Lúcia, e ele, Sérgio. Fica à vontade aqui com a gente.

Seu pai já demonstrou mais discrição e até certa distância inicial, um homem que passara dos cinquenta e aparentava um perfil conservador, criado sob a tradição petropolitana. Sua família parecia bem estruturada, produziam roupas numa confecção própria e tinham algumas lojas espalhadas pela cidade. De boa condição financeira, Tati e seus pais apresentavam uma humildade singular, percebia entre eles uma relação mútua de amizade e respeito.

Aos poucos, meu convívio na serra passou a ser mais frequente e passei a tratá-los como minha segunda família. Ou até mesmo a primeira, quando a original fez-se ausente. Com eles, passei a dar valor à simples refeições com animadas conversas, aos churrascos de finais de semana e até à reunião para assistir à novela da oligarquia Marinho.

Com Tati passei a adotar uma alimentação regada à frutas, vegetais e pouca fritura. O álcool também passou a ser esporádico na minha vida, quando sua simples presença já preenchia o meu interior.

Enquanto de um lado ela me inspirava com seu jeito meigo e simples, de outro, vivenciava de perto o tanto que girava de carro para resolver os compromissos de trabalho. Pude também apresentá-la a alguns lugares legais que conhecia, diversas trilhas na floresta da Tijuca, a Pedra da Gávea e tantos acampamentos no Sana. Certa vez, levei-a na *escalaminhada* do Pão de Açúcar e no momento crucial da parede ela titubeou, esboçou um passo atrás, mas com boa dose de coragem escalou degrau por degrau, alcançando o cume de uma das mais singulares montanhas cariocas. Era um prazer enorme desfrutar da natureza junto da sua companhia.

Cumplicidade

Éramos um casal regido pelo desapego, de poucas vaidades e uma imensa vontade de gozar a vida. No auge da nossa juventude, desejávamos apenas ampliar nossas experiências Brasil afora, compartilhando risos e um amor leve e sadio. Passei a dedicar grande parte do meu tempo livre à sua companhia e, mesmo quando não estávamos juntos, via-me pensando nela e no seu jeito doce de ser.

Estava num primeiro relacionamento e pecava por certa falta de romantismo, mas dava-lhe toda atenção e sua reciprocidade era legítima. No Dia dos Namorados, falou mais alto minha vontade de vê-la nos esportes do que propriamente o meu lado romântico, quando a presenteei com um par de raquetes de frescobol, para que pudesse passar o tempo enquanto estivesse na praia comigo. Por vezes ia para o mar e ela fritava quase duas horas sozinha na areia. Num misto de surpresa e certa decepção, ela riu, brincou com a situação, mas logo tomou gosto pelo esporte. Sua canhotinha era forte e, em poucas semanas, estava soltando o braço com gosto para eu defender.

Outra dificuldade sua era com a natação, da qual não era muito íntima, principalmente no mar. Num lindo sábado de sol, resolvi apresentá-la à praia de Itacoatiara, uma das últimas de Niterói, e das ondas mais pesadas do Rio. Depois de uma boa sessão de surfe, batemos uma bolinha de frescobol e fomos fechar o dia na trilha do costão, montanha vizinha à praia. Por quase trinta minutos, avançamos em meio à mata e subimos por uma inclinada parede rochosa, sem grandes dificuldades para alcançarmos o cume. Entre cafunés e baseados, assistimos a um lindo espetáculo do adormecer do sol entre o horizonte e o oceano. Envolvidos com o cenário, perdemos a luz do dia e chegamos à floresta às escuras, com o singelo auxílio de um isqueiro.

Colados um ao outro, caminhávamos lentamente a fim de aproveitarmos o pequeno feixe de luz que clareava nossos passos. Em certo momento, desliguei-me da missão conjunta e adiantei-me um pouco dela, o suficiente para logo em seguida ouvir o rachar das folhas secas e o deslizar de seu tênis pelo barranco.

Ao retornar na sua direção, logo ouvi sua súplica por ajuda. Apesar do tom de desespero, manteve a voz serena e numa única palavra expressou aquele seu momento difícil:

– Bruno, Brunooo!

Ao perceber sua voz próxima e a ribanceira não ser tão alta, joguei-me ao seu lado e encontrei um lugar para me estabilizar, ajudando-a a escalar o areal de volta para cima. Ela estava bastante assustada e o corpo sujo de terra, mas nenhum machucado aparente.

De volta à praia, Tati dizia que precisava se limpar e dar um banho de água salgada nos arranhões que ganhara. Nas areias de *Itacoá* já não havia mais ninguém, estava um tanto distraído diante de todo aquele sossego, quando em poucos segundos, ela tratou de dar mais uma dose de adrenalina ao nosso dia. No seu despretensioso mergulho, fora arrastada pela vala e parou do lado de fora da arrebentação, boiando e pedindo que a acudisse. Ao ouvir de longe seu chamado, corri depressa em seu resgate e procurei acalmá-la, tentando convencê-la a descer uma marola comigo. Depois de boiarmos por alguns segundos, logo veio uma pequena e salvadora onda, onde consegui empurrá-la e, ao mesmo tempo acompanhando-a de perto. Ao atingir a areia, Tati ainda embolou-se no espumeiro e rolou por uns dois metros, mas aterrissar com os pés no chão já fora o suficiente para vê-la tranquila. Ao ver que não havia se machucado, coube a nós nos divertirmos de mais aquela situação embaraçosa. Em tão pouco tempo, a adorável menina petropolitana estimulou por duas vezes meus princípios de preocupação e solidariedade, e logo pude entender sobre o amor que ela despertava em mim. Depois disso, matriculou-se numa natação e passou a treinar mais o esporte, para que seus mergulhos não se tornassem novos episódios apreensivos.

Apesar de interiorana, demonstrava grande amor pela praia e toda a cultura que envolve o estilo de vida entre o sol e o mar. Ela e sua companheira Ana tinham o hábito de curtir a praia da Reserva durante a semana, geralmente na parte da tarde, num horário quase desértico. De balsa atravessavam a Lagoa Marapendi e desembarcavam direto na praia. Um lugar sem ciclovia e prédios à beira-mar, com poucos quiosques em funcionamento. Apenas alguns moradores do condomínio, surfistas e uns banhistas mais alternativos paravam naquele espaço.

Às vezes chegava à noite do trabalho e percebia Tati diferente, menos falante e até triste. Certo dia, num desabafo chocante me disse o que a deixaria tão incomodada. O ambiente ermo levava também à Reserva alguns pervertidos de plantão, e um sujeito de bicicleta era o que a deixava tão abalada. O malandro colocava o membro para fora e se masturbava bem próximo às duas, com olhares perversos e ameaçadores.

Uma ira protetora tomou conta de mim ao saber que um abusador oprimia aquela afável menina, deixando-a triste, cabisbaixa e um tanto revoltada. Fazia tudo para vê-la feliz e não admitia ver alguém fazendo algo contra ela.

Num bonito final de tarde, deixei o trabalho mais cedo e a encontrei na praia para um frescobol. Flavinha era outra amiga de faculdade que também frequentava a Reserva, e neste dia, fazia companhia à Tati.

A praia estava vazia e o mar *flat*, num ambiente de lazer quase privativo, onde eu e as meninas fumávamos tranquilamente, sem nenhum vizinho ao redor. Começamos a jogar a razoáveis metros de distância, e Tati, meio sem jeito, gesticulava e fazia movimentos com a cabeça, de forma a querer me dizer algo. Ao perceber sua insistência, aproximei-me um pouco mais e ela logo o apontou, dizendo ser o tal assediador. Sentou-se a uns dez metros de nós e manteve-se na areia pianinho, parecia observar à distância alguma outra vítima para abordar. O sujeito de aparência nordestina era alto e magricelo, estava sem camisa e não aparentava ter nenhuma arma branca, mas ainda assim desconfiei que não seria um alvo fácil. Antes que fosse bater sua punheta para outro canto, corri para resolver aquela situação que tanto incomodava a pessoa que eu mais amava.

Para o azar dele, Now esquecera um facão no meu carro numa de nossas incursões na floresta. Uma autêntica peixeira. De fininho, subi até o calçadão e lancei mão da bendita arma branca, na minha movimentação ele correu para tentar alcançar a bicicleta, mas já era tarde. Assinara sua sentença de culpa. Ao perceber que não conseguiria abrir fuga, o magricela tentou uma corrida insana pela areia e, de peixeira em riste, segui no seu encalce determinado a dar-lhe uma lição.

Num certo momento, imprimi todo gás e fiquei a poucos metros do seu corpo esguio, e, entre gritos de raiva e indignação, deixei bem clara a disposição que estava de acertar as contas com o canalha.

– Bota o pau pra fora agora que eu quero ver, seu filho da puta?! Me mostra ele aqui, porra!

Em ziguezague, ele corria desesperadamente, e, ao perceber que não estava para brincadeiras, desistiu de vez da bicicleta e se lançou ao mar; que o levaria à uma interminável flutuação. A corrente de leste o empurrava forte em direção ao Recreio, não pretendia me atracar com ele na água e apenas o mirei com os olhos. Dois guris trabalhadores viram o corre-corre na areia e chegaram para me ajudar, perguntaram se queria ir atrás dele, mas não dei sequência à minha caçada. Subi até o carro, guardei a peixeira e ofereci a bicicleta aos garotos, pois o antigo dono não a resgataria mais. O presente logo foi bem aceito e a dupla montou feliz na Barraforte, voltando sorridentes à labuta.

Em Conceição de Ibitipoca, vivenciamos outra situação um tanto inusitada. Na terra das águas alaranjadas e grutas intermináveis, tivemos três dias de muitas andanças e paisagens encantadoras, fazíamos nosso último jantar com uma latinha de álcool quando o vento passou a impedir o preparo da nossa comida. Levamos o rango para dentro do quintal do iglu e passamos a cozinhar protegidos pela lona. A comida estava praticamente pronta quando o álcool da latinha se esgotou, precisávamos só esquentar o macarrão e Tati se apressou em recarregar nosso improvisado fogareiro. Só não percebera que uma fagulha ainda estava viva na lata e, ao derramar o álcool, uma enorme labareda subiu, levando nossa barraca às chamas.

No desespero, atirei-me contra aquele início de incêndio e por sorte consegui abafar o fogo, ainda no prolongamento da barraca. Conseguimos manter intactas as quatro paredes de lona, mas das panelas não sobrou nada, nosso jantar caíra por terra.

Sem dinheiro e qualquer opção de comida, apelamos para o talão de cheques da Tati e descemos os três quilômetros de terra até o centro do vilarejo, a fim de negociarmos aquele papel moeda. Nem mesmo ela tinha certeza se teria fundos.

Os barzinhos mais simples não aceitaram nossa forma de pagamento e, como única opção, sobrou o restaurante mais chique do lugar. Um ambiente rústico e muito bem decorado, que jamais faria parte do nosso cardápio. Aproveitamos a presença de um garçom na porta, e, antes de entrarmos, consultamos se desta vez teríamos sucesso. Com certa desconfiança, fora até o caixa e perguntou ao patrão se poderíamos passar aquele valioso papel. Nossas barrigas roncavam e cada minuto de espera parecia uma eternidade. Até que finalmente o caboclo voltou, e, sob o consentimento do chefe, liberou nosso jantar. Disfarçadamente, comemoramos entre si e devoramos uma enorme pizza portuguesa, com uma média de banana de sobremesa. Saciada a fome, acendemos um *beck* num canto da cidade e voltamos para dormir em nosso meio iglu na montanha.

Outra opção para as nossas viagens era a casa do meu pai em Cabo Frio, principalmente quando estava vazia. Tati e eu éramos os típicos bichos do mato, avessos ao barulho e muita gente reunida. Sua esposa Sylvia ainda convalescia do câncer e por muitos meses a casa permaneceu sem os convidados cativos. Fora das temporadas micareteiras, a cidade era de total calmaria, e bem aprazível para os nossos finais de semana. Fazia um surfe na praia do Forte, no Peró ou passávamos o dia todo na vizinha Arraial do Cabo.

Num desses finais de semana aprazíveis na Região dos Lagos, deixamos para visitar alguns amigos da Tati em Búzios, antes de pegarmos a estrada de volta ao Rio. Passamos o dia na pequena praia de José Gonçalves e, entre um surfe e um frescobol, esquecemos da hora e só no final da tarde lembramos dos camaradas.

O entardecer em Geribá era morno e a praia já esvaziava, quando lembramos de apertar um para agraciarmos aquele encontro, porém, notamos que ninguém portava o ingrediente principal.

Estavam hospedados longe dali e eu esqueci de pegar no entoque no branquinho. Corri até o carro e dentro da cabine não havia nada, precisava mexer na caçamba e tirar umas graminhas escondidas. Sem qualquer cerimônia, retirei um minitablete e logo fui interpelado por uma fala curta e grossa, que, de imediato, interrompeu minhas ações.

– Perdeu, pode parando aí!

E mais uma vez ficaria à mercê das decisões dos tais senhores das leis, responsáveis por decidir o meu destino diante daquelas míseras cinco gramas de erva. Ao perceberem um corte perfeito da planta, provavelmente retirado de uma porção maior, iniciaram verdadeira arruaça no carro. Abriram todas as malas e desdobraram roupa por roupa, sob o velho tom de intimidação, fazendo-me passar por um autêntico criminoso.

– Cadê o restante? Da onde saiu esse sabemos que tem mais! Onde você estava hospedado? Não adianta que vamos atrás de tudo.

Ao perceber a velha pressão psicológica, mantive a calma e todo o tempo fiz-me de desentendido, sem dar asas à imaginação daqueles dois golpistas travestidos de mocinhos.

Aquela encenação barata atraía os olhares de todos os banhistas que saíam da praia, por dez minutos, fiquei exposto à pressão dos dois no meio da rua, até resolverem me levar em direção ao DPO de Manguinhos. Tentei argumentar que minha namorada me esperava na praia, para que pudéssemos resolver ali, mas de nada adiantou. O que eles queriam, não teriam sucesso diante de tantas testemunhas oculares. O mais valente deles me acompanhou no carona e deu continuidade ao seu enferrujado terror psicológico.

– Então você vem do Rio pra fornecer maconha aqui? Tá pensando que é malandro, aqui o ritmo é diferente, não vai passar batido não! É melhor ir falando onde está o resto.

Com aquele barulho todo, vi que dificilmente escaparia ileso daqueles canalhas e, ao chegar na cabine, o enquadro foi ainda pior, sem que ninguém presenciasse suas tiranias.

– Tira a bermuda, vamos ver se não tem mais nada mesmo! Tá querendo tirar a gente de idiota, seu *playboy* de merda! Tá dando sorte até agora que não pegamos mais nada. Se acharmos vai ficar ruim pro seu lado.

Enquanto um tratava de me esculachar no chiqueiro policialesco, o outro vasculhava cada canto do branquinho, desde forros, painel e todos os vãos do carro. Depois de todo o esforço em me criminalizar, perceberam que nada poderiam fazer a não ser me enquadrar como usuário, e logo trataram de dar a sentença imediata do caso:

– Tem quanto pra perder?

– Estou indo pra casa, tenho só R$ 20 do pedágio.

– Tá de sacanagem, quer ir pra delegacia mesmo, né? Dá seu jeito aí, se não arrumar mais nada você vai parar lá."

Apesar do provável blefe nas ameaças, não suportava mais ser oprimido por aqueles achacadores, fui até o carro e lancei mão da carteira da Tati, onde achei uma única nota de R$ 50, a minha salvação.

– Tá aqui R$ 50. Fechado?

– Cadê os outros R$ 20?

– Eu preciso pagar o pedágio, tenho que ter algum dinheiro.

– Foda-se, não gosta de fumar maconha? Então assume as consequências! Só sai daqui se deixar os R$ 70.

Aquele embate não me fazia nada bem, pensava muito na Tati e como deveria estar preocupada comigo, já há quase uma hora sob custódia dos tiranos fardados, precisando deixar aquela pocilga.

– Tá certo, toma os R$ 70! O senhor pode me devolver a maconha, por favor?

– Porra, você é muito folgado! Tá pensando que polícia é padre, para te dar a benção? Vaza daqui, é melhor que nem te encontre de novo.

Apesar de sair completamente liso, senti-me também leve por deixar aquele lugar nefasto.

O convívio tenso com a polícia contrasta por completo com a paz que desejamos ao fumar um baseado. O simples fato de acender e transportar uma erva nos deixa altamente vulneráveis nas mãos daqueles que pagamos pela nossa proteção. Não existe associação ao tráfico, não se apoia ao uso de armas, a única satisfação do maconheiro é usar sua erva e ter seus momentos de paz. Num mundo de disputas políticas, econômicas e egocêntricas, viver às margens do capitalismo pode representar uma autêntica desobediência civil. Aos brancos de classe média, cabe o suborno. Aos menos favorecidos, a reclusão.

Ao chegar em Geribá, a fisionomia de Tati era tensa e intrigada, nossa relação era sadia e não passava por situações de desconfianças.

– O que aconteceu, Bruno?

– Fui pego por uns policiais enquanto tirava o *beck* do carro. Vieram por trás de mim, estava de costas, e me deram um flagrante na hora! Tiraram tudo do carro para tentarem achar mais, me levaram para a cabine de Manguinhos e acabei perdendo os R$ 70 que a gente tinha, para me ver livre daqueles idiotas.

Apesar de todo imprevisto, ela entendeu bem a situação e só lamentou profundamente pela perda dos R$ 50 e do *beck*, que fumaríamos até chegar em casa.

Na cancela do pedágio, a solução foi negociar outro cheque seu, e, mais uma vez, o seu papel-moeda salvaria a nossa viagem.

Tanto nós quanto o branquinho não parávamos num só lugar, o carro era uma extensão da nossa casa, e, a qualquer momento, estava pronto para zarpar. De pouca experiência, certas vezes pequei na manutenção ou tive pequenas batidas em manobras afoitas. O óleo por vezes secou, a direção nem sempre era alinhada, e até a água do radiador eu esquecia de repor. Entre o banco e o volante eu ia bem, mas o motor e a lataria sofriam sob os meus cuidados.

As multas se tornaram um caso à parte. No ápice da fase caixeiro viajante chegaram a mais de cinquenta. Os radares começavam a ser instalados no país e nem sempre estive antenado a eles. Nessa derrocada, consegui acumular mais de R$ 5.000 de ônus, próximo ao valor do carro. A indústria da multa aconteceu durante pelo menos uma década no Rio e só trafegavam no Estado os carros com todas elas quitadas.

Minhas viagens a trabalho passaram a estar cada dia mais sob risco e qualquer batida policial era motivo para as pernas tremerem e o coração aligeirar. Tanto pelo carro, quanto pelos baseados que costumava portar.

Com um caminhão de multas, não consegui renovar o documento de 2003, e um conhecido petropolitano ofereceu-me a possibilidade de emitir um atualizado, sem qualquer diferença do original. Segundo ele o espelho era autêntico e seriam inseridos apenas os dados do meu carro. Depois de pronto valeria R$ 300, e, no desespero, imediatamente aceitei. Conforme prometido, o genérico não tinha qualquer diferença do oficial, o que ajudou-me a rodar por uns bons meses.

Cheguei a apresentá-lo em algumas duras pela cidade, e depois até me divertia ao lesar os sanguessugas de farda.

No final da tarde de uma sexta-feira, voltava pela Via Dutra quando um único policial passeava pela beira da pista, justamente na minha direção. Procurando não demonstrar medo, desacelerei o carro, e, ao passar à sua frente, um simples gesto com o braço fez com que imediatamente pisasse no freio.

Era um sujeito alto e inchado, seu tom de pele opaco confundia-se com a sua farda bege, e a barriga pressionada contra o cinto se assemelhava a uma botija de gás. Com a trivial autoridade, aproximou-se de mim e deu início à enferrujada pressão psicológica:

– Habilitação e documento do veículo. Tem droga no carro? Se tiver, é melhor falar logo.

– Não tenho, senhor. Meus documentos estão aqui.

Desconfiado, mandou que levasse meu carro até o outro lado da pista, onde ficava a cabine.

Ao encostar, um novo meganha surgiu para ajudá-lo no pente-fino, e depois de todo carro revirado, imaginei que teria minha saída autorizada. Contudo, o tagarela barrigudo não se deu por vencido, e, com meus documentos em punho, fora até a cabine consultar meus dados no sistema. Ao perceber que não era um sujeito amistoso, procurei evitar o diálogo e banquei o durão, de espreita nas suas ações.

Ao chegar à porta, vi mais dois federais no plantão, e o gorducho com o rosto colado ao computador, em anseio por algum ilícito. Depois de uma breve consulta, como um garimpeiro bem-sucedido na Serra Pelada, o meganha comemorou efusivamente, comunicando a chegada do ouro aos seus comparsas.

– Olha só, o garotão está com um espelho do Detran, roubado! Só que agora a casa caiu! Você pode enganar os policiais no Rio, mas aqui é Polícia Federal, e não vai ter moleza não! Você sabe o que te espera por andar com documento falso e carro irregular, né? Eu senti cheiro de maconha no carro também, vamos levar ele pra Delegacia de Barra Mansa para dar uma geral bem dada!

De acordo com a sua tortura psicológica, responderia pelo Art. 297, levaria uma multa e teria o carro apreendido. Enquanto me revistava de cima a baixo, percebeu dentro da minha carteira algumas notas de R$ 50, e logo entendeu que teria uma boa quantia pela minha fiança alternativa.

– Onde você comprou esse documento, quanto você pagou nele?

– Comprei na porta do Detran, de um cara que disse ser despachante, viu minha situação de desespero e me ofereceu essa possibilidade. Paguei R$ 300.

– E quanto você tem aí para gente deixar você ir embora?

– Posso deixar R$ 150, pode ser?

– Tá de sacanagem com a gente, né! Nós somos quatro e pra você sair daqui só deixando R$ 100 para cada um!

Ao negar sua proposta, o sujeito voltou com a ideia de levar-me à delegacia, e junto comigo embarcou no meu carro, com uma viatura em comboio atrás. No som tocava um *reggae* do baiano Sine Calmon, e com um olhar desconfiado, o meganha percebera que o recado seria diretamente para ele: "Polícia, malícia... Polícia, malícia...".

Enquanto seguíamos pela Via Dutra, o vigia federal mantinha-se firme na sua saga extorsiva, tentando a todo instante arrancar o meu dinheiro, quase na marra. Estávamos próximos à Barra Mansa quando minha indesejável carona percebeu que não me intimidava tanto, e logo o ribaldo desistiu da sua pressão diante dos policiais civis.

Ao voltarmos à cabine, um tanto hostil, o mandrião seguia a aplicar sua tarifa autoritária, sem abrir mão de um centavo. Aproximava-se das seis da tarde e o plantão estava prestes a acabar, quando iniciaram uma contagem regressiva e passaram a ser mais incisivos, dispostos a vender caro a liberdade do branquinho.

– Se não deixar o dinheiro, o carro vai ficar aqui, e como está irregular vai ser levado para o depósito. Lá eu quero ver você tirar! Tá bancando o valente, vai acabar ficando sem carro!

– Não tenho condições de pagar esse dinheiro, é melhor deixar o carro aqui e regularizar essa semana as multas, marco a vistoria e tiro ele.

– Faz o que você quiser, dá o seu jeito, mas com a gente você não vai se dar bem!

Já sem paciência, virei as costas e fingi não dar ouvidos para mais aquele sermão achacador. Quando já pisava porta afora do canil, fui novamente repreendido por eles, que exigiram a chave do branquinho e alegaram que precisariam tirá-lo em caso de um incidente. Mais uma vez sem forças para lutar contra os crápulas das leis, vi-me obrigado a acatar aquela ordem esdrúxula, sob argumentos rasos e autoritários.

No meio da Dutra, imaginei que seria um tanto difícil conseguir alguma carona ou algum ônibus, mas sem olhar para trás empunhei minha pasta e atravessei as duas pistas da estrada, a fim de esticar o dedo e ver-me livre daqueles meganhas sanguessugas.

Aproximava-se o início da noite e estava a cento e cinquenta quilômetros de casa e não era minha intenção pernoitar pela rua, muito menos ficar à deriva no breu da estrada.

Ao largarem do plantão, os muquiranas de bege ainda passaram a viatura a poucos metros de mim e zarparam fritando os pneus, com feições de deboche ao me verem desolado na pista. Os minutos se passavam e minhas tentativas em nada surtiam efeito, passavam carros, ônibus e caminhões e nenhum deles dava atenção ao meu sinal de ajuda.

Como um boneco de posto, permaneci estatelado no acostamento por mais de trinta minutos, minha esperança na humanidade já ia se esvaindo quando, enfim, um protagonista da boleia atendeu as preces de um ateu, reduzindo a velocidade aos poucos, e parando a quase duzentos metros de mim. Com uma arrancada digna de Usain Bolt, saí em disparada ao encontro do caminhoneiro solidário, e ao subir na cabine percebi o quão genuína seria aquela carona. Sr. Jorge era um gaúcho do interior, beirava os cinquenta anos e mantinha o padrão russo dos sulistas. De fala mansa e simplória, disse que estranhou o fato de um jovem branco como eu estar na beira da estrada, com uma pasta a tiracolo. Sr. Jorge me disse que entregaria a carga de mantimentos em Campo Grande e poderia me deixar na Av. Brasil, o que para mim já seria uma dádiva. Minha tensão logo se deu lugar a um descontraído bate-papo, onde pude conhecer um pouco da dura trajetória de Jorge ao viver doze horas diárias sob o volante.

As quase três horas com o gaúcho boa gente passaram num instante, quando enfim chegamos na Av. Brasil e tomei um ônibus para o Méier. Fadigado e um tanto frustrado, liguei para o meu pai e perguntei se ele teria condições de pagar as multas, no intuito de descontar do meu salário. Porém, colaborar comigo nunca foi seu forte e, como me enfiei naquele enrosco, precisava também dar um jeito de sair dele.

Pela internet, vi que sairia um ônibus para São Paulo às onze da noite, e depois de um breve banho e um misto quente, embarquei num táxi para a Rodoviária e me joguei no busão a fim de tentar uma melhor sorte. Rosa Maria não estava em casa e sequer soube da minha saga atrás do branquinho.

Ao descer na cabine, deparei-me com uma estrada escura e deserta, àquela altura precisaria ser bem-sucedido na minha missão. Aproximei-me com boa dose de humildade e vi que só um policial resguardava o posto, o que já seria uma possibilidade bastante concreta. A fim de me safar, levei comigo R$ 300, mas não estava disposto a dar todo meu dinheiro naquela negociação às escuras.

– Boa noite, senhor. Meu nome é Bruno, sou dono da *pick-up* branca que está aqui do lado. Essa tarde seus companheiros a apreenderam por estar com multas e o IPVA atrasado.

– Eles falaram que você fez jogo duro, tinha dinheiro e não quis aceitar a proposta.

– Eu não podia gastar tudo que eles pediram, estou juntando dinheiro justamente para acertar o carro. Dependo dele pro trabalho e estou tomando prejuízo por andar irregular assim. Tem como o senhor me ajudar a voltar a trabalhar com ele, e tentar regularizar certinho?

– E dessa vez, o que você tem para oferecer?

– Estou mesmo com pouco dinheiro, teria R$ 150 pra deixar com o senhor. Pode ser?

– Os colegas falaram que você esteve colocando música de apologia à maconha e outras letras de afronta a eles, mas comigo você tem sido educado, vou quebrar seu galho. Cadê o dinheiro?

– Obrigado, está aqui. E a minha chave, por favor?

– Ah é, toma aqui.

Em menos de cinco minutos, resolvi minha vida com aquele agente menos virulento, o desfecho do resgate não poderia ter sido melhor. A fim de benefício próprio, impõem dificuldades para venderem a facilidade.

Eu e ela: amanhecer na Prainha

Itamambuca, Ubatuba

Acima das nuvens

Minha sintonia com Tati era cada dia melhor, as estadias na sua casa já eram prolongadas e por lá encontrava liberdade, a proximidade com a praia e um amor recíproco. Havia também a facilidade para vender meus mini tabletes de erva, que armazenava no congelador e seus próprios amigos serviam-se como num *self-service*. Os estudantes de Veterinária eram em sua maioria jovens de classe média alta que prezavam pela Natureza, por fumar erva, e boas rodas de cerveja. Alguns deles tornaram-se grandes amigos, como Alvinho, *Magrinho*, *Fabito*, Paulinho e *Barata*, além de outros com quem tive menos contato. Por vezes ia deixar Tati na faculdade e os encontrava no terreno da "vaca louca", reservado para a galera legalize.

Os esportes e o meio ambiente norteavam a vida dos futuros veterinários, Fabito e Goiano eram os maiores apreciadores das montanhas, e, numa roda de *cannabis*, propuseram de conhecermos o Parque Nacional da Serra dos Órgãos, na região serrana do Rio. A travessia Petrópolis-Teresópolis era conhecida como das mais clássicas no mundo do *trekking*, e apesar da pouca experiência, sobrava-me vontade para conhecer cada recanto daquela floresta inóspita.

Na noite anterior, dormi na casa de Tati a fim de sairmos todos juntos, mas o nosso atraso habitual não permitira, e deixamos o Recreio quase uma hora depois do combinado. Na estrada, fiz contato com Alvinho e ele disse que logo começariam a subida, e, pouco depois, perdemos o contato por telefone.

Para a longa travessia, meu mochilão ia bastante sobrecarregado, com roupa de frio, comida, isolante térmico e saco de dormir, mas não tinha a preciosa barraca, que me daria o teto nas montanhas. O abrigo dos amigos era minha única possibilidade, e encontrá-los seria questão de sobrevivência.

Ao chegar na portaria do Parque, mal despedi-me da minha pequena, vi um caminhante subindo e logo colei na traseira dele, a fim de aproveitar o seu conhecimento local. Em pouco mais de meia hora, a trilha úmida pelo interior da mata foi dando lugar a uma terra seca e escura, onde a poeira subia a cada passo dado, e assim galgamos até a Pedra do Queijo, onde uma rapaziada queimava um *beck* no mirante sobre o rochedo. Estavam todos de costas e algumas vozes soavam-me familiares, e, antes mesmo de me aproximar, Alvinho logo tratou de me dar as boas-vindas.

– Olha aí o Bruninho!

Confesso que foi um tanto gratificante encontrar os amigos tão breve, a temperatura começava a cair e não seria nada confortável estender o saco de dormir a menos de dez graus ao relento. A inclinada subida em nada abalava o humor da galera, e até no elevado no morro do Ajax, a malucada se divertia e dava risadas. Além de Alvinho, estavam ainda Fabito, Paulinho, Douglas, Magrinho e Goiano, o mais experiente da trupe. Os arbustos medianos ficaram para trás e deram lugar aos campos de altitude, ambiente rochoso e com um capinzal selvagem, cuja altura ultrapassava nossas cinturas. Caminhando por entre as rochas, já podíamos sentir o aroma fresco e libertário da montanha, guiados por marcos de pedras sobrepostas que nos indicavam o caminho a seguir. O entardecer na serra era gélido e extasiante, o sol se punha de forma discreta por entre as nuvens e os caminhantes mais fadigados já perguntavam ao Goiano se nosso destino estaria próximo. Com humor ácido e de poucas palavras, nosso guia apenas ria e acelerava o passo, a fim de provocar os amigos cansados. Aproximava-se das cinco da tarde quando enfim ele nos presenteou com algumas palavras mágicas, que tanto desejávamos escutar.

– Oh o Castelo do Açu ali. Chegamos, galera!

Depois de um dia inteiro com os pés na trilha, finalmente nos deparamos com o ponto culminante de Petrópolis, a mais de 2.100 metros de altitude. Do alto de um morrote, seria necessário apenas descer o vale o alcançarmos o enorme monumento natural de rochedos gigantes.

Monolitos com mais de vinte metros de altura conectados uns aos outros, e, por entre eles, um enorme salão, o interior do castelo. Antes de nos instalarmos, ainda subimos uma das pedras grandiosas e fizemos uma longa sequência de baseados, num acalanto para as pernas e também para a mente. No horizonte, não via qualquer sinal de urbanização, a floresta e as grandes rochas do Parque nos cercavam por todos os lados, como um organismo vivo de dimensões quilométricas.

O inverno serrano mostrava sua cara e já era hora de se munir de casaco, meias, luvas e gorro. Encontramos uma boa base ao lado do complexo de pedras, e, enquanto uns montavam acampamento, outros foram até uma mina d'água abastecer nossas garrafas. Apesar do frio e do desgaste da expedição, os camaradas não mediam esforços para cumprirem suas tarefas.

O segundo dia na montanha seria o mais esperado e o mais intenso. Por entre vales e montanhas, precisaríamos cruzar boa parte do Parque, até a Pedra do Sino, cume da Serra dos Órgãos.

Depois de um café da manhã sortido, seguimos por entre um capinzal graúdo e voltamos a caminhar sobre rochedos, galgamos quase uma hora e nos deparamos com uma linda cadeia de montanhas, tão similares aos nossos membros das mãos.

De um ângulo privilegiado, podíamos admirar cada recorte do complexo rochoso mais conhecido entre os caminhantes, como o Dedo de Deus, De Nossa Senhora, o Escalavrado, Garrafão e por último, o Sino, nosso destino. Dos visuais mais incríveis que presenciei em minha vida, estar acima de toda aquela vastidão, dava-me a impressão de ser parte daquela paisagem magistral. Com alguns *becks*, contemplamos por uma hora aquele ponto alto da travessia, para logo depois descermos por entre os enormes paredões de pedras, encarando em seguida a subida pela face lateral do Sino.

Nos vastos campos rochosos, só através dos marcos, conseguíamos decifrar o nosso caminho. Num sobe e desce insano, cruzamos três montanhas e alcançamos o Vale das Antas, já por volta das quatro da tarde. Um forte nevoeiro atingia o vale e Goiano achou melhor acamparmos por ali mesmo, onde um pequeno riacho também era um convite ao abrigo. O terreno diminuto entre duas colinas não permitia muito a explorarmos, e depois do rango, degustamos alguns baseados e jogamos conversa fora, com a sensação de parte do dever cumprido.

Sob uma névoa intensa, despertei cedo e fui até o riacho abastecer as garrafas. Passava das sete da manhã e a temperatura era quase negativa, o nevoeiro cobria os topos dos morros e boa parte do nosso acampamento.

A ribanceira ao lado em nada trazia temor à rapaziada, depois do primeiro aclive, atingimos um trecho mais vertical e em seguida a Pedra da Sela, conhecida pela semelhança com o dorso de um cavalo. Sobre ela, precisamos fazer a montaria para avançarmos trilha adiante. A fim de evitar ser impulsionado para trás, preferi tirar a mochila e subir leve, qualquer tropeço poderia acarretar em rolar ribanceira abaixo.

Pela lateral da montanha, seguimos numa toada intensa e divertida, avançamos sobre uma escada de ferro cravada na rocha e nosso guia finalmente deu boas notícias aos caminhantes.

– Falta uma hora só, daqui a pouco estamos lá.

De poucas palavras e muita atitude, Goiano caminhava como um camelo do Saara, por ele faríamos poucas paradas, fosse para as laricas ou para os baseados.

Ao chegarmos na base do Sino, encontramos um gramado com mais de duas dezenas de barracas e pouco espaço para ser ocupado. Ainda assim conseguimos um canto para os nossos iglus e resolvemos atacar o topo da montanha, para depois prepararmos o rango. Passava das três tarde e Goiano afirmou que em vinte minutos alcançaríamos o cume, o que logo animou a rapaziada. Sem o peso de quinze quilos nas costas, flanávamos faceiros pela derradeira subida, tão desejada da jornada. A tarde nublosa em nada esfriava nossos ânimos, e em pouco tempo, atingimos o topo da Serra dos Órgãos, a 2.360 metros do nível mar.

Uma densa neblina rodeava o grande platô do Sino e com ela um vento forte e cortante, desafiando a nossa estadia temporária. No marco de altitude lutamos contra o vento e acendemos um *king size* a fim de comemorarmos nossa chegada.

Com o celular no bolso, consegui sinal de telefonia e fiz contato com minha pequena serrana, comemorando com ela aquela conquista pessoal. Aproveitei para avisá-la que desceria direto para o Rio e a encontraria depois, deixando o branquinho sob os seus cuidados.

A noite na base do Sino era quase glacial, por pouco a temperatura não virou o termômetro.

Na manhã seguinte, o tempo seguiu fechado e nem chegamos a voltar ao cume; arrumamos nosso material e descemos trilha abaixo, com alguns trotes e disputas animadas entre nós. Ao deixarmos a montanha, atingimos a sede do Parque e caminhamos por cerca de vinte minutos, até nos depararmos com a civilização de volta. O retorno à cidade trazia também os seus desafios cotidianos, entre eles, a posse de grana. Para a nossa surpresa, alcançar o asfalto significava desembolsar R$ 36 pelos três pernoites dormidos, o que seria inviável para os nossos bolsos. Sem qualquer estrutura para os caminhantes, abrigos ou placas informativas, não víamos motivos que justificassem aquela cobrança. Goiano ainda tentou dialogar com os seguranças, mas Fabito e Magrinho não estavam para muita conversa e passaram a indicar que ultrapassariam o portão numa primeira brecha. Não demorou muito e o segundo segurança se envolveu na discussão e os dois foram os primeiros a sumir. Logo depois zarpamos eu, Alvinho e Paulinho. Sem grande pressão dos vigias, Douglas e Goiano aproveitaram-se da displicência dos dois e saíram em seguida, apesar de todo peso sobre as costas.

Eu, Alvinho, Paulinho e Goiano

Primeira experiência na montanha

Mutação e inspiração

As diferenças e embates com a matriarca deixaram de ser tão intensos, enquanto a companhia de Tati fez com que ela me desse uma trégua e um respiro em casa. Rosa Maria percebia o quanto era uma menina agradável e zelosa comigo, além de demonstrar um grande carinho por ela.

Ao dormimos no Méier, minha mãe entraria novamente em ação e não permitia sequer passarmos a noite no mesmo quarto. Rosa Maria costumava ser vigilante com sua moralidade, contudo, nem sempre o critério era o mesmo quando o assunto era seu genro. Sem qualquer filtro, seguia toda ordem que viesse do seu guru, renegando sua exemplar reputação de professora e mãe solo, que tanto me orgulhava. Sua personalidade sofria constantes mudanças, opiniões divergiam a cada semana, tudo em prol de agradar aquele que a submetia a três sessões semanais de influências sobrenaturais.

Como num transtorno bipolar, seu humor era capaz de alterar-se de um dia para o outro, nessa fase afastou-se de todos à sua volta, numa completa alienação em torno de um ser dito superior. As vizinhas não prestavam, o filho era rebelde demais e até sua mãe fora ficando de lado. Alegava fofocas, olho gordo e mau caratismo de todos, onde cada um tinha o seu desvio de conduta já previamente estabelecido. Através do seu tutor espiritual, ela dizia enxergar longe.

Aos poucos a rejeição às antigas amizades virou uma perseguição extrema, ninguém mais pisava em seu palacete, a não ser sua filha e genro. Passeios e viagens também deixaram de acontecer, num completo isolamento social.

Na contramão da sua forma limitada de viver, fui encontrar minhas amizades da porta para fora, onde supria um pouco a ausência dos que eram sangue do meu sangue. Meu descolamento logo fora percebido por elas e pelo profeta de araque, e minha forma libertária de encarar a vida passou a ser motivo de constantes acusações, às quais precisaria encará-los com firmeza.

Sua mente divagava entre o amor pelo filho e a lavagem cerebral do indolente espiritual. Estava em constante conflito psicológico, e nessa disputa, o amor e a razão levariam desvantagem diante da manipulação. Sua identidade fora perdida e, junto dela, a moral e seus princípios éticos.

Ao perceber meu espaço cada dia mais estreito, qualquer discussão em casa era como uma fagulha prestes a explodir, minha paciência se esgotava a cada segundo, e passei a rechaçar qualquer decisão que considerasse autoritária.

Nos seus julgamentos diários, eu seria o drogado e rebelde, em contraste com eles, os cidadãos de bens. Minhas roupas e meus hábitos esportivos também eram motivos de suas críticas, pois àquela altura o pai de santo passou a estudar Direito e estava constantemente de terno e gravata, enquanto eu, nas horas vagas, mantinha meu estilo de bermuda e pé no chão. Manoela também buscava ser advogada e estava a poucos meses de concluir o curso. À primeira vista, apenas um casal de estudantes com ambição na carreira acadêmica do Direito. Contudo, era-me um tanto suspeito o fato de os dois espertalhões estarem prestes a se tornarem defensores das leis. Para ele seria a forma de impor-se não só como autoridade espiritual, mas também pela via do campo jurídico. Não à toa, o Brasil é o país com mais faculdades de Direito em todo mundo.

Os estudos até ali ainda não haviam me atraído, o velho e antiquado segundo grau fez-me estagnar no primeiro ano e, nesse quesito, o casal levava aparente vantagem sobre mim. Tati cobrava-me muito a conclusão do básico e, sem qualquer paciência para encarar a sala de aula, apelei para os provões de supletivo do MEC, minha única alternativa. Sem grande preparo, precisei de três longos anos para enfim conseguir o diploma.

A fim de registrar os bonitos visuais que passei a presenciar, fui atrás de aguçar mais meu olhar e ingressei num curso no SENAC, onde aprenderia a Fotografia na sua essência, com suas técnicas de luz, revelação e iniciação em câmeras profissionais.

No primeiro dia de aula, cheguei com minha humilde saboneteira e logo fui informado pelo professor que com ela não poderia fazer o curso. No desespero, fiz um parcelamento e comprei uma câmera semiprofissional, das mais simples que poderia usar no curso. A imersão naquele mundo das imagens fez-me conhecer muitos admiradores da Fotografia, trocávamos experiências e comentávamos nossas fotos do dia a dia com bastante apreço pelas imagens. Aprendemos a enrolar os negativos crus nas bobinas e, a cada semana, tínhamos quase cem fotos em preto e branco para registrar.

Nesse mundo das imagens só havia um fator que limitava um pouco minha dedicação: os filmes e as revelações eram caros demais, e, muitas vezes, encontrava-me com poucas possibilidades de fotografar. A fim de suprir a falta de filmes, os furtos se tornaram a única solução. Nas compras que antecediam as viagens, enchíamos o carrinho e pouco despertávamos os olhares das câmeras e dos seguranças. A mim cabia apenas o trabalho de jogar duas caixinhas na bolsa da Tati e estariam garantidas as imagens.

Para a revelação, contava com o vizinho de Mãozinha, Gustavo Cabeça, que trabalhava numa loja fotográfica e fazia alguns escambos por erva.

Aos poucos percebi que minhas fotos serviam como fonte de inspiração aos que viviam basicamente nas cidades. Com algumas ampliações emolduradas, passei a presentear os amigos com quadros, passando a ser um enorme prazer ver meus registros pendurados em paredes aleatórias. Édson era um dos mais apreciadores das fotos e na sua casa espalhei algumas delas, vez por outra, as paisagens eram assuntos dos maconheiros locais.

João Grandão era um dos que mais curtia os visuais, contudo, estava menos falante e sem os seus escrachos naturais. Ganhara a liberdade fazia poucos dias, estava na condicional e pediu um tempo do seu expediente na Fazendinha, evitando novos confrontos com a polícia.

Apesar de cabisbaixo, ao ver-me chegando abriu um sorriso e comentou sobre os quadros nas paredes:

– Édson me falou que você que fez essas fotos, né Bruninho? Tem vários lugares maneiros aí!"

– Isso, sempre que dá a gente vai para o mato ou à praia dar uma curtida.

Enquanto conversávamos, não demorou muito para que tivesse a brilhante ideia de levá-lo à Floresta da Tijuca, onde de pronto eu neguei. Alguns minutos depois, ele ainda insistia e fora difícil conter aquele sujeito parrudo, com seu jeito nada dócil de ser.

– Porra, cara, fiquei mais de um ano trancado, preciso curtir um visual ou tomar um banho de cachoeira, me dá essa moral aí!

– Beleza. Zé. Vamos. Então.

Alguns receios pairavam sobre levá-lo ou não, desconhecia sua ficha criminal, mas não precisaria estar confinado para saber que uma tarde em meio ao verde proporcionaria imenso prazer ao camarada.

Mãozinha se intrometeu na conversa e implorou para ir também, o que seria mais um problema para o meu carro de egoísta. Para mim, era um tanto frustrante negar a alguém um passeio *in natura*, e por fim carreguei os dois comigo, apesar de certo temor. Grandão já tinha alguns anos na atividade do tráfico e poderia ter acumulado alguns algozes em sua trajetória fora da lei. E minha desconfiança passara a fazer todo sentido, quando a qualquer viatura que se aproximava ele se esforçava para esconder-se embaixo do porta-luvas, apesar dos seus mais de um metro e oitenta de altura.

Ao entrarmos na floresta, Grandão inspirou profundamente o ar puro e agradeceu-me pela carona, seguimos pela trilha do Bico do Papagaio e ele suava como um porco ao abate. Estava bem fora de forma, e chegar ao topo da montanha, exigiu todo seu limite físico.

Sentamos num mirante para um baseado e ele parecia extasiado com todo aquele horizonte verde, segundos depois, ergueu seu corpanzil e abriu os braços no estilo Cristo Redentor, seguido por um breve grito, a fim de expurgar todos os males que vivera entre as grades.

"– Liberdadeeee, porra!"

Para mim, já valera o passeio. Alguns meses depois, passei no Édson e comentaram que Grandão largara de vez a vida do crime, recomeçando sua carreira na construção civil, onde tinha bastante habilidade.

Caminhos adversos

Em contraste à minha fase feliz com Tati, meu pai passava por momentos nada confortáveis com sua companheira Sylvia. Apesar do tratamento rigoroso, o tumor no seio avançara e sua situação passou a ser delicada. Durante a semana, peregrinavam por médicos e laboratórios e, mais tarde, sessões de quimio e radioterapia. Seu cabelo caíra e, para suprir sua vaidade, precisou adotar uma peruca. A rotina de Serafim fora praticamente deixada de lado, abdicando por completo do trabalho e passando a estar quase integralmente ao lado da sua companheira. Demonstrava um sentimento de gratidão por todo o apoio que recebera ao longo da vida. Apesar de todo quadro adverso, Sylvia era uma pessoa de força, mantinha-se serena em casa e confiante numa estagnação do tumor.

Durante o feriado de sete de setembro, a viagem marcada era à praia do Sono, reduto caiçara a alguns quilômetros de Paraty. O acesso se dava apenas por trilha, o que deixava o lugar ainda mais peculiar. No outro carro iam Guilherme *Guigui* e uma namorada paulista recém-conquistada.

Um céu acinzentado predominou durante todo o dia e, no momento da nossa saída, um dilúvio desabou na Rio-Santos e nos acompanhou durante toda a viagem. As três horas de chuva até Paraty nos davam um indício de que não encontraríamos vida fácil para chegar ao Sono, mas ainda assim resolvemos seguir e sequer paramos na cidade histórica.

Guigui sempre fora um cara envolvido com a cultura praiana, saíra jovem do Méier para morar no Recreio e logo tornou-se um surfista dos bons. Com ele não havia tempo ruim que o fizesse desistir, e pouco depois das onze da noite aportamos numa pequena praça repleta de barro, a alguns metros da trilha. Enquanto arrumávamos as mochilas, a chuva deu uma trégua e nos confirmou que seria o momento de zarparmos.

Com apenas duas lanternas, precisamos andar colados uns aos outros para não sermos surpreendidos pelos desníveis da trilha. Com tanta água sobre o solo, o terreno transformou-se num verdadeiro sabão, em seus momentos de aclive, era difícil até mesmo nos estabilizarmos. Apesar de toda prudência os tropeços se tornaram corriqueiros, e seguido deles algumas quedas no terreno enlameado. Tati sofrera um revés maior e perdeu uma garrafa térmica perto de um barranco.

Entre tombos e escorregos, finalmente ouvimos o ecoar do mar, na borda da mata descemos uma escadaria cimentada e enfim comemoramos nossos passos sobre a areia fofa. Ao chegarmos à beira-mar, nos deparamos com uma casa de pau a pique e um quiosque mais a frente, todo construído de bambu. Uma barraca ao lado de um chuveiro nos dizia que o local seria área de camping, e, exaustos, resolvemos pousar por ali e nos banharmos, a fim de tirar o excesso de barro do corpo. Logo depois montamos nossos iglus e acendemos um *beck* para finalmente nos sentirmos em casa.

Durante a manhã o sol voltou a brilhar e trouxe luz e boas marolas à praia. As amendoeiras que margeavam as areias eram um convite ao sossego, dando origem ao nome da praia.

Durante a tarde esticamos numa caminhada para o interior da mata atlântica e conhecemos bonitos poços, onde nos esticamos num deles.

À noite pelo Sono não se via muito embalo, apenas uma ou outra roda de viola com poucos jovens ao redor.

Ao acordarmos, fomos conferir o surfe na vizinha praia dos Antigos, mas não demos muita sorte com o mar. Ainda assim, as duas praias selvagens eram um convite ao ócio, e por lá permanecemos durante toda a manhã, entre um frescobol e alguns banhos de mar.

Incumbido de voltar com sua namorada paulista, Guigui mudou de ideia e resolvera estender mais uns dias a viagem, a fim de retornar conosco.

Ao voltarmos para o acampamento, Guigui pediu-me para o acompanhar até Laranjeiras, no intuito de avisar seus pais sobre o adiamento da sua volta. Desde novo, descobrira um diabetes e sua mãe como médica costumava fazer o acompanhamento, mesmo à distância.

Depois de dois dias de sol, a trilha secara e nem de longe parecia aquele pesadelo da nossa chegada. Em pouco mais de quarenta minutos, atravessamos os dois pequenos morros e Guigui rapidamente resolvera sua situação, avisando à sua mãe e recebendo o aval de prosseguir conosco.

Sem muito a dar satisfação à minha, decidi ligar para o meu pai para ao menos lhe dar notícias, aproveitando a proximidade com o telefone. Como de praxe, liguei a cobrar e, depois da melodia indigesta, uma voz fúnebre tratou de dar o tom da conversa:

– Oi, Bruno."

– Oi, pai, tudo bem por aí?

– Não, a Sylvia morreu."

– Ahnnn, o quê? Que isso pai, meu Deus!

Mesmo estando longe e não podendo estar com você agora, sei que você fez tudo para evitar que isso pudesse acontecer. Se tem alguém que eu posso dizer que lutou com ela contra essa doença, esse alguém é você. Você foi foda, cara, foi muito guerreiro. Agora é vida nova, você precisa viver a sua vida, levantar a cabeça e seguir em frente. Estou junto contigo, apesar de longe nesse momento. Toda força por aí, pai!

"– Obrigado, Bruno. Preciso desligar para ver as coisas do enterro. Se cuida por aí também."

Sua voz era longínqua e pálida, meu apoio moral fora apenas para compensar a vontade de dar-lhe um abraço e estar próximo naquele momento. Guigui logo percebeu a sessão de terapia à distância e, consternado, procurou me dar uma força no seu estilo zen humanista:

– Porra, Bruninho, o que tu fez foi irado, *brother*. Posso imaginar o que não passou pela sua cabeça nesses minutos, vi que você fez de tudo para confortar seu pai. Bola pra frente irmão, você não poderia mudar esse destino."

Durante a volta caminhei pensativo sobre essa curta passagem que chamamos de vida. Seus momentos, as diferentes fases e as motivações que nos levam a gozar os prazeres em nosso dia a dia. Sem prazer, não há vida.

Ao chegarmos de volta à praia, logo informei à Tati sobre a grande perda que Serafim sofrera. Conhecera Sylvia já debilitada, nos poucos encontros que tiveram ela já não esbanjava a alegria de outrora. Mulher independente e de personalidade forte, seu sorriso era contagiante e agregador, além de uma alma viajante e generosa.

Apesar dos pesares, procurei desligar-me um pouco desta perda e desfrutei de mais alguns dias de descanso no Sono.

Eu e Guigui numa pequena queda d'água

Ao voltar para o Méier, deparei-me com Rosa Maria mais intolerante e um tanto ríspida. A cada volta de viagem, vinham as críticas e a mais incisiva delas era que meu dinheiro ia todo para diversão. Na cabeça da matriarca era um tremendo perdulário e não tinha qualquer compromisso com a grana. Afirmava que meu lugar não seria em *campings*, montanhas ou praias desertas, mas em hotéis ou pousadas chiques, pois, segundo ela, ganhava bem o suficiente para frequentar ambientes luxuosos e burgueses. Ela só esquecia de me perguntar se teria vontade de estar naqueles lugares finos.

O que desejava para mim era justamente o contrário, queria experiências em lugares inóspitos, conhecer vilarejos longínquos e seus habitantes tradicionais, praticar esportes *in natura* e sair por completo da minha zona de conforto.

A falta de respeito às minhas escolhas soava bem estranho aos meus ouvidos, em poucos minutos, nosso bate-boca se transformava em uma áspera discussão e seus argumentos rasos passavam a ter enorme relevância, proferidos por sua boca ferina. Passados os acalorados embates, ficava-me a certeza de interferências externas naquele discurso maniqueísta. Em pleno estado de consciência, uma mãe jamais moveria tantos argumentos infundados contra seu filho.

O silêncio e a paz de espírito que se preza num lar, eu já não tinha mais, a casa de Rosa Maria supria apenas a minha subsistência, o que fez-me basear minha vida para fora daquele recinto. Viver sob estado de nervos minava minhas forças e tornava inviável qualquer convívio afetuoso.

Num sábado de manhã, acordei cedo para surfar e encontrar a galera na Prainha, e, antes das oito, Rosa Maria já estava de pé com suas indagações vazias:

"– Já vai surfar, né? Não quer nada mesmo, só quer saber de ficar com seus amigos, fumar maconha e andar nesses lugares... Essa vida de *playboy* vai acabar, hein, meu filho! Não quer saber de família, de compromisso, de nada. Tati que se ilude com você, você não quer saber de ninguém, só pensa em você!"

– Ah, então você acha que me conhece muito! Quem anda falando de mim é aquele falso profeta de merda, só pode ser. Não vem com adivinhação aqui não, não fode! Vamos parar com essa porra de ficar questionando tudo que eu faço, a vida é minha e já sou muito grandinho para saber o que quero pra mim.

Viver sob rédeas não fazia parte dos meus princípios, e deixar aquele ambiente belicoso seria questão de sobrevivência mental. O caçula maconheiro e ateu jamais teria voz ativa para livrar-se daquela sequência de acusações levianas. Em passadas largas fui até o meu quarto e, num soluçar de ódio e aflição, liguei para o meu pai a fim de ter o seu consentimento para uma nova debandada.

– Oi-oi, pai, tudo bem?

– O que foi Bruno, pra você me ligar essa hora?

– Tive uma discussão muito feia com a minha mãe, não aguento mais ela. Posso ir para sua casa? Depois te conto melhor o que houve.

– Pode sim, mas preferia que você resolvesse seus problemas com ela.

– Tá bom. Obrigado, daqui a pouco estou aí.

Depois de tantas tentativas, não havia mais assuntos a serem tratados entre nós. Tranquei-me no quarto e entulhei meu mochilão de roupas e documentos, em pouco tempo, já tinha minha biografia toda armazenada. Com o sangue quente, lancei o mochilão às costas e abracei minha prancha, deixando para trás aquele ambiente hostil que ela chamava de lar. Na solidão da sua sala, Rosa Maria parecia não acreditar no que via. Naquele momento, quem pedia as contas era eu, sem a sua imposição das vezes anteriores.

Com a mente anestesiada e no piloto automático, dirigi açodado até Realengo e em menos de meia hora aportei na Piraquara.

Ao entrar em casa, Serafim aguardava ansioso a minha chegada, depois de viúvo, passara a viver mais recluso e parecia enxergar em mim uma nova companhia. Da minha parte, também acreditei que poderíamos enfim ter uma genuína relação entre pai e filho.

Até ali nossa reaproximação fora bastante tímida, as idas e vindas não foram suficientes sequer para criar o hábito de beijá-lo ou dar-lhe um abraço sincero. Nossas conversas baseavam-se sobre trabalho e ele demonstrava pouca autoridade perante a minha criação.

A chegada às pressas em Realengo fez com que baixasse a minha venda de *cannabis*, o mofo atingiu todos os minitabletes que armazenava e logo deixei o comércio de erva. Conseguir um *beck* nos arredores da Zona Oeste trazia-me uma constante tensão e, mesmo a contragosto, a Vila Vintém tornou-se a minha principal opção.

Minha entrada se dava por um buraco na linha do trem e na outra margem já estaria a comunidade. O entra e sai de moradores pelas extremidades da linha era constante, contudo, um sujeito branco era tipicamente um forasteiro, e vez por outra precisei dar umas escapadas para sair ileso dos arredores da Vintém.

A quadrilha do traficante Celsinho não costumava se acovardar para a polícia, e, a cada incursão, sobrava gente baleada. Celsinho dominava a comunidade com mão de ferro e se tornara um dos maiores traficantes da cidade. Seu poder já durava duas décadas, ainda que metade tenha sido atrás das grades.

Ainda guardava comigo algumas gírias oriundas do Méier, faladas nas favelas do Comando Vermelho, e numa das primeiras idas à Vintém, quase me complico por querer bancar o *playboy* malandreado.

Com as trouxinhas na mão fui saudar os varejistas da boca, a fim de manter uma relação amistosa, contudo, uma simples palavra fora capaz de tornar-me alvo dos seus instintos mais violentos, e até homicidas.

– Valeu galera, é nós!

– Que porra é essa?! É nós é o caralho, é a gente, porra! Da onde tu é, *playboy* mandado?! Aqui é a Vintém, caralho!

Com as pernas bambas e o suor frio pela testa, tratei de manter a calma para escapar daquele enrosco, tentando justificar-me perante aquela meia dúzia de sujeitos armados.

– Moro aqui perto, em Realengo, na Piraquara. Gosto de fumar maconha só. Falei isso de tanto escutar nos funks, não costumo ir à outra favela não. Desculpa por falar qualquer coisa que tenha ofendido vocês, não sou ligado nesse negócio de facção não. Só gosto de fumar mesmo, rapaziada.

Entre acusações baratas e temerosas intimidações, me retiveram por uns cinco minutos a fim de darem o veredicto sobre a minha infração.

Aos poucos, cessaram as ameaças e um sujeito mais velho de fuzil deu-me o aval para finalmente deixar a favela.

– Se adianta *playboy*! Se liga no que tu fala por aí, aqui é a gente porra! Lugar de alemão e x-9 aqui é vala.

– Desculpa mais uma vez, rapaziada. Valeu mesmo!

As incursões na Vintém quase sempre traziam surpresas indesejadas, mas sem muitas opções, era lá que garantia meu combustível fumável. Certa vez passava a trabalho pela linha do trem e decidi entrar para garantir um *beck*. Era meio-dia e as bancas não estavam abertas, ainda assim alguns varejistas se posicionavam em tocaia por trás da linha, como num sinal de alerta. Após a garotada anunciar que a carga logo chegaria, juntei-me a outro usuário de erva e entramos num boteco, um porto quase seguro.

Samuel era um catador de garrafas pet do lixão de Gramacho e disse ter passado toda a madrugada em busca de resíduos sólidos para vender às cooperativas. Juntara três fardos gigantes de garrafas e recebera R$ 50 ao final da sua dura jornada. Aguardávamos impacientes no boteco e nada da erva chegar, até que dois caras na porta informaram que a chegada fora outra, dos vigias do Estado.

Ao aproximar-me da soleira, vi uma Patamo a poucos metros de nós, e a pé, os homens de farda faziam uma varredura com seus fuzis em punho. Aos gritos, demonstravam estar com a adrenalina a mil, revirando cada canto e oprimindo os moradores que ousavam transitar.

Malandro, Samuel puxou uma cerveja e começamos e beber no auge da batida policial. Ao longe escutamos alguns tiros, vindos de outra entrada. Como cães farejadores, os tiras entraram na birosca a fim de ver se algum suspeito se refugiara ali. Pareciam obcecados por grampear algum peixe graúdo ou algo ilícito de valor, sequer notando a nossa presença.

Ao seguirem adiante, encontraram resistência na favela e, depois de uma breve troca de tiros, resolveram recuar. Ao longe, escutava os fardados temerosos em seguir a operação, pelo visto aquele pequeno contingente não daria conta de invadir a Vintém.

Ao cessar a troca de tiros, alguns varejistas informaram que o comércio retornaria em breve. Com certo receio, deixei o boteco decidido a ir embora, contudo, Samuel estava disposto a comprar sua erva e logo encorajou-me, partindo em direção à uma boca conhecida por ele. Percorremos a comunidade por quase dez minutos e os moradores ainda se recompunham do sobressalto, apenas alguns motociclistas e seus garupas armados trafegavam pelo lugar. Ao vermos um bando reunido num beco, aceleramos na sua direção e, para nossa sorte, haviam acabado de abrir a carga de R$ 5. Logo catei meia dúzia delas e Samuel gastou metade da sua receita da coleta de pets.

Estavam acelerados, comunicavam-se por rádios e pareciam prontos para qualquer novo embate. Apesar do clima tenso, Samuel convocou-me ainda para queimarmos um na linha do trem, e, um tanto apreensivo, acompanhei o camarada em mais aquela empreitada. Há alguns metros dos buracos da linha, a via férrea era um ambiente neutro e vazio, e, por lá os policiais não costumavam abrir fogo.

Cotidiano emergente

Os meses se passavam sem qualquer notícia de mãe ou irmã, que, até aquele momento, eu entendia fazerem parte da minha família. Ao menos com minha avó, mantinha alguns contatos esporádicos, falávamo-nos ao telefone, mas pouco lhe fazia visitas. Havia o seu receio de encontrar minhas algozes e o clima esquentar. Minhas raras passagens pela casa de D. Julieta passaram a ser questionadas por elas, certa vez tentaram proibi-la de me dar os R$ 50 que gentilmente me concedia. O motivo era o mais torpe e cruel que uma avó poderia escutar: aquele dinheiro seria todo investido em drogas. Fabricavam-me um marginal para bancarem os seus salvadores. Ainda assim, ela acreditava em mim e seguia abrindo-me as portas, apesar de certa desconfiança.

A todo o momento D. Julieta buscava a reaproximação entre nós e, num vinte de setembro, fora articulado de encontrá-los num jantar, numa churrascaria em um *shopping* próximo ao Méier.

Dia vinte costumava ser uma data simbólica, que reunia o meu aniversário e de Rosa Maria. Nos tempos bons comemorávamos duplamente, mas àquela altura eu já nem pensava numa reconciliação. A fim de amenizar supostos problemas, levei Tati comigo, sua simples presença era sinônimo de serenidade e ternura.

Ao chegarmos, já estavam todos sentados, cabendo a mim e ela nos posicionarmos de frente para o casal usurpador. Estávamos a alguns palmos de distância dos dois e não sabia bem o que teria pela frente durante aquele jantar. Além de nós, ocupavam a grande mesa Rosa Maria, D. Julieta, a mãe dele e sua pequena filha Amanda.

Inquieta criança que desde nova acompanhou de perto os embates familiares.

Num primeiro instante, fui bem recebido e minha mãe demonstrou certa alegria ao me ver, apesar de certo constrangimento. A fim de amenizar o clima, trocamos os parabéns e fui felicitado por todos. O jantar transcorria até num clima razoável, tentava tirar todo aquele peso de conflitos passados e prometi à Tati que só falaria de coisas boas. Apesar de todas as decepções que haviam me trazido, ainda acreditava que minha mãe e minha irmã desejavam o meu bem.

Até ali o vidente falastrão tentara com algumas insinuações me tirar do prumo, mas depois da sua terceira caipirinha as provocações tornaram-se impossíveis de digerir. Como todo bêbado indesejável, perdera o filtro e ganhara valentia, disposto a qualquer entrevero. De uma hora para outra, mencionou o nome do meu pai e logo começou a disparar os seus ataques. De testa franzida e olhos fixos, seu tom de voz começou a subir na minha direção, impunha-se sem qualquer receio de ser interpelado, como o autêntico dono da razão. Exatamente como costumava dar as ordens no seu terreiro.

– Esse teu pai é um covarde, que abandona os filhos na infância e desampara a família.

– Mas isso é um problema dele pra resolver com a gente! Acho que somos bem grandinhos pra entender o que ele fez e cabe à gente aceitar ou não.

Ainda com o intuito de manter os ânimos apaziguados, mantive a tranquilidade diante daquele insulto, imaginando que depois da minha resposta, ele desistiria de comprar briga. Mas não era bem essa a intenção do profeta fanfarrão.

– Por isso que não viu a filha casar e não tem a amizade dos dois filhos. Um babaca e covarde que não quer saber de ninguém! E você está com ele só por interesse, porque lá não é cobrado como sua mãe fazia aqui."

Apesar da minha anestesia mental, o falso profeta extrapolou todos os limites, e até Tati passou a me cutucar com as pernas, para que reagisse à todas aquelas ofensas. Seu sinal fora o suficiente para eu perder de vez a paciência e com uma pancada na mesa mostrei que a partir dali ele encontraria resistência.

– Quem é você para falar do meu pai e de mim, não te conheço como nada, seu merda! Tá bolado até hoje que não teve o casamento bancado e fica de papinho furado. Você não me conhece e muito menos meu pai. Fica na sua aí, babaca!

Os garçons e as mesas vizinhas já percebiam o tumulto, não estava nada cômodo permanecer ali por mais nem cinco minutos. De tamanha baixeza e sordidez, nada daquilo parecia incomodá-lo, seu tom de voz aumentara e a partir dali passei a não aceitar mais nada que viesse da boca suja do vagabundo:

– Você é um *playboy* que não quer nada com a vida, só quer fumar maconha e andar nessas rodas de vagabundos. Você e seu pai se merecem!

– E você, seu otário, que chegou na minha família não tinha porra nenhuma, levou meu carro, apartamento e terreno em Cabo Frio, que seriam meu também. Seu merda! Vai tomar no cu! Vai trabalhar, aproveitador barato! Vai se foder!

Com os olhos firmes no seu encalço, levantei da mesa disposto a socar sua cara, Tati percebeu que estava a um passo de agredi-lo e logo me conteve para evitar o pior. Àquela altura já éramos o centro das atenções do restaurante, não havia quem não estivesse olhando para nós. Ele gritava de um lado e eu respondia do outro, a situação ficou completamente fora do controle e tanto minha mãe quanto minha irmã em nenhum momento procuraram apaziguar os ânimos. Tratavam-no verdadeiramente como ser superior e tudo o que fazia estavam de acordo. Minha avó não tinha forças para dialogar e apenas acompanhava aquele jantar dos horrores. Com Tati segura à minha cintura, não desisti de enquadrá-lo e chamá-lo para porrada, frisando a minha vontade de esmurrar sua cara.

– Vamos ali no estacionamento pra ver se não te arrebento todo, seu cuzão! Vou te matar de porrada, filho da puta!

Entre encaradas e empurrões, larguei R$ 50 sobre a mesa e fomos nos xingando até a porta do restaurante, seguidos de perto por Tati e Manoela.

No estacionamento o casal me insultava asperamente, já esboçava dar um murro no farsante quando Manoela agarrou-se ao seu corpo e implorou para que não atacasse o seu tutor.

Se o plano do vidente muquirana era me desestabilizar, ele parecia ter sido cumprido. Depois de todo tumulto, bati em retirada imediatamente, mais uma vez pela porta dos fundos. Por sorte tinha Tati comigo, testemunha ocular de mais aquela covardia.

Sob lágrimas de indignação e impotência, deixei o *shopping* com destino à Realengo. Já nem mais lembrava que era dia do meu aniversário, até que Tati sugeriu que ainda parássemos pra tomar uma cerveja numa birosca perto de casa. Com toda sua delicadeza, pôs-se a me tranquilizar, tirando qualquer peso que pudesse carregar sobre tudo aquilo. As frustrações nas minhas relações familiares traziam-me um grande abalo, mas, naquele momento, o apoio e a confiança de Tati superariam toda e qualquer decepção.

As vendas da nossa Representação tiveram um bom crescimento e meu pai cogitou sairmos de Realengo. Havia conhecido um rabo de saia da Barra da Tijuca, e, apaixonado, demonstrou desejo de estar próximo a ele. Amantes da praia e do mar, Felippe e eu logo fomos a favor da mudança. As lembranças de Sylvia e dos vinte anos de convivência naquele apartamento não faziam muito bem para um recomeço. Na Barra, Serafim respiraria novos ares e teria uma companhia, a fim de aplacar sua solidão.

Num negócio um tanto obscuro, alugara um apartamento da própria namorada, recém– comprado por ela. Depois de uma reforma completa por conta do inquilino, fizeram um acordo verbal para ter o valor do aluguel descontado mensalmente,

Diferente dos subúrbios que convivi, os emergentes da Barra pouco se comunicavam entre si, num lugar onde predominavam os *shoppings centers*, postos de conveniência e os grandes *magazines*, numa Miami à brasileira. As calçadas vazias e as garagens cheias diziam que aquela estranha população não tinha por hábito trafegar pelas ruas, apenas a bordo dos seus carrões financiados. O caminho entre a garagem subterrânea e a porta de casa pouco favorecia o convívio entre a vizinhança, que acontecia apenas no elevador ou na portaria.

Para custearem o alto padrão de vida, os habitantes da Barra passavam poucas horas em casa, sem tempo para a sociabilidade e sequer o desfrute de todas as mordomias por entre as grades. O afeto e a cordialidade também estariam bastante espaçados entre eles.

Todavia, a nova morada trouxe-me boas opções de lazer: o surfe estava mais próximo, a Pedra da Gávea, a alguns minutos e a bicicleta passou a ser minha companheira fiel. Com ela me livrava de pagar as cancelas, e podia também enrijecer minhas canelas.

Luxúria e traição

Poucos meses de convivência na Barra e logo pude perceber o quão seria difícil meu relacionamento com meu pai.

Enquanto eu prezava por uma vida simples e discreta, ele badalava em restaurantes, cinema e *shoppings centers*. À tira colo, não faltaria sua inseparável companheira. Sem trabalhar, teria todo o tempo do mundo para desfrutar da boa vida proporcionada por Serafim.

A madama desocupada passara dos quarenta, seus cabelos grisalhos espalhavam-se por todo o couro cabeludo, ostentava um porte físico avantajado e a gargalhada estridente e escandalosa. Ainda assim meu pai era só elogios à sua companheira, procurava qualidades onde não havia, jamais dera um expediente na labuta ou encarara um curso superior. Enfileirar cervejas na mesa do bar era a especialidade da casa.

Enquanto ele vivia sua rotina de luxúria, eu seguia firme na lida, com merecidas fugas à praia ou à mata, mantendo meus clientes com constância. Se no campo pessoal nossa relação era distante, no profissional, ela deixaria de existir. Em certos momentos, fazia questão de não informá-lo sobre meu paradeiro, tanto em clientes, quanto nas minhas andanças pela vida.

Suas despesas eram uma verdadeira caixa preta, ele sequer permitia recebermos no escaninho os boletos mensais. Seu paradeiro misterioso também me dizia que algo ele estaria aprontando, quando passávamos até cinco dias sem nos encontrarmos.

Num misto de indignação e constrangimento, ele proferia respostas aleatórias, sem nada de relevante para argumentar. Certa vez recebi a nota fiscal de uma geladeira, mas só viera a papelada, a mercadoria fora para o endereço do seu encosto feminino.

Ao perceber sua fraqueza, a oportunista fazia questão de estar cada dia mais à sua cola e, até ambientes profissionais, passou a frequentar. Sua agenda afetiva confundia-se com a profissional e, com todo aquele encanto, cogitou admiti-la como secretária da empresa. Aquelas ligações estreitas já se tornavam perigosas demais e, imediatamente fiz voto contra e questionei o fato dela nunca ter trabalhado na vida. O controle da vida do patrão seria total e irrestrita. Contrariado e de fisionomia fechada, Serafim percebera que eu não dei ouvidos para aquela proposta abjeta.

Apesar de todo o seu desleixo, nossas fábricas evoluíam a pleno vapor e cobravam visitas assíduas e metas mensais sobre a venda dos seus produtos. Pela Gelomar vendíamos balcões refrigerados, *freezers* e todo tipo de refrigeradores comerciais, conhecida como a melhor indústria do Brasil. Pela Só Gás vendíamos fornos, sanduicheiras, batedeiras, cilindros e todo maquinário para massas e panificação

Apesar de todo potencial para ganharmos dinheiro e as receitas da empresa deslancharem, ele fazia questão de manter os negócios obscuros e sem qualquer prestação de contas. Sua retirada era uma verdadeira incógnita para mim. Enquanto eu recebia pouco mais de R$ 2.000, ele retirava pelo menos dez vezes mais.

A vida de classe média na Barra exigia uma casa organizada e limpa, tarefa um tanto difícil para três homens rueiros. Depois de duas tentativas frustradas, Serafim finalmente encontrara uma diarista que agradou a todos da casa. D. Quitéria era uma senhora que passava dos sessenta anos, esbanjava vigor e referências de bons serviços. De origem simples, morava na distante Santa Cruz, e pontualidade britânica era outro ponto forte seu. Exímia cozinheira, seus pratos eram verdadeiro banquete, quando os ingredientes lhes eram favoráveis.

Sua presteza e credibilidade, levaram meu pai a oferecer-lhe outro emprego além do nosso: de sua digníssima namorada. Depois das duas da tarde, corria direto para a casa da madame, numa jornada um tanto exaustiva. Alguns meses depois, e logo nos tornamos bons amigos, quando pude entender o tamanho da sua necessidade. A pobre senhora disse-me que passara por difíceis momentos para alimentar a si e ao seu filho, e aquela seria uma boa oportunidade de aumentar sua renda e vislumbrar certa estabilidade. Apesar da nossa proximidade, pouco me falava do seu trabalho por lá.

Numa manhã chuvosa, matava um tempo antes de sair para o trabalho, quando D. Quitéria aproveitou que estávamos a sós e deslanchou a desabafar sobre sua frustrante passagem pela casa da medusa emergente.

– Bruno, está sendo muito difícil trabalhar lá. Não quero trabalhar mais lá não.

– Por que D. Quitéria? Não estão te pagando bem, não te tratam legal lá?

– Seu pai me paga como combinou, o problema é que estou vendo coisas lá que não queria presenciar. Não estou bem de ficar escondendo certas coisas. Está acontecendo um problema muito sério.

– O que foi, pode me contar o que está te deixando assim?

– Se eu te contar você não pode de jeito nenhum contar pra ele. Me promete que você não vai contar?"

– Tudo bem, se você está me pedindo, eu não conto.

– Está muito pesado, pelo amor de Deus, ele não pode nem pensar em saber...

É que ela tem um amante, Bruno. Que vai sempre na casa dela fazer sexo com ela. É o caseiro e jardineiro da vizinhança da Ilha. Eu já trabalhei numa casa lá e ele me conhece. Pelo amor de Deus, ninguém pode saber que eu te contei."

– Nossa, mas como é ordinária essa mulher, hein! Meu pai dá tudo pra ela, uma mulher vulgar daquela, que ele trata como rainha. É muito sem-vergonha! E ele um otário que dá mordomia pra ela. Mas pode deixar que não conto não, D. Quitéria.

Logo depois daquela confidência nebulosa, veio-me à cabeça que todo aquele malabarismo pela contratação de D. Quitéria seria para que fosse sua olheira nas terras da sua namorada. Por certo, já lhe pairava uma dose de suspeita sobre a fidelidade de sua companheira ordinária.

Por alguns dias, consegui levar aquele segredo comigo, via-o saindo para encontros com ela e fazia de tudo para me conter. Porém, assistir passivo ao nosso dinheiro ir para o ralo estava saindo caro demais para mim. Sabia do meu compromisso com D. Quitéria, mas falou mais alto a vontade de tirar meu pai daquela cilada e, num dia em que acordamos num clima mais ameno, achei que fosse o momento para desmascarar sua companheira:

– Pai, tenho que te falar uma coisa. É um pouco sério.

– O que foi, Bruno. Pode falar.

Seu lado curioso procurava sobressair-se ao ar temerário que rondava o seu subconsciente. Não vivíamos num bom ambiente, qualquer coisa que falasse ele sabia que tocaria em alguma de suas feridas em aberto. Talvez só não esperasse por um revés amargo como a traição. O choque e a dor de sentir-se traído.

– É sobre sua namorada. Eu não me dou bem com ela, você sabe, né?! Então, me procuraram e falaram que lá na ilha tem um caseiro que é amante dela. Vai sempre na casa dela no final do dia, ou já à noite. Falaram que está sempre trabalhando por lá, você deve até conhecer...

– Mentira, Bruno! Quem te falou isso? É sério isso?!

De *bate pronto* seu semblante caiu, logo desabou por completo e seus olhos começaram a marejar.

– Claro que sim, ninguém ia brincar com uma coisa dessas. Eu ando por lá, vou ao forró, e conheço uma rapaziada. Comentei sobre você e os caras me falaram que te conheciam de vista. Mais de um, até. Pô, pai, você dava toda moral pra ela e ela fazendo isso contigo. Não é pra você ficar assim não. Sei que não é fácil, mas levanta a cabeça e se livra dessa mulher.

– Eu gosto dela né, Bruno. Vai ser difícil, mas vou terminar.

– Pois é, você gosta. Mas uma pessoa só gostar, não é namoro, é martírio e subserviência. Se toca que ela não é mulher pra você. Se ame mais!

A essa altura ele já caía aos prantos, tal como uma criança perdida.

– Você está certo, tenho que dar um basta nisso.

Depois de vê-lo um tanto cabisbaixo, procurei dar-lhe um conforto e apoio moral, mas definitivamente não estava para conversa. Atraiçoado e combalido, o chão parecia não estar mais sob os seus pés. Sem dar mais um pio, Serafim saiu da cozinha e imediatamente enfiou-se no quarto, trancou a porta e recolheu-se à sua solidão. A fim de ceder-lhe um ombro amigo, evitei sair de casa até que o visse bem de novo, o que só foi acontecer já perto do almoço.

Sem voltar a mencionar o nome dela em casa, procurei deixar aquele assunto caducar. Felippe também soube da traição e comentei que era melhor o deixarmos à vontade, para sabermos qual seria a sua decisão. A partir daquele momento, Serafim sabia perfeitamente que estaria mais atento a qualquer relação que mantivesse com ela.

Por algumas semanas, o percebemos numa nova rotina, ensaiando algumas caminhadas na praia e mais presente no escritório. Contudo, aquele clima paternal não duraria muito tempo. Seu temperamento fechado mantinha uma constante incógnita sobre o que fazia nas suas horas vagas. Um homem que vivia os seus dilemas e resolvera manter-se alheio a qualquer opinião a respeito deles. E logo voltaria a sumir sem dar notícias. Saía nas primeiras horas da manhã e só depois das dez estaria em casa de volta. Felippe e eu logo levantamos suspeita sobre um reatamento com a infiel usurpadora, só não imaginávamos que os fatos viessem tão à tona diante dos nossos olhos.

Felippe tinha um carro popular e para dar uma voltinha de zero quilômetro costumava pegar o de Serafim emprestado. Num atípico dia, o patrão negara a todo custo e não indicou um só motivo para aquela estranha negativa. Felippe logo ligou as antenas da desconfiança e sem alarde foi até a garagem ver se o carro estaria mesmo lá, a fim de ter a certeza que o motivo não seria nenhuma desavença pessoal. Segundo Felippe, o Honda zero quilômetro de Serafim estava escondido nos fundos da garagem e só andaria caso fosse arrastado.

– Fala Bruno, beleza? Preciso te contar um negócio, tá podendo falar?

– Tudo bem, Felippe. Tô tranquilo, pode falar...

– Comigo tá tudo bem, só com o carro do seu pai que não está nada bom."

– Por que, o que foi? Aconteceu alguma coisa?

– Serafim está bem também, o carro que está completamente destruído. Passaram um trator no carro dele. Pneus furados, vidros quebrados e cheio de arranhões na lataria. De ponta a ponta. Fizeram um estrago, está completamente destruído. Foi alguém que não gosta mesmo dele."

– Que é isso, Felippe, como foi acontecer um negócio desses?

– Isso eu ainda não sei, mas ele tava me negando o carro demais e não queria me falar nada, tem alguma briga do seu pai com alguém.

– Rapaz, o que ele anda arrumando, hein?! Anda com quem não presta, só vive cheio de problema. Quando chegar em casa, a gente tenta ver se ele fala o que aconteceu.

– Beleza então, Bruno. Abraço.

Serafim tinha seus carros como louças de porcelana, mantidos sob um brilho radiante. No seu interior, aquele ataque deve ter-lhe afetado para além do bolso, sua própria honra.

Ao chegar à noite, não quis embaraçá-lo com o assunto e, mesmo com um nó na garganta, deixei passar mais aquele caso obscuro.

No dia seguinte, dona Quitéria tratou de me confirmar sobre o autor da quebradeira do carango do coroa. Segundo ela, houve uma desavença entre os dois e na madrugada, o caseiro empreendeu um ataque de fúria no seu xodó de quatro rodas.

*   *   *

Sem muitas opções de amigos na Barra, costumava resgatar Mãozinha para passar uns dias comigo pela praia. Um dia fora quem me deu abrigo, era um prazer compartilhar também as melhores condições que alcancei.

Na Barra, mantinha tudo sob minha conta, mas ainda assim Mãozinha tinha seus momentos de pedinte. Estava numa eterna dureza e nem de longe almejava conseguir um emprego. Por vezes o ajudava nas tarefas mais simples, como cortar um bife ou amarrar o seu cadarço, mas ainda assim tinha plena capacidade de ter um emprego formal. O que não estaria exatamente nos seus planos.

Certa vez tive R$ 500 usurpados do meu carro na garagem do prédio e Mãozinha dormia na minha casa comigo. Depois de inspecionar as câmeras, um sujeito com o seu perfil adentrara no carro e surrupiou exatamente a grana, deixando a carteira logo em seguida. Apesar da minha incerteza sobre sua autoria, passei a ficar mais atento aos seus passos.

Algumas semanas depois, fui visitar Édson e lá estava ele, esbanjava ócio. Era uma tarde de quinta-feira e ainda precisava cumprir mais uma tarefa em Bonsucesso, perto dali. Mãozinha logo se infiltrou numa carona e pediu para deixá-lo na casa da sua irmã, em Vila Valqueire.

Enquanto fui à oficina, ele me esperou no carro e em menos de dez minutos coloquei o motor de um forno para reparo. Vinte minutos depois, deixei-o na casa de sua irmã e zarpei até a Barra, um tanto entorpecido.

Com R$ 300 na carteira pagaria uma conta no dia seguinte, contudo, ao chegar ao banco qual fora a minha surpresa? Minha grana sumira de novo.

O ratoneiro estaria mais perto do que imaginava. Surrupiara apenas parte do dinheiro, no intuito de passar despercebido. Contudo, seus movimentos estavam sendo vigiados e, naquele momento, ele assinara o seu atestado de ladrão. Não tive dinheiro suficiente para quitar a conta e deixei o banco furioso, ligando pra ele logo em seguida, para avisar que, daquela vez, não passaria em branco.

– Fala aí, então quer dizer que ontem você meteu a mão na minha carteira e levou R$ 50?!

– Eu não, está me chamando de ladrão?

– Estou, porra! E quando você aparecer na minha frente, se prepara, que vou te cobrir na porrada!

Imediatamente desliguei o telefone para não ouvir mais desculpas baratas. Tinha total certeza daquele roubo e certa dose de suspeita sobre o anterior. A traição não fora só pelo ato do desvio da grana, mas toda ingratidão em relação ao que lhe proporcionara até ali.

Mãozinha sumira por alguns meses e eu pouco aparecia nos forrós depois de começar a namorar Tati. Certa noite vinha de Petrópolis e não nos falaríamos mais. Estaria livre para sorver umas cervejas com os amigos e desfrutar de um pé de serra animado.

O Cantinho da Barra ficava a poucos minutos de casa e, num tradicional pé sujo, encontrei Fred, Zekinha, Felipe *Pé* e Fabinho Magrelo. O largo da Barra estava florido, além das forrozeiras, tinham também umas *patys* no lendário Bar do Oswaldo. Havia bastante tempo que não curtia uma noite entre amigos, estava de bem com a vida, até que um semblante peculiar vindo ao longe tratou de ativar meus instintos de defesa. Em poucos segundos, fui da alegria à apreensão. Da euforia à indignação. Junto com Mauro, meu algoz chegara discreto na roda, sem cumprimentos efusivos.

Mauro fora criado em frente ao Espigão e por anos frequentou o terraço, as peladas e até o baile com a gente. Era um grande amigo que pouco via nos últimos tempos.

Enquanto Mauro chegou animado e faceiro, Mãozinha mostrou-se um tanto desconfiado sobre qual seria a minha reação ao vê-lo. E, conforme prometi a ele, esperei-o cumprimentar a todos, até chegar a minha vez:

– E aí, não vai falar comigo não, seu ladrãozinho?

– Quem é ladrão aqui, está de papo furado na frente dos outros?

– Papo furado não, você é um ladrão de merda que abriu a minha carteira e meteu a mão em R$ 50! E ladrão de amigo merece entrar na porrada!

Na mesma hora, avancei em direção a ele e, antes de desferir-lhe um soco, plantei na sua frente, fingi dar-lhe um direto na cara, mas abaixei rápido e com os dois braços dei uma rasteira nas suas pernas, levando-o ao chão.

Com o joelho no seu peito, segurei com gana sua camisa e acertei uns pequenos socos contra seu braço, que lhe protegia a cara. Não tinha a intenção de atingir sua face, estava praticamente imobilizado debaixo de mim e pouco poderia fazer para sair dali. Da outra calçada, alguns pedestres gritavam para que não agredisse o tal deficiente, mas, de perto, os amigos deixaram que resolvêssemos nossas diferenças. Antes da deficiência, vinha o caráter, e sobre a falta dele que Mãozinha estava sendo cobrado. Por fim, afrouxei a briga e saí de cima dele, mantendo-me atento a qualquer reação sua. Com a camisa em pedaços e alguns ralados pelo corpo, deixara o lugar em tom de revolta e sob ameaças. O que não passava de um vira-lata em fuga a ladrar ensandecido.

BR a dois

Verão de 2003. O Sul da Bahia seria meu destino mais uma vez. Diferente das outras, nesta estaríamos só eu e minha pequena.

Minha vida pessoal e profissional se confundia em tamanha turbulência, desgastava-me demais com meu pai e patrão, e deixar a urbe era questão de saúde mental. Não precisava de muito, minha cura estava sob o mar, sol e sal.

Enquanto precisei trabalhar até meados de dezembro, Tati já me esperava na Barra de malas prontas, desejosa por partir. Seria sua primeira vez numa longa viagem, percebia a animação da pequena para aquela *road trip*. A falta de grana era um problema constante na minha vida, e para irmos mais longe, carregamos uma mochila repleta de roupas antigas da confecção dos pais de Tati.

Atarefado durante toda a semana, ainda precisei passar no centro da cidade para enfim ganharmos asas na BR. Passava do meio-dia quando atravessamos a Ponte Rio-Niterói, e, para compensar o atraso, pisei firme no acelerador até Campos, quando encostamos para abastecer o gás natural.

Os ares quentes da estrada impulsionavam o branquinho a jantar o asfalto, acelerei por mais de trezentos quilômetros numa toada intensa e só encostei quando a gasolina dava sinais de esgotar. Nos arredores de Serra, a noite já começava a cair, tapeamos o estômago com alguns pães de queijo e seguimos com a ideia fixa de chegar na terra do pé de serra.

Por volta das nove da noite, finalmente embicamos no trevo de São Mateus, pouco antes da pista dos eucaliptos. Ao entrar no chão batido, senti-me como num teletransporte para a diversão, ao embarcar num mundo mais lento, deixava todas as mazelas da vida urbana para trás. Sob o frescor do corredor de eucaliptos, Tati enrolou um cigarro e comemoramos enfim a primeira perna da viagem.

Em Itaúnas apresentei-a às grandes dunas e à praia, quase deserta. Como dois adolescentes em tempos de descobertas, passamos um dia leve e prazeroso. Durante a noite preferimos o descanso ao pequeno rebuliço notívago que já envolvia o vilarejo. A jornada pelo Nordeste estava só começando e, em Itaúnas, estávamos apenas de passagem.

De volta à estrada, seguimos a subir a 101 sob um fluxo intenso de caminhões, as crateras baianas se tornaram um obstáculo a mais para transpormos os quinhentos quilômetros até Ilhéus. Os setenta quilômetros para Itacaré foram de extrema contemplação, seguimos numa toada leve e enfumaçada, mas ainda chegamos a tempo de um final de tarde na Tiririca.

A noite já caía quando enfim fomos para a base de Fadul, onde ele e suas galinhas cantavam soltos pelo quintal. Havia poucas barracas no camping e o anfitrião nos recebeu com seu tradicional bom humor e cordialidade. Enquanto me cumprimentava com uma mão, com a outra pitava um cigarro de respeito.

– Fala, carioca?! Tá de volta na área, meu rei, com a patroa. Seja bem-vindo. Vai um tapa no soltinho?

– Opa, vamos. E aí, Fadul, como estão as coisas? Rolando boas ondas na cidade?

– Tem, claro. Amanhã mesmo te levo num pico bom pra surfar.

O cara já passava dos cinquenta, mas ainda respirava surfe e os esportes náuticos.

À noite saímos ainda para uma volta na cidade e bebericamos algumas cervejas ao som do *reggae* e da boa energia de Itacaré.

Com o cacarejo das galinhas despertamos antes das sete, quando Fadul já tinha um aceso e o seu cão Red ao lado, à espera da carona para o surfe. O sujeito era um tanto acelerado e, na mesma hora, fez sua mochila, voltou com a prancha e seu fiel escudeiro.

O bicho era um Pit Bull Red Nose com músculos por todo dorso, suas mandíbulas eram afiadas como guilhotinas, ainda assim, *Red* era de uma passividade só. Fadul tinha alguns treinamentos com pneus e cocos para adestrar o seu mascote e, assim, fora acostumado com diversão e sem ataques surpresas.

Coloquei os dois na caçamba e partimos até Itacarezinho para o surfe do dia. Com Fadul, tivemos acesso livre à fazenda da praia e não precisamos pagar para o carro ficar a poucos metros da areia.

As pequenas marolas não eram nem de longe o que prometera nosso anfitrião, mas ainda assim, passamos o dia na praia, a base de alguns cocos, *becks* e diversão.

No início da noite, voltamos para a base do baiano e fizemos um rango comunitário, junto com seus filhos Dani e Dieguinho. Filhos de diferentes mães, optaram por viver com o pai no sítio liberal. Os dois seguiam a vida de surfe e despojamento do velho.

Eu e Tati

Com o mar *flat,* Fadul tinha por hábito praticar a caça submarina, em Jeribucaçu, pude fazer um mergulho com ele e confirmar o quanto era astuto no mar. Entre os bonitos recifes de corais e tocas de pedras, o cara em menos de uma hora fisgou um polvo e quatro peixes de quase um quilo, com a facilidade de quem tira um animal do aquário.

Com um vigor invejável, tratou de limpar dois deles e deu início a uma fogueira. Munido de faca, sal e alguns limões, já andava preparado para se alimentar pela praia. Enrolamos os peixes em grandes folhas de bananeiras e, pouco tempo depois, fizemos um delicioso banquete à beira mar.

Durante toda semana, Fadul nos levou à diversas praias, ora em mergulhos, ora no surfe. Com o *camping* vazio, ele aproveitou para se divertir conosco a bordo do branquinho, nos apresentando seu estilo livre de viver.

Certa vez inventara de fazer um rodízio de pizzas e, durante a sequência gastronômica, comentou sobre um tal terreno que mantinha num litoral selvagem a alguns quilômetros dali.

"– Estou precisando ver como está meu terreno e mandar darem uma capinada. Vamos lá amanhã, a gente passa dois ou três dias por lá? Nunca ouviram falar da Península de Maraú, Barra Grande?"

– Nunca ouvi não. Vamos, Tati? Conhecer esse lugar também...

– Vamos sim, Bruno.

Sete da manhã e Fadul acordara indócil. Ligeiro, deixou seu material na caçamba e, junto com o seu mascote, tratou de me despertar na primeira hora do dia.

Pouco depois das oito e já estávamos na balsa sobre o Rio de Contas, no final da costa de Itacaré. Ao pousarmos sobre uma empoeirada estrada de terra, nos deparamos com um terreno árido e hostil, da caçamba Fadul ia atento na minha direção, diante de tantos desníveis e lombadas naturais.

– Se liga aí que agora vem o areal, não para de acelerar não. Mantenha a roda girando pro carro não parar.

Na mesma hora a estrada mudou de cor, o que era vermelho barro, se transformou num branco cintilante, quente e seco. Quase uma areia de praia. Passados cinco minutos do areal, imaginei que me safaria bem àquele desafio, até ver o carro repousando num buraco, sem qualquer resposta do acelerador. Apesar de todos os avisos de Fadul, não consegui passar da primeira fase. Da caçamba ouvi toda sua chiadeira e desprazer ao ter que sair da sua zona de conforto. Seria hora de encarar a areia quente e macia.

– O carioca só sabe andar no asfalto, né?! Na primeira areiazinha, já abriu o bico.

– Ah, para de graça, eu até gosto de andar na terra, mas essa aí não deu para mim não. Agora já era, vamos resolver isso e deixa de ser ranzinza!

Sem grande movimento na estrada, tentamos empurrar e tirar o branquinho do atoleiro, mas as seguidas tentativas foram em vão. O pneu estava completamente afundado na areia, e, depois de muito cavarmos, calçamos com alguns troncos e com Fadul no comando conseguimos dar um tranco para sairmos do atoleiro. Depois disso, o baiano malandro assumiu a direção e, levemente contrariado, acabei acatando.

Nas piscinas naturais de Taipus de Fora fizemos nossa primeira parada, onde encontramos lindos recifes de corais a menos de vinte metros da praia, com belos cardumes de diversas espécies, além de tartarugas, cavalos-marinhos e toda biodiversidade regida pela riqueza dos corais.

Um dos poucos polvos que vimos entre as tocas, Fadul tratou de tirá-lo de circulação, apesar da área protegida.

Calçado com luva de neoprene, segurou firme a cabeça do molusco e encontrou enorme resistência do bicho, que, com os tentáculos, agarrou-se às pedras e, por alguns segundos, travaram uma disputa insana. O polvo não era dos maiores, mas vendia duro a derrota, Fadul precisou apelar para sua faca no coldre para enfim cortá-lo da rocha. À meia água, pude presenciar todo fôlego do caçador sorrateiro atrás da sua presa. Num último suspiro, o molusco despejou sua bolsa de tinta na face do seu algoz, num puro ato de desespero. Depois do pequeno embate, Fadul escondeu o polvo por debaixo da lycra e saiu no meio da praia, como um mero apreciador da vida aquática.

A água quente e cristalina junto com a baixa profundidade eram um convite ao mergulho, o que levou Tati a fazer suas primeiras incursões junto à fauna marinha.

Depois de um divertido passeio por Taipus, saímos em direção à Barra Grande, onde passaríamos a noite. Sob a brisa quente do verão baiano, seguimos leves pela estrada, um *reggae* na caixa e uma sensação genuína de liberdade.

Mais alguns quilômetros de calombos e sol quente e finalmente desembarcamos no nosso destino final. Ao chegarmos, Fadul nos apresentou a Ponta do Mutá, costa mais isolada da cidade, com alguns poucos quiosques de palha. Sob a sombra de um coqueiro, encostamos para fazer um lanche, acendermos um *beck* e por ali ficamos até o entardecer.

Os coqueiros emolduravam a praia e seguiam em sintonia por toda faixa de areia, sem qualquer área urbanizada.

Sob um lindo entardecer alaranjado, Fadul nos informou que ali mesmo seria um bom lugar para levantarmos acampamento. O banho seria de mar, mas nem de longe nos incomodávamos. Em poucos minutos montamos nossas barracas e, ao escurecer, iniciamos os preparativos do rango.

O molusco capturado na surdina entrou no cardápio e nos propiciou um apetitoso arroz de polvo com batatas, em nosso quintal à beira mar. As louças já eram lavadas por ali mesmo, a base de areia e água salgada.

Por mais dois dias estivemos curtidos sob o sol e sal de Barra Grande e, ao fim da segunda noite, fomos até o único posto da cidade para jogarmos uma água doce no corpo. Pouco antes de irmos embora, e ele enfim se lembrou de passar no tal terreno, e o que vimos foi um matagal de mais de metro de altura. Passamos na casa de um conhecido para pedi-lo para capinar e, pouco depois das dez, deixamos a península de Maraú, encantados com aquele paraíso perdido.

Durante a volta encostamos novamente de praia em praia, com alguns mergulhos por entre os recifes. Na margem do Rio de Contas, o esplendor do sol nos contemplou com a sua despedida, quando encontramos a pequena balsa e voltamos para o sítio do anfitrião zombador.

Por mais uma semana seguimos na cansativa rotina de um bom baiano: praia, rede e água de coco. Os dias em Itacaré eram bastantes agradáveis, mas nosso espírito explorador falava mais alto e já seria hora de nos despedirmos do coroa praiano.

A fim de desvendarmos mais da costa baiana, voltamos a subir a 101 e encostamos o branquinho na cidade de Valença, da qual, tínhamos poucas informações.

Pelos arredores da cidade de Ituberá, encostei para abastecer e fui abordado por uma legião de meninos pedintes, que encontravam os viajantes abonados no posto. Nossas finanças estavam nas últimas, mas, ainda assim, infinitamente mais confortáveis do que a deles. Com certo constrangimento, acusei meu privilégio e catei uma pilha de moedas guardadas no console, organizei a garotada e tentei, ao menos, alegrá-los por uns instantes.

Quase dez meninos formaram uma fila indiana e, aos poucos, cada um recebeu o seu trocado, as moedas eram tantas que alguns deles giraram três vezes naquela roda de sofreguidão. Por alguns minutos senti-me o autêntico Silvio Santos do Nordeste, com mais diversão do que propriamente dinheiro para a garotada.

Ao chegarmos à Valença, logo encontramos o cais e consegui deixar o branquinho numa sombra, em uma área residencial tranquila. O destino seria Morro de São Paulo, a uma hora de barco.

Sob uma traineira velha de guerra, viajamos lentamente próximos à costa, ao atracarmos, encontramos um vilarejo bem estruturado e de alto nível, diferente das cidades intocadas que gostávamos de frequentar. Foi necessária uma longa procura para, enfim, encontrarmos o único *camping* do lugar. Durante a caminhada, percebi que éramos dos poucos mochileiros a frequentar Morro.

Na beira da praia, predominavam os restaurantes chiques e quiosques caros, destinados para a classe A. A nós, coube enchermos nossas mochilas de lanches e sairmos dali em direção à quarta praia, que nos indicaram ser mais selvagem e privativa.

Ao voltarmos ao vilarejo, chegamos à conclusão que em Morro havia pouca natureza e muita badalação, e lá não seria nosso lugar. No *camping*, negociamos duas blusas de Petrópolis pela nossa estadia e até passamos para alguns vizinhos.

No trapiche do Morro sairia uma embarcação para Gamboa e nela nos enfiamos às pressas, a fim de deixarmos aquele lugar consumista. Num ônibus em final de carreira, enfim completamos o percurso até a cidade de Valença, de onde já seria preciso pensar em voltar para casa.

Por volta do meio dia voltamos à estrada numa tarde típica de verão baiano, o asfalto refletia sobre a pista e nenhuma brisa corria pela atmosfera.

Numa só toada percorremos os quinhentos quilômetros e aportamos em Porto Seguro no início da noite, um tanto exaustos. A fim de uma noite confortável, optamos por uma pousada e desfrutamos de cama e ventilador depois de quase um mês sob a barraca.

Na cidade do descobrimento, tiramos um dia de turistas abastados e compramos *souvenirs*, beliscamos tira-gostos na praia e jantamos peixe com molho de camarão à beira mar.

Durante a manhã, deixamos Porto Seguro e cruzamos por Arraial D´Ajuda e Trancoso, a fim de voltarmos aos vilarejos alternativos. A pouco mais de vinte quilômetros, encontraríamos em Caraíva o que buscávamos durante a viagem.

Os quilômetros que separam o asfalto de Caraíva eram como um verdadeiro túnel do tempo, onde voltávamos pelo menos cinco décadas passadas: geradores de energia, ausência do telefone e de carros para contato externo. Volta-se no tempo e ganha-se vida. Às margens do rio ou sob a brisa dos coqueiros, Caraíva era um convite ao ócio.

Numa rápida caminhada, alcançamos o *camping* do Abdalho e logo montamos acampamento. Depois de trinta dias na estrada, a barraca já quase armava sozinha.

A temporada de verão havia passado e poucos turistas visitavam o vilarejo. Encostamos no Bar do Pará e uma linda lua cheia descortinou sob o horizonte, sorvermos quatro ampolas de Brahma e saímos a flanar pela cidade mais soltos e românticos.

Na manhã seguinte despertamos cedo para uma incursão na aldeia de Barra Velha, habitada pelos bravos pataxós. Para o dia na praia, arrumei uma mochila com água, sanduíches e *cannabis*; numa outra, carreguei as últimas roupas liquidáveis da família petropolitana. Pela faixa de areia macia e fervente seguimos num ritmo intenso, até encontrarmos um casebre abandonado de pau a pique, onde meia dúzia de palmeiras davam um ar fresco sobre a solina estafante. Um cigarrinho para baixar a temperatura dos neurônios também fora um tanto necessário para seguirmos adiante.

Ao chegarmos à aldeia fomos recepcionados por um indiozinho falante e prestativo. Itamar era esperto e ligeiro na abordagem aos poucos turistas que se aventuravam naquelas terras remotas. Na mesma hora se apresentou e tratou de nos guiar por cada canto da aldeia, demonstrando orgulho ao falar das suas origens. O guri não tinha mais de doze anos, mas, um tanto eloquente, contou-nos sobre a história da aldeia e a resistência indígena contra a especulação capitalista. Ao mencionar as roupas que teria para trocar, logo pediu-me para ver e encontramos uma camisa e um short que lhe serviram bem.

Na busca pelos artesanatos indígenas, Itamar nos levou até um conjunto de casas, onde na porta, alguns artesãos expunham suas artes.

Com dois deles negociei todas as roupas e saímos de lá com a mochila repleta de peixes, tartarugas, barquinhos e outros artefatos de madeira. Numa resenha animada com os indígenas, permanecemos por mais alguns minutos, até o nosso pequeno guia nos levar para conhecer a parte alta da tribo, onde residia a maior autoridade local.

– Querem conhecer a casa do pajé?

– Opa, queremos sim. Ele recebe a gente?

– Se ele tiver em casa, não tem problema.

O indiozinho caminhava depressa pela vila de areia e subia a ladeira com rapidez e entusiasmo. Depois de passarmos pela escola e a oca de festejos, alcançamos a parte alta da tribo onde se concentravam poucas casas, todas arquitetadas de bambu e barro, como nos tempos remotos. Na última delas um senhor pardo de pele curtida trajava vestes características dos primeiros habitantes do país, seu cocar tinha penas pretas e douradas delicadamente alinhadas, com alguns colares de sementes no pescoço e uma tanga de palhas de coqueiros. O indígena arrumava o quintal, quando Itamar o interrompeu em seus afazeres, e logo foi plenamente atendido pelo senhor boa praça.

– Oi, Pajé, tudo bem?

– Tudo, meu filho. Trouxe novos amigos?

– Sim, eles são do Rio de Janeiro e queriam conhecer você.

– Como vai, Sr. Pajé? Ficamos curiosos para conhecer os costumes daqui e a aldeia de vocês.

– Ah, legal. Eu conheço o Rio, já fui ao Maracanã e ao Pão de Açúcar, num Congresso que estive lá. Muito linda a cidade de vocês. Quero voltar um dia...

Numa breve volta pelo alto do morro, ele nos mostrou a oca de tratamentos e cura, onde os índios doentes se submetiam aos seus cuidados. Tati sofria com uma prisão de ventre extrema e já passava uma semana da última vez que fora ao banheiro, enquanto eu ia normalmente todos os dias e achava preocupante aquela sua abstinência fecal. Enchia-se de laxantes, mas aqueles fortes remédios não faziam mais efeito. E logo me deu um estalo de tentar ajudá-la com o conhecimento milenar do nosso novo 'amigo doutor'.

– Ela anda com um probleminha durante a viagem, tem dificuldade pra ir ao banheiro, principalmente nestes da rua. Agora já está há uma semana sem fazer o número dois, o senhor pode fazer alguma coisa para ajudá-la?

Apesar do constrangimento de Tati, era um tanto avesso a pudores, e logo lancei o desafio ao pajé a fazer sua poção mágica.

– Claro, tenho uma planta boa aqui.

Em poucos minutos ele catou um molho de folhas robustas e colocou água para ferver no seu fogão à lenha. Da panela saiu um copo duplo de um líquido amarelo e, depois de esfriar, coou e pediu que ela o bebesse de uma só vez. Receosa, chegou a ratear nos primeiros goles, mas sob os olhares do curandeiro, não teve outra opção a não ser engolir todo o seu remédio. Com um ar de desconfiança e descontentamento, ela me olhava intrigada, mas o pajé ainda teria mais alguns rituais para o seu tratamento. Voltamos à oca de cura e o nosso 'doutor' pôs uma toalha sobre a sua cabeça, e com uma garrafa d'água parecia medir a sua temperatura. Em silêncio, com alguns sinais, parecia dizer que ela estava muito quente, passando a dar voltas em torno do seu corpo como se estivesse movido por uma marcha. Depois de alguns minutos concentrado nos giros, o doutor dispensou toda água, como se jogasse fora qualquer carga pesada que estivesse sobre ela.

Depois da consulta particular, agradecemos imensamente ao chefe da tribo e descemos sob um sol ainda escaldante. A areia escura da aldeia refletia ainda mais calor sobre nossos corpos, e na beira da praia, paramos para um breve descanso. Depois de uma breve despedida de Itamar, andamos alguns metros à frente para acender um *beck* e ela chiava e brigava comigo sobre o chá que havia tomado. Disse estar indisposta e com certa dor de cabeça. Logo depois, forçou um pouco e golfou algumas gotas, até regurgitar de vez. Sua bronca passou a fazer todo sentido e precisei pedir desculpas para que não falasse mais nos meus ouvidos. Durante o *beck,* a fiz entender que só queria vê-la melhor, e logo voltamos às boas.

Depois de limpar minha barra, voltamos à caminhada e, após uma hora percorrida, Tati passou a se queixar de pontadas na barriga, pedindo que parássemos por alguns instantes. Sua fisionomia demonstrava certa angústia, as dores foram aumentando e ela deu sinal de que não conseguia prosseguir:

– Bruno, o que eu faço?

– Que foi Tati, vontade de vomitar de novo?

– Não, seu tonto. Agora é vontade de ir no banheiro.

– Ah, que beleza! Então vai fazer, ué!

– Aonde, Bruno? Como eu me limpo?

– Olha aí que mundão de praia você tem! Olha que marzão! Não vou nem ver nada. Cava um buraco e manda ver.

Ressabiada, olhou para todos os lados e, numa atitude pouco corriqueira, agachou-se e aliviou-se de todo aquele peso que embrulhava o seu estômago.

– Está vendo, o chá do pajé deu jeito mesmo!

– Ah Bruno, para de graça, fiquei toda sem jeito ter que fazer aqui.

– Ah, foi infalível. Esses remédios naturais são bem melhores que os da farmácia.

Ainda durante a volta, Tati parou para o segundo tempo e, com desenvoltura, fez mais uma vez todo o ritual para expelir os últimos vestígios do seu intestino enfezado.

De volta à Caraíva, a fome e o cansaço pesavam sobre nossos corpos, e nem mesmo o céu estrelado e a noite amena nos fez deixar as aconchegantes redes do *camping*.

Ritual pataxó

Chá milagroso

Num clima de romance e sintonia, emendamos mais uma semana de brisa na foz do rio Caraíva, demos algumas voltas de canoa pelo mangue e estendemos ao máximo nossa estadia. Com a despensa e o bolso vazios, separamos o combustível da volta e mais um pernoite em Itaúnas, apenas para evitarmos tanto tempo na estrada.

Num breve *pit stop,* paramos na terra do pé de serra e passamos o dia todo na praia, numa despedida daquela intensa temporada na Bahia.

Deixar minha zona de conforto e desvendar parte do Brasil soava-me com um caminho a trilhar na vida, não mais por opção, mas a perspectiva de olhar o mundo com uma dose maior de sensibilidade, com experiências e trajetórias das mais diversas, cada qual na sua peculiaridade.

Família não é sangue, família é sintonia

Ao voltar para casa renovado e feliz, os bons ventos começaram a soprar também na minha vida profissional. Para suprir toda a sua inércia e descontrole financeiro, Serafim convencera meu padrinho Hélio a ingressar em nossa empresa. Casado com sua irmã de criação Aída, os dois foram responsáveis por meu batismo, mas o imbróglio entre meus pais nos afastou por alguns anos, até nos reencontrarmos no meu início da juventude.

Serafim e *Adinha* eram primos, mas após à precoce morte de minha avó, fora adotado por sua tia Odete e seu tio Orlando. Órfão de pai, suspeito que sequer sabia o nome do seu genitor. Um viajante italiano que, numa de suas vindas ao Brasil, manteve um relacionamento fugaz com sua mãe. Na primeira oportunidade, partiu sem deixar notícias. De infância difícil, talvez Serafim apenas reproduzisse sua ausência de paternidade a mim, Manoela e Felippe. Ao longo da sua vida, demonstrara parcos sentimentos por cada um.

Hélio trabalhou por toda a vida em bancos e setores financeiros de empresas, era referência na família nos quesitos organização e honestidade. Próximo dos sessenta, havia também a dificuldade de inserção no mercado de trabalho.

Ao iniciar seu trabalho, Serafim fora obrigado a fornecer-lhe todo o balanço da empresa e o resultado não poderia ser pior: saldos negativos, empréstimos, dívida de impostos, inadimplência alta e as vendas baixas. Além de trabalhar para ter seu razoável salário, Hélio afirmara que seu objetivo era tirar a empresa do fundo do poço e fazer caixa para comprar um apartamento para mim. Achava admirável vê-lo pensando no meu futuro, preocupado em manter a empresa idônea e com um bom conceito entre as indústrias que representávamos. O que pouco tinha visto de Serafim até ali.

Sem muito contar com Carlinhos e bem menos com meu pai, Hélio passou a me ter como seu braço direito na empresa, assumiu total controle da administração e me incumbiu das tarefas externas. Com ele, passei a sentir-me valorizado, tanto moral como financeiramente. Para encurtar sua viagem de três ônibus até o escritório, costumava dar-lhe carona e pude entender melhor cada meandro a ser resolvido por nós. Apesar das situações adversas, contagiava-me com seu otimismo e suas ações do dia a dia.

Com pouco tempo da sua chegada, deparamo-nos com o ápice da derrocada da empresa: dívidas de impostos, CNPJ cancelado pela Receita Federal e, logo depois, a conta do banco suspensa. Nossa renda vinha daquela única conta e, sem acesso a ela, a empresa passaria por maus bocados.

Em poucos dias, Hélio tratou de conseguir um empréstimo com minha madrinha e saneou as dívidas junto à Receita. Durante o processo de pagamento, fui incumbido de levantar todas as dívidas e só aí tive a real noção do buraco que Serafim me enfiara. Por onde olhava, havia débitos, até um empréstimo que fizera com um cliente coube a Hélio acertar.

Além do meu futuro, preocupava-me também por ter meu nome vinculado à empresa. Apesar dos irrisórios 10%, seria o sócio corresponsável por toda aquela devassa financeira.

Todo aquele descaso custava muito caro à nossa relação, assim como a cumplicidade doentia que mantinha com sua companheira. Até que numa manhã de paciência zero, cheguei ao escritório mais tarde e já estavam todos lá: ele, Hélio e Sônia. Cumprimentei friamente os três e sentei-me à mesa, com pouco diálogo. Já não tomava café em casa durante uma semana, na geladeira restavam apenas uma margarina e duas garrafas d'água, enquanto Serafim seguia se fartando na rua e chegando em casa apenas para dormir. Mal nos encontramos nos últimos dias.

Num acúmulo de impotência e indignação, dirigi-me até ele e o desafiei com vigor, num quase tom de fúria:

– Está sumido hein, quanto tempo não nos vemos...

– Sumido não, chegando em casa meio tarde só.

– Saindo cedo, chegando tarde e nem passando no escritório nos últimos dias. Muito menos em clientes! Está com dinheiro para passear, né! Enquanto isso a geladeira lá de casa não tem nada para o café, almoço ou nenhuma refeição. Nada!

Serafim demonstrava total constrangimento perante Hélio e Sônia. Por outro lado, os dois seriam os meus cúmplices de que só estaria cobrando responsabilidade e compromisso como pai e patrão. Num tom mais alto e amedrontador, ele tentou frear meus ânimos, mas com argumentos rasos não teve sucesso na sua postura moral.

– É melhor você ficar calado aí e depois a gente resolve isso. Vai por mim. Você tá me deixando nervoso.

Inquieto e abalado, não consegui parar de proferir aquelas verdades que tanto me afligiam.

– Depois não, você está sempre deixando para depois. A firma está quebrada, só vivo correndo pra lá e pra cá, e não tenho dinheiro pra nada! Enquanto isso, você tá só de badalação com a sua mulher, porra! Tá pensando que sou otário pra trabalhar pra vocês!

Com o dedo em riste e os olhos arregalados ele imediatamente levantou da cadeira, perdendo por total o mínimo controle emocional que ainda lhe restava. Seus mais de cem quilos aliados a muitas ofensas se tornaram os principais trunfos para tentar dar uma basta naquele conflito.

– Vai tomar no cu! Tá pensando que tá falando com moleque, me respeita porra! Sou seu pai e você não vai ficar levantando a voz pra mim não!

Em resposta à ofensiva dele, levantei igualmente alterado e a pouco mais de dois metros gritávamos asperamente um contra o outro. Sônia apenas olhava da porta que dividia nossas salas, e Hélio se aproximara para dissipar aquele princípio de incêndio. Ao perceber que a troca de farpas chegara longe demais, procurei dar meu recado final e deixar meu registro de indignação sobre todo aquele seu abandono a tudo e a todos.

– É por isso mesmo, porque você é meu pai que estou aqui te cobrando! Porque até agora você como pai só tem me deixado dívidas e problemas pra resolver, mal nos vemos e você nem abastece a casa. Eu tenho vergonha de ter um pai omisso assim! É por isso que vim te cobrar tudo aqui, na frente de todo mundo. Pra você não se fazer de vítima depois!

Com a cabeça a mil, deixei mediatamente o escritório sem falar com ninguém, ainda assim Hélio me interpelou no corredor e pediu que aguardasse na rua para conversarmos. De princípio, ele precisou acalmar meu pai, que àquela altura teve uma alta de pressão que precisou ser contida por remédios. Para me acalmar, ele pediu paciência e disse que resolveria tudo. Afirmava entender toda minha revolta, mas pediu que evitasse novos embates.

Depois disso, tivemos nossa relação estremecida e paramos de nos falar durante algumas semanas. Minha casa era uma mera hospedagem, onde mal comia e dormia. Na empresa, também o evitei por algum tempo, e durante quase um mês, nossos únicos contatos aconteceram através de bilhetes pela casa. Vascaíno fanático, recusava-se até mesmo a sentar na sala para assistir ao jogo comigo. Recolhia-se para o seu quarto e lá aprofundava sua solidão.

Enquanto Serafim deixava-me tenso e um tanto frustrado, Hélio trouxe-me a luz e passou a ser minha referência, tanto no trabalho quanto no sentido de organização da vida. Todos os dias levávamos marmita e ele fazia questão de dividir a sua comigo, quase sempre mais regada e saborosa. Por vezes, meu pai estava no escritório mas não ousava sequer experimentar nossos cardápios. Na sua dieta, não continha saladas, grãos, frutas ou legumes. Serafim alimentava-se basicamente de massas, pães, frituras, refrigerantes e doces. Por consequência, agarrou-se a uma obesidade mórbida que jamais o abandonou. Com o passar do tempo, a conta passou a pesar no seu organismo. Pressão alta e as taxas de colesterol absurdas, o coração dilatou e a todo momento dava sinais de cansaço. Não demorou muito e as passagens por hospitais se tornaram constantes.

Numa delas queixava-se de insuficiência respiratória, o levei ao Barra D´Or e precisou fazer um cateterismo às pressas. Algum tempo depois, os rins acusaram fraqueza e precisou ser submetido a mais de dez sessões de hemodiálise.

Por vezes evitava me falar sobre um novo problema e ele mesmo dirigia até o Barra D´Or, onde passou a ter seu caso acompanhado de perto. Os remédios se tornaram mais de dez tipos diários, com altos custos que levaria durante toda a vida.

Por vezes, acompanhado da alta, vinha também a sua companheira, e, numa certa noite, lá estava ela, espaçosa e indesejável como nunca. Ao entrar na sala, deparei-me com a madame com as pernas estendidas, ocupando duas cadeiras e o controle remoto nas mãos. A fim de evitar qualquer ato impulsivo, respirei fundo e passei direto, sem nem mesmo cumprimentá-la.

Numa breve passada no quarto de Serafim, ele sussurrou-me que sentia-se melhor e logo o deixei de lado, tentando digerir aquela presença indigesta. Ao me trancar no quarto, tentei me acalmar, parei por cinco minutos, mas nas minhas costas pesavam responsabilidades demais, e aquela sensação de impotência não me descia nada bem. Com ele, eu já havia tentado dialogar e nada mudara. Estava diante da possibilidade de falar boas verdades a ela, e, com a cabeça a mil, dei três passos até a sala onde minha algoz se distraía com a leveza de quem jamais trabalhara na vida.

– Mas é cara de pau, você hein! Não sabe que não é bem-vinda aqui não?

– Haha, olha quem está falando! Vim com seu pai, ele que me trouxe. Que eu saiba a casa é dele.

Prepotente, nem mesmo acuada ficava sem uma resposta afiada.

– Pois é, a casa é dele, mas quem trabalha aqui nessa porra sou eu! Ele só vive doente, desde que vocês ficaram juntos engordaram mais de vinte quilos cada um! Só comem em restaurantes e ele só vive endividado! Que porra de vida é essa que vocês querem que eu banque?! Estão malucos?!

– Você está muito abusado pro meu gosto, respeite a doença do seu pai, estou aqui por causa dele!

– Se você quisesse o bem dele mesmo, não arrumava um amante que quebrou seu carro todo, e além de trair, lhe deu um baita prejuízo financeiro! Sua aproveitadora, hipócrita!

Ao ouvir a discussão, ele levantou sabe-se lá como e, aos gritos, tentou conter minha fúria:

– Bruno, para aí, porra! O que você está falando pra ela?! Sai fora daqui!

Atônito, corri para o quarto e me tranquei no único recinto que me restava. Em total desespero, Serafim imediatamente ligou para Hélio, que mais uma vez pôs-se como verdadeiro profeta da paz e, com a fala mansa, demonstrava todo entendimento sobre mais aquele embate.

– Bruno, mantenha a calma, quero conversar contigo. Faz o seguinte, estou passando no Barra Shopping agora e te encontro no Downtown em dez minutos. Leva umas roupas pra você ficar lá em casa essa noite. Um beijo e evite qualquer novo problema.

– Está bem. Hélio. Um beijo.

Ao encontrar Hélio, paramos num barzinho próximo à sua casa e pude chorar todas as mágoas que vivia com meu pai. Conhecia como ninguém nossa estória e mantinha-se sempre de prontidão para acalentar minha dor. Até o varar da madrugada, pudemos conversar e colocar toda minha biografia em dia, desde a minha infância até os conflituosos dias que vivia.

Apesar dos obstáculos constantes na relação com meus pais, encontrei no acolhimento dos meus padrinhos, forças e energia para continuar. Nos meus vinte e cinco anos, presentearam-me com mochila, sapato e duas blusas, mas um tocante cartão, fora o que mais marcou aquele momento de cumplicidade e afeto que tanto recebia dos dois.

"Bruno Querido,

Você é levado em sua vida pela criatura viva interior. O ser brincalhão, que é o seu ser verdadeiro. Não dê as costas a possíveis futuros antes de ter certeza de que não tem nada a aprender com eles. 'Você está sempre livre para mudar de ideia e escolher um futuro ou um passado diferente. (R. Bach)".

Reflita bem sobre estas palavras, pense sempre colorido e seja muito, muito feliz. Os padrinhos que te amam muito e que se consideram, também, seus pais. Aída e Hélio."

Felippe percebeu que nossos espaços se estreitavam a cada dia e também passou a pouco parar em casa, adotando a morada de sua namorada como seu novo lar.

* * *

No segundo semestre do ano, uma mudança de rumo aconteceria na vida de Tati. Deixara o seu apartamento no Recreio e a faculdade de Veterinária e mudara para o ramo da Zootecnia, dedicada para a prevenção e reprodução do mundo animal.

A fim de conter as despesas, voltara para Petrópolis, a sessenta quilômetros da faculdade, na Penha, subúrbio d Rio. Com a carona do velho amigo, Hilton teve essa distância reduzida, os dois se davam muito bem e tinham grande apego aos animais. A Penha se aproximava muito com o Méier nos costumes suburbanos, cerveja e boteco de esquina são parte da cultura Zona Norte. E Tati seria só mais uma a se render aos encontros etílicos da rotina suburbana.

De início espantei-me com a sua mudança de ambientes e até alguns novos hábitos, como o apreço que demonstrou ao enfileirar cervejas do início da tarde a noite adentro. Era uma menina de sorriso fácil e de lindo caráter, e logo estaria adaptada. Geralmente vinha do trabalho com um *beck* na mente e ela num grau bem acima do meu, como jamais havia presenciado. O cigarro também passou a ser mais uma companhia nessa sua fase boêmia. Junto com seus novos amigos e costumes, veio também certa distância entre nós, desencontros se tornaram rotineiros e a falta de harmonia de outrora. Percebi que, nas horas livres, suas atenções não mais estavam voltadas para sairmos ou fazermos algo juntos. Tornara-se popular em seu novo reduto, cobiçada por alguns e admirada por outros. Nas poucas vezes que estive por lá, vi carros com o som nas alturas e alguns *plays* dançando *funk* até o chão.

Minha vida passava por uma rotina de compromissos importantes, a relação com meu pai também me desgastava bastante e, apesar de vê-la se distanciando a cada dia, pouco poderia fazer para mudar o nosso destino. Sua vida simbolizava leveza e descompromisso, enquanto a minha seria um caminhão de afazeres e problemas.

Aos poucos as relações sexuais também se tornaram mornas, até esfriarem de vez. As discussões e brigas passaram a ser tornar constantes, uma pequena discordância já seria uma fagulha a explodir de vez. Seria só uma forma dela dizer que não estaria mais a fim, mas minha insistência e cegueira, levaram-me a insistir naquela desgastada relação.

O que parecia uma eterna lua de mel, tornou-se verdadeira guerra de nervos. Por mera consideração, Tati manteve uma relação de fachada durante alguns meses, e, depois de uma briga intensa na Barra, partira de vez. De mochila nas costas, deixou minha casa aos prantos, de carro ainda tentei interceptá-la para fazê-la mudar de ideia, mas meu sentimento de perda era maior que minha calma e, com pouco diálogo, minha missão fora frustrada. Seria irreversível tê-la comigo de novo.

Vivia uma sensação de egoísmo que só uma pessoa apaixonada pode sentir. Tentava a todo custo ter uma pessoa ao meu lado, mesmo que ela não desejasse mais a minha companhia. Passaram-se quatro anos de confidências, amor, e por fim, os dissabores. A dor da solidão dos primeiros meses fez o meu mundo girar, momentos sinuosos em que até o ato de dormir passara a ser uma tormenta. Com a cabeça a mil, procurava explicações para aquela desilusão, mas o que vinham eram dúvidas e incertezas, ressentidas por longas noites de insônia.

Horizonte verde

A vida me trazia mais uma separação de alguém tão próximo, mas não tinha muito tempo para lamúrias ou lamentações. O trabalho passou a exigir cada dia mais de mim e comecei a cobrir todo o interior do Rio, viagens que me faziam espairecer diante dos meus problemas de relacionamento. Nas horas vagas tirava um tempo para fotografar, curtir uma cachoeira ou acampar pelo litoral. A vida na estrada oferecia-me o desprendimento e o desapego dos reveses deixados para trás.

Alguns meses depois, procurei juntar meu apreço pelo meio ambiente e o prazer de viajar e ingressei num curso de Guia de Turismo. Já nem lembrava quando havia sentado numa sala de aula, e aquele ambiente educativo seria só mais uma forma de dar-me oportunidade para um novo começo.

Na primeira semana os mais descolados já haviam se enturmado e, no intervalo, nos reuníamos diariamente na Praça XV para distrair os neurônios. Além de mim, Douglas e Rodrigo *Careca* eram os mais assíduos na roda, e, em pouco tempo, formamos boa parceria entre nós. Depois das oito a movimentada praça do centro respirava um clima de total tranquilidade, e o chafariz colonial virou nosso ponto de encontro canábico.

Durante o curso pude conhecer a fundo a história do Rio, do Brasil, sua geografia e as influências artísticas que influenciaram nossa cultura. As provas eram *tours* que fazíamos pelo Estado, onde cada aluno seria responsável por narrar sobre um trecho específico. O fato de ter que falar em público eliminou de vez minha timidez e até passei a ter mais confiança ao afirmar o que pensava.

Depois de alguns simulados pela cidade, passamos por Petrópolis, Teresópolis, Paraty e como prova final, um final de semana em São Paulo.

As fotos e minhas experiências na estrada deram-me boa bagagem e motivação para seguir no segmento do Turismo, e, logo depois de concluir o curso, ingressei para Guia especializado em atrativos naturais, o que era realmente a minha praia.

Numa das primeiras aulas, tive o prazer de conhecer o professor André Micaldas, biólogo de formação, ecologista ferrenho e propagador de uma vida sustentável. Defensor de uma postura minimalista, dizia ter apenas duas calças, dois tênis e um guarda-roupa enxuto. A preocupação com as causas ambientais parecia estar mais presente que o apreço por sua vaidade. Com as suas aulas tive o entendimento sobre o funcionamento dos ecossistemas e a importância da preservação deles para a sobrevivência humana. Em meio ao caos urbano vive-se alheio a manutenção dos corais do Nordeste ou da Floresta Amazônica, sem conectarmos a importância da absorção de carbono por estes dois agentes naturais. Sua retórica fácil e o espírito gozador eram mais alguns motivos para não deixar de ir a uma só aula do mestre Micaldas.

Além da teoria, havia também as incursões em alguns ambientes naturais, ora na Floresta da Tijuca ou na Restinga do Bosque da Barra. Com seus mais de um metro e oitenta de altura e quase uma centena de quilos, mostrava-se sempre bem-disposto no decorrer das aulas *in natura*. Nestes lugares pude ver de perto a perfeita simbiose dos seres, o pleno funcionamento da cadeia alimentar e um ambiente sublime e silencioso, onde a cada dia mais sentia-me parte dele.

Douglas e Careca estariam mais uma vez comigo em sala de aula, à tribo canábica juntaram-se ainda Rodrigo Niterói, Priscila e Rafael *Comunista*. Os amigos caretas tinham também uma sintonia especial com a natureza, em sua maioria, diziam ser um modo de vida simples que admiravam fora da cidade.

Sérgio beirava os cinquenta anos e se mudara jovem para Saquarema, com um tom de voz peculiar tinha uma fala leve e mansa. Artista plástico por opção, refugiara-se num chalé no meio do mato a fim de buscar inspiração para suas obras. De vasta cabeleira, magrelo e vegano, era um autêntico "paz e amor", abstêmio por completo.

Jorge era um ex-paraquedista que passara do meio século de vida, com bom vigor físico, almejava subir toda e qualquer montanha que estivesse à sua vista. Sua formalidade ao falar com os professores lembrava o ambiente de quartel que frequentara toda vida, onde só faltava a continência. A disciplina e cordialidade se convertiam em pequenos atos de apoio aos companheiros de trilha. Renatinha, Denise e Valtinho eram os que quase sempre estavam na retaguarda, acompanhados de perto por Jorge PQD.

Depois de algumas caminhadas médias com Micaldas, seria a hora do teste final com o professor especializado em montanhas. Luiz Antônio *Cebolinha* tinha o porte físico privilegiado e levava a vida nas montanhas como algo para além da eternidade. Com uma pousada na base da Serra dos Órgãos, tinha o Parque como extensão do seu quintal. Detalhista por natureza, costumava nos ensinar cada minúcia relacionada ao Ecoturismo, desde a leitura da bússola, o calçado do grupo, as roupas utilizadas e até a comida que levávamos.

Na noite de sexta-feira acampamos na sua pousada, e, ao reunir os alunos, nos deu uma prévia do que encontraríamos pelo caminho. De todo grupo, só eu havia subido o Açu, e logo disse que contaria comigo para qualquer ajuda que precisasse.

No sábado de manhã despertamos antes das sete, e depois de uma longa preleção do Cebolinha, avançamos as fronteiras do Parque quando já passava das nove. O dia de sol prometia uma longa jornada, ao olhar a intimidade com camping dos meus companheiros, já podia imaginar que para alguns a conquista do pico não seria nada fácil.

Cebolinha parava a cada meia hora para as suas explicações técnicas, o que desgastava ainda mais o grupo. A fim de darmos um sossego muscular, Douglas, Rodrigo Niterói e eu demos alguns 'perdidos' no grupo e acendemos alguns pelo caminho. Rodrigo levou quase dez apertados e o que sobrou foram dois ou três.

O sol se pôs nos campos de altitude e, em pouco tempo, tivemos que acionar nossas lanternas. Dali por diante o caminho seria sobre as rochas e por entre os capins selvagens da serra. Àquela altura o ritmo de uns já era bem baixo, e tanto eu quanto Jorge revezávamos na retaguarda do grupo. O primeiro a abrir o bico fora Rodrigo Niterói, que começou a cobrar rispidamente Cebolinha.

– E aí, professor, esse pico não chega não? Estamos caminhando há mais de oito horas e nada! Minha mochila está pesada demais, estou com dor nas costas, preciso dar uma parada.

A ideia de Cebolinha era que os próprios alunos resolvessem os problemas de campo, com nossos conhecimentos adquiridos e o senso de cooperação que absorvemos ao longo do curso. Careca estava bem inteiro e com uma mochila leve, e logo se propôs a trocar de equipamento com seu xará fadigado. Rodrigo Niterói era dos mais fortes do grupo, quase um metro e noventa, magro e forte, acostumado a caminhadas pela mata. Até esbocei debochar da sua condição, mas seu semblante fechado dizia que seria melhor não o irritar ainda mais. Os fortes nem sempre resistem aos desafios de resiliência. Para a sua sorte, menos de uma hora após o seu faniquito e enfim nos deparamos com os castelos do Açu. Todos demonstravam enorme felicidade diante daqueles gigantes rochedos, alguns não se contiveram e foram direto ao complexo de pedras conferir de perto aquela escultura natural.

Exaustos e felizes, montamos acampamento num grande platô a poucos metros do castelo e, logo em seguida, aprontamos o tão desejado jantar.

Minutos depois do macarrão coletivo e todos apagaram nos seus iglus, à exceção de Rafael, Douglas e eu. A lua cheia era um convite para um passeio e, na calada da noite, saímos para fazer uma fumaça e contemplar aquele cenário arrebatador.

Ao alvorecer os mais animados despertaram para assistir a aparição do astro-rei. As nuvens coladas nos cumes pareciam ofuscar a sua chegada, mas o aquecimento da atmosfera se encarregou de abrir passagem para mais aquela paisagem encantadora.

O domingo ainda seria longo e, depois do café da manhã, desmontamos acampamento e fomos para o interior do castelo, onde cada um apresentou um assunto sobre Ecoturismo. Durante a minha curta carreira estudantil, fora o mais incrível cenário ao qual havia assistido aulas. A manhã era de diversão e prazer até Cebolinha cortar nosso barato e dizer que chegara a hora da descida. Os quase vinte quilos às costas de cada um era uma preocupação a mais para os declives, pois nem sempre para baixo o percurso pode ser subestimado.

Nos campos de altitude a solina fritava nossos miolos e Valtinho foi o primeiro a dar entrada nos primeiros socorros. Suas narinas passaram a escorrer sangue e não sabíamos ao certo o que acontecia com ele; os indícios eram de que sua pressão baixara, devido à altitude e ao esforço físico. Num pequeno platô encostamos para um descanso e retiramos a mochila sobre os ombros de Valtinho. Moreno pardo, seu semblante passou a um branco pálido, com feição assustada. Depois de o hidratarmos, demos-lhe ainda alguns pedaços de queijos, salames e barras de cereais que sobravam nas mochilas. Com uma fisionomia mais serena, Valtinho disse estar pronto para recomeçar, mas ainda assim procuramos outra forma de reduzir aquele peso que forçava suas costas.

– E aí, Douglas, vamos levar a mochila do Valtinho? Será que conseguimos?

– Como, Bruninho?

– A gente pega o cajado do Rodrigo e atravessa a mochila dele, cada um leva uma ponta.

– Vamos então, fechou!

Depois de algum tempo com o cajado carregado em dupla, alguns amigos se solidarizam e também dividiram a mochila pendurada.

Não demorou muito e mais uma baixa aconteceu no grupo. Denise era uma jovem senhora de pouco mais de quarenta anos, que até ali tivera pouco contato com a natureza. Ao ver uma grande pedra, pediu para sentar um pouco, reclamou de dores nos joelhos e propôs alguns minutos para se recompor. A fim de saber como se sentia, fui até o seu lado e levantei sua mochila, o que pra mim fora uma surpresa ter erguido tamanha leveza. Sem muita certeza do meu sucesso, procurei novamente amenizar o problema de um companheiro e propus tentar ajudá-la de alguma forma.

– Denise, acho que consigo levar ela pra você.

– Como, Bruninho?!

– Está leve, vou colocar no peito e levo na frente. Pode deixar.

– Já que você acha que consegue, beleza. Obrigada, mesmo. De verdade.

Nos primeiros instantes custei a entender que ganhei uns quilos a mais sobre o abdômen, e nos degraus mais altos tive que contrabalancear levando o corpo para trás. Passados alguns minutos e logo me acostumei com aquela pança postiça, levando-a até o final da caminhada. Cebolinha tinha condições físicas suficientes para nos ajudar, mas deixava para que resolvêssemos todos os percalços da jornada, agindo como mero espectador. Na turma de aprendizes da floresta não havia vaidades ou disputas, todos se mostravam solidários e pacientes ao ver qualquer incômodo de um companheiro. Um grupo de ecologistas na sua essência.

No final do dia, chegamos de volta à pousada, e, famintos, fomos agraciados por um apetitoso *self-service*. Depois de um reconfortante banho quente, seria hora de deixarmos o ar sereno da serra para voltarmos à estufa carioca.

Turma reunida nos Castelos do Açu

Ajuste de contas

A rotina trabalho, casa, família e contas era um tanto pesada para mim, o custo para se viver no Rio era astronômico, e, com excesso de compromissos, via as pessoas simplesmente abdicarem do viver pela própria subsistência. Não me interessava uma vida de apenas alimentar-me e ter as contas pagas, meu pouco dinheiro de sobra era investido em pequenos sonhos de uma mente em ebulição.

Na cidade minha vida seguia solitária, de pouca aproximação com meu pai e em visitas semanais à minha avó. Apesar de desconfiada abriu-me de novo as portas, com seus almoços caprichados e lanches generosos. Seus mais de setenta e cinco anos trouxeram-lhe astúcia e marcantes experiências, tornando-se uma senhora atenta e ligeira. Apesar de mais presente para sua filha e neta, passou a me escutar e compreender os motivos de ter me afastado de todos.

A dois quarteirões de sua casa, a Igreja de Nossa Senhora de Aparecida virou nosso ponto de encontro às segundas-feiras, onde às seis da tarde acontecia a missa das almas.

A avozinha era também amante incondicional da natureza, mantinha um vasto jardim no seu quintal e não perdia um programa na TV relacionado ao meio ambiente. A cada semana, nossa sintonia só aumentava, passei a confidenciá-la sobre todo desgaste que tinha com meu pai, e ela, aos poucos, procurou desabafar sobre o desconforto que vivia com filha e neta.

Nossas leves conversas logo passaram a ter um contorno de confidências e cumplicidade. Em pouco tempo, ela me disse sobre situações que vivera com as duas que custei a assimilar. De voz mansa e cabisbaixa, iniciava sempre com o mesmo prenúncio:

– Bruno, vou te contar uma coisa, mas pelo amor de Deus, é para ficar só para você. Não quero nunca que fale com elas.

– Tá bem, vó. Eu prometo.

– A Manoela foi minha procuradora, mas não é mais... Numa última consulta no extrato, vi um saque de R$ 14.000 e fui falar com a gerente. Ela disse que não houve nenhum erro do banco e foi retirado através de um saque na agência. Pedi o cartão de volta à Manoela e tirei a procuração dela. Ela deu desculpas, disse não ter sido ela, mas falei com a gerente e ela me confirmou o saque.

– Nossa! Que filha da puta! Essa mulher é uma vigarista mesmo. Você demonstrou toda confiança a ela, e ainda foi capaz de fazer isso! É muito vagabunda! Não tenho nem palavras para descrever mais esse absurdo, vó! São muito pilantras! Mercenários!

– E ainda tem mais, Bruno, mas se te contar você é muito esquentado, tenho medo que vá cobrar eles.

Depois de outras confidências, soube que a vovó fora seduzida pela neta a doar seu acervo de joias portuguesas que mantinha num baú.

Durante os longos desabafos, eram nítidas a sua angústia e desamparo, e, a cada revelação, ainda me surpreendia com tamanha ganância e ausência de escrúpulos dos aproveitadores. Tinham claro objetivo de tirar tudo que podiam de D. Julieta, principalmente enquanto estivesse longe.

Um pouco mais à vontade para se libertar daquelas amarras, D. Julieta vira em mim uma nova oportunidade da cumplicidade e confiança que um idoso deseja ter. A idade chegara e a vulnerabilidade também, e junto delas, a procura de um ombro amigo.

Em meio aos seus comoventes relatos, procurava-lhe prestar toda solidariedade, mas ainda assim sentia-me impotente por não ter conseguido combater aqueles males que a assolaram por tanto tempo. Ao perceber seu desamparo, passei a tentar distrair minha velhinha de diversas maneiras, àquela altura já não mais recebia convites para o veraneio em Cabo Frio, além de outros boicotes.

Durante a semana tirava pequenas folgas depois do almoço e a levava a alguns passeios aleatórios, entre eles o Cristo Redentor, onde mais vibrava. Desde a subida do corredor verde da floresta, demonstrava grande encantamento, durante o caminho explicava-lhe toda a história do Parque, a sua vegetação e tudo que aprendi nas aulas do mestre Micaldas. A cada história ela pedia para contar mais e aquele passeio com a velhinha se tornava a grande diversão da semana. No alto do Cristo ela se realizava por completo. Embaixo da grande estátua fazia o sinal da cruz e de olhos fechados orava por alguns segundos. Na pequena capela fazia outra breve parada, admirava cada palmo do lugar e se despedia com mais um palmear dos dedos sobre a face.

O Mosteiro de São Bento era outro passeio que tanto a agradava, onde um coral de padres entoava o mítico canto gregoriano, de vozes uníssonas ritmadas por suas cordas vocais. O Mosteiro era das poucas igrejas que ainda mantinha essa tradição, e seus assentos eram disputados com até uma hora de antecedência. Ansiosa, a vovó fazia-me apressar o passo para não perder um minuto sequer. Ao som daquele coral sinfônico, fechava os olhos e emocionava-se profundamente. Ao fim da missa, procurava justificar toda aquela devoção e apego ao catolicismo:

– Essa missa faz a gente parecer estar no céu, né, Bruno. Que paz.

– Pois é, vó, uma serenidade mesmo. Também gosto de escutar.

A companhia da quase octogenária velhinha passou a ser imprescindível na minha vida, fosse para os passeios diurnos ou em nossas prosas semanais. Sentia-me feliz e realizado ao desfrutar da sua amizade. A fim de estreitarmos nosso convívio, passei também a dormir na sua casa, num acolhimento autêntico e genuíno.

No seu aniversário de setenta e oito anos, filha e neta já não se faziam mais presentes, cientes de que eu estaria naquela homenagem. A partir dali, ela percebera que já não mais contaria com as duas.

Numa noite amena de inverno, tomávamos o seu tradicional caldo verde quando num tom mais sério demonstrou interesse sobre meu futuro e minhas perspectivas de vida. Estava trabalhando com Hélio para sairmos do buraco e, com ele ao lado, mantinha esperança da minha vida progredir. Conversávamos sobre todos os assuntos, e o meu rumo profissional era sempre o que a deixava mais intrigada.

– Tenho uma coisa pra te mostrar aqui, Bruno. Este documento é pra você guardar, é o testamento desta casa. Fiz pra você. D. Paixão e

Alda falaram pra fazer e te ajudar, pois você não ficou com nada. Elas foram comigo até o cartório e estou com ele aqui guardado há algum tempo, mas de nada adianta ficar comigo, ele é seu.

– Ah, vóoo!!! Você é maravilhosa!

Sem palavras para demonstrar meu sentimento de gratidão, fui ao seu encontro de braços abertos e lhe envolvi num infinito abraço, seguido de uma sequência de beijos e afagos. Por mais durona que fosse, nosso momento de alegria se estendera por toda a noite. Seu ato de coragem fora um tanto valoroso, ao renegar seu único bem à filha desnaturada. Diante de tantas perdas patrimoniais, dessa vez assegurei ao menos um imóvel parcial.

Depois de muitos ganhos suspeitos, o casal usurpador fora morar em Cabo Frio, na cidade litorânea, passaram a viver a poucos metros do mar. Blindados e resguardados pela cancela do condomínio, imaginavam estarem protegidos contra qualquer investida minha.

Se fisicamente buscaram um bom esconderijo, virtualmente Manoela não conseguiria manter-se invisível. Como todo capitalista exibido, mantinha seu perfil no *Orkut* com fotos de viagens, restaurantes e de uma vida de luxúria. Aparentava uma mulher bem-sucedida e um tanto *blasé*. Mal saberia ela que de onde vinha aquele ar de superioridade, também viria a resposta à altura.

Em sua página de recados deixei uma mensagem clara e direta, sobre o abandono ao qual submetera sua avó, após apossar-se de todos os seus bens disponíveis. Seu rosto de perfil era sorridente, jovial e bronzeado, um pouco mais arredondado que de outrora, típico de alguém que desfrutara de uma geladeira farta. Lembrei-a ainda sobre o sumiço na conta da sua avó e que, por trás daquele sorriso, tinha muita grana alheia.

A dificuldade de acesso à internet na nova casa fez com que a mensagem durasse quase uma semana, visto por muitos dos seus amigos. Talvez um deles tenha resolvido comunicá-la, e, ao perceber, sua fama de desonesta já circulava há dias pela *internet*. A partir dali, os ataques voltaram com toda força, e minha avó fora a primeira a ser comunicada para conter o estrago. Como de praxe, ela seria a vítima, e eu o vilão.

Sem perder tempo, a velhinha ligou para mim, um tanto acelerada e apreensiva:

– Bruno, o que você foi fazer com Manoela, escreveu um monte de coisa pra ela no computador, foi fazer fofoca com as coisas que te falei. Meu Deus do céu, nunca mais te conto nada, você é muito linguarudo!

– Ah, vó, mil desculpas. Eu fiquei com aquilo tudo guardado, muito triste por tudo que elas fizeram com você! Eu te prometo que não faço mais nada. Te adoro, minha avó.

– Por favor, Bruno, eu não posso me preocupar com essas coisas não, não quero mais tumulto, por favor...

– Está bem, vó, eu juro que não falo mais nada. Fica tudo entre nós.

"– Tá bom, me promete... Vou falar com ela então."

Apesar da sua longevidade, eles não pensavam duas vezes em massacrar a velhinha com ataques e insinuações contra mim. Ao invés de lutarem contra o autor da carta, vomitavam suas artimanhas ao carteiro. No fundo, ela compreendia minha revolta, mas sabia que o outro lado era ardiloso, e sobraria para ela tentar frear minhas reações impulsivas.

Sem forças para conter meus instintos agressivos, resolveram aplicar o mesmo golpe a Serafim e ele fora outro a vir me interpelar. Manoela sabia que ele estava sempre disposto a reatar a relação e, quando sentia-se acuada, o procurava para uma sessão de chantagem emocional. Por acaso estava em casa e pude acompanhar todo o mal-estar que ela causava a ele. O casal de covardes considerava-se acima do bem e do mal e, num simples telefonema, achava-se no direito de humilhar quem estivesse no seu caminho. O problema cardíaco e a pressão alta do gordinho não seriam capazes de compadecer a dupla de lobos feridos.

Mais uma vez Manoela vitimava-se e tentava reverter sua condição de usurpadora pela moça de família oprimida. Àquela altura fora obrigada a deixar as redes sociais depois de ter sua imagem denegrida, e tanto ela quanto seu marido mostraram-se um tanto descontentes com aquele linchamento virtual. Ao atender o telefone, percebi Serafim com os olhos arregalados e procurando acalmá-la.

– Tudo bem Manoela, eu vou falar com ele. Por que ele foi fazer isso, eu não sei aonde ele estava com a cabeça!

Sua respiração era ofegante e a feição preocupada, mas do outro lado da linha, ela seguia num tom rude e destemperado. A fim de dar um basta naquele teatro dos horrores, exigi que Serafim me passasse imediatamente a ligação.

Meio trêmulo e disposto a não participar daquela briga de nervos, Serafim entregou-me o telefone e logo rechacei aquela tentativa de intimidação aos mais vulneráveis.

– Que porra é essa de ficar ligando pra minha avó e pro meu pai?! Você teve um problema comigo, vem até a mim resolver, sua pilantra!

Ela gaguejava e ao mesmo tempo proferia todo tipo de palavrão, destilando raiva e frustração. Àquela altura, percebera que sua série de falcatruas seria incessantemente cobrada. Não tinha qualquer argumento e se enrolava nas próprias palavras, emendando ofensas aleatórias, que em nada me atingiam. Aos gritos, eu também aproveitava a oportunidade para reavivar sua memória, a fim de dar um basta naquela sua tentativa de vitimização. Malfeitores e covardes se alimentam nas sombras, quando suas trapaças não ganham visibilidade.

– Você está pensando que vai levar tudo da minha avó, deixar ela abandonada e não vai ser cobrada?! Você já me lesou também e não vem querer passar de coitadinha não! Sua pilantra, vagabunda!

Sem mais forças para xingar, ela parecia sentir sua moral abalada e logo veio o reforço do falso profeta, com sua baixeza e tentativa de intimidação.

"– Seu maconheiro de merda, se continuar atravessando meu caminho, vou acabar com você! Escuta o que estou te falando!"

Depois do episódio do restaurante, passei a conhecer a mente perversa do sujeito, e, mesmo diante de um clima pesado, espantou-me a forma como encontrou para tentar conter minha sede de justiça. Indignado com aquilo tudo, transferi para ele aquela responsabilidade de calar-me.

– Olha aqui, pai, está falando que vai me matar! É bem valente, ele. Então, seu filho da puta, quando você me vir pela frente, trate de me apagar mesmo, porque senão quem vai entrar na porrada é você! Vou pisar na sua cabeça até você ficar caladinho. Seu pilantra, a mim você não engana não! Charlatão de merda!

Do outro lado da linha, ele seguia num tom de voz firme e arrogante, com frases curtas e impositivas:

– Tá pensando que é malandro, se liga que sua hora vai chegar. Vou te pegar, seu otário.

No terreiro o falso messias reinava absoluto, onde acumulava fãs e seguidores, em sua maioria do sexo feminino, como presenciei nas vezes em que estive naquele antro. O malandro bancava uma vida de *status* e luxúria, empoderado na religião e na formação em Direito.

Num preguiçoso sábado, almocei com minha avó e só no início da noite deixei sua casa, a fim de encontrar Zekinha, no Espigão. Como à moda antiga, voltaríamos ao terraço para nossa vista panorâmica da Zona Norte.

Evitava passar por lá para não encontrar Rosa Maria, mas auto cercear minha liberdade nunca esteve nos meus planos de vida. Ao chegar à portaria, mirei os olhos dez metros à frente e identifiquei em torno de um carro alguns rostos peculiares. Mantinha contato com muitos moradores e, com um olhar fixo, procurei saber melhor de quem se tratava. Logo suspeitei de Rosa Maria e companhia e minha animação deu lugar a um misto de ansiedade e incerteza. Em poucos segundos, procurei refletir e sequer comuniquei Zekinha sobre aquela aparição, entendi aquele encontro como uma oportunidade única de colocar aqueles ordinários no lugar da história que lhes cabia.

Ao me aproximar, vi que estavam todas à volta do vidente mandrião, soberbo entre as mulheres. Mãe, filha, esposa e sogra rodeavam o factoide de guru, mas nem o escudo feminino fora capaz de conter meus impulsos reativos. Minhas pernas tremiam de nervoso e meus batimentos palpitavam em disparada, ainda assim, com o pouco que restava da minha educação, emparedei o achacador com o intuito de provocá-lo.

– Olha só, Zekinha, quem está aqui?! Falou há pouco tempo que ia me matar! Olha que oportunidade boa você tem agora, começa aqui o seu serviço! Mostra pra elas o que você falou que ia fazer comigo, seu vagabundo! Mas me pega de verdade, porque se não me pegar quem vai te encher de porrada sou eu!

Para a minha surpresa, o matador de outrora dera lugar a um frouxo vitimizado e, de cabeça baixa, tentava se escorar nas suas cordeiras e protetoras.

– Para com isso, eu não quero confusão não. Deixa de ser moleque, ninguém está te dando ideia aqui.

– É justamente porque ninguém está me dando ideia que quero resolver essa porra agora!

Enfurecido com o episódio do telefone e mais ainda com aquela encenação barata, avancei na sua direção com a guarda fechada pronto para acertar a sua cara larga. Zekinha tentou me conter, mas logo percebeu que precisava resolver aquelas pendências familiares.

Num gesto de proteção ao seu reverendo, Manoela enfiou-se entre nós e aos gritos pediu pelo amor de Deus para eu não avançar. Com gritos e total descontrole, Rosa Maria me ofendia sob o velho rótulo de drogado e ovelha negra da família. Aquela histeria coletiva passou a amplificar meu ódio e na mesma moeda tratei de denunciar todas as artimanhas do casal.

– Sou maconheiro mesmo e todo mundo aqui sabe disso! Pior são vocês, que bancam os santos e roubam uma velhinha de quase oitenta anos! Tomaram apartamento, dinheiro e joias dela! Seus vagabundos! E agora abandonaram, fingindo que nem conhecem mais! Seus merdas! Comigo vocês estão fodidos!

Os moradores de passagem pela ladeira paravam atentos para assistir àquela lavação de roupa suja. Eu só pensava em constrangê-los e devolver todo aquele abuso financeiro e psicológico ao qual submeteram a mim e minha avó. O covarde percebeu minha fúria e correu para dentro do carro, onde achou que estaria protegido. Manoela logo entrou em seguida e sentou-se no banco do carona, prontos para zarpar. Num efeito surpresa, caminhei lentamente até o carro e sem dificuldade abri a porta do motorista, deparando-me com suas bochechas gordas bem próximas aos meus punhos, engatilhados para lhe acertar. Contudo, desde o início não era essa a minha intenção. Procurei provocá-lo para ver se era capaz de mostrar sua perversidade em público, mas o cara ameaçador do telefone dera lugar a um singelo cordeirinho.

Com o seu focinho bem perto da minha mão direita, fingi empregar toda força, pronto para esmurrar a sua cara. Numa atitude desesperada, Manoela novamente posicionou-se como escudo e lançou sua face a prêmio. Com um debochado empurrão, espanei o casal de idiotas e mostrei bem ao abusador com quem ele estaria se metendo. E mais uma vez bancara o pacifista, seu forte era manipular e semear a discórdia a portas fechadas.

No dia seguinte, a mais esse embate, novas ligações para o meu pai e minha avó, novamente sob o pretexto de que um jovem drogado estaria prejudicando a convivência em família. Enquanto me estereotipavam sobre a erva que apreciava fumar, sobravam ambições e uma afeição macabra ao dinheiro, somada à imagem de poder. Soube através da minha avó que depois do conflito, eles foram direto à delegacia, onde fizeram o exame de "corpo e delito" para saber se algum empurrão gerou um hematoma no canalha.

Todo esse incidente deixaria ainda novas feridas abertas. Revoltada ao ver seu afetuoso genro acuado, Rosa Maria, mais uma vez, fora atacar justo o personagem mais frágil do enredo. Munida de uma inexplicável fúria contra sua mãe, dirigiu-se até a pacata vila da vovó e quase às dez da noite, entrou com uma moradora conhecida para surpreender sua vítima. A fim de manter sua personagem ameaçadora, dispensou a campainha e aos gritos chegara sem pudor na porta da velhinha. Prestes a dormir, D. Julieta custou a entender o que ela fazia àquela hora por ali, com certo medo tentou contê-la e pediu que entrasse, para evitar um escândalo maior. Sem a pretensão de manter um diálogo amistoso, Rosa Maria passou a disparar sua metralhadora giratória, motivada por um inexplicável ódio. Afirmava que minha avó seria a responsável por incitar minha fúria contra eles, ao me contar suas delinquências. Sua mente delirante dizia que D. Julieta era a culpada por todas as minhas retaliações. A coerção tinha rosto e forma.

Aquele alvoroço e estardalhaço era uma franca tentativa de intimidação para que ela se calasse diante de todas as opressões sofridas. O plano macabro do casal tinha Rosa Maria como principal escudeira na linha de frente. No auge da sua paranoia, jurou sua mãe de morte caso eu voltasse a me rebelar. Atônita, a velhinha precisou contar com os vizinhos para mandar embora aquela ameaça iminente.

Depois de alguns dias, disse-me ter ficado nervosa, apreensiva e constrangida. Morava há trinta anos no lugar e era bem quista por toda vizinhança, e, para sua infelicidade, sua filha acabara de ser expulsa da forma mais vil.

Numa segunda ação violenta, Rosa Maria fora capaz de ir até a igreja, sentar-se ao lado de vovó e no pé do seu ouvido fazer novas ameaças.

A Rosa Maria professora, rigorosa e sinônimo de retidão já não existia mais. Fechara-se para o mundo e agora caminhava pelas sombras do medo, onde somente um ser seria capaz de indicar o caminho a ser percorrido por ela. A verdade já não norteava mais o seu caráter, seu conforto mental estava no terreiro e lá não questionaria qualquer mandamento do seu tutor.

De corpo presente, seria seu genro, herdeiro e principal articulador daquele último plano sinistro. No campo espiritual, tratava-se da mesma pessoa, com o pseudônimo Pai Joaquim. Jamais poderia pensar que uma marionete humana pudesse chegar a tal ponto de submissão. A partir deste dia, prometi a mim que toda vez que o visse pela frente trataria de colocá-lo no seu devido lugar, com rechaços ou na base da força. Ele também sabia que conhecia seus planos de poder e passou a cada vez mais evitar um embate, como uma criatura das trevas com ojeriza à luz.

Avó Julieta, pensativa quase sempre sobre o futuro do neto

Altos e baixos

Depois de tanto tempo com Tati, quando deixei a noite para viver o dia, fui novamente seduzido pela boemia e voltei a curtir os forrós, enfumaçar no *reggae* e a praticar o flerte, há anos distante das minhas atividades.

Zekinha se tornaria meu amigo mais próximo, da sinuca no boteco, do surfe ou das trilhas na mata. Com seu táxi, trabalhava durante a madrugada e conhecia todas as boas da noite, onde vez por outra encostava para uma diversão. Na boemia reencontrara um velho amigo do Méier, Anderson *Piu,* que também morava na Barra, e logo voltamos a andar juntos.

Piu não mantinha bem o estilo maconheiro *zen* paz e amor, era ávido por drogas sintéticas e grande apreciador da madrugada. Tinha sempre consigo algumas balas ou LSDs para aditivar os amigos. Adepto de uma vida intensa, com ele era comum curtirmos uma boate aditivados e depois emendarmos numa sessão de surfe. Na boate Six o cara tinha passe livre, conseguia *drinks* de graça no bar e durante toda a noite, nos mantínhamos sob efeito da onda proporcionada por Piu. Aquele ambiente não era bem a minha praia, mas toda aquela brisa e o clima de pegação apeteciam e saciavam os meus impulsos masculinos.

Num despretensioso sábado de sol, degustávamos um *churrasconha* na casa de Guiverme quando Zekinha nos avisou sobre um *show* do Marcelo D2 na praia de Copacabana. Ao mesmo tempo em que deu a boa notícia, fez questão de dizer que precisava trabalhar e não poderia curtir com a gente. Guiverme logo se animou e disse que depois das últimas cervejas já podíamos nos aprontar para sairmos.

Os quarteirões ao redor do evento estavam todos fechados e fui obrigado a deixar o carro longe, quase no final da praia. Durante a caminhada entornamos mais algumas cervejas, e, meio zonzo, percebi que antes mesmo do *show* já passava do tolerável. O calçadão e as areias estavam completamente tomadas, há tempos não me enfiava num evento como aquele. No intuito de deixarmos o enorme formigueiro de gente, fomos em direção ao mar, onde seria mais sensato acendermos um baseado. No *show* do D2 não faltariam maconheiros, e à beira-mar algumas rodas se reuniam em torno da ganja. Enquanto apertava um, nos aproximamos de quatro camaradas que nos pediram uma seda. Minutos depois, chegou Luísa, conhecida da galera e nossa velha amiga do forró, e logo unificamos a roda. Num breve tempo, havia três baseados girando, o clima era descontraído e de muito falatório, quando, já na última ponta, uma pequena correria tumultuou a areia. Um clarão se abriu e, ao olhar mais atentamente, um arrastão de soldados azuis se dirigiu apressadamente em nossa direção. Custei a crer que fosse verdade. A ponta estava exatamente na minha mão e dispensei-a imediatamente, mas já não era o suficiente para escapar ileso. Numa ação ligeira e violenta, fui alvejado por uma gravata por um dos brucutus, que chegou aos gritos mandando que recolhesse o flagrante. Ao falar que não sabia onde estava, ele apertou meu pescoço com toda força e os camaradas em volta impediram que fosse ainda mais agredido.

Apesar de todo reboliço sob os nossos pés, ainda consegui agachar e pegar aquela sofrida ponta, para, com ela, armarem o flagrante. Insistiam em tirar-me a liberdade momentânea por menos de meio grama de erva enrolada num papel.

Em meio à resistência da galera, um dos amigos de Luísa comprou minha briga e disse ser advogado, numa última tentativa de impedir minha detenção. Com aquela mísera ponta, não estava preocupado com o fichamento, mas com toda a tormenta de estar sob a tutela de uma dezena de brutamontes fardados. O camarada de Luísa era boa gente e endureceu com eles, mas quando questionado sobre sua OAB, disse ser um mero despachante aduaneiro, e, com sua dupla identidade, logo foi mais um a ser enquadrado pelos meganhas. Não precisaram nem mesmo encontrar nenhum flagrante com ele, fora levado apenas pelo fato de tentar ludibriá-los.

Um micro-ônibus no calçadão já abrigava um grande número de ladrões, em sua maioria pivetes e batedores de carteira. Dentro do ônibus, uma dupla de policiais fazia a escolta de todos os detidos, sob a cobertura de mais alguns à porta. Do lado de fora, a gangue dos azuis corria atrás de mais maconheiros e trombadinhas para lotar o ônibus rumo à delegacia. Por mais de uma hora ficamos presos sob a intimidação e os abusos dos usurpadores das leis. Vez por outra percorriam o corredor e aleatoriamente escolhiam dois ou três para enquadrar.

– É maior de idade? Tem ficha criminal?

Quando a resposta era positiva, o sujeito podia se preparar para um esculacho e um pente-fino na sua roupa. Alguns dispensaram relógios, cordões e chaves-mestras pelo ônibus e, ao localizarem os objetos dos roubos, os capitães do mato empestearam o busão com gás de pimenta, a fim de vingarem-se daquela dispensa de flagrante.

Com poucos escrúpulos, fechavam todas as janelas e entupiam o ambiente de gás, até que o larápio se apresentasse. Como ninguém jamais se apresentara, padecemos com os olhos irritados e a garganta em vias de fechar. Em meio àquela fumaça tóxica, muita tosse, coceira na pele e indignação geral. Para a polícia tudo corria normal, nós não passávamos de um bando de marginais e aquela tortura fazia parte das lições da escola militar. Sádicos, riam e debochavam dos mais prejudicados. Milicos não estão para servir ao povo, são meros cães de guarda da burguesia.

Na 12ª DP lotamos uma sala inteira para triagem, onde separaram os réus primários dos reincidentes. Os menores sem passagem foram logo liberados para esvaziar o recinto. Durante a separação, fui colocado num canto com mais de dez deles, todos da Nova Holanda, no Complexo da Maré. Estavam com a ficha limpa, ainda que suas práticas não fossem das mais reluzentes. Branco e de classe média, destoava de todos ali. Curiosos, me perguntaram o que fiz para estar enquadrado como eles.

– Fui pego com uma ponta.

Precisei afirmar umas três vezes para eles acreditarem. Riam e debochavam da minha situação de detido por uma deplorável bagana. A situação de réus primários e sem flagrante os deixavam bem à vontade, tiravam sarro de tudo, cientes que em breve estariam em liberdade. Numa última averiguação, o inspetor passou recolhendo os documentos e inocentemente disse que estavam no carro, e não tinha nada comigo. Na mesma hora a rapaziada da Nova Holanda se animou com a notícia do *playboy* de carro, e, enquanto combinavam de curtir o baile na comunidade, logo associaram a ideia do baile com o carro do *playboy*.

– E aí, *play*, vamos fumar um boldinho no baile da Nova daqui a pouco. Tá rolando o bom lá.

– Não quero mais saber de maconha por hoje, tô doido pra chegar em casa depois desse *caô* aqui.

– E tu mora onde, play?

– No Méier.

– E qual é seu carro, leva lá a gente então.

Aquele papo estranho não me soava nada bem e o início amistoso já dava lugar a uma sessão de perguntas com um tom intimidatório. Com o respaldo de seu bando na retaguarda, um marginal abusado não cessava por um minuto suas intimidações, deixando-me acuado e sem qualquer solução reativa.

– Então playboy, quando sairmos daqui você leva a gente no baile, valeu! A gente sai junto e você dá esse bonde na moral.

O sujeito demonstrou que não estaria mesmo de conversa fiada, quando num tom baixo e incisivo se aproximou de mim, mirou meus olhos e deliberou:

– Você querendo ou não, vai dar esse bonde pra gente até a favela.

Ainda fingindo não levar a sério, segui a negar a carona e qualquer contato com eles fora dali.

– Pô cara, meu carro é *pick-up* pequena e não cabe ninguém. Já bebi todas, tô bolado de ficar esse tempo todo aqui, e quero sair fora pra casa.

– Tem problema não, a gente vai na caçamba deitado na moral. Se ficar falando muito, a gente vai e você fica. Daqui a pouco a gente sai e resolve essa parada.

Poucos minutos depois fui chamado e fizeram um pequeno registro da minha passagem, sem chegar a uma anotação criminal. Faltaria só mais alguns assinarem para os inspetores liberarem todos de uma só vez.

No momento que conseguia me desvencilhar dos mocinhos, já teria de encontrar uma solução para escapar daqueles meliantes folgados. Não faltavam nem cinco deles para efetuarem o registro e meu tempo passou a ser curto. Não encontrava coragem para denunciá-los e precisava evitar sair às ruas com aqueles malandros colados em mim. Com a mente em ebulição, tive um *insight* criativo e lembrei-me do velho truque da necessidade urinária.

– Por favor senhor, preciso ir no banheiro, tem como?

– Vamos lá, vou com você.

Inquietos, cutucaram-se uns aos outros e olharam entre si, ao perceberem que poderiam perder o *playboy* de vista. Ao sair daquela hostil sala de espera, procurei fazer minha defesa para imediatamente deixar aquele lugar.

– Os caras da Maré estão me enquadrando pra levar eles até a favela, querem tomar meu carro, sei lá. Já assinei o registro, me libera, por favor. Preciso sair daqui antes deles. Se eu sair com eles, vão me trazer problemas.

Meio incrédulo, o policial refletiu por alguns segundos e confiou na minha versão, e, sob a suspeita de uma nova ocorrência acontecer, finalmente recebi o passe livre. Jamais imaginei que nas barbas da lei poderia passar por aquele prenúncio de assalto.

* * *

De tempos em tempos, mantinha contato com Tati, já sem o amor todo pós-término. Era uma menina sensível e carinhosa, ao me procurar para nos vermos, era difícil dizer não. Quando o clima era bom trocávamos carícias, beijos e até uma noite intensa de sexo.

A saúde financeira da sua família começava a respirar por aparelhos, mas nada parecia a tirar do sério. Seu sorriso e sua meiguice pareciam mantê-la imune aos problemas externos.

Na minha vida profissional Hélio me proporcionava a tão sonhada estabilidade, com um salário maior, recolhimento do INSS, despesas de viagens e outros agrados nunca antes ofertados. Enquanto isso, via Tati experimentar um revés que jamais sentira antes, e, para mim, era um grande prazer oferecer qualquer tipo de ajuda, em consideração àqueles tantos anos que compartilhamos juntos.

Após regular o branquinho, passaram-se mais alguns anos e vi-me de novo com um acúmulo de multas que ultrapassavam R$ 2 mil reais. Em novo imbróglio com as pendências e a vistoria anual atrasada, tornei-me novamente presa fácil dos soldadinhos das leis. O branquinho já passava dos duzentos mil rodados, mas sempre a postos para novos desafios. Sua documentação, nem tanto.

Dessa vez não valeria à pena quitar tantas multas e, junto a Hélio, fiz uma engenharia financeira para a compra de um carro novo. O bom momento da empresa e seus prognósticos positivos davam-me a certeza de que não teria problemas para o pagamento das prestações. Combinamos o desconto de 20% do meu salário e a entrada minha avó ajudaria com R$ 2 mil. Enquanto a via fazendo de tudo em prol do meu avanço, com meu pai não contaria nem para a colocação dos carpetes. Com as garantias de Hélio, fui até uma concessionária perto de casa para ver as condições de um novo utilitário. Estava de acordo com minhas previsões financeiras e da próxima, seria só bater o martelo.

Duas semanas depois, e enfim tinha um carro zero ao meu dispor, onde teria segurança e a certeza de viagens confortáveis e sem o obstáculo policial. Quem vibrou duplamente fora Tati, que ganhou o branquinho de lambuja. Ciente dos problemas financeiros que afetavam a família, pedi um irrisório valor ao Sr. Sérgio, sem previsão de pagamento. Com o carro que tanto conhecia, Tati ganhou asas e muitos amigos para acompanhá-la em suas andanças. Da minha vontade, já não despendia muito esforço para tê-la por perto, tratava-a como uma grande amiga que por vezes acontecia um afeto a mais.

Enquanto procurava desapegar-me da minha ex companheira, Serafim não buscava qualquer coerência e bom senso junto à sua relação conflituosa. O acordo de aluguel era simplesmente verbal, e de uma hora para outra, a namorada proprietária recebeu uma boa proposta por sua casa, e decidira que o nosso apartamento seria seu novo lar. Apesar de toda regalia ofertada por ele, na primeira oportunidade de lucro, ela só pensaria em si.

Através de um conhecido corretor, visitamos três apartamentos na Barra num único dia e, no último deles, Serafim se interessou e procurou as melhores condições para fechar negócio. Era um três quartos todo mobiliado, com camas e armários novos, além do prédio com academia, piscina aquecida e toda mordomia de um mundo sob grades. Com o peso dos seus mais de cem quilos e os sinais de cansaço da vida boêmia, Serafim passou a me incumbir das mais desgastantes tarefas, como o vaivém na imobiliária, a logística de caminhão e todos os preparativos da mudança.

Depois de tantas incertezas e tarefas, finalmente pude me instalar naquele que fora o melhor lar que habitara. Felippe também transferiu suas coisas para a casa nova, apesar da relação com Serafim já sofrer enorme desgaste.

Woodstock brasuca

O verão de 2005 se aproximava e com ele minhas desejadas férias de um mês, que me fariam sumir da urbe e de todos os percalços que ela me gerava. O décimo terceiro ainda entraria na conta, mas, segundo Hélio, entraria na conta ao longo do mês. O paradeiro não tinha ao certo, nem mesmo o parceiro.

Em minhas idas e vindas ao Espigão, vi crescer um jovem esguio e um tanto desenvolto, que logo tornou-se mais um integrante da tribo canábica. Diego *Grilo* costumava andar lado a lado com Marcelinho, que o apresentava à vida despojada. Acabara de fazer dezenove anos e tinha um admirável espírito explorador, já com boa rodagem na estrada. Marcelinho me falara que ele estava disposto a viajar, e, após marcarmos um encontro no Espigão, contemplamos um baseado e sacramentamos nosso destino: o sul do país.

Faltavam dois dias para a partida e já tinha os equipamentos a postos para a nova jornada. Contudo, faltava ainda o combustível para nossas mentes inquietas. A fase era de seca na cidade e, em poucas favelas, havia erva de qualidade. Durante o verão a safra de *cannabis* sofre com as altas temperaturas e geralmente o que chega nas favelas são plantas secas e de baixo teor.

Pela garantia de um bom fumo, aventurei-me até a comunidade de Manguinhos, onde um tablete de R$ 30 era o mais falado do momento. Com a minha pouca grana, pegaria um só pedaço, o suficiente para abastecer nossas primeiras semanas na estrada. Vez por outra costumava adentrar a Faixa de Gaza carioca, mas, geralmente, procurava evitar a fadiga. Entre o Jacaré e o Manguinhos, a Avenida Dom Helder Câmara era uma região de constantes conflitos bélicos, o quarteirão fronteiriço às favelas em nada lembrava a serenidade do religioso defensor dos Direitos Humanos.

Deixei o carro em frente à uma das vielas e apressei o passo até o campo de futebol, onde a banca costumava estar. Escolhi um generoso tablete e dei-me por satisfeito com aquela aquisição. Para facilitar uma situação de emergência, embrulhei num pequeno saco sujo de cimento e voltei em direção ao carro, numa incursão que não passara de cinco minutos. Ao deixar a faixa invisível para o asfalto, aproveitei um ônibus em frente e por trás dele senti-me protegido de qualquer investida policialesca. Estava a poucos metros do carro, quando uma viatura encostou na traseira do ônibus, e, ao perceber minha movimentação, manteve-se parada, onde fatalmente bateríamos de frente.

Um carro velho ainda se punha entre nós e, antes da propensa abordagem, optei por dispensar o fruto da minha compra. Com o arrancar do ônibus, os meganhas saíram da viatura e vieram ferozes em minha direção, a fim de encontrarem algo que me transformasse num fora da lei.

– Cadê a maconha, te vimos saindo do Manguinhos!

– Não tenho nada não. Estive lá sim, mas só fumei um baseado.

– Se tiver, me dá logo essa porra, se der trabalho pra gente procurar, vai ser bem pior!

– Não tenho nada mesmo, fui fumar um baseado com a minha única grana.

Ao verem que endurecia o jogo, os cães de farda saíram a farejar por cada canto que eu havia passado. Ao fim, ainda se agacharam para olhar debaixo do carro velho, mas sequer desconfiaram do saco empoeirado de cimento.

O mais troglodita deles fervia para cima de mim, no batido sermão moralista e intimidatório:

– Então quer dizer que você entrou no Manguinhos só para fumar um baseado? Conta outra. Dessa vez vai passar batido, hein! Onde você mora?

– No Méier.

– Então vaza daqui, já tá dando muito trabalho pra polícia, sai fora daqui que não quero te ver mais não.

Apesar do susto, estava disposto a vender caro aquele pedaço de R$ 30. Meu dinheiro era curto e a disposição de fazer outra incursão na favela era menor ainda. Por alguns instantes estive ainda vigiado por eles, precisei sair caminhando e parei numa praça em frente, onde havia alguns aparelhos de academia.

Estava a menos de cinquenta metros do meu carro e da *cannabis* intocada, faltava bem pouco para sair daquele enrosco. No intuito de evitar um novo encontro indesejável, procurei fazer algumas barras e dar uma esticada no aparelho de paralelas. Uns cinco minutos depois, vislumbrei a pista livre e atravessei a rua, pisei de volta no meio-fio e encaminhei-me em direção ao tablete, mas antes mesmo de chegar dois meganhas atravessaram novamente meu caminho. O jovem branco classe média se torna um contraste notório nas cercanias das favelas, numa seleção natural sobre os que habitam ou não as degradantes condições das comunidades cariocas. A um metro de mim, emparelharam o carro e o carona saiu num destempero extremo, sem me dar qualquer chance de defesa:

– Tá fazendo o que na porta do Manguinhos?! Se tem flagrante é melhor falar que vamos te revirar todinho! Entra aí!

– Não tenho nada, podem olhar.

– Não tem ideia não! Está fazendo o que aqui então?! Mandei você entrar agora, vamos te levar pra delegacia.

Diante de toda aquela pressão, não tinha nada a fazer a não ser obedecer ao sujeito autoritário e medonho. Dessa vez, o mal-encarado era um branco parrudo, careca e de baixa estatura. Seus dentes avantajados quase saltitavam à boca, expelia uma raiva descabida de usuários, digna de um ser criado num laboratório milico. Ao me jogarem no temível carro azul, já podia esperar pelos cuidados aos quais seria submetido pelos seus tripulantes vis.

– Cadê a droga que você foi buscar na favela? Entrega que é melhor, vamos parar ali na frente e te revirar de cabeça pra baixo.

– Não tenho nada, o único dinheiro que tinha fumei um baseado. Podem ver nos meus bolsos, tênis... Nada!

– Meu irmão, alguma coisa você estava arrumando ali, ninguém fica marcando na porta do Manguinhos à toa! Se não tiver nada, olha aqui o que nós temos pra plantar em você!

Na mesma hora o sujeito abriu o porta-luvas e rolaram algumas pedras de R$ 30 sobre seus coturnos, não que as não quisesse para mim, porém, que fosse bem longe deles. Já havia vivenciado algumas sessões de terror psicológico, mas naquele tom jamais acontecera.

A dupla de achacadores me ciceroneou por quase dez minutos, faziam perguntas de todo o tipo, sobre o meu trabalho, com quem morava e finalmente alguma informação alvissareira. Ao saberem que supostamente morava no Méier, passaram a fazer algumas outras perguntas, e uma delas fora altamente preciosa para o meu *habeas corpus*. Para a minha sorte, o carona tomou frente do assunto e, num tom mais ameno, abriu um diálogo amistoso.

– Então você mora no Méier, diz aí quem você conhece lá?

– Conheço muita gente, sou nascido e criado na Dias da Cruz, mas sempre andei pelo bairro todo. Sempre me dei bem com todo mundo na área.

– E o Trakinas, conhece?

– Claro que conheço, sou amigo de infância dele! Moramos muito tempo no mesmo prédio, o Espigão. Tem as irmãs dele, Anastácia, Janaína e Lúcia, e a mãe. Conheço todas elas, os sobrinhos, geral.

– Eu servi nos Fuzileiros com ele. Conheci a família dele também. Sorte a sua então, vamos te deixar ali na frente.

– Agradeço mesmo.

– Agradece ao Trakinas depois.

Estávamos a mais de dois quarteirões do meu carro, quando, num sinal fechado, o carona deu o aval para que saísse dali.

– Pode ir embora. Mas se adianta, não quero te ver mais aqui não. Já que tá duro, segura essas aí pra você então.

– Opa, obrigado.

Para a minha surpresa, ele abriu o porta-luvas e deu-me duas trouxas miúdas de R$ 2, o que ainda assim foi uma grata novidade diante de todas as experiências funestas que tive com os tiranos de farda.

A caminho do carro temi que fosse visto novamente por eles, e, com o trocado que ainda tinha, enfiei-me numa Kombi de lotada para enfim sair daquele campo minado.

Numa esquina antes do carro desci em direção ao meu único refúgio na Faixa de Gaza. Já nem queria mais saber do tablete, o carango velho não estava mais lá e minha única vontade era sumir dali. Contudo, ao arrancar alguns metros pela calçada, reconheci o saco imundo de cimento e parei um pouco antes para refletir no que poderia fazer. Com enorme receio, não esbocei a mínima coragem de ir até seu resgate. O medo era maior que minha vontade de fumar. Para a minha sorte, um guri de pouca idade brincava na calçada e provavelmente havia encontrado a solução para o meu problema. Em poucos segundos emparelhei o carro a ele e pedi que me trouxesse o saco, oferecendo em troca alguns trocados que tinha perdidos no console.

Ao voltar com aquele empesteado saco, o guri demonstrara não entender bem o porquê do meu interesse sobre aquilo, porém, sem mais delongas, catei as parcas moedas e depositei na sua diminuta mão. Ah, a pureza das crianças!

Madrugada seguinte e estaríamos na Via Dutra com destino à Ilha da magia. Grilo não dirigia e coube a mim os mil e duzentos quilômetros até a cidade das beldades sulistas. Em Floripa, nos instalamos num *camping* na Barra da Lagoa, perto das praias do Sul e das noitadas mais alternativas.

Durante a manhã degustávamos um *beck* e umas laricas com um vizinho *hippie*, quando de repente sua feição mudara ao falar de um evento ao qual estaria de partida. O sujeito de fala mansa tinha *dreads* até a cintura e media quase um e noventa de altura, tinha um jeito franco e eloquente, com a certeza de saber do que estava falando.

– Vocês não estão ligados no Fórum Social Mundial?!

– Não conhecemos.

"– É um encontro da malucada do mundo inteiro, vai rolar essa semana em Porto Alegre. Shows alternativos, palestras de caras progressistas, ouvi falar que até o Lula vai estar lá. Tudo de graça, só chegar e acampar. Começa amanhã.

– Que foda, hein! E aí, Grilo, vamos lá conferir?

– Vamos, claro!

Com Grilo não havia muito dilema, o moleque tinha pouca idade e uma vontade enorme de ampliar seus horizontes. Não se importava com as longas estradas e vibrava com a possibilidade de estar em novos territórios. Mal chegamos em Floripa e já decretamos nossa saída para o dia seguinte. Durante o dia ainda surfei boas ondas na praia Mole, sorvemos umas cervejas à noite, mas nossa cabeça estava naquele intrigante evento anunciado pelo *hippie* bom de onda.

Na manhã seguinte, levantamos acampamento e, depois de um café bem servido, saímos em busca do desconhecido. De volta à 101, cruzamos Santa Catarina e, por cem quilômetros, percorremos um autêntico tapete de betume, com três enormes faixas contínuas e sem qualquer ponto de parada, bifurcações, nada. Com a confiança de um carro novo, andamos a 140 km/h por toda a sua extensão, ao som de um *reggae roots* e movidos por uma sequência de baseados.

Ao entrarmos na capital gaúcha, fomos levados pelos movimentos das tribos que desfilavam pela cidade. Às margens do Guaíba o trânsito deu um nó e, na primeira vaga, encostei o carro para enfim sentirmos os ares de rebeldia de Poa.

Enchemos os mochilões de roupas e comida e logo deixamos o carro para trás, em busca de um lugar para acampar na orla do rio. À nossa frente, um movimento brizolista empunhava bandeiras e bradava cantos anticapitalistas, logo nos somamos a eles e nos ambientamos melhor no evento progressista. Conforme caminhávamos, o bloco vermelho só crescia, em sua maioria jovens, cabeludos e com camisas de dizeres contra o sistema. Ao chegarmos no calçadão, uma infinidade de barracas se amontoava à margem do rio, procuramos ir mais adiante na expectativa de abrir uma clareira, porém, os espaços apenas se reduziam. Ao vermos um metro quadrado ainda verde no gramado, descemos para perto da costa e forçamos a barra num justo espaço para os nossos iglus.

Nos primeiros minutos já sentimos o clima um tanto fraternal naquele curioso e organizado espaço. Pessoas serenas, intelectuais, de roupas largas e simples, alguns portavam até crachá em forma de colar no peito. Tudo bem diferente dos *campings* que havia passado anteriormente. Um deles aproximou-se de nós e num semblante muito cordial nos deu as coordenadas do lugar:

– E aí, galera, tudo bem? Vocês estão com o *kit* da aldeia?

– Não temos. Chegamos agora. O que seria?

– Uma caneca, prato e esta camisa aqui, que custam R$ 50.

– Ah sim, depois pegamos então.

– Ali na frente tem a cozinha comunitária, onde fazemos nossas refeições, se quiserem comer daqui a pouco, vai sair um almoço. O que tiverem de comida e quiserem somar também vai ser bem-vindo, podem deixar lá.

– Valeu mesmo camarada, obrigado pela força.

– A gente procura viver aqui em coletivo e cada um tem a sua importância na aldeia. À noite, costumam ficar duas pessoas na vigilância das barracas, por exemplo. Todos os dias fazemos uma reunião, onde conversamos sobre a sociedade que desejamos e procuramos pôr em prática nestes dias no Fórum.

– Muito maneiro, queremos conhecer essa filosofia.

– Beleza, só chegar e interagir nos encontros.

Estávamos famintos e não seria dessa vez que faríamos proveito da refeição coletiva. Com a sensação de peixes fora d'água, lançamos mão do bom e velho macarrão com atum e nos entocamos atrás de uns arbustos na pequena costa do Guaíba. Rebeldes sem causa, destoávamos visivelmente dos nossos vizinhos. Com o carboidrato garantido, saímos no final da tarde a fim de fazermos parte daquele cenário contagiante. Andávamos em direção ao grande campo onde aconteceria a abertura do evento quando fomos surpreendidos por uma legião de diferentes tribos, que desfilavam com suas bandeiras e gritos de ordem. Diversidade étnica e cultural que jamais havia presenciado na vida. Cruzavam à nossa frente, variados povos indígenas, refugiados do Líbano, Rastafaris, Hare Krishnas, os Sem Terra, LGBTQIs, ecologistas de todo o mundo, e tantos outros movimentos sociais.

Ao ver todas aquelas comunidades, senti um imenso prazer de fazer parte daquele movimento de contracultura que se instalava em Porto Alegre. Num grande campo gramado, milhares de pessoas se reuniam numa sinergia peculiar, alguns espalhavam-se pela arena verde e outros hasteavam bandeiras, cervejas e baseados. Encostamos para fumar com duas meninas e elas nos falaram dos *shows* que aconteceriam, de Gilberto Gil, Caetano Veloso, e do ativista francês Manu Chao. Andarilho e engajado por natureza, suas músicas refletiam bem o espírito de transformação e solidariedade que o Fórum Social almejava semear.

Minutos antes de começarem os *shows*, um grande globo terrestre perambulou por todo campo acima de nossas cabeças e logo depois, uma enorme bandeira do Brasil, que também passava de mão em mão. Confesso que fiquei tocado ao perceber aquela linda harmonia entre os povos. Antes da onda reacionária se apropriar de símbolos patriotas, a bandeira do Brasil já fez-me emocionar um dia.

Os *shows* aconteciam em sequência e as cervejas entornadas no mesmo embalo. Num clima de flerte e gentilezas, interagimos com algumas gatas, mas não fomos bem-sucedidos. A noitada varou a madrugada e, pouco antes do alvorecer, nos abrigamos nas barracas. A solina em Porto Alegre era descomunal, nas primeiras horas do dia, a barraca já era como uma estufa, e qualquer tentativa de dormir seria em vão.

No instinto de buscarmos uma sombra próxima, encontramos uma grande tenda onde acontecia o encontro matinal dos vizinhos de *camping*. No meio da roda, um *rastafári* anunciou alguns assuntos e iniciou um bate papo sobre a filosofia e os hábitos do espaço. Uma bandeira branca com quatro círculos na cor vermelha simbolizava a união daquela galera antissistema, como a síntese de todas as artes, ciências e religiosidade. Num círculo maior estava a Cultura, que acreditavam ser a principal ferramenta de paz social. Estávamos na chamada Aldeia da Paz, um sugestivo lugar que paramos ao acaso. No bate papo, o rasta difundia os ideais da Aldeia, onde prevalecia o discurso pelo coletivo, desde a alimentação, limpeza, segurança e outras atividades. A luta de todos ali era por um mundo igualitário e uma sociedade socialista, onde as pessoas pudessem compartilhar os afazeres e os prazeres da vida. Os grandes capitalistas eram alguns dos sintomas a serem combatidos. Entre eles, as empresas tabagistas e a maior marca de refrigerantes. Naquela aldeia de sonhos, eles seriam banidos. O Calendário Maia era também outra filosofia que regia o grupo.

Não se tratavam somente de pessoas utópicas e descontentes com o capitalismo excludente, por ali todos erguiam os punhos e colocavam em prática o seu mundo ideal.

No final da tarde, um ritual para saudar o pôr do sol reunia grande parte dos ocupantes da Aldeia, num momento singular encenado por centenas de ativistas. Uma canção entoada por vozes uníssonas em prol de um ideal que simbolizava a direção para as suas vidas. Um momento de comunhão entre todos aqueles que mal se conheciam, porém, propiciavam uma empatia coletiva jamais presenciada por mim.

"Pela cura do planeta, Deus convoca em oração,
Luz do firmamento, ele é a força de oração
Chame a luz da consciência pela paz entre as nações...
Juntos, somos muitos na corrente de oração,
Juntos, somos tantos praticando a devoção...
Quem nos alimenta é a nossa oração,
Quem nos sustenta, é a nossa devoção...
Pela cura do planeta, Deus convoca em oração (refrão)"

Ainda que tenha sido criado na Igreja católica, o fator religiosidade era o que menos me atraía na Aldeia. Contudo, diferente do que via nas religiões, ali cada um parecia ter o seu Deus, sem personificar um salvador ou eleger seus mensageiros na Terra. Uma pequena canção ressoada por vozes sinceras, de afeto, numa linda corrente de harmonia.

Grilo e eu parecíamos os mais convencionais do evento. Aquela organização em grupos mobilizados detinha uma força de transformação que sequer sabia da existência.

Durante todo o dia aconteciam palestras sobre os diversos temas socioculturais que sacudiam o país. Estávamos num período de ascensão da esquerda na América Latina e o Fórum era uma radiografia desse momento.

Algumas palestras eram super disputadas, personalidades de grande apelo e vasto conhecimento, como o teólogo Leonardo Boff, o escritor português José Saramago (1922-2010), além de Frei Betto e até o bolivariano Hugo Chávez, chefe do Estado venezuelano (1954-2013). O presidente Lula também foi a Porto Alegre saudar a juventude do Fórum Social, mas sua presença ilustre só fora possível no ginásio do Gigantinho, em outra área da capital gaúcha.

Apesar de temas interessantes que eu gostaria de acompanhar, as principais palestras eram muito cheias e mal conseguíamos ouvir do lado de fora. Na verdade, durante o dia pouco tínhamos ânimo de nos envolvermos em algum evento. Minhas energias estariam reservadas às madrugadas, nas diversas tendas espalhadas por todo aquele acampamento global. Cada uma representava um estilo e durante os cinco dias o que não faltaram foram bons artistas. Pulávamos do *reggae* para o forró, depois ao bom e velho *rock and roll*, por vezes na MPB, e nas tendas de arte. Muita arte. Um movimento de pura espontaneidade dos artistas, que tocavam por prazer e sem retorno financeiro, movidos pela causa social. Com sorte, pudemos ver Gilberto Gil se apresentar num pequeno palco alternativo, para uma plateia de menos de trinta pessoas.

Sob o embalo de muitos *drinks,* não voltávamos para a barraca antes do galo cantar. No intuito de fugirmos da sauna porto-alegrense, no início da manhã passamos a adotar as sombras de duas mangueiras às margens do calçadão, onde um confortável gramado nos convidava para um cochilo. Debaixo das vultosas árvores, podíamos enfim fechar os olhos e descansar, sob a brisa quase fresca das suas sombras.

Em pouco tempo as árvores se tornaram abrigo de muitos jovens boêmios. Por vezes éramos uns vinte a desfrutar daquele bendito frescor. Ao acordar abria os olhos e estava em plena roda de baseados, com diversos sacos de dormir espalhados ao redor de mim. A poucos metros de nós alguns brigadistas faziam a vigilância do evento, mas ali eles seriam meros seguranças da ordem.

Com toda tranquilidade para fumarmos nossa erva, não demorou muito e o tablete do Manguinhos logo virou poeira. Depois de algumas dicas de jovens gaúchos, tomamos coragem e fomos conhecer a periferia da cidade. Diziam que a erva de qualidade estava na Nova Holanda, comunidade homônima à carioca. Segundo a garotada, o estádio do Grêmio estaria situado a poucos quarteirões de sua entrada. Ao chegarmos nos arredores do Olímpico, poucos pedestres caminhavam pela rua, o rodeamos por umas três vezes até finalmente um flanelinha nos indicar a sua entrada.

Ao entrarmos por uma rua estreita logo percebemos que o ambiente se transformara. Passamos alguns quebra-molas e logo vieram os olhares de desconfiança em direção àquele carro com placa do Rio, e dois jovens despojados a bordo. Ainda assim, em nada lembrava a sua xará da Maré, com traficantes armados até os dentes, e a cada esquina, um fuzil. Com certos ares de suspeição, resolvi ser mais prudente e deixar o carro num canto, até ir ao encontro de três homens que bebiam e conversavam animadamente na porta de um bar.

– Boa tarde rapaziada, tudo bem? Sou carioca, estou no Fórum Social e me disseram que aqui conseguiria uma erva boa. Vocês sabem onde posso encontrar?

– Rapaz, aqui a gente não mexe com isso não. Mas ali na frente você pode arrumar, procura o Gordo que ele pode te ajudar. Disse o mais amistoso.

Diferente do Rio, por ali o tráfico tinha até um nome a ser procurado, em contraste com o exército de jovens anônimos arregimentados para o comércio varejista de drogas. Deixei Grilo próximo ao carro e, numa esquina adiante, perguntei a dois garotos se Gordo estaria por perto. Com certo receio, apontaram-me um sujeito ao lado de um bar, estático, à espera de um freguês. Caminhei em direção a ele e à meia distância procurei perceber se seria ou não bem recebido. Ao chegar no tal obeso, achei estranho o seu porte físico, que em nada coincidia com o seu apelido. Magrelo e de baixa estatura, seu codinome soou-me como fruto de um deboche. Ou de um belo disfarce.

– Tudo beleza, camarada? Estou querendo comprar uma erva, me disseram que é com o Gordo, é você?

– Isso aí, guri, é comigo mesmo. O que você manda?

– Sou do Rio e estou passando uns dias aqui, me falaram que conseguiria uma erva boa na comunidade.

– Tem o boldinho de R$ 1. Vai querer?

– Vou sim, pode pegar umas vinte pra mim.

O sujeito não portava uma arma e nem sequer seus produtos de venda. Com aquela baixa rotatividade, ele abriu um leve sorriso e foi até um buraco no solo, destapou-o e catou as vinte trouxinhas para mim. Ao voltar até Grilo, mostrei a erva a ele e, em poucos segundos, logo fez o seu controle de qualidade:

– Tá verdinha, é o verdadeiro boldo!

Depois de mais alguns dias de boemia e conscientização às margens do Guaíba, visitamos Gordo novamente e caímos mais uma vez na BR, a fim de subirmos o litoral catarinense.

Entardecer na Aldeia da Paz

Encontro matinal na Aldeia

De volta à 101, entramos para a cidade de Laguna e atravessamos os molhes por uma balsa, seguimos por uma estrada de barro e fomos parar no Farol de Santa Marta, cidadezinha praiana com boas ondas à disposição.

Na praia do Cardoso, quebravam as maiores delas, também conhecida como Cardosão. Depois de um surfe na Prainha, voltamos ao *camping* e conhecemos o vizinho Eduardo *Pisca*, gaúcho de Porto Alegre e surfista nas horas vagas. Não propriamente um surfista raiz, mas um tanto cervejeiro e notívago. Depois de dois dias de boa sintonia, Pisca nos convenceu a curtir o carnaval de Laguna, dos únicos micareteiros da região.

Éramos quase vinte pessoas numa casa movida a querosene. Toda a rotina etílica lembrava muito a Região dos Lagos, além dos *plays* e das *patys*, bombados e vazios.

Depois de três dias embebidos sob uma folia intensa, antes mesmo de terminar os festejos, deixamos Laguna com destino à Guarda. Diante das estadias cheias e caras, encontramos o *camping* do Baiano com preço justo e ambiente *legalize*. O anfitrião passava dos cinquenta anos e ostentava longos *dreads*, que quase batiam à cintura.

Na Guarda peguei boas ondas e apresentei ao Grilo a Pedra do Urubu, mas a noite morna não apetecia muito nossos impulsos masculinos, e logo rumamos à Ilha do Mel. Apesar dos trocados contados, a vontade de permanecer no Sul superaria qualquer necessidade gastronômica.

Na ilha separamos a grana do combustível e percebemos que não sobrara quase nada. As ondas também não se faziam presentes, para fazermos valer nossa incursão por lá resolvemos cruzá-la de leste à oeste, visitando seus principais picos.

Em três dias de pernadas intensas não deixamos um canto para trás, a ilha do Mel estaria contemplada. Depois do modesto macarrão com molho de tomate, fomos até a praia ao lado degustar um digestivo e uma cintilante lua cheia dava o tom saudosista de final de festa. Seria hora de fechar a barraca e voltar à rotina civilizacional.

Nas montanhas

Com a grana a favor a vida me proporcionava melhores oportunidades, e deixar o Rio passou a ser questão de tempo, fosse pelo trabalho ou por diversão.

O Sana e a Ilha Grande seguiam meus principais destinos e, ao longo dessas viagens, pude conquistar seus dois maiores picos: o Peito do Pombo e o Bico do Papagaio.

Corcovado e Pedra da Gávea eram outras montanhas que costumavam fazer parte do meu cardápio, e Zekinha, o principal parceiro degustador dessas primazias. No seu giro de táxi pela madrugada, abandonava o posto de motorista para assumir o lugar de caminhante. Às duas ou três da matina iniciávamos nossa jornada pela floresta e, no alvorecer do dia, estávamos empoleirados no pico a assistir os primeiros raios de sol, em seus tons alaranjados e reluzentes.

Algumas dessas montanhas marcaram para sempre minha experiência *in natura*, a Floresta da Tijuca e seus píncaros eram capazes de me surpreender a cada subida, como certa vez no Cristo, quando os irmãos Curt e Guigui nos acompanhavam madrugada adentro.

Às duas da manhã galgamos o muro do Parque Lage no movimentado bairro do Jardim Botânico, onde a jornada já começava num clima de diversão. Zekinha e eu costumávamos subir todo mês a trilha e, apesar do breu da mata, alcançamos o trilho do bonde em pouco mais de uma hora e meia. Uma caixa d'água na margem da ferrovia transformou-se num belo mirante para o *pit stop* da fumaça. Com um brilho incandescente a lua cheia nos brindava em direção ao Redentor, subimos a escadaria em direção à estátua e sentamos no parapeito em frente a ela, a fim de apreciarmos o amanhecer da cidade sob os nossos pés.

Sem qualquer vigia para o plantão noturno, apenas um bando de quatis nos fazia companhia.

O acordar da cidade era de um silêncio profundo e um acalanto para a mente. Nossas lentes e retinas extasiavam-se diante de tanta beleza. No horizonte a enseada de Botafogo se debruçava sobre as águas da Guanabara, entre o lusco-fusco da cidade e o raiar cintilante no oceano.

Para a nossa surpresa, o grande símbolo carioca passava por obras e alguns andaimes cercavam a sua base. Àquela altura, nenhum pedreiro estaria de pé, apenas nós quatro dávamos o plantão nas cercanias da grande estátua.

Ao tirarmos nossos sanduíches da mochila, olhei para o Zekinha e propus de tomarmos o café da manhã ainda mais nas alturas.

– E aí, Zekinnha, vamos fazer esse lanche lá em cima?

– Subir os andaimes?

– Isso, vamos até o pé do Cristo!

– Partiu, então. Vamos, galera?

Curt e Guigui tinham por hábito dropar ondas pesadas, e escalar meia dúzia de andaimes não seria nenhum grande obstáculo para eles.

– Vamos nessa!" Gritou Curt.

Passava das seis da manhã e o sol esboçava despontar, nos apressamos em escalar os andaimes e em menos de cinco minutos atingimos os pés daquela escultura onipresente. Sentado sobre os dedos do grande Redentor, confesso que certa euforia tomou conta de mim, numa sintonia singular entre a natureza urbana e uma simbólica criação do homem.

Vulto do Zekinha e eu no Cristo

Amanhecer no parapeito

A temporada de Inverno se aproximava e junto dela uma vontade desmedida de conquistar novos lugares, amizades e diversão.

Moisés fora um amigo inusitado que a vida me presenteou. Desde nosso primeiro encontro comercial demonstramos certa sintonia, e, no final do expediente, celebramos a parceria com um *beck* no alto de uma montanha de Três Rios, cidade ao qual adotara.

Entre baseados e pequenas viagens, Moisés fez-me a proposta de subirmos uma montanha próxima ao lugar onde nascera, cujo cume sempre quisera conquistar. O Pico da Bandeira era um desejo não só dele, mas de grande parte dos montanhistas que conhecia. A quase três mil metros do nível do mar, Moisés aconselhou-me levar luvas, gorro e um casaco grosso, para suportar as propensas temperaturas negativas.

Depois de uma manhã de trabalho em Petrópolis, deixei a cidade serrana e o encontrei na sua loja por volta das duas da tarde, aonde ainda tratamos de alguns negócios.

No final do expediente fechamos as portas da loja e deixamos Três Rios no final da tarde, ansiosos em encontrar a estrada. Num bonito mirante nos arredores de Juiz Fora, encostamos para um pão com linguiça e uma chuva fina umedecia o asfalto, o que mereceu uma atenção a mais ao volante.

Passava das oito da noite e dificilmente alcançaríamos os trezentos quilômetros até o Alto Caparaó, ainda assim nossa intenção era de dormirmos mais próximo ao Parque.

No perímetro de Carangola, chegamos ao limite de embate com o sono e resolvemos entrar na cidade para encontrarmos abrigo. Não era sequer meia-noite e minhas pestanas intercalavam como pisca-piscas natalinos, com o ônus de a qualquer momento entrar em curto circuito.

A cidade já dormia e nem sequer um boêmio transeunte perambulava pela calçada. Por cinco minutos rodamos a esmo pelo lugarejo e, enfim, algumas placas indicaram a presença de um hotel. Numa bonita praça arborizada nos deparamos com o que parecia ser a única hospedagem local. Um abrigo para viajantes de baixo custo cuja pernoite era cobrada R$ 10. De estilo colonial, lembrava as construções antigas do império, tempos em que aquelas terras mandavam ouro e prata para os colonizadores europeus. Os pavimentos eram salões com mais de seis metros de pé direito, grandes colunas de sustentação e piso de madeira, num tom rústico de ares imperiais.

Na manhã seguinte despertamos cedo dispostos a acampar na base do Parque, para, na madrugada posterior, atacarmos o alto do pico. Por volta das dez da manhã chegamos na cancela do Alto Caparaó, mas, para nossa frustração, o *camping* estava lotado e por lá não poderíamos pernoitar.

Na portaria, os guardas-parque nos recomendaram seguir até a sede de Pedra-Menina, na vizinha Dores do Rio Preto. Apesar de ambos alcançarem o pico, sua subida mais árdua costumava ser menos frequentada pelos caminhantes.

A fim de aproveitarmos nossa passagem pelo Parque, deixamos o carro na porta e subimos a trilha principal, que nos levou a lindas piscinas naturais incrivelmente redondas e esverdeadas. A água gélida pouco atraía os caminhantes a se banhar, mas Moisés e eu não resistimos àquele lindo cenário e nos deleitamos numa das maiores piscinas.

Passadas algumas horas de resenha e retornamos à base do Parque, na busca de enfim fincarmos nossos iglus. A estrada para Pedra-Menina era de lombadas, cascalho e solavancos, percurso que se estendeu até a chegada à sede do Parque. Talvez o caminho também explicasse a baixa procura dos montanhistas.

Pouco mais de dez barracas espalhavam-se num espaçoso gramado e, antes do anoitecer, tratamos de tomar um banho e preparar o carboidrato. Estávamos a dois mil metros do nível do mar e a temperatura despencava após o sol poente, beirando dez graus e uma sensação ainda mais gelada. Sem muito o que fazer diante da noite fria, antes das nove e já nos recolhíamos para descansar, ansiosos pelo despertar do telefone na madrugada.

Diante de um frio congelante pus os pés fora da barraca e vi que precisaria de todo meu aparato de sobrevivência. Os ossos rangiam e as pontas dos dedos adormeciam, impedindo-me de apertar o cigarro de boa sorte. Com luvas, gorro e três pares de meias, procurei-me aquecer dos pés à cabeça para a garantia das extremidades quentes. Mais acostumado com o frio de Minas, Moisés dispunha de uma balaclava e mantinha só os olhos expostos àquele freezer destampado, como típico guerrilheiro da montanha.

A subida íngreme inicial tratou de esquentar nossa musculatura, em pouco tempo, o frio parecia estar superado, até chegarmos a um vale aberto com grandes rochas, que precisamos galgá-las para seguir adiante. Um vento forte e cortante assobiava nos meus ouvidos e queimava meu rosto com ardência, só então fui entender o porquê daquela touca ninja que Moisés vestia. Ao cruzarmos um riacho, não vimos o seu curso d'água a descer pelo caminho, miramos as lanternas e uma fina camada de gelo havia revestido a sua superfície, indicando a temperatura abaixo de zero.

Quase três horas depois e finalmente alcançamos o platô a três mil metros de altitude. As nuvens dançavam como numa comissão de frente, em movimentos lentos e harmônicos, a fim de abrir passagem para o despontar do astro incandescente. Mais de duas dezenas de caminhantes se concentravam diante daquele cenário abundante. Alvorecer digno da arquibancada lotada. Sem qualquer obstáculo para a sua aparição, chegou diante de um alaranjado forte, quase vermelho e, como uma palheta de cores, o céu transformou-se diversas vezes, até ser ofuscado completamente por seu brilho. Com pão, queijo da roça, bananas e granola saboreamos um apetitoso café da manhã até o amornar do dia. A fim de esticarmos nossa passagem pelo cume, fomos até um cruzeiro e numa torre de transmissão desativada, onde a escalamos para algumas fotos irreverentes.

Cruzeiro, Pico da Bandeira

Moisés tornara-se um amigo próximo, com ele e sua esposa Geice dividi boas viagens: Sana, Cabo Frio, Ilha Grande e outros passeios interessantes. Insistia para que o levasse à travessia Petrópolis-Teresópolis e, apesar de algum tempo sem percorrê-la, me propus a apresentá-lo àquelas lindas montanhas.

Na Rodoviária de Petrópolis encontrei-o lépido e faceiro, estava animado para aquela nova investida, talvez a mais longa de sua vida. Paramentado tipicamente militar, portava calça e mochila camufladas, uma botina com o cano na canela e a faca pendurada no coldre. Saíra de casa pronto para uma batalha.

Na Praça de Corrêas deixei o carro próximo a um ponto de táxis e logo escolhemos um que nos levou até a portaria do Bonfim.

Pouco depois das oito da manhã cruzamos a sede do Parque, ao assinarmos o caderno percebemos que éramos os primeiros caminhantes do dia. A trilha empoeirada em nada continha nossos impulsos e, apesar de íngreme, atingimos a base do Ajax em menos de três horas, depois de uma breve parada no Queijo. Numa toada mais branda, alcançamos os campos de altitude e encostamos para um *pit stop* mais folgado. A soalheira da serra já não era tão quente e a temperatura aprazível foi um convite para um descanso canábico.

Ao voltarmos à trilha, não demorou muito até o imponente complexo de rochas despontar diante dos nossos olhos. A cada chegada, um novo sentimento de pertencimento. Somos todos parte de um. Organismo vivo chamado Terra.

Ao entardecer instalamos nossas barracas e conseguimos aprontar o apetitoso macarrão com atum e creme de leite, que não saía do meu *menu*. Duas únicas barracas nos faziam companhia naquele imenso platô, uma vizinhança mínima em se tratando do Açu.

Para o segundo dia teríamos o percurso mais desafiador, e também dos cenários mais deslumbrantes da caminhada. Enquanto caminhávamos pelos campos de altitude, nossas principais referências eram os marcos, alguns camuflados pelos arbustos do capim anta. No sobe e desce das montanhas perdemos as marcações e ficamos à deriva por mais de uma hora, quando entramos por um caminho de pedras e fomos parar longe da via original. Por sorte, outros dois montanhistas também surgiram perdidos e resolvemos nos juntar em duplas, encontrando a rota certa pouco tempo depois.

Passado o susto seguimos com os *brothers* até o Vale das Antas, onde compartilhamos um *beck* os deixamos, já mirando o Sino. No meio da tarde cruzamos o grande paredão do complexo de Teresópolis e, entre a euforia e a fadiga, Moisés pediu um tempo para repousar seus músculos. Àquela altura seus equipamentos militares começavam a lhe trazer problemas, quando passou a se queixar de dores nos ombros, assadura na virilha e bolhas nos pés.

No início da viagem ele viu minha mochila pesada e perguntou se estaria levando cremes, hidratantes ou qualquer supérfluo de *playboy*. Ao atingirmos o acampamento do Sino, o cara implorava por cada remédio e pomada contida nos meus primeiros socorros. O exército vivia um tanto precarizado, e o seu soldado, fadigado.

Moisés não se via em condições de sequer subir o topo do Sino. Sem qualquer interesse em conquistar o cume solo, deixei para incentivá-lo a subirmos no dia seguinte.

Despertamos cedo e, ainda no desjejum, consegui convencê-lo a completarmos a rota por completo. O céu azul bandeira permitia uma visão 360º de grande parte da Serra dos Órgãos, no horizonte, uma infinitude de montanhas com mais de 1700 metros de altura.

De volta à base, Moisés novamente dava sinal de desgaste e exibia feridas nos ombros, a virilha assada e bolha nos pés. Além do psicológico abatido. A fim de aliviar seu corpo, esvaziou a *Hipoglos* por cima dos diversos ferimentos e, para acalmar sua mente, banquei o psicólogo durante o *beck* de despedida.

– Agora é só descida, pouco mais de três horas e estamos lá. O pior, você já passou.

– Beleza Bruno, só vamos mais devagar porque estou sentindo essas assaduras, não está dando pra esticar não.

– Certo, vamos no seu ritmo, beleza.

Pouco antes do meio-dia e partimos em direção à nossa última pernada, nas primeiras horas e meu companheiro voltava a reclamar das suas mazelas. A cada meia hora, pedia para encostarmos e deixei que ficasse à vontade para não aumentar sua tensão. Sem pressa de chegar, passei a curtir o cair da tarde na floresta e o cantar das cigarras em meio às árvores frondosas.

A poucos minutos da sede do Parque, seu telefone tocou de inesperado, era Geice preocupada com o marido, onde foi prontamente atendida por ele:

– Oi, Geice, meu amor. Tudo bem? Estamos chegando em Teresópolis, estou todo moído, minha tchutchuquinha! Estou morto aqui, pés com bolhas, corpo doído, coisa de louco, mas foi uma caminhada linda. Te amo, meu amor. Estou com muitas saudades...

Aquele papo sentimental parecia durar mais alguns minutos até que precisei lembrá-lo que escurecia e estávamos no meio da floresta. Diante das dificuldades, sua sensibilidade havia aflorado e, com a ligação da Geice, enfim desabrochou.

Do portão da sede do Parque ainda precisamos caminhar meia hora até a Rodoviária de Teresópolis, onde só conseguimos ônibus para Petrópolis duas horas depois. Com a modesta Rodoviária vazia, esparramo-nos sobre duas poltronas e estatelamos. Só na hora do embarque, despertamos novamente. Moisés era um empresário diferenciado, sem qualquer vaidade ou soberba.

Ao chegarmos no Terminal de Corrêas, alcançamos meu carro e fomos direto para uma churrascaria, a poucos minutos dali. Sujos, de chinelos e famintos, diretamente da floresta. Depois de dois dias de rango caseiro, seria hora de repor boa quantidade de guloseimas ao organismo. No grã-fino restaurante ainda encontramos Floriano, lojista de Petrópolis, cliente e parceiro. Moisés também o conhecia e ele se divertia pelo fato de saber que vínhamos da Petrô-Terê.

De barriga cheia e certa preguiça, liguei para Tati e pedi um abrigo no seu sitio em Itaipava, onde fui prontamente atendido. Apesar da nossa distância, qualquer pedido de ajuda era mutuamente correspondido.

Com o grande parceiro Moisés

Vivia o auge da minha forma física e, com ela, uma vontade irrestrita de deixar a cidade. O Carnaval de 2007 se aproximava e não queria saber de qualquer folia ou noitadas. Na contracultura da juventude carioca, troquei mais uma vez o mar pelas montanhas, e, com Zekinha, fomos em busca de novos rumos, sensações e vivências.

Na extensa Minas Gerais escondiam-se alguns lugares que almejava conhecer e, com uma rota diversa, saímos dois dias antes da folia a fim de evitarmos o alto fluxo de gente. Conceição do Ibitipoca seria o primeiro destino da rota, onde fazia questão de apresentá-la à Zekinha.

Com tantas incumbências e compromissos, só deixamos o Rio depois das sete da noite, a fim de cruzarmos os quase três quilômetros numa pernada só. A viagem transcorria bem, a pista limpa e o asfalto perfeito, até que uma chuva torrencial desabou na altura de Juiz de Fora. Viera pesada e sem dar recado, aos poucos, os pingos se tornaram sólidos e batiam com força contra o para-brisa, num ritmo tão intenso capaz de tapar meu raio de visão. Em poucos segundos, deixei de enxergar dois palmos à minha frente, a estrada escura e a espessa camada de gelo deixavam impraticável a minha condição de dirigir. Zekinha tinha boa habilidade ao volante e, ao ver aquela situação adversa, disparou o dedo no alerta e mandou que jogasse o carro no acostamento.

Pouco mais de onze da noite e cruzamos a cidadela de Lima Duarte, numa só toada avançamos por entre as lombadas e paralelepípedos, para logo em seguida adentrarmos no caminho de terra, onde a adrenalina e a velocidade baixavam mutuamente. A brisa amena de Minas soprava levemente, e, na atmosfera, devolvemos algumas baforadas a fim de levar um perfume canábico ao ambiente.

Ao chegarmos na bucólica cidade, nem mesmo os bares rústicos e convidativos nos atraíram para uma cerveja. Na maioria deles só havia barbados, pouco nos apeteceram a parar. Pela estradinha sinuosa subimos mais três quilômetros até o *camping* do Nelsinho, onde já havia pernoitado outras vezes. Passava da uma da manhã e o lugar respirava sob o mais profundo silêncio, com o anfitrião já nos braços do Morfeu e poucos iglus nos platôs da colina. O cansaço já se esparramava sobre o meu corpo e, a fim de evitar maiores esforços, joguei a lona de qualquer jeito sobre a barraca e levei meu corpo ao solo, sem nem o cigarro contemplativo.

O Parque de Ibitipoca foi dos lugares que mais me encantou nas andanças pela mata, impressionava-me pela exuberância em seus rochedos e as cachoeiras em tom ferrugem.

O circuito clássico da Janela do Céu e Cachoeirinha foi o primeiro a ser percorrido, numa jornada de mais de três horas alcançamos o mais famoso cartão-postal de Ibitipoca. O rio avermelhado corria manso por entre as rochas e, alguns metros à frente, despencava sob uma descomunal ribanceira, que mal víamos o cair da água. Algumas árvores emolduravam aquela borda infinita e, no horizonte, uma sequência montanhosa descortinava a léguas de distância. Vidrados naquela janela, permanecemos por um longo tempo degustando algumas frutas e a erva enrolada.

Ainda no circuito do rio, descemos o despenhadeiro até a Cachoeirinha e, numa prainha de areia fina, esticamos nossos corpos e nos vimos envoltos por um grande cânion. Ao contrário do seu nome, a

Cachoeirinha despencava de mais de trinta metros de altura, emoldurada por rochas calcárias com diversas ranhuras e camadas sobressalentes, num complexo harmônico de rara beleza.

Num ritmo intenso e prazeroso decidimos voltar pela trilha das grutas, num caminho circular pelo Parque. Depois de cruzarmos por diversos salões de pedras grandiosos, escolhemos o maior deles para acendermos um relaxante mental, já num tom de despedida. A voltarmos para o *camping* nossas panturrilhas marcavam mais de vinte quilômetros percorridos.

Véspera de Carnaval e a base de Nelsinho começava a ser habitada, cada platô era preenchido por uma barraca e o nosso logo virou alvo do anfitrião. Havia reservas para todos os espaços e só teríamos mais um dia para pernoitar. Em nossa incursão derradeira, deixamos para percorrer o circuito das águas, mais leve e com alguns mergulhos pelo caminho. Antes de engatarmos na trilha das cachoeiras, fizemos questão de percorrer a ponte de pedra em toda sua extensão. Esculpida pela força dos ventos e das chuvas, esbanja imponência e suntuosidade. Seu paredão grandioso seguia às margens do rio Salto num lindo contraste multicolorido. Da ponte seguimos até a bonita cachoeira dos Macacos, onde apreciamos as meninas e esticamos os braços em meio ao poço gélido.

O início da folia chegara e a psicodélica São Thomé das Letras viraria o nosso novo destino. Na entrada da cidade uma grande pedreira a céu aberto apresentava-nos o próprio nome do lugar, com milhares de calhaus jogados ao relento, diretos da escavação. Conhecida por sua exploração de pedras semelhantes ao mármore, a imensidão de montanhas rochosas se tornou também destino de *hippies* e viajantes alternativos.

Na ruela principal da cidade um conjunto arquitetônico de construções de pedras dava um tom rústico e singular ao lugar. Por qualquer esquina que olhava, via vestígios das benditas pedras São Thomé.

Só depois do terceiro *camping* conseguimos achar um terreno enraizado para jogarmos as barracas. Não precisávamos de nenhuma sombra ou conforto, já nos dávamos por satisfeitos ao vermos nossos tetos de pé.

Passada a correria, sentamos na praça e finalmente brindamos com uma cerveja, a fim de nos ambientarmos ao lugar dos alternativos. Na calçada o movimento de *hippies* e gente descolada era intenso, sentamos no meio-fio e notamos o clima descontraído do lugar. Sem percebermos, imergimos no ambiente inebriante e entornamos quase dez ampolas.

A noite já começava a esquentar quando fomos até o *camping* para um banho revigorante, para logo voltarmos à manguaça.

Com um LSD sob a língua, caminhamos até a mítica Pirâmide, onde a malucada costumava passar as madrugadas entorpecidas. E aquela noite festiva não decepcionara nossas expectativas. O sugestivo Bar do Dois se posicionava estrategicamente na base da montanha rochosa e abastecia os alternativos com boas doses de álcool e *rock and roll*. Não demorou muito e a brisa do ácido começou a bater, com alguns aditivos de mel e catuaba, vieram também os *flashbacks* de euforia e alucinação, que faziam acelerar meus batimentos e deixavam minha cabeça em transe. Ainda no meio da noite percebi a mente fora de controle e logo renunciei aos impulsos compulsivos do álcool. Na minha cabeça inquieta alguns *hippies* estilizados já se assemelhavam a gnomos, duendes e outros seres da floresta.

Em São Thomé não demos sorte com cachoeiras interessantes e vazias. Os pequenos poços perto da cidade estavam sempre cheios e passaram a nos despertar pouco interesse. Os dias na cidade das pedras eram sem grandes explorações e as noites infrutíferas com as mulheres.

O Carnaval não era sequer percebido e apenas um ou outro barzinho mantinha-se aberto para depois da meia-noite.

Na quarta-feira de cinzas deixamos a cidade sem grandes recordações a serem contadas. A sensação era de descoberta por conhecer mais aquela singular cidade, porém, faltara o frio na barriga, o sentimento da conquista e a endorfina produzida.

Em Carrancas encontramos uma remota e pacata cidade, frequentada basicamente por apreciadores de uma natureza primitiva, sem badalos e *souvenirs*. A maioria das quedas d'água superavam os vinte metros de altura e exibiam um forte volume, com poucos caminhantes ao redor. Dentre tantas percorridas, o Complexo da Zilda fora o mais deslumbrante, além de um tanto desafiador. Uma gruta submersa se escondia por trás da cachoeira, e por mais de dez minutos nos esforçamos para alcançá-la. Lutamos incansavelmente contra a costa íngreme e as margens escorregadias, mas por fim fomos vencidos pela natureza. Assim como na floresta, a noite em Carrancas era silenciosa e vazia, restringindo-se a um reles boteco com uma mesa de sinuca, onde não se farejava um aroma de flor. Nossa passagem por Minas ia chegando ao fim, e num tom derradeiro preferimos o descanso à mesa de bar.

Cidade das águas

Mar doce lar

Meu momento físico era dos melhores e, a qualquer hora, estava disposto para uma longa jornada. Comia bem, caminhava horas sem fadigar, enfrentava caldos grossos no mar e pouco abalava o meu condicionamento. Por vezes, chegava do trabalho e, antes das nove, já havia desmaiado.

Debaixo da minha varanda uma piscina de vinte e cinco metros abria mais uma oportunidade para alongar o corpo e distrair a mente. Confesso que contar ladrilho por mais de uma hora deixava-me um tanto impaciente, contudo, o treino era de grande valia para manter minhas atividades em dia.

No mundo aquático sentia-me muito bem-disposto, a monotonia da piscina já não saciava meus impulsos e passei a procurar maiores emoções. O mar estava a menos de quinhentos metros de mim e as condições quase sempre *flat* do posto 4 me animaram a dar umas braçadas naquela piscina de proporções infindáveis. Estipulava um destino e costumava alcançar minha meta sem grandes dificuldades, passei a ampliar meus horizontes e logo percebi adaptar-me bem àquele novo esporte.

Aos poucos as travessias se tornaram um objetivo maior. Meu treino mais comum passou a ser do Grumari até a ilha de Palmas, a pouco mais de um quilômetro da praia. Costumava portar um baseado e um isqueiro bem vedados num saquinho e fazia minha fumaça bem longe da civilização.

A fim de evitar a arrebentação do *Gruma*, por vezes caminhava até a vizinha Abricó e mirava a ilha em frente, reduzindo também o percurso. Destinada aos naturistas, tinha uma baixa frequência e boa aceitação com os aventureiros que utilizavam sua área como passagem.

No decorrer dos anos notei uma maior demanda da galera desnuda, soube de algumas surubas no final da tarde e o *swing* se expandia em largas proporções pela cidade. Nos fundos da praia os praticantes encontraram um trecho privativo para suas estripulias sexuais.

Certa vez passei despercebido pela guarita imaginária entre as pedras e segui rente ao mar, concentrado na rota que teria pela frente. O sábado de sol levou muitos naturistas à praia e, apesar de não me ater ao que acontecia lá em cima, ouvi alguns chamados ao longe, que o vento se encarregara de dispersar. Percebi-me um peixe fora d'água e procurei não me incomodar com os acontecimentos externos, queria somente atingir a ponta da praia e lançar-me ao mar. Aos poucos os gritos se tornaram mais próximos aos meus ouvidos e já ressoavam ao longo da praia, ao olhar para cima notei alguns banhistas observando os autores daqueles chamados. Num certo sobressalto, olhei para trás e dois sujeitos despidos vinham apressadamente na minha direção, a fim de me abordarem por discordância das minhas vestes. Estavam a cerca de dez metros de mim e não consegui mais disfarçar; ainda que distantes, mostraram que não estavam para conversa mole.

– Ei, pode parando aí! Aqui não pode andar de bermuda não!

Sem qualquer intenção de diálogo com os fiscais de corpos, passei a caminhar de costas para ao menos esboçar uma defesa. Olhei mais fixamente para os caras e notei um negão forte e troncudo, seus músculos enrijecidos eram brutos como uma abóbora sergipana. O outro fiscal da praia era um senhor esbranquiçado, quase sexagenário, os cabelos grisalhos eram parcos e seu porte físico típico de um vovô, com os ombros finos e a barriga saliente. Apesar de franzino, era o mais histérico e autoritário, e logo dirigi a ele minhas primeiras retaliações:

– Não vou ficar na praia não, estou indo nadar, já estou saindo daqui!

Depois de tanto caminhar, a dupla de pelados irritadiços demonstrava querer vender caro aquele meu trânsito pela praia, e o tom logo aumentou no intuito de frearem minha caminhada:

– Para aí, porra! Já estamos falando contigo há um tempão!

– E eu já falei que não vou ficar aqui, porra!

– Tu é muito folgado, moleque, está merecendo umas porradas!

– E quem vai me dar, é você, seu merda?! Tu não aguenta um assopro!

– Ah é, para aí então pra gente resolver esse problema na mão!

– Tá maluco, tu tem idade pra ser meu avô! Você acha que eu vou me atracar com um sujeito pelado?

– Eu boto o short lá em cima e a gente resolve então!

– Ah, não fode, coroa! Vai se foder pra lá!

Ao perceberem o entrevero, os banhistas se levantaram a fim de presenciar aquela comédia tragicômica, e, com a devida plateia, os sujeitos decidiram engrossar o caldo. O negão tomou as dores do velho arrogante e, num breve trote, tentou me alcançar, mas logo rastreei o seu voo de galinha e estiquei mar adentro, sem dar chance para os seus músculos bombados. Depois de algumas braçadas com força, levantei a cabeça para dar um respiro e lá estava o troglodita à beira mar, de peito estufado e o ar de autoridade.

– Meu irmão, você vai nadar daqui pra casa do caralho, mas aqui na praia você não pisa de novo não! Estou de olho em você, se liga otário!

Com aquele ultimato eu sabia que teria de me virar para arranjar outro porto seguro e, de dentro d'água, retaliei mais aquela intimidação dos inquisidores desnudos.

– Ah, foda-se! Vocês são todos viados querendo que eu tire a roupa. Vão se foder, porra!

Depois de todo tumulto, coube a mim zarpar para longe dali. Em pouco mais de meia hora nadei até o ilhote de Palmas e, depois de um merecido descanso, precisei terminar meu percurso na Prainha, em mais de uma hora no mar.

Alguns amigos como Didi e Zekinha costumavam treinar comigo na praia e logo inventamos de disputar a Travessia dos Fortes, prova de quatro quilômetros ao longo da orla de Copacabana. Desde os tempos de futebol, não sabia o que era disputar uma competição, e, por mais que meu objetivo fosse apenas completar, toda aquela atmosfera trazia-me um espírito competitivo há muito adormecido sobre mim. A primeira prova, completei com quase uma hora e meia, quando Zekinha me deixou muito para trás. No ano seguinte, consegui baixar vinte minutos e foi minha vez de fazer Didi engolir água.

Durante uns três anos as travessias se tornaram constantes na minha rotina e, qualquer prova que tivesse conhecimento, fazia questão de me desafiar.

Na Travessia dos Bravos cem competidores deixaram a Marina da Glória em duas traineiras, em direção ao Arquipélago das Cagarras. De lá o percurso seria até a praia de Ipanema. Ao acaso encontrei no barco Juninho Sobral, outro amigo do Espigão que marcava presença nas travessias. Salva-vidas do G-Mar, naquele evento faria a segurança dos atletas a bordo de um caiaque. A prova de 4.400 metros seria uma boa novidade para mim, e o cenário não poderia ser mais gratificante para completar aquela jornada.

Da Baía de Guanabara, cruzamos por fora das praias do Leme e de Copacabana, até chegarmos naquele emblemático arquipélago, que tanto admirava à distância. De frente à principal delas, riscada em toda sua face norte, pulamos na água e enfim dei início àquela minha disputa pessoal. As provas no mar não exigiam apenas o meu corpo, minha mente também flutuava ao redor das passagens e superações da vida, entre a leveza e a concentração do nado.

Em mais uma sensação do dever cumprido, completei a prova em pouco mais de uma hora e vinte e pisei na areia sem chegar à exaustão.

Depois do encontro inusitado com Sobral, ele passou a me chamar para treinar e fumar alguns depois do seu plantão na praia. De pele curtida, linguajar praiano e esportista na sua essência, Sobral já havia feito algumas viagens comigo, mas também era praticante da boemia e dos pagodes, o que fez nos desencontrarmos por longos anos.

Numa noite de sexta-feira, ligara-me num tom agitado e falou-me sobre uma prova que aconteceria em Copacabana, no dia seguinte. Segundo ele, o evento sairia do Forte e teria um percurso de dois quilômetros, o que se tornara uma distância bem acessível.

As inscrições haviam acabado, mas ele insistiu para que fosse até o evento, pois daria um jeito de eu nadar. Alguns amigos seus estavam inscritos e provavelmente não estariam presentes, o que aumentaria a minha chance.

Com certa dose de ansiedade tratei de levantar antes das sete, bati uma vitamina bem servida com quatro bananas e zarpei até as areias de Copa, onde, nas suas águas, costumavam acontecer os principais eventos do esporte. Ao chegar no calçadão, Sobral já tinha o número estampado no braço e se mantinha ao lado do responsável pelas inscrições, a fim de notar qualquer desistência. Ao me ver de sunga e óculos, percebera que vinha convicto em nadar e logo me apresentara a sua solução.

– E aí, Bruno, maneiro que você veio, já tenho um nome pra você dar ali: Mauricio Schiavi, não estão nem pedindo identidade. Qualquer coisa você fala que deixou no carro.

– Opa, claro que vinha irmão, maneiro também você lembrar de mim pra essa prova. Vou ali pegar essa numeração então.

Sem qualquer suspeita me inscrevi como o tal Maurício e logo estava pronto para largar. Era uma prova de baixa divulgação e poucos nadadores estavam a postos na areia. Na minha contagem visual, não passavam de trezentos. O vento já soprava pela manhã e trazia algumas marolas suaves, o que conhecia bem pela experiência com o surfe.

Diferente da Travessia dos Fortes, optei por largar na frente no intuito de sair rápido e abrir do frenesi intermediário. Com uma corrida breve lancei-me ao mar disposto a nadar aqueles dois quilômetros num alto giro, nos primeiros dez minutos de prova, já descolava do pelotão secundário, com a respiração tranquila e os braços ligeiros. Ao girar por fora da boia, passava pela metade do percurso a todo vapor, sem baixar minha resistência, na certeza de dar o meu melhor. Deixei o ritmo cadenciado de outras provas para tentar um bom desempenho, a fim de perceber meu nível de evolução nas travessias. Ao pisar de volta à areia, olhei para trás e vi dezenas de nadadores batendo os braços distante, e logo me dei por satisfeito por ter sido mais competitivo desta vez.

Sobral já me aguardava na linha de chegada e me parabenizou pelo bom tempo de prova. Ao lado da tenda, os organizadores improvisaram um pódio para distribuir as medalhas e, naquele agradável clima do evento, mantive-me a acompanhar a cerimônia de premiação. Sobral era um profissional do mar, surfava com desenvoltura, e na sua categoria fora contemplado com o segundo lugar. Ainda que valoroso, fora pouco festejado por ele. Voltara com um orgulho meio tímido e uma medalha de prata no peito. Já prestes a sair, acompanhamos a categoria seguinte e um dos últimos nomes chamados foi o tal Maurício, que já nem me lembrava mais. Atento, Sobral me cutucou e demonstrou mais animação do que com seu próprio rendimento:

– Maurício. Vai lá, é você pô.

– Ah é, verdade! Vou lá.

Numa situação um tanto embaraçosa, fui compor o pódio com meu nome emprestado, e, ainda que num quinto lugar, espero ter honrado o camarada original.

Certa vez encontrei Romualdo no Espigão e comentei sobre as travessias e o meu desempenho no esporte, a fim de relembrá-lo dos tempos que me ensinou a arte de nadar. Acometido pelo câncer, sua fisionomia era pálida e delgada, na beira da piscina, parecia numa eterna sensação de *revival*.

– Natação é vida, Bruno. Não para de nadar nunca. Sempre que puder, cai na água.

Travessia dos Bravos

Cagarras-Ipanema - 4.400 m

CERTIFICADO

Conferimos o presente certificado de bravura ao atleta

BRUNO DE ALMEIDA CARELLI

pela sua participação no evento aquático Travessia dos Bravos, realizado no dia 13 de abril de 2008, na cidade do Rio de Janeiro.

Leonardo Sava
www.brasilesporte.com

Raphael Menezes
Dir. de prova

BE TRIATHLETE
www.betri.com.br

FAST RUNNER

Modern Bike

A3T RIO DE JANEIRO

Mar Palace Copacabana Hotel
www.hotelmarpalace.com.br

comsut
www.comsut.com.br

SPORTS barcellos

FREE BIKE TEAM

Avante, sempre

A fim de espairecer a mente na estrada abracei todo o interior para trabalhar, com o dia da partida e sem previsão de chegada. Nas cidades longínquas encontrava os lojistas mais receptivos, uma estabilidade maior e a concorrência menos acachapante. O ritmo das cidades também era menos intenso que o Rio, e assim fui encontrando prazer no ofício de vendedor.

Passados longos anos e Tati voltaria a me procurar. Sua vida profissional pouco avançara, as amizades da faculdade ficaram para trás e a juventude dera lugar à fase adulta, junto com as frustrações que a falta de oportunidade no mercado de trabalho.

Para ajudar a família e sentir-se produtiva, passou a frequentar a confecção e as lojas em Petrópolis, mas aquele trabalho rotineiro não combinava muito com ela, e logo transferiu sua labuta para feiras itinerantes, que rodavam cidades interioranas a fim de fazer circular a moda têxtil petropolitana.

As Feiras de Itaipava despontaram com muito vigor e, poucos anos depois, deixaram de prosperar no Estado do Rio. À Tati coube ampliar sua área de vendas e a partir de alguns contatos, se inseriu em caravanas mais distantes, de comerciantes que giravam o Brasil a fim de expandirem seus negócios.

Depois de cruzar Minas Gerais e parte da Bahia, retornou pelo Espírito Santo e fincou raízes em Guarapari, onde tornou-se proprietária de dois *stands* na Feira da praia do Morro.

Apesar de bons ganhos financeiros, a solidão e a distância da família falaram mais alto, e um ano depois, retornou para Petrópolis, com a conta mais polpuda e boa quilometragem às costas.

* * *

Aproximava-se o réveillon de 2007 e, depois de alguns anos, voltaria a surfar as boas ondas de Itamambuca. Zekinha passou a ser um companheiro de todas as horas, e tanto para as trilhas quanto para as ondas, mostrava-se sempre disposto a mergulhar de cabeça.

Junto com o primogênito Diego, partira dois dias antes para o camping do Sr. Osvaldo, onde a galera de pouca grana costumava se hospedar. Assim como eu, Guiverme também trabalhava com o comércio e deixamos para sair na antevéspera, quando estaríamos liberados. Oposto ao seu apelido, Guiverme era um sujeito leal, amistoso e caricato. Contudo, havia adquirido o hábito de aspirar com gosto o pó maldito, e, com ele, alguns comportamentos não tanto corteses. Durante meu trabalho na rua combinei de encontrá-lo no Méier, e de lá seguimos até a Barra. A partida aconteceu um tanto atrasada e só às onze da noite despedi-me do meu pai, com todas as felicitações formais.

Ao entocar os flagrantes, Guiverme me deu sua maconha e guardou os papelotes consigo, a fim de viajar sob o efeito do seu aditivo acelerante. De poucas bagagens, portava uma pequena mochila, sua prancha e um isopor, no intuito de enchê-lo ainda no caminho. Antes de dar a partida, Guiverme já estava com a terceira marcha engatada, disposto a progredir para a quinta.

Ao passarmos em frente à favela do Terreirão, pediu que entrasse para preencher o vazio que se encontrava no isopor. Em pouco tempo voltara com seu largo sorriso de Coringa no rosto, um pack de doze latões no ponto e meio saco de gelo. Com uma lata à tiracolo, abriu o vidro e pôs-se a curtir a brisa sob o rosto, atento a todos os movimentos da estrada.

Sem grandes pudores passei a dar uns goles no latão e acabei tomando gosto por aquela direção perigosa. A 101 era um só breu e, como bom jovem inconsequente, não via maiores problemas em dirigir sob o efeito de alguns litros de Antarctica. A polícia estaria dormindo e o Guiverme, a todo vapor. A cada vinte minutos pedia que encostasse para alcançar o isopor na caçamba. Durante a parada suas narinas afiadas também pediam mais uma dose, e ele, naturalmente, as atendia. O ritmo açodado da tripulação não se convertera ao velocímetro da barca, e só por volta das quatro da manhã aportamos no centro de Ubatuba. A ideia de pararmos em Itamambuca já havia sido deixada de lado, com o isopor vazio fomos ainda atrás de um embalo de final de festa. Rodeamos algumas ruas no quarteirão da praia e todas tinham suas portas de aço arriadas, sem nenhum sinal de almas boêmias. Prestes a irmos embora, notamos dois sujeitos numa esquina, e indócil, Guiverme logo apontou a dupla de notívagos.

Na ruela de calçamento precário um único bar mantinha a boemia na ativa, sua fachada era sombria e as músicas vinham de uma *jukebox* instalada na varanda do lugar. Ao redor dela três sujeitos de meia idade tragavam seus cigarros com afinco, com a trilha sonora de músicas bregas na radiola. Contadas a dedo, não passavam de meia dúzia de mulheres no local. O boteco trevoso e os semblantes pouco amistosos indicavam que ali não era dos ambientes mais corteses. Entretanto, o clima indigesto não seria novidade para Guiverme, que logo sentira-se à vontade e voltou com uma cerveja e dois copos.

As mulheres eram escassas e também pouco vistosas. Àquela altura sem muito critério, Guiverme mirou duas delas e evocou seu estilo gaiato galanteador. Ofereceu-lhes um copo e não precisou muito para ganhar a dupla de semi-balzaquianas. Passavam dos trinta anos e com os olhos esbugalhados pareciam jogar no seu time. Aos poucos passei a entender que só eu não dava um teco no lugar. Com mais intimidade, Guiverme passou a compartilhar com elas os seus papelotes, sob a promessa de que o levariam numa boca próxima. A ruiva era branca feito leite, tinha olheiras cinzentas e os ossos extensos, além da arcada avantajada. Falava pouco e mordia os lábios incansavelmente, entre uns goles na cerveja e uns pitos no cigarro. A morena de origem caiçara conseguia manter algum tipo de diálogo, dizia gostar da praia e da cultura do surfe. As três décadas de vida desregradas foram um tanto danosas à sua aparência, sua pele enrugada e as olheiras cinzentas induziam ter passado dos quarenta.

A madrugada regada a cocaína e álcool carcomia a sua juventude e também a deixava um tanto desinibida.

Ao voltarmos para Itamambuca, Guiverme inventou de levarmos as doidas em casa, num duplo interesse na carona. Ficara com a ideia de abastecer seu estoque de pó e, àquela altura, passaria o rodo em qualquer uma delas. A contragosto saí com ele e a ruiva na caçamba, a morena índia sentou-se ao meu lado e começou com certo engraçamento, a fim de mostrar-me sua calcinha. Demonstrei pouco interesse e mantive-me conectado ao volante, querendo o quanto antes dar um basta naquela trupe acelerada. Numa ação surpresa, ela dirigiu sua mão ao meu membro no intuito de me bolinar, e eu, com certa educação, pedi que não fosse mais longe. Para a minha sorte os vapores locais já haviam ido dormir, e na porta da casa da morena, despachei as duas doidas. Guiverme ainda ensaiou emburacarmos casa adentro, mas logo cortei a sua onda e dei meia volta.

A manhã já despertava e Guiverme não pensava em descansar. Ao montar meu iglu pensei que ele faria o mesmo e logo me entoquei, imaginando que certa hora seu corpo pediria descanso. Ledo engano.

Ao som das suas gargalhadas estridentes despertei incrédulo, já era mais de onze da manhã e com Zekinha e Dieguinho ele ficara mais à vontade para as suas loucas interpretações. Ao levantar deparei-me com seu corpo magrelo e desenvolto dançando feito uma centopeia caliente, para uma plateia de quase dez pessoas. Possuía um humor ácido como poucos, além de uma incrível arte de entreter.

Pelo curso do rio descemos remando até a praia e nos posicionamos no pico da direita, onde quebravam boas ondas vindo das pedras. O crowd já era intenso, mas ainda sobravam algumas boas no *inside*. Apesar de pernoitado, Guiverme dropava as maiores da série e desferia boas manobras na junção.

Para o dia da virada o mar ganhou força e de manhã fomos dar a primeira caída. A praia enchia cedo e o localismo era um tanto desagregador. O espumeiro denso e pesado induzia que meu pulmão seria mais exigido, ao varar a arrebentação recebi três bordoadas fortes na cabeça, a última delas chegou a arrancar-me da prancha. A parede das ondas passava de um metro de altura, e sem grandes manobras na manga, procurava apenas passar a sessão de peso, deslizando sobre ela até seu estágio final. Numa dessas maiores, fiz o drop atrasado e com força nas canelas mirei a parede para ganhar velocidade, contudo, ao fazer o giro para dentro o espumeiro me tragou sem piedade, arrastando-me alguns metros à frente. O caldo fora até bem suportável, só mais um entre tantos, mas durante aquela turbulência submersa percebi que tinha mais alguma coisa fora do lugar. Com mais duas ondas a me atropelar, procurei afundar sob elas e manter minha mente sã para livrar-me daquele novo problema. Ao tentar voltar para a prancha, senti uma dor insuportável no joelho esquerdo, sem condições de firmar a perna. Para a minha sorte uma marola com menos força despontou diante de mim, e, deitado sobre a prancha, consegui ser empurrado até a praia. Ao pisar na areia senti meu joelho em falso e sem muito ânimo fui de encontro a Dieguinho. Limitado, estatelei-me embaixo da barraca e apertei um baseado, a fim de acalentar minha mente frustrada. No *camping*, Zekinha deu-me uma caixa de anti-inflamatórios para tentar conter o edema, que, em poucas horas, já era visível.

Para o pré réveillon a galera armou um churrasco, e, com pouco entusiasmo, mantive-me todo o tempo sentado num toco de árvore, fazendo uma boquinha e enrolando uns baseados. Apesar da esperada virada, mantive-me sóbrio todo o restante do dia, um tanto moribundo e entristecido. Apenas Guiverme e seu show intimista arrancavam-me um sorriso do rosto.

Aos trancos e barrancos fui com os amigos até a praia para fazer parte daquele momento especial.

A atmosfera do lugar era até bem interessante, ao nosso lado dois grupos de paulistas aloiradas bebericavam seus champanhes e exibiam seus sotaques agridoces, um tanto atraentes aos ouvidos cariocas. Guiverme e Zekinha até se arriscaram em duas delas, todavia, não era o dia dos cariocas.

Na manhã seguinte acordei com menos dores e fui até a praia acompanhar a trupe, a fim de distrair a cabeça e quem sabe jogar um frescobol. Em dez minutos de caminhada cheguei na areia com o joelho sofrido, e novamente me coube render-me à ociosidade e a fritar sob o sol.

Ao voltar para o *camping* decidi que não haveria mais nada que me prendesse por ali. Não tinha surfe, esportes na praia, e nem uma noite de descontração com os amigos. Enquanto a rapaziada começava os aprontes para a noitada, comuniquei que ficaria recluso e deixaria Ubatuba na manhã seguinte.

Recuperação e peregrinação

Ao voltar para o Rio busquei de imediato um ortopedista para avaliar meu joelho, e na primeira consulta clínica, logo veio o diganóstico: rompimento do ligamento cruzado anterior. Assim como ocorrera há dez anos atrás, precisaria novamente reconstruir o ligamento do joelho. O raio não caíra no mesmo lugar, mas acarretara nas mesmas consequências.

Dia dezessete de janeiro e já estaria a postos sobre a mesa de cirurgia, para enfim repor aquela imprescindível membrana de articulação. Em menos de duas horas saía do centro cirúrgico ainda grogue, recebendo a feliz notícia que tudo havia ocorrido bem. Passadas duas semanas de molho, fui novamente ver a face da rua, quando enfim chegara a hora da retirada dos pontos.

Estava pronto para a fisioterapia e a previsão era de um longo processo de obstinação, até que pudesse voltar às minhas melhores condições.

Por sorte um vizinho de *cannabis* me viu de muletas e indicou-me uma fisioterapia de excelência, na Faculdade Estácio, exatamente na minha rua. Não seria coberta pelo plano, mas achei que para a minha recuperação, valeria o investimento.

Ainda no segundo dia na clínica fui contemplado com uma inesperada surpresa, capaz de levantar o mais moribundo dos pacientes. Depois de anos sem ter notícia, eis que a menina capixaba do forró surgira diante de mim, naquele inusitado lugar. A lei natural dos encontros nos dava uma nova oportunidade de nos vermos, e desde o primeiro minuto, a química foi como a de tantos anos atrás.

– Bruninho?!"

– Oi Paula, quanto tempo! Coisa boa de te ver novo.

– Bom te ver também. Tô estudando Fisioterapia aqui na Faculdade, vim fazer o estágio aqui.

De jaleco branco e pele bronzeada, estava mais bonita e desenvolta em relação aos tempos da juventude. Seu rosto de menina ainda era o mesmo, mantivera o riso fácil e quase pueril.

Ao presenciar nossa sintonia, Maurício, o chefe da Fisioterapia, logo transferiu as suas orientações à ela. Já no primeiro dia estivemos mais de uma hora na piscina e por lá colocamos à tona todos os anos se afastamento. Enquanto estive com Tati, ela se casara e fora morar em Ipanema, até perder o marido numa sessão de surfe próximo de casa.

Com pouco mais de vinte e cinco anos ficara viúva e longe de casa, com pouco acolhimento e baixos recursos. Além de surfista, seu ex cônjuge era também triatleta, e o legado dos esportes ele conseguiu deixar para ela.

Com perseverança e treinos diários, Paula transformou-se numa atleta de alto desempenho, passando a dominar bem o ciclismo, a natação, e principalmente a corrida. Num misto de humildade e orgulho, contou-me que completou a desgastante prova do *Ironman*, com uma maratona percorrida, cento e oitenta quilômetros de bike e mais quatro de natação.

A cada dia nos tornávamos novamente íntimos, passei a admirar ainda mais sua trajetória, de ternura e força de vontade.

Percebia nela novos hábitos e lazeres, não só de uma atleta, mas também de uma mulher disciplinada e convicta daquilo que escolhera para sua vida. Não bebia mais, não curtia a boemia, e vez por outra enfiava um "glória a Deus" na nossa conversa.

Convertera-se ao neo-pentecostalismo que se estendia em larga profusão no Estado do Rio. Aos poucos ficou mais à vontade e passou a me contar detalhes da sua vida ligada à igreja. Com o sugestivo nome Everest, tinha como propósito arrebatar jovens em massa, que costumavam ostentar uma vida naturalmente libertina. Situada na praia da Barra, o lugar era um privilegiado espaço de três andares num dos mais valorizados metros quadrados da cidade.

Aquela sua evolução fruto da vida regrada era um tanto admirável, e segundo ela, a Everest seria a grande responsável por sua disciplina e perseverança. Nossas conversas podiam durar horas e ainda faltavam assuntos, a vontade de estar junto era mútua, e não demorou para que me convidasse a estar com ela naquele ambiente que dizia tê-la transformado.

De pronto aceitei o seu convite e, numa noite de domingo ela gentilmente passou na minha casa com sua amiga Ju, acompanhadas de um *dreadlock*, que também debutava no mundo evangélico. Ju era sua conterrânea capixaba e também frequentava o forró, bebericava num prazer imensurável, mas assim como Paulinha, encontrara Jesus e se tornara abstêmia.

Ao chegar no valorizado salão, deparei-me com muitos jovens e outros rastafáris, caras barbudos, mulheres bronzeadas e outros arquétipos com costumava ver nas tribos por onde transitava. Ao iniciar o culto, um ritual de boas-vindas foi oferecido aos visitantes, e logo fui cumprimentado por meia dúzia deles, num tom efusivo e um tanto cordial. Os cânticos também eram uma atração à parte na igreja, entoados por uma banda moderninha e um emocionado coro dos fiéis.

O púlpito era uma prancha de surfe e o casal de pastores trajava vestes não muito formais, munidos de um linguajar direto e motivacional. Como primeiro encontro, senti-me bem à vontade entre os evangélicos e até contribuí com um trocado durante as ofertas.

Na cantina da igreja os jovens se reuniam depois do culto a fim de interagirem entre si e manterem uma vida social, a fim de reproduzirem novas famílias evangélicas. Paulinha fazia questão de me apresentar a todos seus amigos, e o respeito que tinha era unanimidade entre todos eles. Sua performance no esporte era reconhecida por toda a igreja, e eu naturalmente fui muito bem referenciado.

Na fisioterapia nosso convívio se tornara quase diário, e, de tão próximos, logo veio a saudade de abraçá-la, acariciar sua pele e quem sabe ganhar de novo o seu beijo doce. Discretamente ela me elogiava, procurava saber da minha vida pessoal e dava sinais que também gostaria de reviver nossos momentos afetivos. Certo dia me disse que há mais de um ano não beijava a boca de ninguém. Como nos moldes da igreja, dizia aguardar um varão como ela, o que para mim se tornaria uma barreira.

Da clínica e da igreja passamos a estender nossos encontros, quando fomos algumas vezes à praia e outros passeios matutinos. Certa vez saímos da fisioterapia e levei-a até em casa para almoçarmos, onde a apresentei a Serafim. No quarto, a sós, mantive o respeito à sua renúncia à carne e sequer esbocei algum flerte.

Meu ceticismo não abalava a sua fé, e ela seguia a me incentivar a frequentar os cultos e outras reuniões que a igreja oferecia. Aos poucos, meu envolvimento tornou-se assíduo demais e, quase todos os dias da semana, encontrava os irmãos crentes em algumas atividades. Às segundas, ocorria o projeto Nova Vida, onde usuários de drogas recebiam auxílio e apoio psicológico para largarem o vício.

Como degustador nato de maconha, não me reconhecia um viciado compulsivo, mas ainda assim frequentei por algumas semanas o encontro, a fim de saber se a troca de experiências trazia-me alguma vontade de deixar a *cannabis*. No fundo não era a erva que eu queria abdicar, mas o coração da Paulinha que desejava reconquistar.

Os companheiros de reunião eram em sua maioria compulsivos consumidores de cocaína, alguns com problemas de alcoolismo e até fichados em violência doméstica. De perfil branco classe média alta, suas condições financeiras ocultavam conflitos internos que costumavam despejar na roda de conversa. Ali abriam seus corações e mentes num espaço pouco comum, de ouvidos afetuosos para os dependentes químicos. Geralmente os mesmos rostos cabisbaixos formavam a reunião, à exceção dos dois organizadores, que há anos estavam desintoxicados. O momento dos meus relatos era o mais ameno, quando narrava minha rotina de três ou quatro baseados diários. Certa feita um dos padrinhos me disse que aquela rotina não seria das mais errantes a ponto de estar ali, o que só confirmou a minha tese e me libertou daquele compromisso.

Às terças comecei a frequentar uma tal célula que acontecia num prédio vizinho ao meu, no apartamento de uma ex beldade que fora casada com um falecido apresentador esportivo. Ela e sua filha adolescente eram recém-convertidas e demonstravam grande empenho em propagar aquele entendimento que tinham do Evangelho. Como amigo de Paulinha, logo fui bem recebido por elas, onde estive durante algumas semanas.

Nesses encontros identifiquei-me bastante com um camarada mais simples, trabalhava como vendedor numa loja *surf-wear* e contrastava com a maior parte daqueles crentes abastados. Pedro estava há mais de seis meses sob as leis do evangelho, abriu mão da sua vida social e só via oportunidade de deixar sua castidade no ambiente da igreja. Segundo as liturgias acaloradas do pastor, a masturbação também desagradava ao senhor, e Pedro costumava levar ao pé da letra cada trecho bíblico pronunciado. Numa das reuniões da célula assumira a fala e nos disse ter um relato sobrenatural que gostaria de compartilhar. Num misto de inocência e despudor, discorreu sobre sua abstinência sexual e exaltou a presença de Jesus na sua vida.

Numa madrugada libertadora, um sonho erótico liberou todos aqueles espermatozoides que se acumulavam no seu saco escrotal. Segundos depois, todos festejaram a sua coragem e a obra do espírito santo na sua vida. A busca pela presença divina era algo constante entre eles, a cada semana ouvia um relato de um candidato a *coach* espiritual.

Ao perceber que não era dos mais motivados, Paulinha deu-me alguns CD´s e até uma bíblia, a fim de manter-me ligado ao Evangelho. Dizia para perseverar, que um dia escutaria o chamado superior. Percebia minha comunicação fácil e democrática e costumava brincar que seria um pastor de sucesso.

Sob um faro intuitivo feminino, Tati voltaria a me procurar, e com ligações mais frequentes, passou a querer me visitar no Rio ou me fazia convites para subir a serra.

Certo dia aceitei o seu chamado e fui à Petrópolis revê-la, num almoço de domingo. À mesa passei a falar sobre minha nova rotina de cultos e do meu convívio entre evangélicos, o que pegou todos de surpresa. Com uma espontaneidade sarcástica, Tati olhou-me enviesada e questionou quem seria a responsável por aquela minha guinada religiosa.

– O que te deu, Bruno?! Você nunca foi de religião, de igreja, nada! Está enfurnado na igreja pra quê?!

Sr. Sérgio se identificara com o deboche e logo soltou uma risada, seguida de uma provocação curiosa.

– Olha o Bruno, está virando crente. Tem algum coelho por trás desse mato... Ou coelha."

– Haha, verdade, sr. Sérgio. É uma antiga amiga minha do forró, que reencontrei na fisioterapia e me apresentou essa igreja, Everest. Lugar de muitos jovens, um ambiente leve e de paz. Estou vindo dessa cirurgia do joelho, sem sair muito, tem sido bom pra mim. Mas não estou nessa de fanatismo não, pô.

– Ah, sei... Disse ela, cabreira e sacana.

Ao longo do almoço ainda precisei responder a uma série de perguntas curiosas e questionadoras de Tati, o que logo provocou mais uma série de risos à mesa. Ao contrário dos últimos encontros, demonstrava certo carinho e preocupação comigo, além de uma certa dose de ciúme.

Profanas faces do evangelho

Serafim seguia a penar com suas comorbidades, a distanciar-se de mim e pouco se apresentar às responsabilidades. Seus momentos de bem-estar se restringiam à pequenas apostas nas corridas de cavalo, nos jogos do Vasco e a entorpecer-se de gordura nos restaurantes da Barra. Não havia uma rotina profissional ou sequer um contato regular com a equipe da empresa. Passava dias sem dar notícias, e sem ninguém a sentir sua falta.

Já não insistia em resgatar uma relação paternal entre nós e tentava manter-me alheio ao seu infinito de problemas. Em contraste a ele minha vida transcorria a pleno vapor. Estava praticamente recuperado do joelho e com duas meninas interessantes no meu radar.

Aos poucos percebia Paulinha cada dia mais engajada na igreja, costumava ter boa entrada na organização e, nas suas conquistas esportivas, fazia questão de ir até o púlpito dedicar seu feito ao Senhor. E à Everest. Com uma salva de palmas acalorada, era agraciada por centenas de fiéis que se espremiam nas cadeiras de PVC. Achava lindo e gratificante o seu reconhecimento, apesar de questionar a forma como ela abordava a Everest nas suas conquistas. Não demorou muito e o seu carisma tornou-se um trunfo imprescindível à instituição.

Estava disposta a glorificar por onde fosse o nome da Everest, e, para o arrebatamento de fiéis, fora convocada a ser missionária no Sana, por onde passara nos tempos de forró. Segundo o pastor moderninho, a ideia da Everest seria levar a palavra de Deus à juventude transviada, e além do Sana, outros points de jovens alternativos também seriam explorados, como Saquarema, Cabo Frio e Macaé.

Ao dar-me a notícia, Paulinha dissera ter recebido um chamado divino, ao poder mostrar o caminho do bem àqueles que se drogavam no Sana. Diante do nosso clima fraternal, logo convidou-me a fazer parte da barca evangélica, a fim de seduzir os loucos mais vulneráveis à recaídas divinais. Não resistia a qualquer chamado seu, e aquela missão seria mais uma que abraçaria na sua companhia.

A igreja alugara uma casa e, durante os finais de semana, as ovelhas viajavam por conta própria, com o intuito de organizarem um culto no lugar. Cerca de dez missionários se alternavam nas viagens e Paulinha era das mais assíduas, passando a liderar a célula do Sana.

Na sexta-feira à noite pegamos a estrada e chegamos naquele peculiar lugar, de tantos aprendizados e passagens entorpecidas. Dessa vez estaria careta e infiltrado numa outra tribo. Ao lado da casa evangélica, o bar do Evandro mantinha um *reggae* de caixa cadenciado, na calçada em frente, os baseados rolavam à vontade. Duas mesas de sinuca ocupavam a sacada do bar e veio-me a mente as boas disputas com apostas de cervejas.

Além do meu carro, Ju chegara com o seu lotado, com mais cinco missionários dispostos a semear a mensagem da Everest no Sana. Traziam consigo um pequeno banner e alguns panfletos, a fim de divulgarem o encontro de sábado à noite no quintal dos fundos.

Meu único conhecido entre eles era Daniel, *bodyboard* boa-praça que disse ter encontrado na Everest a paz que não conseguia ter na vida mundana. Compunham a barca, ainda, duas meninas que não passavam dos vinte anos e um outro irmão que recém-havia deixado a adolescência.

Tinham na essência a solidariedade e o espírito coletivo, e os pastores sabiam como ninguém peneirar estes de boa-fé. Do carro de Ju saíram muitas compras e até umas peças de carne para um churrasco.

O trabalho em equipe fora ligeiro, e em pouco mais de uma hora, tínhamos arroz, farofa, molho à campanha e os primeiros pedaços de carne saindo da brasa. Sem tantas opções de boemia, flertes ou festas embebidas a álcool, os jovens crentes canalizavam suas energias em resenhas gastronômicas a fim de colherem algum fruto com as varoas.

De manhã cedo saímos até o circuito das cachoeiras para aproveitar o dia ensolarado; além da mochila com água e alguns biscoitos, os irmãozinhos se preocuparam também com os panfletos improvisados do miniculto à noite. Cachoeira para mim era sinal de leveza, descompromisso, maconha e contemplação, e aquela responsabilidade não levaria comigo. Fazia-lhes companhia e ajudava com alguns afazeres, porém, arrebatar fiéis já seria um tanto penoso para mim.

Com certa discrição eles abordavam um ou outro grupo de banhistas mais convencional, ainda assim, despertaram pouco interesse à reunião noturna. Na queda da Mãe fincamos nossa base por mais de uma hora e lá eles sentiram-se mais à vontade para propagar sua fé. Selecionavam os grupos não fumantes para lhes apresentarem a nova religião que pretendia se instalar no vilarejo.

Cerca de uma hora antes do encontro, ainda saímos com mais uma dezena de papéis no propósito de arrebanhar alguma ovelha perdida na noite. Passava das oito e as calçadas dos botecos estavam animadas, no bar da Glória uma placa anunciava "música ao vivo", e aquele ambiente sedutor fazia-me por vezes perguntar-me de que lado eu deveria estar. Apesar de todo empenho dos jovens missionários, o mini-culto da Everest foi menor do que eles esperavam, e somente três curiosos somaram-se a nós durante aquele acanhado encontro.

Paulinha e Ju eram as responsáveis pelo andamento das liturgias, intercalando alguns cânticos e orações. Já era mais de dez da noite quando fizemos as preces finais e os visitantes se despediram com feições de agradecimento. Aquele princípio de conversão de três gatos pingados não seria compatível com os esforços empenhados naquela empreitada, e logo em seguida, as duas mais experientes seriam responsáveis pela prestação de contas ao mentor da missão.

A ausência de sinal de celular não seria problema para elas, e, em punho de um orelhão fizeram um breve relato dos acontecimentos do final de semana. Demonstravam enorme lealdade à Everest, do outro lado, o interlocutor parecia fazer perguntas e sugerir novos métodos de atuação. Aquela satisfação toda era mais um contraste que notava em relação à minha vida, que não conhecia hierarquia ou qualquer tipo de amarra. Em plena minoria, coube-me o silêncio diante daquela disciplina submissa.

Na insistência em reconquistá-la, ia atrás da sua companhia em qualquer convite que me fizesse. No feriado de Corpus Christi aconteceria um Retiro em Cachoeiras de Macacu e, confiante na minha conversão, disse que contava com a minha presença.

Numa grande chácara juntariam todas as células da igreja para a comunhão e o entretenimento dos irmãos. Umbilicalmente envolvida, Paulinha deixou o Rio na quinta à noite, num ônibus que partira da Everest lotado. Os outros componentes seguiriam de carro, conforme a disponibilidade de cada um. Ju trabalhava no comércio e só poderia ir no sábado à noite, e logo Paulinha tratou de alinhar nossos horários para que não perdêssemos o Retiro.

Eram mais de sete da noite quando encontrei Ju em Ipanema, e já num certo atraso, precisei acelerar para chegarmos a tempo do culto que aconteceria às nove. Era tão devota quanto Paulinha, e torcia os dedos para não perder um só minuto de todo ritual.

Ao chegarmos, todos já se reuniam no salão anexo à sede do sítio. Eram mais de cem pessoas de ouvidos e corações abertos, a fim de buscarem a tão sonhada paz de espírito. Ao nos ver, Paulinha levantou-se e logo veio nos saudar com sua preciosa simpatia, deu-me um abraço carinhoso e logo trouxe sua cadeira para perto de mim.

Por mais de duas horas o casal de pastores se alternou durante a pregação, o sujeito falou sobre o seu passado de imigrante ilegal nos EUA, envolvimento pesado com drogas, e outras delinquências mais. Utilizava suas experiências externas para divagar sobre a Bíblia e interpretá-la de modo a impressionar e motivar suas ovelhas. De carro importado, zero quilômetro, mostrava-se um tanto capitalista para os princípios cristãos.

Ao final do culto o salão se tornou um ambiente lusco-fusco, sintonizaram uma melodia sentimental e iniciaram um dialeto confuso e incompreensível, contagiando as ovelhas mais sensíveis, e logo dando início à uma sessão de descarrego. Um histerismo coletivo passou a tomar conta do salão, e sem uma pausa naquela fala macabra, os pastores desceram do pequeno palco, e, com um óleo em punho, passaram a ungir a todos no seu entorno. Aos gritos, atropelavam o vocabulário sem dó, um simples tocar na testa da ovelha e seria o suficiente para a pessoa tremer-se e estrebuchar-se no chão. Como num maligno passe de mágica, o casal de satanistas sentia-se numa verdadeira sessão de exorcismo, tratando de desfalecer quase todo o salão. Paulinha fora mais uma delas a se retorcer e terminar no solo. Como bom sujeito cético e de quem valoriza o dom da palavra, não seria aquela sequência de sílabas distorcidas que me levariam ao êxtase. Impressionava-me todo o poder que o casal exercia sobre aquelas vidas. Era um tanto inconcebível pensar que, para ser crente, o sujeito estaria suscetível a passar por aquele constrangimento.

Assim como Paulinha e Ju, os irmãos eram boas pessoas que se doavam por aquilo que criam ser o melhor para suas vidas, e depois do culto dos cai-cai, organizaram uma roda de viola à beira da piscina que varou a madrugada. Já passava de uma da manhã quando montei minha barraca na outra margem e desmaiei num reconfortante sono, depois de todo aquele ritual lúgubre.

Já passava das nove da manhã quando a sauna da barraca me despertou, avistei uma roda de conversa num espaço aberto e, sem muito o que fazer, apresentei-me diante daqueles desconhecidos irmãos. O pastor de Cabo Frio sentava-se ao centro e moderava a conversa, onde cada um se apresentava e contava sobre os motivos que os levaram a procurar a Everest. Eram cerca de vinte pessoas e quase todas demonstravam ressentimentos e desilusões em seus passados recentes, pressupondo que ali teriam encontrado bondade e retidão. Alguns já tinham origem evangélica e encontraram na Everest um modo mais arejado de seguir os preceitos bíblicos. Numa das últimas confissões de amarguras, fui entender que aquele encontro descontraído tratava-se de um pré-batismo para conversão, e sem levar tão a sério permaneci imóvel, a fim de dar um desfecho naquilo que havia começado.

Escutei a maioria dos relatos e pouco identifiquei-me com um único deles, ainda assim procurei expor francamente os motivos que levaram-me até ali.

– Sou o Bruno, moro no Rio, e tenho vinte e sete anos. Estou aqui porque uma amiga me trouxe e gostei muito do ambiente fraternal entre os irmãos, me sinto bem nesse clima tranquilo. Mas ainda tenho alguns hábitos lá fora, como fumar um baseado e tomar uma cerveja, por exemplo. Não sei se vocês se importam com isso...

– Tudo bem, meu irmão. A igreja te aceita de braços abertos. Sobre os seus pecados lá fora, daqui a pouco você recebe a graça do espírito santo e vai estar liberto de qualquer mal.

– Está certo então, estou pronto pro batismo.

– Glória a Deus pela sua vida.

Minutos depois encontrei Paulinha e ela vibrou com a novidade, logo informando Ju sobre meu processo de conversão. Numa analogia ao banho de Moisés aos pecadores confessos, os mentores da igreja utilizavam um tobo-água para batizar suas ovelhas.

O novo convertido deslizava sobre as águas na companhia de dois pastores e lá embaixo era recebidos pelos irmãos em saudação.

Do alto do tobogã avistei Paulinha e Ju na expectativa de acompanharem mais aquela etapa do meu processo de transformação. Ao deslizar sobre as águas, lá estava ela com seu sorriso frouxo, aproximou-se de mim e tocou sua mão contra a minha, feliz pela minha decisão.

No final da tarde todos ajeitavam as malas quando Paulinha pediu-me para ir conosco no meu carro. Já havia carregado diversos marmanjos barbados apertados na cabine, não seria aquela afável menina que deixaria para trás. Ao cruzarmos um trevo de Cachoeiras de Macacu, um guardinha de plantão notou três tripulantes no carro e logo mandou que encostasse. Sem deixar que as duas beatas se envolvessem com a polícia, saí na mesma hora e tomei a iniciativa do problema. Em menos de três minutos apresentei minha documentação em dia e, para bancar minha infração, decidimos que R$ 50 estaria resolvido o problema.

Ao voltar para o carro contei às meninas sobre a resolução do caso e elas logo emendaram boas risadas. Eram crentes, mas demonstravam boa dose de diversão com os malabarismos mundanos.

Malandragem e fraternidade

Ao me recompor do joelho voltei a me refugiar no interior do Estado, programava longas jornadas profissionais e, no final delas, atirava-me em um lugar mais remoto. Com a bicicleta na caçamba costumava dar um giro pela cidade, como um morador local. A estrada e seu ar de mistério despertavam-me profundo encanto, cada palmo de chão, hectare de terra, os homens do campo, nada escapava da minha visão de atento espectador.

Numa dessas quilometragens altas seguia de Três Rios para Itaperuna quando um estorvo ascendeu à minha frente. Sobre o asfalto o sol refletia a sua incandescência, o relógio marcava exato meio-dia quando no trevo de Raposo um dito-cujo de azul zanzava pelo acostamento quente. Poucos carros transitavam na estrada rural de Muriaé à Itaperuna, percebi que estava de costas e logo acelerei a fim de vê-lo somente pelo retrovisor. Minha aceleração talvez tenha chamado a sua atenção, e quando já estava alguns metros à sua frente, passei a ouvir alguns chamados na minha direção.

"– Ou-ou-ou-ou-ou, você aí, pode parando!"

Com certo calafrio engatei a marcha ré e voltei para a altura da cabine, onde ele estaria mais à vontade para farejar cada migalha suspeita.

Com pouco papo o sujeito virulento tratou de ir direto à caçamba, sacando o mochilão e fuçando todos os seus compartimentos.

– Está indo pra onde?

– Vou trabalhar em Itaperuna.

– Tem droga no carro? Se tiver, fala logo! Disse o troglodita, num tom nada amistoso.

– Não tenho não, pode ficar à vontade.

– E esse incenso aqui é pra quê?

– Gosto de acender nos quartos de hotel, por onde passo.

– Sei! Se tiver é melhor falar, estou te avisando de novo.

– Tenho nada não, senhor.

O meganha era um mulato largo, careca e sem pescoço, e passou a demonstrar os brios feridos diante daquela busca incessante. Seu cupincha voltava do almoço, e, ao presenciar aquela abordagem, logo se somou à empenhar uma maior varredura.

Passavam mais de vinte minutos de pente-fino e o suor já escorria pelo seu rosto balofo, minhas pernas bambeavam e internamente sentia calafrios, em meio àquele lugar ermo passei a temer por qualquer represália dos cães farejadores.

Enquanto o novato revirava a caçamba, o brucutu fuçava a cabine obstinado, suas narinas expeliam fumaça enquanto se apertava naquele carro quente e suspeito.

O utilitário da Fiat não me dava tantas opções quanto o branquinho, e depois de tanto esforço, o caçador de maconheiros sagrou-se vencedor naquela disputa de nervos.

– A casa caiu, otário! Eu sabia que você tinha, seu babaca! Agora você tá fodido comigo! Quis meter bronca, agora aguenta o prejuízo!

Com uns cinco míseros baseados, ele comemorou como quem conquista um troféu, guardando num pote plástico a fim de manter intacta aquela ninharia.

– Pô chefe, quero te pedir desculpa por não ter falado nada, tinha muito pouco pra passar ainda três dias na estrada, e não queria perder ele.

– Quis bancar o malandro, agora se fodeu! Não tem ideia não, e nem vem de papinho, que nós vamos pra delegacia.

– Rapaz, precisa disso mesmo? A gente não consegue resolver aqui não?

– Se tu ousar me oferecer dinheiro de novo vai ser enquadrado no 28 e no 333! Se liga, otário!

A fim de evitar um maior acirramento dos ânimos, acatei em silêncio e fui até o carro arrumar a desordem criada. Enquanto lamentava-me por mais aquele enquadro, o aríete fanfarrão encaminhou-se na minha direção a fim de dar andamento na ocorrência.

– Vamos embora pra Itaperuna. Entra aí.

– Certo.

Dentro do carro, ainda fiz uma última tentativa de acordo, mas o sujeito bronco e ameaçador não estava mesmo querendo conversa, e na mesma hora, ergueu a voz para o seu ultimato.

– Eu já falei que não quero dinheiro, porra! Você está se achando malandro demais, maconheiro igual a você merece umas porradas!

Com a pistola em cima do porta-luvas vi-me sufocado naquele suplício por mais de meia hora, até finalmente aportarmos na 143ª DP. Jamais imaginei desejar tanto pisar numa delegacia.

Ao apresentar meu flagrante ao escrivão, o PM enfatizou que fiz jogo duro e fui um tanto resistente ao acusar o golpe. Logo em seguida fui chamado para o registro e a maconha levada para a perícia técnica. De perfil oposto ao fardado rude, o escrivão era um sujeito cordial e educado, de barba grisalha e fala mansa. Fazia-me perguntas sobre o meu trabalho e meu ramo de atuação, como se conversássemos à mesa de um bar. Percebera que era só um trabalhador usuário que recusara-se a aceitar as leis vigentes. Com os meus dados preenchidos, precisei ainda esperar por mais três horas, até a erva ser periciada. Ao retornar às mãos do escrivão boa-praça, logo veio o veredicto:

– Você está enquadrado no artigo 28, por porte de maconha, com três gramas em flagrante. Assina aqui.

– Certo.

– A pena para esse crime é o pagamento de cestas básicas ou a prestação de serviços sociais, como o juiz decidir.

– Tudo bem. Mas rapaz, não precisava disso, né?

– Você pegou uns policiais linhas-duras, aqui não é como no Rio. Mas vi que você é um bom garoto, amanhã tem show do Marcelo D2 na cidade e, se você for lá, você vai fumar isso e muito mais.

– Está certo, te agradeço, mas depois dessa não quero saber de fumar maconha em Itaperuna não.

Na semana seguinte um mandado de intimação chegou à minha casa e foi recebido por Serafim. Àquela altura meu fichamento não seria novidade, pois no mesmo dia o havia informado daquele percalço com os tiras.

Encaminhei-me ao Fórum da Barra, e, numa pequena sala improvisada, uma senhora juíza recebeu-me para a audiência. Às margens dela dois engravatados testemunhavam os acontecimentos. Com a decisão já estabelecida, coube a ela apenas dar-me a notícia sobre a pena que estaria submetido:

– De acordo com o tamanho da sua infração, foi decidido que você precisa cumprir três meses de serviços sociais, ou oitenta horas mensais. As opções de abrigos são estas aqui embaixo.

Ao verificar o bairro das três instituições mencionadas, decidi pela de Jacarepaguá, onde seria mais próximo a mim.

– Essa aqui, Casa de Betânia é o nome dela, né?

– Isso. É um abrigo para pessoas em situação de rua.

– Tudo bem, amanhã vou começar então. Boa tarde.

– Boa sorte, meu filho.

À noite estive com meu pai e o comuniquei sobre minha penalidade, em tom negativo ele balançou a cabeça e se manteve em silêncio, com sua introspecção habitual. Percebi que sua insatisfação não era exatamente pelo trabalho que teria de fazer, mas pelo tempo que abdicaria em servir à sua empresa.

Confesso que considerava-me um cara acostumado a frequentar favelas, lidar com os mais diversos clientes, policiais corruptos e outros tipos de desajustados, contudo, durante a noite custei a encontrar o sono, um tanto apreensivo com a recepção dos abrigados a mim.

Passava de uma da tarde quando apresentei-me à secretaria do lugar, situado em frente à uma rústica igreja católica, da qual era vinculado. Não muito simpática com o usuário de drogas, a atendente mandou que aguardasse a Irmã responsável para indicar-me os afazeres. Ao retornar do almoço, chegou acompanhada de um senhor moreno pardo com traços indígenas, e logo veio até a mim fazer as honras da casa.

– Sou a Irmã Elci, prazer. Você está aqui para prestar o serviço social, não é?

– Isso, tenho essa ficha para preenchimento das minhas horas.

– Tudo bem, deixa com a gente que nós preenchemos certinho com você. Este aqui é o João Bosco, ele quem gerencia a casa. É quem vai te passar as funções para serem feitas.

– Tudo bem, obrigado.

Na mesma hora João Bosco levou-me a conhecer toda a estrutura do casarão, que, apesar de necessitar de uns bons acabamentos, havia diversos setores interessantes para o entretenimento dos assistidos. A Instituição sobrevivia basicamente de doações, desde a biblioteca, os móveis, equipamentos de informática e alimentos. Nos fundos, mantinham um terreno maior que lhes gerava a maior parte da renda, o setor de reciclagem. Trabalhavam com todo tipo de resíduo sólido num ambiente completamente desencontrado, e aquele fora o setor ao qual fui designado. Quatro acolhidos revezavam-se no serviço de filtragem e separação do material, e, com o zarpar de João Bosco, um deles logo se encarregou de levantar uma prosa sacana.

– E aí amigo, você matou quantos pra parar aqui?

– Haha, se eu te falar que foi por uns cinco baseados você acredita?

– Ah, alguma a mais você aprontou...

– Nada, fui pego na estrada e o cana não quis conversa. Assinei o 28 e vim parar aqui.

– Saquei. Prazer, sou o Machado, dizem que tomo conta dessa bagunça aqui. Veio pronto pra trabalhar?"

– Vim sim, estamos aí pra qualquer coisa.

– Este outro aqui é o Baiano, o caladão ali é o Franklin, e este guerreiro é o Soneca.

Os materiais se amontoavam a mais de dois metros de altura, e cabia a nós escolhermos o mais produtivo para trabalhar. Machado e Baiano eram os mais atirados e zombeteiros, e durante as resenhas diárias contavam-me sobre suas estripulias vivenciadas nas ruas.

Certo dia João Bosco flagrou-me chegando de carro, e, ao perceber que tinha uma caminhonete, logo perguntou se estaria disposto a fazer as coletas de doações que ofereciam à Betânia.

– Estou sim. Se tiver alguma coisa aqui por perto, fala comigo.

– Tem umas duas ou três ali anotadas já, estamos sem carro, e as grandes doações não consigo buscar.

Ao perceber meu instinto colaborativo, o camarada surgia diariamente com alguma tarefa inusitada, algumas delas um tanto trabalhosas, que ele intitulava missões impossíveis.

Num início de tarde chegara com a lista cheia, havia uns cinco endereços para coletar e Baiano fora o escalado para aquelas tarefas surpresas. Malandreado por natureza, vivia há mais de trinta anos no Rio e ostentava o sotaque arrastado da sua terra natal. Hilário e debochado, logo vibrou ao receber a notícia de escapar da sua clausura. Baiano tinha uma veia musical apurada e era fã do *rock and roll* clássico, ao entrar no carro, pediu para escutar a Rádio Cidade e recordou seus tempos de bonança. Era dono de um bom acorde na viola, e Irmã Elci costumava aproveitar seu dom junto ao coral nas missas de domingo. Ao deixarmos a casa, apresentei-lhe um baseado e Baiano desandou a tagarelar, à vontade diante daquele passeio enfumaçado.

– Eu sempre gostei mesmo do furto, no talento, chegar arrumado na loja e pegar umas roupas, perfumes... O que clareasse, eu estava embolsando. Costumava dormir no Centro, pela Presidente Vargas, Central... Numa madrugada invadi com dois camaradas o Ponto Frio da Uruguaiana e levamos mais de cem celulares. E várias outras coisas!

Embolsei R$ 9.700, chamei uma namoradinha e fui curtir a vida como se não houvesse o amanhã. Passei no Jacaré e comprei uma carga inteira da maconha de R$ 35 e uma de pó de R$ 20, mais uns lança-perfumes e uns vidros de loló. Dali, fomos na C&A e equipei toda a nega, saiu de roupa nova e com mais um monte na bolsa. Meu irmão, eu estava emocionado com aquele malote no bolso, só queria saber de curtir a vida, logo depois fomos no Pizzalândia jantar. Ali na Senador Dantas, onde só almoçam os empresários chiques de terno e gravata! Então, velho, saímos de lá e passei num depósito na Lapa, comprei uma garrafa de whisky, duas caixinhas de cerveja e uns energéticos pra fechar.

De lá, fomos pro Diamond na Glória e reservei três diárias com as refeições. Meu irmão, eu mal aguentava comer! Fiquei internado os três dias lá dentro usando tudo que tinha direito, alucinado, só bebendo, usando droga e fazendo sexo. Perdição maluca! No dia de vir embora, eu tinha R$ 50 no bolso, a noite caiu, desentendi-me com a nega, ela foi pra um lado e eu pro outro. Meu irmão, que doidera! Encostei o corpo numa escada embaixo de um sobrado e tive vontade de me jogar lá de cima. Mas a minha covardia era tanto, tanto... Que mal tinha forças pra subir em algum lugar. Me senti um completo idiota quando vi que terminei naquela pindaíba."

– Rapaz, tu gostava de uma loucura de verdade! Agora espero que tenha aprendido a segurar a grana e usar melhor. Tu banca o malandro, mas perdeu tudo pra um rabo de saia!

– Foda, podia ter comprado uma motoca, qualquer coisa! Mas os tombos ensinam...

Franklin era dos sujeitos mais pacatos entre os assistidos, pouco se enturmava com a galera libertina da reciclagem. Vivia a zanzar pelo espaçoso terreno de fundos do casarão, com poucos afazeres no dia a dia. João Bosco conhecia profundamente cada um, e vez por outra comentava comigo sobre a evolução e o resgate da dignidade por parte de alguns deles. A abstinência do álcool e da cocaína tornava-se insuperável, e os mais vulneráveis naturalmente ganhavam asas de novo. Baiano fora um deles.

Uma grande fábrica de laticínios faria uma doação para diversas ONG's do Grande Rio, e assim que cheguei à Betânia, João Bosco incumbiu-me da missão de resgatar aquela preciosa carga. Franklin tinha por hábito sentar-se na calçada e olhar as modas, além de receber os donativos que vinham dos carros. O verão no Rio era ardente e estafante, os termômetros da Zona Oeste passavam dos 40º e Franklin, com seu cabelo úmido, sugeria que recém-saíra do banho. A origem nordestina estampava sua face e ainda repercutia no seu sotaque. Não passava dos trinta anos e a menos de cinco viera para o Rio, direto para o reduto de retirantes do Rio das Pedras. De poucas palavras, cabia a mim tornar aquele ambiente mais descontraído, e logo acendi uma erva para mudar o astral.

– Vou acender um aqui, você fuma?

– Não, não. Só cigarro, mas pode mandar aí.

– Beleza.

O breve diálogo foi suficiente para perceber que eu era só mais um usuário como ele, e aos poucos, sentiu-se à vontade para desopilar um pouco da sua angústia e solidão. Vestia-se com boas roupas e zelava pela aparência, era dos poucos que não tivera o corpo carcomido pelo tempo.

– Estou há poucos meses na rua, morava aqui perto, mas perdi o emprego e não consegui pagar o aluguel.

– Saquei. E você não usa álcool ou outra droga?

– Sim, eu bebia bastante. Comecei a cheirar cocaína e não parei mais. Trabalhava num salão de beleza no Rio das Pedras mesmo, estava há mais de três anos lá e tinha a chave, tudo. Só que numa noitada louca perdi a cabeça, queria usar mais e entrei no salão, e levei todo o dinheiro. Os milicianos de lá me pegaram, fizeram eu vender tudo de casa pra pagar a mulher do salão, tive que sair do meu apartamento, só com as roupas do corpo mesmo. Passei pouco mais de uma semana na rua, e, numa marquise ali na Freguesia, um senhor me falou dessa Casa de Betânia. Já era noite quando fui direto pra lá e me receberam muito bem. Dou graças a Deus que tem aquela casa ali.

– Pô cara, que brabo isso! Sorte que eles não fizeram algo pior contigo. Agora é saber aonde você errou e não repetir mais. A vida da noite é bem sedutora, mas se você não tiver freio vai se dar bem mal.

– Verdade, eu vivi isso na pele.

Ao chegarmos em frente ao galpão de Madureira um amontoado de gente se aglomerava ao redor do caminhão frigorífico, que acabara de estacionar. Os tripulantes não haviam nem mesmo descido da boleia quando encontrei o responsável por aquela campanha abençoada. Ao inscrever-me na lista, o senhor mostrou-me a Casa de Betânia na última posição, o décimo sexto lugar.

Somente o motorista e o ajudante seriam os responsáveis pela distribuição, e segundo eles, precisariam ainda organizar o baú para iniciarem a entrega. Eram dois caras jovens e demonstravam muito bom humor, em contraste com aquele ajuntamento de pessoas estafadas. Enquanto organizavam as caixas, perceberam o trabalho árduo que teriam pela frente, e, ao verem o único jovem com um perfil alternativo à espera, logo me convocaram para subir no baú e lhes dar uma força.

– Aí, você de óculos escuros, chega pra cá pra gente distribuir mais rápido isso tudo.

– Beleza, de boa.

Convoquei ainda Franklin para reforçar a equipe, mas discretamente ele balançou a cabeça negativamente e logo me fez desistir da ideia.

Apesar do trabalho braçal, o ambiente dentro do baú soava-me bem mais prazeroso que o lado de fora. Mantive-me na retaguarda alimentando os dois companheiros e da borda do caminhão eles faziam a separação e a entrega. As cobranças eram maçantes, e, para uma refrescada na garganta, montávamos uma parede de caixotes e degustávamos uma sequência de iogurtes, dos mais variados sabores. Foram tantas paradas que cheguei a negar as últimas sessões. Enquanto alguns metros abaixo tanta gente aguardava na soleira, um pouco mais acima a gente se fartava sob uma brisa gélida de menos de dez graus.

Por mais de duas horas trabalhamos com afinco e em harmonia, praticamente esvaziamos o caminhão até finalmente chegarmos na carga da Betânia. Por fim, abastecemos a carroceria do meu carro e a preenchemos toda de iogurtes. Já passava muito do expediente quando retornamos à Betânia, por volta das oito da noite a Irmã Elci ainda pegava no batente, e ofereceu-me uma caixinha de presente. Sem entrar em detalhes, neguei a sua cortesia para não correr o risco de uma disenteria.

Machado fora das maiores parcerias que fiz ao longo do convívio na Betânia. Andarilho da BR, orgulhava-se por rodar parte da América do Sul a pé. Durante as resenhas recordava-se com saudosismo da sua passagem pela Argentina, Chile, Peru e Bolívia. Nascido em Cabo Frio, falávamos também sobre as belezas da Costa do Sol fluminense. Tinha pouco mais de quarenta anos e era um admirador da cultura, dos livros e da Natureza. Apreciava também, com fervor, a aguardente. Estava há mais de vinte anos na estrada e passara a viver no entorno da Central do Brasil, onde apinhavam-se centenas de pessoas em situação de rua. Com Machado, conversava sobre o meu trabalho, a desgastada relação com meu pai e os mais diversos assuntos cotidianos. Por vezes chegava triste e ele logo me aplicava uma injeção de ânimo. Conhecia bem o fundo do poço e indicava-me os caminhos opostos a ele. Seus nove meses de assistência haviam ultrapassado, mas a dedicação na reciclagem o premiara com a carteira assinada e o soldo de um salário mínimo. Com ele o setor se tornara ao menos uma bagunça organizada, com bons rendimentos semanais à Betânia. Com o tempo confessou gostar também de fumar erva, e vez por outra deixava um enrolado para que queimasse fora do alcance das câmeras.

Certo dia estava concentrado nos seus afazeres e o vi um tanto introspectivo para os seus padrões, até que veio até mim e externou o que o deixava pensativo.

– Bruno, queria te pedir um grande favor, fora daqui, pessoalmente mesmo.

– Pode falar, Machado.

– Estou com tudo pronto pra me mudar daqui, vou ter de novo minha casa, meu espaço. Um cantinho na Central. Você me ajuda a transportar os móveis pra lá, te pago a gasolina.

– Claro, meu irmão. Não precisa do dinheiro da gasolina, não, um prazer te ajudar nessa missão.

– Essa semana, você pode?

– Posso, de boa. Sexta-feira seria melhor, depois do almoço, pode ser?

– Pode, vou deixar tudo separado então. Show, obrigado.

No tão esperado dia cheguei por volta da uma da tarde a fim de termos tempo suficiente para ajeitarmos sua mudança. Irmã Elci era uma grande motivadora da sua transição e, na surdina, dera-me R$ 15 para ajudar-me no combustível. Ao descer na reciclagem, Machado logo falou que estaria liberado para carregarmos o material. Num cômodo da casa encontravam-se alguns móveis inutilizados e em bom estado, frutos de doações altruístas. Machado já havia separado fogão, frigobar, rádio, um colchonete de solteiro e alguns utensílios mais. Durante o trajeto, Machado fez uma breve narrativa da sua trajetória, e o caminho que levara até aquela sua nova fase. Era um sujeito um tanto desprendido e bem articulado.

Estacionei o carro em frente a um dos muitos cortiços e adentramos o corredor, onde o terceiro quarto estaria reservado para ele. Com delicadeza e satisfação tirou a chave do bolso e acessou seu novo teto. Poderia, enfim, voltar a ter um endereço fixo e resgatar sua dignidade. Depois de feita a mudança, trocamos mais algumas palavras e ele abraçou-me em gratidão àquele singelo favor.

– Muito obrigado pelo carreto, Bruno. A partir de hoje, começo nova vida.

Depois de resolvido meu compromisso com os três meses de serviço, dei entrada no Fórum com a planilha de horas e limpei meu nome junto à Justiça. Bendito aquele desprezível meganha que fez-me assinar o 28. Talvez precisasse de três anos de serviços sociais para aprender a tratar cidadãos com respeito.

Doutrinação e debandada

Apesar de notar nossas diferenças, acreditava no caráter e no bom coração de Paulinha. Discordava de diversas práticas da Everest, mas seguia acompanhando-a nos cultos e em algumas empreitadas evangélicas. Depois de um impulso inicial, percebi que a tal igreja moderninha era um tanto impositiva às suas ovelhas, exigindo retribuição em troca das suas pregações religiosas. O dinheiro já não lhes satisfazia por completo. Cada irmão se doava no que estivesse à altura da sua capacidade, uns davam aula de *jiu-jitsu*, havia os músicos da banda, os porteiros durante os cultos e até alguns profissionais liberais que prestavam serviços nas comunidades próximas. A igreja dispunha de um grande exército de ovelhas sem desembolsar um mísero real.

Sem tanto compromisso, ia de *bike* até a igreja e geralmente dava uma parada na praia, para acender um e refletir sobre aquela nova sessão de histeria e descarrego. Alternavam momentos de silêncio e reflexão para logo em seguida expurgarem os seus demônios internos. Minhas aparições menos frequentes ainda eram bastante celebradas por Paulinha, que geralmente sentava-se ao meu lado e não disfarçava sua alegria. Suas brincadeiras sadias e seu sorriso pueril eram os únicos motivos que me levavam a estar ali.

Aproximava-se seu aniversário e combinara de passar com a família no Espírito Santo, e um dia antes da sua partida, estaria com os irmãos da igreja na filial de Itaipu, onde aconteceria o culto-*show* de um saxofonista. Poucas horas antes Paulinha me ligou e para minha surpresa convidou-me a comemorar com ela, numa festinha que aconteceria entre eles.

A fim de atender ao seu chamado, despenquei para a distante Itaipu, último bairro litorâneo de Niterói. Seguindo os protocolos da igreja, o imóvel situava-se a três metros da areia, no canto direito da praia. O púlpito de prancha também se mantinha fiel à matriz. Junto com Paulinha, havia o casal de pastores e mais alguns amigos leais que mantinha na Barra, no intuito de prestigiarem sua data festiva. As ovelhas de Niterói eram poucas e o culto não chegou a ter cinquenta presentes. O saxofonista tinha um acorde agradável aos ouvidos e, por quase uma hora, entoou louvores emocionados. A mim, pouco sensibilizava, mas notava Paulinha e seus irmãos de olhos vendados a glorificar algo divino ou superior.

Já era mais de onze da noite quando deixamos a igreja e fomos até uma loja de conveniência, a fim de homenagearmos aquela querida menina. Juntamos algumas mesas na lateral da loja e nos acomodamos para as modestas comemorações. Éramos poucos presentes e o pastor mão de ferro logo estranhou a única ovelha anônima por ali.

– Você é da igreja de Niterói?

– Não, sou amigo da Paulinha e frequento a Barra mesmo. Ela me convidou pra cá.

– Não te conheço, aqui só tem pessoas próximas.

– Pois é, sou muito amigo dela.

– Estranho, nunca te vi na igreja... Mas beleza, tá certo então.

Aquela abordagem soou-me um tanto intimidatória, mas ainda assim não sofri nenhum abalo ou outra represália. O sociopata costuma manter oculta a sua face cruel, seu poder de sedução é utilizado para encantar os probos e incautos. O malandro costumava persuadir mentes frágeis e corações aflitos, contudo, seus olhos de lobo fitavam-me e pressentiam que ali estaria diante de um sujeito pouco suscetível às suas pregações moralistas.

Depois de um moderado parabéns, dei um carinhoso abraço em Paulinha e desejei-lhe boa viagem.

Alheia ao meu conflito sentimental com Paulinha, Tati iniciara uma inesperada reaproximação. Começou de mansinho com algumas ligações, e logo se tornou um tanto quanto incisiva. Seu aniversário também acontecia no mês de maio e dizia querer passar comigo de novo, como nos velhos tempos. Faria um almoço em Itaipava num domingo e disse contar com a minha presença.

A fim de deixar levar-me pelo bom prestígio que criara com as duas, aceitei o seu convite e subi novamente a serra, para festejar os seus vinte e oito anos. Conhecia-a desde os vinte e, apesar dos anos afastados, tínhamos uma intimidade e sintonia como poucos casais. Não nos beijávamos e até evitava alguns afagos, contudo, eram claras suas intenções de voltarmos às boas. Seguia com suas provocações em relação à minha empreitada evangélica e, em tom de curiosidade, arrancava-me informações sobre meu caso de amor mal resolvido. Há alguns anos ela optara por um desfecho na nossa estória e, com o passar do tempo, meu encanto se rachara.

Numa despretensiosa noite de quarta-feira, fui até a Everest ver Paulinha no culto e fui convidado para mais uma missão ao Sana no final de semana. Havia conseguido algumas doações para a casa da igreja e disse contar com a minha caminhonete para fazer o frete.

Diante das pregações do ribaldo minha paciência já era pouca, notava sua malícia e o poder de manipulação que exercia sobre as ovelhas, um tanto carentes e com suas feridas abertas. Aquele filme soava-me bastante peculiar, a relação de submissão a um autoproclamado guia espiritual ocorria bem próximo a mim, e meus olhos mais uma vez presenciavam uma pessoa querida entregar-se a dogmas e mandamentos pseudocristãos. Dois mil anos depois e a história de Jesus ainda rende bons frutos aos mercadores da fé.

Com certo desapego, aceitei viajar com ela e partimos numa sexta à tarde, arrecadamos as doações em três endereços da Zona Sul e, junto com a minha bicicleta, acomodei uma poltrona, algumas almofadas, um som e outros apetrechos. Àquela altura, não queria somente agradá-la, ia também para dar um giro de *bike* e desfrutar do Sana e do seu sossego.

Por volta das nove da noite chegamos na casa da Everest e o carro da Ju já havia chegado, com mais cinco tripulantes. Três deles eram novos para mim: um jovem mulato de dezoito anos, *skatista* e morador de Jacarepaguá; o outro era oriundo do *rock and roll* e já beirava a minha idade, além de uma jovem que cuidava da cozinha da igreja. Com as tradicionais e repetitivas preces de gratidão, saboreamos uma apetitosa sopa de ervilha e proseamos por mais algumas horas.

Na manhã seguinte, acordei cedo a fim de desgarrar daquela enxurrada de preces. Tomei um breve café da manhã, e, munido de um *kit* canábico, rumei às montanhas do São Bento, pacato vilarejo a quatro quilômetros do Sana.

Ao sair da estrada principal, encarei uma parede de terra íngreme e pedregosa, levei mais de duas horas para alcançar a margem de um bonito poço inóspito e encostei para um banho refrescante. A paisagem verde e arejada era um tanto aprazível para espairecer e dar um tempo dos crentes.

Era quase meio-dia quando reencontrei a tribo evangélica de volta, desta vez com um reforço de mais quatro tripulantes, vindos de Rio das Ostras. Subimos as cachoeiras a fim de fazerem a divulgação do culto de sábado, e, para uma dose de adrenalina, incentivei os irmãos a fazermos o circuito das cachoeiras.

Após tudo organizado para receberem novos frequentadores à seita, o miniculto ministrado pelos dedicados jovens fora mais uma vez um fracasso, com apenas dois casais além de nós. Impressionava-me como eram perseverantes naquela árdua e frustrante missão.

Passava das nove da manhã e a solina já era abafada, saímos para as cachoeiras e paramos no bonito poço da gruta antes do movimentado circuito, onde divertimo-nos infantilmente no interior da pequena fenda.

Às vezes interrogava-me sobre o motivo de estar naquela bobice de adolescentes, mas logo olhava para Paulinha e o seu sorriso ingênuo mostrava-me o porquê de passar por tanta abstinência e limitações. Por vezes nossos corpos encostavam-se e eram feitos ímãs, com uma atração enérgica constante.

Como autênticos crentes, estavam preocupados com o almoço e retornaram para casa ainda cedo, com o sol a pleno vapor. Paulinha e as outras meninas organizavam a cozinha, quando, num certo constrangimento, ela dirigiu-se a mim e disse querer falar comigo, indicando um canto da casa.

– Bruninho, a Flora tem que preparar os lanches e organizar a cozinha da igreja, e precisa ir na frente. Você poderia ir com ela, que seu carro é de um só e ela precisa ir agora?

– Ah sim, entendi. Achava que ela poderia ir no carro da Ju, onde ela veio, não?

– Mas aí teríamos que arrumar tudo muito rápido, pra todo mundo ir junto. Não ia dar tempo de almoçarmos e tal.

– Saquei, beleza. Vou almoçar ali na pensão...

Às custas da minha carona arquitetaram todo o plano para atender às ordens do chefe, a fim de manter a arrecadação da lanchonete sem atrapalhar a estadia deles na casa de campo.

Em desvantagem numérica diante do passivo rebanho, preferi aceitar a deliberação nada consensual. Estendi ao máximo meu almoço e despedi-me de todos com um nítido descontentamento em relação àquela decisão arbitrária. Minhas passagens pelo Sana costumavam ser regidas pelo desapego, e nem eu mesmo decretava a hora de ir embora.

Ao entrar no carro procurei evitar o diálogo, lancei um CD do Pearl Jam e acelerei no ritmo do *rock and roll*. Crente fervorosa, Flora logo incomodou-se com o som e sacou um de louvores, a fim de mudar aquela trilha sonora acelerada. Com certa resistência a permiti realizar sua vontade, contudo, logo em seguida fora a minha vez de expressar cada gota de indignação que pairava sobre a minha mente.

– Estou vindo aqui contigo muito insatisfeito, não tinha hora de ir embora não. Esse negócio de decidirem por mim não está nada certo, mas foi só essa vez, não vai ter outra. Um calor deste e eu indo embora essa hora, preciso disso não!

– A gente tem disciplina com a igreja, Bruno. Temos horários e eu tenho esse compromisso com a cozinha.

– Vocês têm, eu não!

– E você não está com a gente a fim de se tornar um cristão?

– Desse jeito, não. Quem manda na minha vida e nos meus horários sou eu, não quero um compromisso a mais na minha vida. Se você assumiu de estar na igreja à tarde, não é problema meu e eu não combinei de te levar lá.

– Você é muito rebelde, não serve pra igreja não.

– Se é pra ser um cordeirinho e fazer as vontades da igreja, eu não sirvo mesmo. Sou questionador, gosto do diálogo e não de imposições. Mas beleza, já percebemos nossas diferenças.

– Estou vendo que você é rebelde demais, não aceita hierarquia, nada.

– Eu não tenho hierarquia no trabalho, na família, nada. Pra mim todo mundo é igual, sem superioridade. Mas tudo certo, já deu pra mim.

A fim de encurtar aquele suplício, pisei firme no acelerador, passava das duas da tarde e a soalheira era estafante, mais ainda à minha indesejável companhia, que passou a dar sinais de prostração.

– Bruno, por favor, estou me sentindo mal. Dá uma parada, por favor.

– Tudo bem, vou encostar.

Ao parar o carro, ela imediatamente abriu a porta e esticou o pescoço em direção a um capinzal, golfando logo em seguida. Não satisfeita, desceu decidida a esvaziar-se e terminou de executar a sessão de descarrego estomacal. Regurgitou litros e pareceu um tanto desnutrida. A menina crente não havia almoçado e até àquela hora sustentava-se com um parco café da manhã. Um tanto quanto sem graça, a sua empáfia dera lugar à humildade de uma senhora necessitada.

– Você pode comprar uma água tônica pra mim?

– Beleza, vou parar no próximo posto e compro.

Ao descer na lanchonete, aproveitei para completar a gasolina, e ela, novamente com um ar de constrangimento, tirou um pequeno saco de sacolé da bolsa e apresentou seus minguados trocados.

– Esse dinheiro aqui é pro dízimo, Bruno. Se não fosse, eu colaborava com a gasolina.

– Tudo certo, eu tenho aqui. Não contava com o dinheiro de vocês, não.

O estoicismo com que encarava os mandamentos impostos pela seita moderninha quase a levou à inanição. Seria a última das provações que precisava para abandonar de vez o barco. Deixei-a na igreja e nunca mais dei notícias. Minha relação com Paulinha terminara antes mesmo de recomeçar.

Diante das mazelas, da desigualdade e da individualidade do mundo contemporâneo, as pessoas anseiam por um protetor ou um grupo para estarem inseridos, uma autêntica tábua da salvação. Atentos a este mercado, os mercadores da fé estão espalhados aos montes, com dogmas e diretrizes lobotomizam sem dó seus seguidores. O Brasil virou um celeiro deles, amparados pela tal bancada da bíblia no Congresso Nacional. A teoria da prosperidade só vale para eles. Os fiéis seguem com seus conflitos internos, em condições extremas, recalcados e submissos. A fé e a espiritualidade são muito maiores que a religião e seus videntes desprezíveis. Na Inglaterra e na Holanda as igrejas dão lugar à bibliotecas e outros espaços de cultura e lazer.

No ano seguinte encontrei o *bodyboarder* Daniel no ofício de caixa de uma agência bancária, e em poucas palavras, ele confirmou o que meus olhos já prenunciavam:

– E aí, beleza Bruno? Soube do pastor lá da Everest?

– Não, parei de ir lá.

– Foi pego traindo a pastora com uma varoa menor de idade e as câmeras o pegaram roubando o cofre da igreja. Acho que foi expulso.

– Cacete! Já imaginava que ele não era nenhum santo. Boa sorte aí, irmão.

Chegadas e partidas

Hélio chegara na empresa há cinco anos e, durante esse período, minha vida financeira decolou. Depois de adquirir um apartamento e me ajudar no carro novo, encerrei as trinta e seis prestações e ele já me orientou a trocar por outro. Me daria a segurança necessária para assumir novo financiamento e, assim, aumentar meu patrimônio.

Vaidade à parte, um veículo novo significaria dois anos de tranquilidade a bordo, sem qualquer imprevisto ou custo extra de manutenção. E o utilitário fora mais uma vez a minha opção.

Há alguns meses Tati vinha buscando novos encontros, enquanto eu esquivava e alegava falta de tempo para vê-la na serra. Ao perceber minha displicência, sua paciência se esgotara e as ligações se tornaram raras, até que as últimas vieram com um melancólico tom de despedida.

Sem grandes expectativas no Rio, estaria de viagem marcada para a Austrália, a fim de buscar novas oportunidades e desenvolver a língua inglesa. Organizara uma festa de despedida entre seus amigos no Rio e não estive presente. Em Itaipava seus familiares providenciaram um almoço e, novamente, não atendi ao seu convite. Num tom derradeiro, Tati me ligara inconformada por não despedimo-nos pessoalmente, havia mais de um ano que não nos víamos e, por outros tantos, deixaríamos de nos ver. Sua voz macia era ao mesmo tempo embargada e tristonha. Ao final informou-me a data da sua partida e desligou, sem o carinho de outrora.

Apesar de não ter o amor dos velhos tempos, sobrava carinho e gratidão àquela menina especial. Lembrei-me de todos os momentos de cumplicidade que vivenciamos juntos e achei que seria questão de honra despedir-me de forma digna daquela que tanto acrescentou à minha vida.

O telefone despertou às cinco e meia da madrugada e, depois de um banho rápido, saí em desjejum ainda antes das seis. O trânsito era ameno e, em pouco tempo, mergulhei sobre as curvas da serra, como fizera tantas vezes. Esta, cheirava-me derradeira.

Adentrei o portão semiaberto e não vi nenhum sinal de movimento na varanda da casa, ao me aproximar Sr. Sérgio surgiu na sacada, a fim de entender o que aquele carro estranho fazia no interior do seu sítio. Ao reconhecer-me, veio até mim ainda de pijama, recebeu-me com um abraço e um "muito obrigado". Visivelmente emocionado, disse que Tati falou muito em mim durante toda a semana. Tia Lúcia chegou logo em seguida e também demonstrou bastante satisfação ao me ver àquela hora da manhã. Num momento de saudosismo e descontração, fomos em direção à varanda e, ainda do lado de fora, Tati despontou na soleira da porta. Seus olhos de mel voltaram a brilhar ao me ver, logo apressamos o passo e nos enrolamos num infinito abraço. Sua cara de sono deu lugar a lágrimas emotivas e um tanto comoventes. Não demorou muito e logo tive o mesmo impulso, ao perceber que meus olhos pranteavam naturalmente.

Sua alegria era incontida e seu sorriso alvo abriu-se instintivamente, para só depois de toda aquela consternação poder me falar o que sentira seu coração.

– Ah, Bruno, você não esqueceu, né?! Muito feliz de te ver aqui. Obrigada.

– Não tem nem o que agradecer, Tati. Você foi muito importante pra mim, quero que a gente guarde só os momentos bons, como esse. Vim aqui te ver mais um pouco, te desejar uma boa viagem, que tudo ocorra bem por lá.

– Fica aqui até gente ir embora.

– Está bem, fico sim.

A fim de curtir sua companhia por mais alguns minutos, dei-lhe carona até Petrópolis e contemplamos um generoso cigarro de despedida. Em pouco mais de meia hora falamos sobre nossa trajetória e os caminhos distintos que nos levaram à separação. O ar de melancolia não alterou a nossa sintonia e, entre risos e lisonjas, seguimos até a casa de Renata, no centro da cidade.

No momento da sua partida emocionamo-nos mais uma vez e nos abraçamos, nossa epiderme grudara por longos segundos e enfim cristalizamos tantos anos de afeto. À distância, despedi-me de seus pais e desci a serra com a cabeça nas nuvens, extremamente feliz e realizado por aquele encontro breve e apaziguador.

De carro novo e sem amarras sentimentais, fui novamente curtir a vida, a boemia e a estrada. Teria ainda três anos de boletos pela frente e a labuta era quem direcionava meus caminhos. Para onde houvesse trabalho no interior, escolhia a quinta ou a sexta-feira e estendia a viagem até domingo.

Como em poucos lugares, no Sana, eu conseguia reunir a natureza, os esportes e a madrugada etílica. Depois de algumas passagens em abstinência forçada, combinei com Zekinha de subirmos o Peito do Pombo e emendarmos o final de semana na serra.

O cume do peculiar lugar era tão simbólico como todo o vilarejo, com três rochas sobrepostas em meio a uma grandiosa cadeia de montanhas. Situado a mil e quatrocentos metros de altitude, seriam precisos pelo menos quatro horas até atingirmos sua face. Zekinha e eu já havíamos pernoitado uma vez no cume, mas desta, ele convocou o caçula Dieguinho, a fim de apresentar mais aquele pico ao irmão mais novo.

Era uma sexta-feira e voltava de Campos rumo à Macaé, quando olhei o relógio já passava das quatro da tarde e ainda estava na BR-101. Não achei muito adequado passar em um dos melhores clientes àquela hora do dia, geralmente reservada ao pré-descanso do trabalhador. Victor era o gerente da loja e um grande amigo, além de surfista, vegano e maconhista, conhecendo bem a rotina do vendedor alternativo.

Ao deixar o asfalto, já podia sentir a brisa fresca e inebriante que me levaria direto ao Sana. Combinei com Zekinha de nos encontrarmos no Bambuzal no sábado e, durante a madrugada, atacaríamos o cume.

A lua cheia reluzia sobre o rio e, nas suas margens, lancei minha barraca, ritual que tanto me aprazia. Sob a brisa de um *beck,* pus-me a pensar na minha trajetória de mochileiro e viajante, e o quanto ela acrescentara no meu curso de vida. Experiências marcantes, inesquecíveis paisagens, romances ardentes e a boemia. Se por um lado minha rotina familiar era conturbada, por outro, ela seria muito bem resolvida. Sentado à beira do rio, agradeci intimamente por aquele momento de paz imerso ao vale silencioso do Sana.

Passado o momento reflexivo e seria hora de flanar pela cidade, bebericar alguma coisa e ir atrás de uma trilha sonora animada. No bar da Rosa o ambiente era morno, apesar de um violeiro tirar animados forrós do seu repertório. A fim de não perder a viagem, beberiquei três ampolas e até ganhei uma morena, mas ficamos nos beijos na boca e alguns sarros do lado de fora.

Sob o ecoar do riacho e da sombra dos bambuzais, desmaiei até quase onze da manhã, e, depois de um mergulho gelado, enfim despertei para o sábado. A fim de uma volta na cachoeira, subi a trilha num ritmo intenso e, do alto da Mãe, lancei-me num só impulso, baixando a dose de adrenalina que se expressava sobre meu corpo.

A fome já apertava quando desci até o Bambuzal a fim de pegar um trocado para almoçar no centrinho. Para a minha surpresa, minha barraca ganhara dois iglus vizinhos com três ocupantes de aroma perfumado.

A fim de entender melhor a vizinhança, aproveitei para confeccionar um cigarro e puxar o velho assunto canábico, que poucos usuários resistem.

– Chegando agora pelo Sana? Querem dar um dois?

– Sim, estou a fim.

– Eu também.

– Vocês são de onde?

– Eu sou do Rio, ela de Minas e aquela de Macaé, mas estudamos numa faculdade em Quissamã.

– Ah tá, você morava aonde no Rio?

– Na Barra.

– Maneiro, eu também. Moro no posto 4.

– Caramba, eu também moro perto.

A mais falante delas era também a mais charmosa, uma pequena de pele dourada e tatuada, o corpo torneado e os cabelos num tom claro tingidos pelo sol. A mineira mais observava e pitava a erva, tinha a epiderme alva e o corpo comprido, apesar de morar no litoral parecia não ter ainda o hábito de frequentar a praia. A terceira e não fumante pouco se chegou, mantendo-se entretida com um livro enquanto celebrávamos as boas-vindas.

Apesar do papo descontraído, senti o roncar do meu estômago e dei um até breve às meninas, prevendo novos encontros.

– Preciso comer alguma coisa, vou ali no centro. Qual o nome de vocês?

– Eu sou Fernanda, ela Paloma e lá é a Renata.

– Beleza. Prazer, Bruno. A gente se encontra por aí...

À espera do almoço, sentei-me numa sacada e um peculiar carro amarelo cruzou à minha frente, onde logo reconheci os dois ocupantes do carango chamativo.

– Falaaa, Zeka! Chegaram, finalmente.

– E aí, Bruninho, beleza?!

– Tudo tranquilo, encosta aí.

A dupla de irmãos chegara com todo gás e de longe mirava o cume que seria investido mais tarde. Tomei uma carona com eles até o Bambuzal e lá aproveitamos para colocar a prosa em dia, com alguns *becks* de sobremesa.

Como uma bola de cristal a lua despontou sobre o rio e, junto a ela, as meninas estudantes de Quissamã. Estavam animadas para a noite e os irmãos também se empolgaram em curtir a boemia no povoado alternativo. O Peito do Pombo logo passou a ser secundário nos nossos planos, quando, no meio da madrugada, talvez, subíssemos o pico.

Depois de meia dúzia de ampolas no boteco do Luiz, saímos pelo vilarejo a fim de um ambiente mais animado. No bar do Evandro um *rastafári* cantava num palco diminuto e logo encostamos para fumar uma planta ao som do *reggae*. Na mesa de sinuca, o trio de vizinhas talagava uma garrafa de catuaba e demonstrava descolamento e entusiasmo, logo encostamos e propomos uma disputa em duplas, cada qual com uma delas.

Entre uma partida e outra, as cervejas desciam com fervor, o ambiente se tornara leve e prazeroso, numa maior intimidade entre os praticantes boêmios. A menina extrovertida da Barra e a gordinha de *piercing* no nariz demonstravam maior intimidade e passaram a trocar beijos ardentes às margens da mesa. Paloma se mantinha sozinha e não demorou para esboçarmos uns flertes. Demonstrava estar também com o teor etílico avançado, e num momento que fora no banheiro, acompanhei-a discretamente e nos beijamos à francesa.

No momento da partida nossos ímpetos já não se continham e não resistiam à simbiose de corpos. Durante o caminho até o Bambuzal deixamos os quatro à nossa frente e trocamos carícias e desejos em longas paradas. Os irmãos já não contavam comigo para subir o Peito do Pombo e também abortaram a missão. Ao chegarmos, já estavam todos intocados e logo fiz as honras da casa para minha nova hóspede.

Mal estendi o saco de dormir e nossos beijos logo se tornaram em longas chupadas, seus seios rijos encaixavam-se por inteiro na minha boca e, como um bebê voraz, eu me deliciava aspirando os seus mamilos. Num ritmo vagaroso ela deslizou a boca sobre a cabeça do meu membro e deixou-o vigoroso e robusto. Em poucos segundos tratei de encapar meu companheiro e levá-lo a viajar naquele túnel de prazer. Durante mais de uma hora permanecemos em ações intensas, improvisávamos algumas posições na sacrificada barraca e ela sacudia como uma britadeira. Depois de muito suor, tesão e orgasmo dormimos um sono profundo, entrelaçados em meio ao desordenado iglu.

Com o assobio peculiar da tribo do Méier, Zekinha despertou-me a fim de seguir no seu propósito de subir a montanha. Sob uma amarga ressaca e poucas horas de sono, relutei em seguir com os irmãos, mas em pouco tempo eles trataram de me convencer a ganhar altitude.

Já passava das dez da manhã quando avançamos pelo primeiro trecho da trilha, paralelo ao rio Sana. Em poucos minutos, cruzamos pela entrada das cachoeiras e avançamos em passos firmes rumo ao vale incrustado entre as montanhas. Num pequeno riacho paramos para abastecer as garrafas e incinerar um *beck*, quando uma vastidão verde descortinou sobre nossos olhos.

Ao cruzarmos o rio partimos com destino à floresta fechada, que exigiu força nas canelas e respiração aeróbica intensa. O complexo de rochas empilhadas já crescia diante dos nossos olhos quando a Mata Atlântica voltou a nos desafiar, num percurso circular com enormes raízes, que insistia em não terminar. O formato do pombo imponente passou a estar a poucos metros de nós, e depois de passarmos ao lado de um perigoso despenhadeiro, finalmente acessamos o onipresente monólito. Depois de quase quatro horas de jornada, pudemos enfim desfrutar do visual encantador da base do rochedo, onde acendemos um cigarro e degustamos algumas guloseimas.

Com mais de vinte metros de altura, o complexo rochoso se mantivera isolado e cercado por diversas montanhas, esculpido pelas intempéries da natureza. Diante de um cenário estonteante, permanecemos por mais de duas horas ao redor daquele monumento grandioso, na minha intimidade senti a pequenez dos nossos corpos em meio àquela imensidão sublime.

Ao chegarmos de volta ao *camping,* Zekinha anunciou que estaria de saída em breve, enquanto eu já não tinha tanta pressa e resolvi estender mais uma noite pelo Bambuzal.

No meu canto em meio aos bambus notei ainda uma barraca remanescente no terreno, talvez alguma das estudantes também tivesse adiado sua partida. Àquela altura sobrava pouca energia para uma prosa ou uma cerveja. À beira do rio, escovei os dentes, acendi o boa noite e desmaiei profundamente.

Eu e Dieguinho na base do Peito do Pombo

Ao despertar, procurei me organizar para sair ainda na parte da manhã, depois de um mergulho na cachoeira. Degustava prazerosamente o primeiro do dia quando escutei a barraca ao lado se abrir, ao fitar discretamente vi Fernanda despontar para fora.

– Oi, bom dia.

– Bom dia. Estendeu mais um pouco a viagem também?

– Isso, hoje não tenho aula, vou embora mais tarde.

– Boa. Eu também não tinha essa pressa toda de voltar não. Quer dar um dois?

– Fumo sim.

Fernanda era a mais descolada das amigas, beijara a coleguinha no final de semana e demonstrava apreciar o sexo masculino também, o que logo deixou-me de antenas ligadas.

Depois do desenrolar do *beck,* seguimos numa resenha animada e fomos até o rio nos banhar. Durante o mergulho nossos corpos se encontraram e logo demonstraram boa conexão, como o ferro preso a um ímã. Sua coxa macia deslizou sobre a minha virilha e o rio se encarregou de trazê-la até mim. Ao sentir-se escorada, virou seu corpo na minha direção e deu-me um abraço, seguido de um beijo longo e molhado.

Deitados sobre a sua canga, deliciei-me em seus mamilos e ela me masturbou deliciosamente, em movimentos leves esfregou sua boneca sobre o meu membro e ele logo se tornou vigoroso. Entre saltos e sarros nos divertimos durante toda a manhã, e por volta da hora do almoço, combinamos de deixar o vilarejo.

Àquela altura já não queríamos nos desgrudar, e sem dificuldade, Fernanda convenceu-me a ir até a longínqua Quissamã, a fim de ficarmos mais alguns dias juntos. Sem muito compromisso com o trabalho no Rio, inventei uma nova rota e informei ao escritório que ficaria na estrada até quarta-feira. Os pedidos, nem sempre estavam atualizados. Ao entrarmos no carro, aproveitamos a sombra de uma árvore frondosa e mais uma vez fomos envolvidos por uma atração libidinosa fora de controle. Faltou pouco para saciarmos nossos desejos no interior do carro.

Do Sana, descemos em direção à Macaé e lembrei-me do cliente Victor, que havia deixado para trás. Numa parada para abastecer o gás, vesti a calça sobre a bermuda e pedi que ela me esperasse por alguns minutos em frente à loja.

Fernanda morava com outras três amigas e não achamos sensato dormirmos juntos por lá. Na praça principal da pequena cidade encostamos num quiosque, e, entre elogios, cervejas e carícias, ela passou a cogitar a ideia de acamparmos numa praia a poucos quilômetros dali.

– Tem uma praia com uma lagoa linda aqui perto, deserta, podemos acampar lá. Vamos?

– Vamos, claro. O que você quer fazer, vai dar uma passada em casa antes?

– Isso, a gente toma um banho lá, vou pegar umas coisas e podemos ir. É aqui perto, uns quinze minutos de carro.

– Beleza, vamos lá.

Antes de deixarmos a praça suas companheiras de viagem passaram em frente e surpreenderam-se com a nossa intimidade. Paloma cumprimentou-me friamente, mais por espanto do que propriamente ciúme.

Ao deixarmos sua casa ainda encontramos uma última mercearia aberta, onde pegamos uma garrafa de vinho e uns tira-gostos improvisados.

Por entre uma restinga selvagem seguimos sobre uma estrada erma e recém-asfaltada. Os royalties do petróleo começavam a agraciar a cidadela do norte e, junto deles, as universidades públicas que se instalaram e movimentaram o PIB municipal. Ah, o governo petista! Criou 180 campus universitários e duplicou o número de alunos nas universidades!

Era quase dez da noite quando embiquei o carro em frente à praia de João Francisco e Fernanda apontou para o lado direito, onde se abrigavam duas enormes lagoas. Não havia qualquer construção por perto, e o carro também não chegaria até lá.

– Deixa o carro aqui e vamos caminhando, a noite está linda!

– Beleza, vou só pegar as coisas pra gente ir.

Com a rotina de desconfiança vivida no Rio, até suspeitei que correríamos algum risco por ali, mas logo ela tratou de me tranquilizar, estendeu sua canga e pediu para eu abrir o vinho e apertar um *beck*. Fernanda era uma menina de cultura, eloquente e bastante desenvolta. Durante o piquenique, pudemos nos conhecer melhor e aos poucos percebi que aquela mulher de espírito viajante tinha também bonitos laços familiares.

Depois de um longo namoro, atravessava o tempo de descobertas, da realização dos desejos, quase sempre sedutores à juventude inquieta. Ao passar para o vestibular de Turismo na UFF, precisara estudar na distante Quissamã, de acordo com a sua colocação no ENEM. Assim como a família, seus recalques e pudores também ficaram para trás.

Nossos lábios se encostavam e demonstravam uma sintonia fina, como poucas vezes encontrara nas minhas parceiras. Sua companhia trouxe leveza e intensidade ao meu dia, desde a manhã na cachoeira àquela hora da noite, sob as margens das selvagens lagoas.

Ao deitarmos, nossos corpos se entrelaçaram e por baixo do seu vestido, pude sentir sua pele macia e delicada, ao deslizar meu rosto pelos seus seios terminei com a língua por entre a sua virilha, beijando delicadamente seu grelo agridoce. Diante de todo o tesão reprimido durante o dia senti uma pontada abaixo do umbigo que jamais sentira antes, meu saco escrotal enrijecera e uma ardência na região peniana inibia minhas ações.

Apesar de uma vontade extrema de sentir aquela pepita melada, meu amigo íntimo parecia estar cansado e pouco disposto a se exercitar. Durante todo o dia pôs-se ereto e engatilhado, contudo, na hora H resolvera falhar. Difícil seria explicar à faminta Fernanda, que em nossa primeira noite eu não teria condições de atender aos seus impetuosos desejos. Por alguns minutos, ela frustrou-se, demonstrou-se intrigada, até que confirmei com a broxante notícia:

– Preciso descansar, estou morto. Ele também. Desculpa mesmo.

– Está bem, eu entendo.

Compreensiva, pareceu não se importar tanto e dormimos agarrados como um casal apaixonado.

De manhã cedo deixei-a dormindo à vontade e catei um baseado, a fim de entender melhor aquele cenário atípico no litoral fluminense. Duas enormes lagoas se mantinham intactas e selvagens a poucos metros do mar, sem qualquer resquício de civilização. A fim de desfrutar daquelas lindas águas selvagens, lancei-me na água e dei início a uma breve natação, no intuito de cruzar à sua outra extremidade. Com a profundidade baixa não me senti confortável para continuar, mas permaneci imerso naquele inusitado mundo aquático. Fernanda acordou logo em seguida e nadou até mim, com seu jeito afetuoso deu-me um abraço e aproximou seu rosto ao meu, para selarmos mais um beijo quase hipnotizante.

Nossas bocas se harmonizavam e minha epiderme à mesma hora correspondia à altura, quente e excitada. Com os lábios e a ponta do nariz alisei o seu cangote e deslizei a mão por todo seu corpo, até sacar-lhe o sutiã do biquíni e me deleitar com seus seios miúdos. Estávamos mais uma vez com os nervos à flor da pele, expelia libido pelos poros e o meu estimado membro entrara novamente em estado varonil. A bermuda já o apertava e logo o deixei mais à vontade, Fernanda encostou seu corpo ao meu e o encaixou vagarosamente, num deslizar suave e regozijante. Sentada no meu colo transávamos num ritmo intenso como dois seres recém-saídos da Pré-história, sua volúpia me impressionava, e por mais de meia hora trocamos diversas posições, enquanto ela gemia e me pedia mais ação. Ao atingir o orgasmo, manteve-se sentada rebolando devagar, entre carícias e prazer. Não demorou muito e pedi que ela saísse um pouco de cima de mim, para enfim disparar as microgametas que se acumulavam no meu saco escrotal.

Desnudo, pleno e satisfeito, chamei-a para nadar comigo e depois brincamos descontraidamente. Por alguns instantes lembrei-me do clássico "Lagoa Azul", sucesso de bilheteria dos anos 1990. Durante todo dia abstive-me de qualquer afazer e estendemos nossa diversão à beira-mar, como um típico casal em plena sintonia.

Ao deixá-la em casa, percebi que ficara um clima envolvente entre nós, diferente dos romances relâmpagos que surgiam. Por fim, trocamos telefone e ela disse que na próxima visita aos pais nos veríamos de novo. Durante a semana trocamos algumas mensagens de texto e nos adicionamos nas redes sociais, com recados de pombinhos apaixonados.

De surpresa, resolvera aparecer na mesma semana, quando haveria uma festa de sua família em Jacarepaguá. Era um sábado de sol e surfava na Prainha com os amigos, quando numa ligação inesperada ela dizia já estar me esperando por lá.

Ao perceber a seriedade com que levava aquele início de relacionamento, despedi-me dos amigos e passei rápido em casa, a fim de tomar um banho e atender aos pedidos da menina temperamental. Um tanto acelerado, cheguei na festa ainda de dia e, ao me ver, Fernanda não resistiu e recebeu-me com um abraço apertado e sincero. Depois de ser apresentado a todos seus parentes, tive uma recepção calorosa e entornei algumas cervejas com seus pais e avós.

Ao final do festejo deixamos o clube juntos e, num tom ébrio, emendamos direto para o hotel Mirante, onde numa hidromassagem revivemos a gostosa sensação de transarmos submersos.

Entre idas e vindas, no primeiro mês nos encontramos algumas vezes na Barra, num seguinte estiquei até Quissamã, e, aos poucos, selamos um início de namoro. Enxergava uma sintonia de corpos e mentes que não recordava ter vivido com outras mulheres, e, apesar da distância, estava bastante disposto a tentar.

Enquanto ela estava Quissamã, mantínhamos contato quase diário e ela naturalmente me deixava a par sobre sua rotina, regada a festas, drogas e álcool. Ainda que não fosse um ambiente dos mais tranquilos para se manter um namoro, demonstrava sinceridade e bom senso nas suas ações.

Com vinte e quatro anos, Fernanda dominava o inglês, o espanhol e havia trancado a faculdade de Comunicação Social. Era uma menina inteligente e culta, mas vivia o momento de libertinagem universitária que todo jovem vestibulando sonha em ter. Já havia visto esse filme e, apesar de todo sentimento que tinha por ela, mantive um pé atrás a fim de evitar uma paixão não correspondida.

Certa noite, conversávamos numa roda de amigos e Fernanda confessara ter experimentado cocaína naquela semana, numa festa com dois conhecidos seus. A fim de manter-me sereno, fingi encarar suas estripulias com naturalidade, mas achei melhor ser prudente e não entrar de cabeça naquela difícil relação. Enquanto voltávamos, procurei refletir sobre aquele episódio e preferi não dar prosseguimento àquele romance platônico.

– Pô, Fernanda... Eu te respeito muito, gosto de você, mas você está em várias festinhas, zoando com os amigos, disse que andou cheirando cocaína com uns caras. Aí é foda, não dá pra mim não!

– Ué, mas eu falei o que rolou, te falo tudo...

– Nem tudo, dessa vez você nem falaria, só aconteceu porque o assunto rolou na roda. Mas tranquilo, não sou eu quem vou te censurar não, você tem todo direito de viver sua vida livre e fazer o que tiver vontade.

– Ah é, assim que você quer então?!

– Eu não preferia que fosse assim, mas também não estou aqui pra ficar te regulando ou dizendo o que você deve fazer ou não. Quero que você seja feliz, e já que você quer viver essa vida boêmia, te respeito, mas prefiro estar longe.

– Tá bom então, tchau!

Gelada e um tanto intempestiva, Fernanda não admitia cobranças e seu tom de despedida não foi nada amistoso. Com quase trinta, já havia passado pela embriaguez de sucesso e naquele momento enxergava minha vida com outras ambições, tanto pessoais, quanto profissionais. Não tinha mais tempo a perder com relacionamentos conflituosos, e controlar os ímpetos daquela menina inquieta, daria-me trabalho demais.

Ao voltar para Quissamã, trocamos algumas mensagens esporádicas, cheguei e tentar algumas investidas casuais, mas percebi ela mais distante e entendi que seria melhor me afastar.

Há mais de vinte dias sem notícias suas, numa tarde de sábado uma ligação repentina me desperta de um sono preguiçoso.

– Oi, Bruno, tudo bem?

– Tudo, Fernanda. E aí, como você está?

– Tudo bom, estou voltando pra casa, vou trancar minha faculdade lá.

– Eita, que mudança.

– Pois é, estou no ônibus já, você pode me pegar na Rodoviária?

– Posso sim, de boa. Em quanto tempo você deve chegar lá?

– Acho que em duas horas ainda, estou em Casimiro de Abreu.

– Beleza, te encontro lá e a gente troca uma ideia.

– Tudo bem. Beijo.

Seu telefonema me deixara um tanto surpreso e feliz, ao saber que fizera uma autocrítica e decidira que em Quissamã não seria o melhor lugar para manter os seus estudos.

Ao chegar na Rodoviária, Fernanda já me aguardava no portão de desembarque, com uma mala gigante e a mochila sobre as costas. Apesar do reencontro inesperado, o clima não era como de outrora, entre risos e carícias. A fim de bancar o durão, mantive-me na defensiva e procurei observar quais seriam suas reais intenções.

Na Barra, ela combinou de encontrar alguns amigos numa festa junina que acontecia num *shopping*. Deixamos suas bagagens em casa e fui até a festa com ela, na intenção de passarmos a noite juntos.

Em poucos minutos Fernanda logo esbarrou com seus amigos, eram meia dúzia de jovens, entre eles, duas meninas e quatro marmanjos. Não conhecia nenhum deles e pouco interagi na roda, por outro lado, ela demonstrava estar bem à vontade e solta com os seus, pouco me dando atenção. Não demorou e alguns deles puxaram-na para dançar e foram prontamente atendidos. Um tanto isolado na roda dos jovens emergentes, procurei espairecer e dar uma volta, mas o forró do *shopping* não era bem o ambiente *legalize* que apreciava, e passada uma hora, já achava que aquela noite estaria longa demais.

Cansado de sentir-me de escanteio, avisei-a que estava de saída e na mesma hora ela largou seus amigos e partiu atrás de mim. A caminho de casa acabei cobrando algo que não existia mais, e, exaltado, perdi de vez a razão.

Tive a prova real do amor que ainda sentia por ela e não estaria sendo correspondido. Em meio a um enorme desgaste, deixei-a na porta do seu prédio e pressenti que aquela seria a última. Um amor frustrado gera um coração ferido e, a fim de evitar novo sofrimento, abri mão de vez da sua companhia.

Jump da Mãe

Acampamento nas lagoas de Quissamã

Evoluções frequentes

As caminhadas pesadas voltavam a sacrificar meu joelho, com algumas pontadas e dores agudas em situações de maior impacto. A fim de poupar minhas articulações, preferi deixar o surfe e as altas montanhas de lado, mas o mar não saía de mim, e logo consegui uma opção para voltar ao mundo náutico.

Zekinha mais uma vez esteve ao meu lado, e juntos, encontramos um caiaque duplo usado que coube no nosso bolso. À época estocava um porquinho lotado de moedas e com elas consegui juntar R$ 250 para pagar a minha parte. Numa tarde de sábado fomos até Niterói e enfim fechamos negócio: um caiaque de fibra amarelo fabricado há mais de uma década, ainda assim, num excelente estado. Ao colocarmos na caçamba, percebemos as grandes dimensões do barco, com seus mais de cinco metros de comprimento e grande parte para fora do carro. Para o dia seguinte, nem mesmo tiramos de cima do teto, dali estaria pronto para estrearmos na água.

A fim de sentirmos a estabilidade do barco, escolhemos as Lagoas da Barra como cenário de teste e, para o primeiro dia, esticamos do Recreio até a Barra em mais de dez quilômetros percorridos. No bairro dos emergentes, descemos no *deck* em frente ao meu prédio e ainda almoçamos com meu pai, numa visita inusitada. Apesar de todas as mazelas da urbanização desenfreada do bairro, nos deparamos com um lindo ecossistema de manguezal, onde uma diversa fauna se abrigava sob suas galhadas. Em certos momentos nos divertíamos cruzando por entre algumas delas, a fim de nos aprofundarmos naquele ambiente selvagem.

As aves eram abundantes nas suas margens, onde costumavam se alimentar da fauna marinha. Bem de perto vimos biguás, socós, martim-pescadores, dezenas de garças e até um casal de colhereiros rosas próximo a um lodaçal. Com um bico em formato de colher abocanhavam suas presas suavemente, como quem degusta uma sopa. Ao cair da tarde, o sol escondeu-se sob o horizonte de mangues e alguns outros animais saíram atrás de comida. Ao redor do barco as tainhas saltavam desenfreadamente e uma família de capivaras também nos deu o ar da graça. Apesar de morar tão próximo, desconhecia por completo aquela natureza profusa. Um autêntico pantanal carioca.

O caiaque passara a ficar no prédio da mãe de Zekinha, no Recreio, e de lá começamos a planejar novas incursões a bordo do amarelão. Outra grande descoberta fora a Restinga da Marambaia, em Barra de Guaratiba, última faixa de areia ao sul da cidade. Contudo, o tesouro escondido da Marambaia estaria no interior do canal do Bacalhau, ao longo dos seus seis quilômetros até a da Baía de Sepetiba. Manguezal silvestre, intacto, longe da poluição e da cobiça dos agentes políticos que privatizam a cidade. Como nos primórdios do Rio, uma fauna rica e abundante despertava em cada meandro do mangue, entre aratus, guaiamuns e aves, muitas aves.

Ao percebermos o barco estável que tínhamos, passamos a explorar diversas outras rotas, e o litoral da cidade esteve todo ao nosso dispor.

A vida de vendedor trazia-me satisfação em viajar e a questão financeira já me era satisfatória, contudo, achei que poderia agregar mais conhecimento na minha vida, onde a médio prazo pudesse almejar uma nova formação profissional. Aproximava-me das três décadas de vida, e, se um dia fôssemos demitidos, não teria nenhuma outra opção a me lançar no mercado de trabalho.

Há muito que não frequentava uma sala de aula convencional, a não ser os cursos de turismo. Depois de algumas provocações de Adinha e Hélio, fui enfim aventurar-me num vestibular. Ela me presenteava com livros e um deles chamou-me bastante atenção: "Cidade partida", do grande escritor Zuenir Ventura. Intrigava-me como um senhor já quase sexagenário fora desvendar o mundo pouco acessível do interior de uma favela. De forma singela e despojada, conviveu na comunidade e fez uma apuração minuciosa sobre a chacina de Vigário Geral, com aguçado faro jornalístico. A meu favor, via-me com a capacidade de transitar entre as diversas esferas e camadas da sociedade, com um canal aberto para comunicar-me com todos de forma igual, como bom vendedor e mochileiro.

Sem grandes preparativos, prestei vestibular para o curso de Comunicação Social em duas universidades particulares. Ao elaborar os textos discursivos, não consegui recordar-me de quanto tempo atrás havia feito questões longas como aquelas.

O critério de aprovação das faculdades privadas não era tanto e passei para as duas, dando prioridade à mais antiga e destacada na área de Comunicação.

A FACHA havia formado bons jornalistas para o mercado editorial carioca e, apesar de se situar no movimentado bairro de Botafogo, logo tornou-se minha primeira opção. O amor pela fotografia fora outro fator que fez-me optar pelo jornalismo, onde minha busca por boas imagens poderia ser útil ao longo da profissão. Como referência tive um dos genros de Hélio, o gaúcho boa gente André Bassegio. Casado com sua filha mais nova, *Fabinha,* conheceu os sete continentes do mundo como cinegrafista e editor de imagens.

Na primeira semana de aula aconteceu o famoso trote sobre os calouros, e naturalmente, estaria entre os escolhidos. Durante as muitas brincadeiras e pinturas pelo corpo, tudo parecia normal, até me destacar dos outros colegas ao negar a realizar algumas tarefas humilhantes. Os chamados veteranos logo me tacharam de rebelde e, depois de recolhermos dinheiro para financiar as rodas de cervejas, alguns debochavam do meu corpo pintado e me sacaneavam que haviam vencido a batalha.

Dos companheiros de turma tive entre os mais chegados Marcela *Loirinha*, Fernandinha, Suzana e Marco Antônio. Marcela estava no auge da sua juventude, com recém-feitos dezoito anos, e ainda assim deu-me a alcunha de "vinte e dois" da turma. Durante as aulas, fazia questão de sentar-se ao meu lado a fim de dar-me o ar da sua companhia. Nossas conversas eram íntimas, picantes, e por ora fraternais, e assim estreitamos uma relação de amizade e afeto. Por vezes escorria entre nós certa dose de malicia, mas ainda assim não investi como Marcela merecia.

O primeiro período fora um momento de grande reflexão e descobertas, quando pude perceber o quanto absorvi saberes durante aqueles curtos seis meses.

As rodas de cerveja na Farani e o isopor do Léo encostado ao muro da faculdade eram duas atrações à parte. Aos poucos, Léo se tornou a opção principal, quase diária. Cinquentão descolado, fora aluno da faculdade e enveredou para o ramo de comida de rua, entre sanduíches naturais, esfihas e cervejas. Muitas cervejas. Tanto para o anfitrião, quanto para os frequentadores da acolhedora fachada. Por lá ocorriam interessantes e enriquecedoras trocas entre os estudantes menos convencionais. A poucos metros dali, na mesma calçada, aconteciam as irreverentes rodas de *cannabis*. As aulas se tornavam mais criativas e até questionadoras com algumas doses na mente. Já no primeiro período passei a ser conhecido como o aluno provocador, trazendo à tona debates e alguns temas tabus.

Enquanto acrescia diversão e estudos à minha rotina, convivia com um contraste de sensações ao olhar para o quarto ao lado e ver a prostração tão perto de mim. Serafim e seu corpanzil começavam e dar sinal de cansaço, vez por outra a pressão disparava e ele naturalmente corria até o Barra D´or.

Sua presença no trabalho passara a ser cada dia menos presente, assim como do seu preposto Carlinhos, que apresentava um pífio volume de vendas. O acúmulo de funções fez com que sugerisse ao Hélio admitirmos um novo vendedor, e logo pensei numa solução caseira, o amigo de duas décadas Marcelinho. Nutricionista de formação, vagava entre diferentes cozinhas industriais e há alguns meses amargava o desemprego.

O salário mínimo não era dos melhores, mas somados às suas comissões perfaziam uma grana razoável. Não era o melhor dos mundos, mas tentava compensar com boas condições de trabalho.

Durante os primeiros meses andamos juntos para apresentar-lhe os clientes e as abordagens aplicadas a cada um. De tantos anos no ramo, passei a entender melhor como atender os diferentes tipos de pessoas e temperamentos. Durante nossas vendas externas, viajamos por todo interior e nos divertimos bastante a cada incursão. Os baseados eram constantes e, no final do expediente, uma encostada num bar.

Com o convívio diário, tornamo-nos mais amigos e até confidentes, tanto para as minhas polêmicas familiares quanto às suas inquietações amorosas.

Aos poucos percebi que o camarada tinha uma personalidade um tanto capitalista, extremamente vaidoso e apegado aos seus bens materiais. Diferente de mim, fora habituado a viver uma rotina mais social, entre família, amigos e festinhas.

O mês de dezembro se aproximava e dentro de casa não havia grandes motivos para comemorar. Serafim passava por uma crise aguda de diverticulite que o fazia inchar dos pés à cabeça, levando-o a dores intensas, febre e mau humor.

Em mais uma inevitável internação, passaria uma semana no hospital e, apesar de comovido com sua situação, vi-me submetido a novo acúmulo de funções, entre elas, receber as correspondências de casa.

Apesar de não autorizado, destrinchei uma por uma, desde cartões de crédito a extratos bancários. Para a minha surpresa os cartões não cessavam de chegar, ao total somaram uns cinco, com mais de R$ 15 mil acumulados, quase o dobro da sua renda mensal. Restaurantes diversos, roupas e parcelas de produtos que jamais chegaram em casa. Ao voltar de mais aquela baixa hospitalar, esperei três dias para sua reabilitação e tornei a lhe cobrar posturas transparentes, menos danosas à nossa saúde financeira. Costumava pagar o mínimo dos cartões e sobre o restante do débito era acrescido um oneroso juro composto. Com aquelas gravosas faturas, não haveria corpo ou mente que vivesse em paz.

– Rapaz, eu andei recebendo as contas e abri para dar uma olhada. São mais de cinco cartões, nem com dois salários você paga essas contas! Você tem que se livrar disso, nossa convivência tá bem difícil assim.

"Sua feição de espanto se alternava entre a vontade de brigar e o constrangimento de ter sido flagrado em suas aventuras consumistas. A fim de não alimentar mais aquele embate, recolheu-se de forma acanhada e sinalizou que mudaria seus hábitos, para tentar enfim quitar aquelas exorbitantes faturas.

– Tudo bem, Bruno, você tem razão. Isso não está fazendo bem pra mim não. Vou dar um jeito de pagar essas contas.

– Eu estou cansado de conviver com tantas dívidas. Mesmo não sendo minhas, afetam diretamente à empresa e o meu cotidiano.

– Tá certo, eu sei.

Mudar de postura significava deixar sua mulher sanguessuga e, ciente da distância entre a teoria e a prática, procurei acompanhar de perto os seus passos, para não o perder novamente de vista.

Limitado, obeso, endividado e depressivo, estaria numa incessante busca de uma bengala para escorar-se, que geralmente atendia por um rabo de saia. Se por um lado parecia ter dado um tempo dos seus encontros obscuros, por outro descobriu na internet novas opções de encontros amorosos.

Segundo ele, chegara a conhecer sete mulheres num só mês e com duas delas engatou num breve romance. Tudo à base de passeios no *shopping*, presentes e restaurantes. Nossa aproximação também aconteceu de forma natural, quando deixou de se dividir entre sua companheira e seu filho. Por vezes pedia para eu não ir à praia de manhã para que almoçássemos juntos no final de semana.

A atitude mais drástica para uma tentativa de sairmos do atoleiro se deu às vésperas das festas de final de ano, quando às pressas conseguiu um apartamento de menor valor. Justamente no condomínio onde havíamos comprado o apartamento em obras.

Minha vida universitária ia melhor que o esperado e, já no segundo período, percebia a boa troca que tinha com alguns professores. Roberto Assaf, que tanto assistia na TV como comentarista esportivo, logo tornou-se um professor próximo, a quem apresentava minhas fotos e meus esportes, como o ciclismo e a canoagem.

Durante o curso alguns outros se tornaram grandes motivadores da minha trajetória, como a grande mestra Clecy Ribeiro, Aristides Alonso com o estudo da psicanálise, Francisco Duque e a cultura brasileira, além de Gilson Caroni, que nos apresentou o víeis sociológico ao qual a comunicação deve atuar.

Na faculdade pude conhecer um pouco dos clássicos da Economia-Política, como o filósofo alemão Karl Marx, com a sua ideologia sobre luta de classes e a "religião como ópio do povo"; Maquiavel discorreu sobre as estruturas e o poder do Estado ainda no século XVI, oferecendo os pesos e contrapesos para a não concretização de um Estado autoritário. A psicanálise de Freud, e o "amor líquido", de Zygmunt Bauman, foram outras referências que levei para a construção da minha trajetória de futuro comunicador. Um bom jornalista não se faz da escrita rebuscada, mas o que você vai defender com ela.

Pela primeira vez encontrava prazer e identificação em sala de aula, fazia grande esforço para elaborar textos e apresentar os trabalhos durante o curso. Por vezes fui provocado pelos professores a apresentar minhas fotos e até alguns filmes, que passei a editar com Zekinha. Certa noite entrei para a aula da respeitável Clecy Ribeiro sob o calibre de umas cinco Brahmas, e, numa decisão surpresa, ela comunicou-me que a aula básica de Fotografia seria ministrada por mim. De início estranhei aquela convocação, mas logo me encorajei e ao longo de quase uma hora conversei com os companheiros sobre minhas experiências fotográficas. Ao final, a professora abriu dez minutos para perguntas e mais uma vez saí-me bem diante das dúvidas dos amigos.

Passei a notar que o jornalista pode ser um grande formador de opinião, a depender das pautas que defende em suas narrativas. No Brasil, os boletos pagos costumam valer mais que uma opinião exposta.

Por décadas a mídia convencional deteve a narrativa oficial dos assuntos cotidianos do país, mas a internet despontava como um importante veículo de contra-argumentação aos barões do jornalismo. Anos depois, o Partido da Imprensa Golpista fora corresponsável pelo impeachment de uma presidenta honesta, além da prisão da maior liderança popular do país, Luís Inácio Lula da Silva.

Com o decorrer do curso passei a perceber que meus textos e minha visão de mundo contrastavam com o que pregava a mídia hereditária, geralmente a favor do mercado financeiro, entre banqueiros, latifundiários e megaempresários. Caráter e compromisso social não estão anexados ao diploma. O neoliberalismo capturou diversos setores da Economia, e a imprensa hegemônica tornou-se uma amplificação dos seus domínios.

Saindo de cena

O Carnaval se aproximava e era um dos poucos motivos que traziam alegria a Serafim, quando se envolvia com a Ala Mocotó e vivenciava de perto a Folia de Momo. Seu eterno cunhado Sergio *Jarrão* era o titular da Ala e se associara a Serafim para ter um patrocinador fixo, que poderia financiar as fantasias. A Jarrão caberia a divulgação e venda da alegoria diante dos foliões, para depois reembolsar o gordinho.

Durante nossa reaproximação estive em alguns ensaios com ele na quadra, que acontecia às quartas-feiras. Apesar da diferença dos ambientes que costumava frequentar, passei a me contagiar com toda aquela animação regida pela bateria da escola. As passistas e seus corpos torneados eram outro motivo que me causavam admiração no ambiente portelense. Com algumas cervejas a mais, até esboçava um samba no pé. Aqueles breves momentos com meu pai traziam-me um sentimento de extrema satisfação, vê-lo feliz e animado depois de seguidas internações era também um tanto motivador para o ter perto de mim.

Depois da saúde o impedir de desfilar nos últimos anos, Serafim se dedicara a melhorar seus hábitos para dar o ar da graça na avenida. Além de sócio na Ala, nutria um fanatismo desmedido pela Águia de Madureira. A cada ensaio e preparativo da escola, dizia que aquele seria o ano de voltar às vitórias. Há mais de uma década eu ouvia seus prognósticos e nenhum deles se concretizara.

Contrariando as estatísticas recentes, Serafim e a azul e branco de Madureira foram bem na Apoteose e saíram com um honroso terceiro lugar. Há quem diga que fora a campeã moral na avenida. Num misto de alegria e, de certo ponto frustração, Serafim não titubeou em flanar seu orgulho portelense no desfile das campeãs.

Enquanto esbanjava euforia, eu pouco acompanhava os tão aclamados desfiles, dando preferência aos bloquinhos e à ressaca na praia. Na véspera do sábado das campeãs, fomos almoçar juntos e ele fez-me o convite para acompanhá-lo na passarela do samba. Jarrão não estaria presente e Serafim já não esbanjava vigor para coordenar sozinho os integrantes da Ala, o que pra mim soou como boa oportunidade de diversão.

O sábado amanheceu ensolarado e, a fim de começar bem o dia, saí de bicicleta pela orla do Recreio em direção à Barra de Guaratiba. Três subidas íngremes antecediam o meu destino e davam ao pedal certa dose adrenalina.

Em Guaratiba, passei o dia na praia e conquistei uma formosa loirinha, com quem sorvi algumas cervejas e troquei apetitosos beijos no mar. Nos meses seguintes ainda vi Suzana novamente, fui até Campo Grande reencontrá-la, mas não passou de um amor de verão.

Ao voltar para casa encontrei Serafim nos seus preparativos finais, paramentado tipicamente como um bom folião, com a calça branca, o chapéu Panamá e o blusão da Ala Mocotó. Depois de um banho reconfortante, nem mesmo consegui relaxar, quando o gordinho já se despedia e me indicava uma das camisas que queria usar.

Com mais experiência no assunto, deu-me as recomendações finais e disse para encontrar-lhe na Praça Onze, numa rua de seus conhecidos suburbanos. Aproveitava-se do endereço dos locais e estacionava seu carro como morador, para depois sentar-se entre eles.

No início da noite tratei de me apressar a fim de encontrar Serafim para a nossa concentração etílica. No Estácio da Tia Ciata consegui uma vaga diminuta e encostei o carro, para caminhar até a Praça Onze e encontrar uma roda de cervejas farta e animada. A fim de vivenciarem um pouco da grande folia, as crianças brincavam na rua e as mesas espalhavam-se nas calçadas, aos fundos da Passarela do Samba. Além do casal de anfitriões, havia ainda duas amigas de Serafim, que demonstravam bastante intimidade com ele.

Ao chegar a hora do desfile, já estava num estado etílico avançado quando a dupla de amigas resolveu ir conosco até a concentração.

Enquanto eu conversava com uma jovem negra bonita e torneada, Serafim e a balzaquiana ficaram alguns metros para trás, até sumirem dos nossos olhares. Sem mencionarmos a desaparição do casal, reduzimos o passo e conversamos animadamente até a grade da Apoteose do samba. Depois de uns dez minutos de espera, a dupla finalmente despontara diante de nós, despediram-se com um breve estalinho e pude confirmar que Serafim não brincara em serviço. Ao avançarmos a grade, confessou-me que esteve camuflado atrás de um carro dando uns beijos e afagos na jovem senhora.

Na concentração, nos posicionamos na Ala Mocotó e ele me orientou a ficar numa ponta do cortejo, ele se colocaria do outro lado e assim evitaríamos a dispersão do grupo. O intérprete disparou seu grito de guerra e o sinal verde foi dado à Tabajara do Samba, promovendo o despertar da águia de Madureira. Ao entrarmos na passarela vi a torcida saudar a escola efusivamente, a arquibancada de pé entoava o samba junto com os componentes e proporcionavam um movimento de cores e sentimentos que eu jamais havia vivenciado. Por trás das fantasias, os foliões externavam uma alegria contagiante, numa catarse coletiva capaz de elevar a autoestima do mais moribundo sujeito.

Com um enorme prazer e ebriedade flanava por aquele cenário que tanto movia paixões, símbolo da cidade e da arte negra oriunda das favelas. Exibia um samba fajuto no pé e os versos eu mal sabia cantar, ainda assim atravessei a avenida numa euforia descomunal, os amigos de Serafim diziam que era o mais empolgado da ala. "Seu filho não está puro, não.", disse o mais engraçadinho deles.

Passei a entender o porquê de o gordinho adorar tanto aquela cachaça. O tempo passou rápido demais e também me deixou desejoso por mais algumas doses. Serafim parecia reservar todas as suas energias para a sua passagem pelo berço do samba, impressionava-me o quanto exibia vigor diante de tantas sequelas no organismo.

Meses depois e ele passaria por nova rotina de retenção de líquido, dias seguidos de inchaço pelo corpo e falta de ar. Muita falta de ar. Àquela altura, abriu mão do plano de saúde e apelou para um dos principais nefrologistas da cidade, cuja consulta valia um salário mínimo. Pelo telefone, diariamente se comunicava com ele, no intuito de informar seus sintomas e amenizar virtualmente seu sofrimento.

Relutante, induzia ao doutor estar bem, a fim de adiar mais uma possível internação.

Contudo, o momento era de apreensão e resiliência, com a overdose de remédios mantinha alguma dose de otimismo e esperava passar por mais aquela disfunção renal.

Desta vez, a parede do seu estômago também inchara e uma tosse seca minava suas forças, e uma sexta-feira cinzenta indicava que teríamos uma longa noite pela frente.

Por volta das oito da noite sua falta de ar se agravou e desta vez não o esperei ligar para o médico a fim de conseguir seu *habeas corpus*. Naquelas condições, mal conseguiria dormir. Um tanto tenaz, precisei falar duro com ele até convencê-lo a pôr uma roupa e corremos para o Barra D´or. Geralmente vaidoso com seus carros, dificilmente deixaria eu dirigir se estivesse em razoáveis condições. Desta vez, fora direto para o banco de trás, a fim de melhor escorar seu corpo cansado.

Ao chegarmos ao hospital, logo deram prioridade ao seu caso e o levaram para emergência, munida de respirador e outros aparelhos complementares. Seu estado era de pressão alta e diverticulite aguda, com entupimento da passagem de ar e dores por seu corpanzil inchado. Os cinquenta e oito anos pouco regrados de Serafim eram um tanto danosos ao seu organismo, assim como os mais de cem quilos que carregava sob sua carcaça.

Depois dos primeiros socorros e do diagnóstico médico, fiz-lhe uma breve visita e nos despedimos. Apesar das veias perfuradas e das fiações no peito, o via em melhores condições do que em casa. Já era mais de meia-noite quando enfim consegui voltar ao Recreio, para ao menos descansar um sono quase tranquilo.

De manhã passei no hospital e o encontrei com uma fisionomia melhor, havia expelido parte do líquido retido e o seu semblante era menos abatido. A fim de mantê-lo motivado, passei a frequentar o hospital diariamente, quando na ida ou na volta do trabalho parava para dar-lhe uma injeção de ânimo.

Hélio dividia comigo as funções hospitalares, administrativas e até as minhas crises existenciais. Com apenas dois anos a mais que Serafim, esbanjava vigor e vontade de viver. Era impressionante encontrá-lo e receber todos os seus planos pré-elaborados. Tinha a vida financeira toda transcrita em planilhas, desde os pagamentos da empresa, o financiamento do apartamento e até do meu carro. Desconhecia a existência de alguém tão organizado e correto como Hélio.

Passadas duas semanas e o quadro de Serafim pouco se alterou, a pressão seguia controlada por remédios venosos e a retenção de líquido ainda era um problema. Por vezes, fora necessário um respirador para lhe soprar oxigênio.

Certo dia fui trabalhar em Três Rios, e, na volta, passei em Petrópolis, deixando para a tarde os clientes da serra. A noite já caía quando na soleira da loja do Sr. Osmar recebo mais uma ligação de Hélio, que costumava ser meu boletim médico familiar:

– Oi, Bruno, tudo bem?

– Tudo bom, Hélio. Estou em Petrópolis, no último cliente. E por aí?

– Aqui não está muito bom, Bruno. Seu pai foi colocado em coma induzido.

– Ahhhh, não acredito!

– Seu organismo estava muito fraco, não estava respondendo às medicações e foi melhor fazerem isso. Desce pra cá e me encontra no hospital pra gente conversar.

– Tá bom, Hélio, estou indo.

Sem suportar ao forte impacto emocional, meus olhos imediatamente marearam e minha cabeça entrou em ebulição. Sr. Osmar o conhecia há muitos anos e estimou as melhoras. Não havia condições de pensar em trabalho.

Numa só toada rumei de Petrópolis ao Barra D'Or, ao entrar no box procurei preparar minha cabeça para não me abater com sua fisionomia adormecida, porém, ao ver-lhe naqueles tubos, logo me emocionei e caí no pranto. Do meu lado o médico de plantão procurou dar-me forças, sugerindo para que lhe dissesse tudo o que eu tivesse vontade de falar com ele.

Como numa sessão de catarse e desafogo, passei a lembrá-lo do quanto era importante para mim: sua companhia, sua rara presença no trabalho e até os nossos almoços, que se tornaram mais frequentes. Não esperava qualquer reação sua quando seus lábios pálidos começaram a balbuciar, quanto mais eu falava, mais ele tentava movimentar os maxilares, apesar de não atenderem às ordens dos seus estímulos. Seus olhos minavam gotículas de choro pelas extremidades e davam sinal de que ainda havia algum sentimento por trás daquele homem desfalecido. Ao final da visita, abracei-me ao seu corpo e declarei-me de amor pela primeira vez em toda minha vida.

Ao recostar a cabeça no travesseiro, tive das noites mais difíceis de digerir. A vida do meu pai estava ligada por aparelhos e a qualquer momento poderia pifar.

Os dias passavam sem nenhum sinal do seu organismo reagir à alta dosagem de medicamentos intravenosos. Minha rotina era vaga e dispersa, não encontrava razão para trabalhar ou ir à faculdade. Almoçava em casa e passava toda a tarde no hospital, ainda que impotente. Levava alguns livros e mantinha-me ao menos próximo a ele, era o máximo que podia fazer.

Certa tarde me entretinha com uma leitura no *hall* de entrada quando sua ex namorada surgiu no corredor, a fim de visitá-lo. Ao ver-me à sua frente, tentou manter a educação e com um cumprimento formal fingiu não haver conflitos entre nós. Contudo, a via como parte daquele processo degenerativo de Serafim, que também acarretava sua decadência financeira. Apesar da sua tentativa de camuflar-se como boa companheira, tratei de recordá-la o quanto fora prejudicial à sua trajetória recente. Ao se encaminhar à recepção, segui-a silenciosamente, e, durante preciosos segundos, procurei pensar no que fazer para impedi-la.

– Oi, moça. Essa mulher quer visitar meu pai, mas eu não permito não.

– Certo, você tem o nome dela registrado aqui?

– Não tenho, mas pode fazer pra mim, por favor. Ela não vai passar por essa porta!

Com outra senhora à tiracolo, a *madame* mequetrefe perdeu o prumo e iniciou sua sessão de baixarias.

– Você é um folgado, maconheiro, por isso que seu pai não gosta de você!

– Sou maconheiro, mas nunca traí a confiança dele! Você dava pro caseiro e o carro do meu pai ficou todo despedaçado por causa da sua traição! Só vivia endividado, fodido de grana e passeando pra cima e pra baixo com você. Não fode! Já mamou muito na teta do Serafim, agora vaza!

– Seu moleque, seu maconheiro de merda! Eu vou voltar aqui, você vai ver!

– Vaza daqui!

O hospital não era o melhor lugar para tirar a limpo minhas diferenças, mas pensei que poderia ser também a última oportunidade de a confrontar pessoalmente. Chegara enfim a hora de desvendar aquela farsa.

Com pouco otimismo diante do grave quadro de Serafim, comuniquei à Manoela sobre o que se passava com ele. Apesar dos dez anos distantes, achei que seria justo ela saber de seu pai.

Dia seguinte e Manoela surgiu no Barra D'Or, acompanhada do seu guru, advogado e marido. Desta vez não estava interessado em um novo embate, ainda assim evitei qualquer formalidade. Num breve diálogo, a deixei a par da situação e dei-lhe ciência da gravidade do caso.

Passadas duas semanas e nada de se alterar o quadro de desmaio induzido. A cada visita uma nova informação negativa dos médicos, que tentavam reduzir a dosagem dos remédios, mas seu organismo não era capaz de reagir.

A fim de respirar ares mais amenos, voltei à faculdade e ainda na calçada deparei-me com Marcela, que me saudou efusivamente. Demonstrava um sentimento de amizade e preocupação singulares, e, para conversarmos à vontade, chamei-a para tomar umas cervejas na Farani. Com certo ar derrotista, informei-lhe sobre minha rotina médico-hospitalar e ela percebera que o "vinte e dois" de outrora não tinha muito motivos para comemorar. Depois de uma prosa cativante e motivacional, Marcela e suas covinhas salientes convenceram-me a assistir aula com ela, ainda que meia hora atrasados. Nos primeiros minutos em sala, senti meu estômago embrulhar seguido por uma indigestão forte, pontadas que quase levaram-me a golfar. Um tanto relutante, permaneci por mais algum tempo imóvel até que o enjoo se tornou insustentável, o que me levou direto ao banheiro. Num ato de desespero, corri até a primeira privada vazia e finalmente expurguei os males que afetavam meu organismo. Estava fisicamente aliviado e mentalmente confuso, peguei meu material em sala e na mesma hora zarpei, despedindo-me brevemente da loirinha.

Ao voltar para casa, uma ligação de Hélio fez com que minha indigestão evoluísse para contornos um tanto mais severos.

– Bruno, vou ser direto. Seu pai morreu.

– Ahhhh, meu Deus do céu, eu não acredito! Por que ele me deixou tão cedo?!

– Estava muito difícil para ele, Bruno. Onde você está? Vem pro hospital, já estou aqui com Adinha. Vem com calma".

– Tudo bem, estou na Zona Sul, daqui a pouco chego aí.

Ao chegar no Barra D'Or fui pego de surpresa com tanta gente já presente. Além de Hélio e Adinha, estavam Carlinhos, Felippe e até Manoela com seu inconveniente marido. A fim de me pouparem, fui o último a saber. Ao entrar na recepção, fui amparado carinhosamente por todos, com exceção do casal de armadores. O clima era de total consternação e pouco falávamos entre si, alguns minutos de silêncio como numa homenagem intimista em memória ao gordinho afetuoso. Hélio já havia providenciado tudo, cabendo a mim apenas vesti-lo no dia seguinte para o velório. Apesar de não ser uma incumbência familiar, fiz questão de estar com Serafim pela última vez.

Em total desnorteio, deixei o hospital. Minha cabeça flutuava em pensamentos, tentava prever as consequências daquilo tudo e encontrar prováveis soluções futuras. Deitado, mal consegui pregar os olhos, com cochilos picados durante toda a madrugada.

Hélio já havia marcado o enterro, providenciado o atestado de óbito e comunicado grande parte dos seus amigos. Procurei ainda avisar aos fabricantes e os clientes mais próximos para que todos pudessem lhe dar um último adeus.

Ainda na primeira hora da manhã, encontrei-me com Hélio no hospital e nos dirigiram ao necrotério. Seu corpanzil era inchado e repleto de hematomas, em semiestado de putrefação. Munidos de luvas e máscaras, tive contato com seu corpo pela última vez. Não era a despedida esperada, mas a única possível. Mais experiente e um tanto metódico, Hélio pediu-me para levar uma roupa leve e alegre. Com seu blusão mais extravagante e uma bermuda jeans branca, vestimo-lo delicadamente, contemplando seu estilo boêmio anos 1970.

Vontade de libertar as amarras

Ao chegar ao velório, surpreendeu-me a quantidade de pessoas reunidas em frente à capela. Alguns clientes, parentes e até amigos distantes, além da sua filha com o guru. Para o meu espanto, até Jerônimo, diretor da Gelomar, apareceu. Logo após o falecimento, Hélio ligou para ele e conseguira comprar uma passagem às pressas para o Rio.

Na marcha fúnebre fiz questão de carregar o caixão e dar minha última contribuição ao corpo de Serafim. Depois da urna depositada sob o solo, não haveria clima para bate-papo ou amenidades.

Ainda em comboio, caminhávamos para fora do cemitério quando resolvi questionar a presença do deletério guru, vestindo terno e gravata e um *ray-ban* moderninho na sua face circular. Para os padrões da nossa sociedade de consumo, mostrava-se um marido solidário e advogado bem apresentável, mas conhecia bem o seu passado de intrigas, lavagem cerebral e apropriações levianas. Fora também o responsável por dez anos de afastamento entre pai e filha, quando pôs Serafim contra a parede para bancar seu casamento. Lembrei-me ainda do meu aniversário na churrascaria, quando proferiu todas as ofensas possíveis a meu pai.

– Seu otário, você está fazendo o quê aqui?! Acha que me esqueci de tudo que você fez e falou do meu pai? Tenha vergonha na cara, seu filho da puta!

Como de costume, Manoela tomou suas dores e tentou justificar a presença do pseudovidente no enterro.

– Ele está aqui porque veio me acompanhar e me amparar. Diferente de você, ele tem sentimento.

– Sentimento é o caralho! Você abandonou meu pai por dez anos e vem falar de sentimento. Não fode!

Sem muita paciência para argumentos delirantes, com o dedo em riste parti para cima do sujeito a fim de colocá-lo no lugar que merecia.

– Você é um folgado, farsante, tomaram todo dinheiro da minha avó e tentaram sugar meu pai também, seu filho da puta!

Marcelinho e Carlinhos contiveram-me a tempo e me puxaram para trás, quando meu punho já estava a menos de um metro do seu focinho. Ao ver-se exposto e difamado, o farsante tratou de sair às pressas em direção ao carro, que não estava distante. Em poucos minutos, ele passou para pegar Manoela e ainda parti para uma segunda ofensiva, a fim de descontar todo meu ódio acumulado.

Numa atitude surpresa, abri sua porta e o ofendi com todas as forças, disposto a socar sua cara. Manoela entrou no carro rapidamente e ao ver-me pronto para amassar seu marido, atirou-se loucamente entre nós, ciente da sua condição fragilizada. Em total desespero, ainda arremessou uma garrafa d'água contra mim e mais uma vez fora o escudo a salvá-lo de uma agressão. Usar da violência não era uma escolha, mas um instinto. Sua simples presença despertava-me uma raiva incontida que até então desconhecia haver em mim. O clima lúgubre se deu lugar a uma movimentação intensa, quando a maioria das pessoas veio acalmar-me e pedir que esfriasse a cabeça.

Passada a tormenta psicológica, seria hora de voltar ao plano físico e aos problemas concretos, com foco no meu trabalho e na organização da minha vida financeira. A partir dali, seria o responsável pelas despesas da casa e da titularidade da empresa, com mais responsabilidade e menos lazer. As contas pessoais de Serafim também foram destrinchadas por mim e Hélio e, a cada correspondência, uma nova pendência astronômica.

Resolvidas as questões menos relevantes, Manoela se tornou a minha principal prioridade, quando lhe comuniquei sobre os bens e a execução da partilha. Apesar das nossas diferenças, imaginei que haveria bom senso da sua parte e facilitaria os trâmites de inventário. Enquanto houve diálogo entre nós, ela afirmava que fora herdeira dos bens da minha avó e eu ficaria com os imóveis de meu pai. Estariam em disputa o apartamento do Recreio, metade da casa de Cabo Frio e um *Peugeot hatch* zero quilômetro recém-comprado por ele.

A partir do momento que chegara no hospital, Manoela reaproximou-se de Hélio e abriu novo diálogo, depois de muitos anos de afastamento. Apesar de ter ciência dos seus golpes no passado, Hélio resolvera dar-lhe um voto de confiança e procurou ajudar-me nessa negociação um tanto penosa.

Após a missa de sétimo dia, nosso mediador marcou uma reunião no restaurante da família do seu genro André, posicionando-se ao centro daquela relação conflituosa. Autêntica jogadora do capitalismo, Manoela cumprimentou-me normalmente, como se as rusgas não fizessem parte do nosso passado.

Com toda transparência, expus os bens da herança e informei que todas elas estavam alienadas, com altos custos mensais.

Para a minha surpresa, Manoela não demonstrou interesse em cobiçar aqueles novos bens em questão, honrando pela primeira vez sua palavra. Segundo ela, faríamos o inventário extrajudicial e evitaríamos o demorado processo burocrático. Em comum acordo, abriria mão da metade dos bens sem nenhuma compensação financeira. Ainda em tom amigável, disse que como advogada poderia ajudar em providenciar a documentação e os trâmites judiciários. Hélio sentira firmeza nas suas palavras e não viu malícia na sua proposta, e, sob o meu aval, entregou-lhe as cópias de todos os documentos. Segundo ela, em uma semana me entregaria o inventário pronto e assinado. Manoela era astuta e dissimulada, contudo, procurei confiar no que tínhamos apalavrado.

A fim de encontrar de novo minha rotina de prazer na faculdade, voltei a frequentar o curso e interagir com os amigos. Certa noite caminhava pelas ruas movimentadas de Botafogo quando recebi a tão aguardada ligação, onde estaria em jogo o futuro dos meus imóveis recém-adquiridos.

– Oi, Bruno, tudo bem?

– Tudo. E aí, resolveu os documentos?

Entre gaguejos, Manoela demonstrava dificuldade em apresentar seus novos argumentos rasos.

– N-ã-o. Não. Eu-eu, eu mudei de ideia. Vou querer minha parte no apartamento sim! É meu direito e eu quero!

– Sua vagabunda, pilantra!

– Todo mundo muda de ideia, é meu direito e não vou ficar de papo contigo não.

– Vai tomar no cu!

Ao chegar no Léo expelia ódio e revolta, seus golpes eram sempre na surdina e sem o testemunho de ninguém. O apartamento estava avaliado em cerca de R$ 500 mil e, numa ligação de segundos, ela me surrupiara metade daquele relevante dinheiro. Estava clara a mentoria de mais aquele plano diabólico. O guru que se vestia de santo mantinha um pacto com o tinhoso. Por dinheiro, seria capaz de tudo. Suas duas cordeiras lobotomizadas cumpriam o papel perverso da história e eximiam o chefe de qualquer autoria intelectual.

Léo entornava umas latas de Itaipava e logo me juntei a ele, a fim de expurgar minhas feridas familiares. Ao longo de toda a noite estive encostado ao isopor, enfileirando boas doses de ampolas geladas. Com Léo bebi e desabafei todas minhas mágoas até o findar das aulas.

Numa única atitude de consolo, comuniquei Hélio sobre a nova traição daquela desprezível mulher. Surpreso, logo falou que, em seguida, a confrontaria por telefone, mas não obteve sucesso. Àquela altura ela não teria coragem de encará-lo e confessar mais aquela usurpação.

Impotente diante de mais aquela covardia, canalizei minhas energias no trabalho, no intuito de ao menos manter minha empresa de pé. Além de mim, havia ainda mais cinco pessoas que se mantinham com nossas vendas. Precisaria acima de tudo me posicionar frente aos donos das indústrias, como um representante capaz de administrar suas empresas.

O *tour* pelo Sul do Brasil passaria por Caxias do Sul e Araucária, e minha intenção não seria custear os altos valores de passagens aéreas. Ao convocar Carlinhos, ele logo imaginou que nos deslocaríamos como à moda antiga, como tanto viajamos na administração de Serafim.

– Beleza, vamos sim. Vamos de quê, ônibus ou avião?

– Dessa vez vamos de carro, Carlinhos.

– O quê, você está louco?

– Não, já rodei mil ou mil e duzentos quilômetros em viagens pra Bahia ou pro Sul mesmo. Agora vamos ter mil e quatrocentos, dá pra fazer sim. O carro está com gás, a viagem vai ficar barata. Caso a gente canse no primeiro dia, a gente dorme e termina no segundo.

– Beleza então, já que você está falando, vamos embora.

Carlinhos havia me ensinado algumas artimanhas na direção, rotas até então desconhecidas e outras manobras radicais a bordo do Uno *Irvine*. Contudo, uma jornada longa como aquela ficaria a meu encargo apresentá-lo.

– Vou marcar com os caras pra semana que vem, domingo então você pode partir?

– Posso, vamos ficar quantos dias?

– Ah, acredito que em quatro ou cinco resolvemos com as duas fábricas.

– Tudo certo, vou me organizar então.

Depois de uma breve revisão e uma geral no carro, deixei o Recreio sob o despertar dos primeiros raios de luz e encontrei Carlinhos pouco depois das seis da manhã.

O sujeito era um gozador nato e, durante a viagem, desferiu seu vasto repertório de contação de histórias e anedotas. Nas paradas aproveitava para gozar os frentistas e até as cabineiras do pedágio.

Pouco depois das onze e já tínhamos cruzado a Dutra, passamos pela Marginal do Tietê e fizemos uma breve parada antes de entrarmos na Régis Bittencourt. Durante toda a tarde acelerei fundo a fim de aproveitar ao máximo a luz do dia.

Nos arredores de Curitiba me mantive na BR-116 e segui pela serra catarinense, onde a noite já caía e o frio apertava. Em Lages o termômetro de rua marcava 15° C e já dava um panorama do que encontraríamos nas montanhas sulistas.

Nos últimos cem quilômetros a estrada se manteve sob uma neblina intensa, não enxergava mais do que dez metros à minha frente e o percurso sinuoso me obrigou a não passar dos 50 km/h. Ao cruzarmos a placa "Caxias do Sul" comemoramos efusivamente, nossa primeira missão fora vencida.

Nas ruas da cidade gaúcha não se via uma alma caminhante, o relógio marcava meia-noite e a temperatura registrava 10° C.

A Só-Gás havia reservado um hotel para nós e por sorte nem precisamos procurar seu endereço, quando, na continuação da estrada, nos deparamos com a sua fachada. Diante daquela noite gélida rabiscamos o nosso cadastro na recepção e, ainda no *hall* de entrada, pedimos um jantar num restaurante indicado num panfleto.

Na segunda-feira demos um descanso ao corpo e chegamos à Só-Gás por volta das dez da manhã. sr. Jorge era um industrial próspero e visionário, montara uma pequena indústria num galpão velho e, em pouco mais de uma década, progrediu numa escalada vertiginosa. Do precário galpão mudara-se para uma antiga transportadora e, alguns anos depois, para a sua instalação própria.

As instalações de sua indústria eram um primor de organização, desenvolvida para informatizar e ampliar a linha de produção. Os maquinários eram recém-importados da China e da Europa. Além de auspicioso, Sr. Jorge era também um tanto agregador. Ao adquirir uma pequena indústria local, admitiu o antigo proprietário e o elevou à gerente geral, além de tornar-se o seu grande braço direito.

Marcelo era um sujeito boa praça e bem divertido para os padrões sulistas. Ao mesmo tempo que esbanjava irreverência, tinha também o dom de falar sério. Mantinha uma estreita relação com Carlinhos e dava-se muito bem com meu pai, o que seria um trunfo para sairmos de lá com nossos empregos mantidos.

Depois de dois dias de espera, Sr. Jorge finalmente aparecera na empresa, quando enfim decidiria o nosso futuro.

Na sala do patrão sentamos eu, Carlinhos, ele e Marcelo. Depois de breves elogios a Serafim, Sr. Jorge tratou de ir direto ao ponto, mencionando a nova configuração da empresa, volume de vendas, atendimento a clientes, etc.

Ciente dos propensos questionamentos, fui com a cartilha toda decorada, afinal, Serafim já não era um funcionário ativo, e sua participação, quase nula. Seria no máximo um Relações Públicas. Carlinhos também defendeu com afinco nossa manutenção no cargo, com sua lábia apurada parecia sensibilizar os gelados gaúchos.

Depois de quase duas horas de brandas indagações, Sr. Jorge finalmente deu-me o aval para seguir a frente do negócio.

– Tenho visto você mais empenhado, guri. O Marcelo me falou que você está mais participativo, o volume de vendas tem aumentado, vocês vão continuar com a gente então, segue tudo normal. Contamos com você para engrenar mais essas vendas, guri.

– Obrigado pela confiança, Sr. Jorge. Vou fazer de tudo para melhorar o rendimento. Pode contar comigo.

Carlinhos logo emendou a fim de também mostrar-se agradecido.

– Deixa com a gente, Sr. Jorge. Vamos nos organizar certinho e dar assistência a todos os clientes. Temos duas secretárias e somos três na rua, vamos dar conta do recado.

– Confio em vocês, gurizada.

Durante a tarde pudemos desfrutar das belas paisagens das serras gaúcha e catarinense. Visitamos algumas lojas de produtos locais e voltamos com diversas iguarias para casa. Queijos coloniais, linguiças temperadas, doces, mel e outros tantos produtos da roça.

A noite já começava a cair quando aportamos na opaca Curitiba, que mais uma vez honrou sua fama de capital mais gelada do país. Por certo o ambiente cinzento afetara também o astral dos seus habitantes. Diferente da recepção em Caxias do Sul, desta vez precisamos conseguir um hotel e nos hospedamos por conta própria, sem a guarida dos industriais curitibanos.

No centro de Curitiba as loiras compridas e vistosas transitavam perfumadas por uma rua estreita lotada de bares. Num ambiente mais descolado paramos para apreciar as modas e brindamos por mais aquela viagem que fazíamos juntos. Ao longo de tantas, esta representava a minha busca por autonomia, independência e liberdade.

Sob o corriqueiro frio de uma manhã curitibana despertamos antes das sete da manhã, tomamos o café do hotel e, em menos de uma hora, chegamos à Araucária, onde a gerente Cristina nos aguardava na portaria da Gelomar.

Sua feição de afeto em minha direção lembrou-me da consideração que tinha por Serafim.

No trivial *tour* pela indústria, a anfitriã nos guiou pelo chão de fábrica e em seguida pelo administrativo da empresa. Enquanto matávamos um tempo no gelado galpão, Cristina nos avisou que o patrão Valcir só chegaria à tarde, para almoçarmos juntos no refeitório. Durante as horas que antecediam o encontro, uma dose de apreensão tomava conta de mim, a Gelomar era uma indústria de peso no mercado nacional e diversos representantes despertavam cobiça sobre ela. Era comum chegarem currículos aleatórios flertando com meu emprego.

Por volta das duas da tarde Cristina chamou-me em particular e informou que o patrão solicitou minha presença. Desta vez, Carlinhos recebera um veto, ainda que sutil.

– Valcir falou que é pra ele ir sozinho, Carlinhos. Vou mediar a reunião entre eles.

Como num teste de personalidade, seria jogado aos leões no meu batismo de empresário. Valcir era conhecido por sua malícia e sarcasmo nas brincadeiras durante os eventos que participávamos. Suas piadas quase sempre tinham uma alfinetada subliminar. O autêntico tiozão do pavê que chegara ao poder.

Sua sala era vasta e de um requinte extremo, com TV, DVD, frigobar e outros mimos do chefe velhaco. Após os cumprimentos formais e pouco papo, não titubeou e fora direto ao ponto.

– Você e seu pai eram sócios de uma empresa que trabalhou dez anos conosco. Queremos continuar com você, mas começando uma nova empresa, do zero. O cálculo de vocês é de R$ 110 mil, você abre outra Representação e faz novo contrato com a gente. Temos um terço desse valor a te oferecer."

Apesar de esperar qualquer negociação extorsiva vinda daquele senhor muquirana, com seu ar de superioridade, emparedou-me a fim de lucrar R$ 72 mil às minhas custas. O discurso motivacional de *coach* administrativo seria apenas para dourar o saque que faria a seis anos de trabalho meus. Durante sua ordinária proposta, o clima pesou de imediato e, por alguns segundos, maquinei a contraproposta, que deveria apresentar de bate pronto. Achava importante manter os empregos da Representação, mas, ao mesmo tempo, não admitia estar sendo lesado na cara dura. Com a mesma formalidade do velho achacador, franzi a testa e deferi-lhe um olhar pouco amistoso, mostrando-lhe que não estaria disposto a engolir o que me era imposto.

– Vamos fazer o seguinte. Cada um fica com 50%. Meio a meio.

Sovina e assediador, o avarento ancião ainda pediu uma tréplica, para tomar mais R$ 5 mil do meu suor.

– R$ 50 mil e não se fala mais nisso.

– Tá fechado.

Na recepção, Cristina elogiara minha atitude ao ver-me contrapor seu chefe. Afirmou que demonstrei personalidade e atitude diante daquela delicada negociação. Há mais de vinte anos vendendo sua força de trabalho à Gelomar, por certo tenha naturalizado os assédios trabalhistas aos quais o patrão submetia seus prestadores.

Ao deixar a Gelomar senti um misto de frustração e impotência, por perder parte da minha indenização e não ter forças para reagir àquele assalto. Ainda assim, retornava com a sensação de dever cumprido para o Rio.

Passava das quatro da tarde quando deixamos a cidade de Araucária rumo a Régis Bittencourt, depois de tantas reuniões e conversas formais, não via a hora de respirar de novo os ares de tranquilidade da estrada. Nos arredores de Registro a luz do dia não se fazia mais presente, com ainda mais seiscentos quilômetros pela frente. .

Com breves paradas para abastecer o tanque, suportei levar o carro até Resende, onde acabei por atingir meu limite. Meus olhos titubeavam e minha cabeça pedia descanso. No primeiro posto à vista, encostei num canto escuro e pus-me a tirar um breve cochilo. Carlinhos também estava adormecido e não tinha condições de assumir a direção.

Quase uma hora depois ganhei novo ânimo e toquei direto para Realengo, onde deixei meu companheiro por volta das três da matina. Ao chegar em casa, estiquei meu corpo sobre a cama e desmaiei profundamente, num autêntico sono dos justos.

O ano de 2009 findava-se como dos mais difíceis da minha vida, com trinta anos completos, pairava-me uma sensação de independência e solidão. Se por um lado, meu pai partira, minha mãe parecia também viver num outro plano, bem distante do mundo real.

Depois de golpeado por Manoela e seu desprezível vidente, perdia mais de R$ 70 mil surrupiados pelo maldito industrial usurpador.

Destino: Ilha Grande

O ano passara ligeiro e atribulado, com muitos afazeres e pouco lazer, e, para a viagem de férias, nada mais justo do que me libertar de toda aquela rotina de enfermidades, hospital e burocracia.

A canoagem ainda era uma das atividades que praticava com frequência, e a cada regata mais longa, mais vislumbrava novos percursos. Costumávamos remar vinte, por vezes trinta quilômetros num dia, o que considerávamos razoável para uma travessia pela costa. Zekinha era bom de cartografia e traçou uma rota instigante e um tanto desafiadora: alcançar a Ilha Grande.

Tanto ele quanto eu tínhamos total idolatria pela ilha, e, conquistá-la a remo, seria uma façanha das mais enriquecedoras para dois aspirantes a remadores. Segundo Zekinha, a travessia seria em torno de oitenta quilômetros, programados em três dias.

Em dias de mar mexido o barco demonstrava valentia e estabilidade, o que nos dava a sensação de segurança para sairmos a algumas milhas da costa. Nem mesmo a falta de coletes e de saias protetoras abalavam nosso otimismo. As mochilas estanques seriam penduradas nas duas extremidades e no meio do barco, e o restante amarrado por cima do casco.

Passadas as festas de final de ano e enfim estaríamos prontos para zarpar. Moisés e sua companheira Geice foram até o Rio curtir o réveillon comigo, fizemos um churrasco, mas procurei não passar do ponto, para no dia seguinte estar bem para a expedição.

As chuvas torrenciais de verão causaram enormes estragos na Costa Verde durante o final de ano, e tanto Angra, quanto a Ilha Grande, tiveram muitas casas soterradas por barreiras. Na praia do Bananal, uma encosta desabara e pôs abaixo duas pousadas, com alguns óbitos no lugar.

Passada a tempestade, chegara a bonança. Pelo menos para nós, remadores. Uma janela clássica de verão se abriu e indicou sol pelos próximos três dias, o que indicava nossa partida.

O sol ainda não havia despontado quando Moisés e eu saímos de casa, encontramos Zekinha na garagem de sua mãe e finalmente zarpamos. Entre o barco e tanta tralha Zekinha espremeu-se e acendeu o primeiro do dia.

Ao aportarmos na beira do Canal, Moisés nos acompanhou até a margem e voltou para minha casa, deixando meu carro seguro no prédio. Dali em diante nossa viagem seria a bordo de um transporte náutico e sem motor, como nos tempos remotos.

A ideia inicial seria aproveitar os três primeiros dias de mar flat e atravessar toda a Restinga da Marambaia, via Baía de Sepetiba. Ao conquistarmos a Ilha, decidiríamos qual rota interna poderíamos fazer.

Por entre os manguezais do Canal do Bacalhau navegamos seis quilômetros até a Baía de Sepetiba, nosso próximo cenário ser conquistado. Aproveitamos uma última grande galhada e escalamos o tronco mais grosso, a fim de esticarmos as costas, fumarmos uma planta e nos reforçarmos com algumas bananas. O primeiro trecho da Baía era todo margeado de lama e mangue, sem qualquer praia em nosso horizonte. Apesar de marinheiros de primeira viagem, sobrava vontade de remar e pisar em lugares pouco habitáveis.

Apesar do encher da maré, mantivemos distância das margens do mangue, a poluição frequente na Baía levou ao assoreamento das suas extremidades, e atolar num lugar como aquele poderia ser um tanto prejudicial ao futuro da expedição.

Por quase duas horas remamos numa só toada até finalmente atingirmos a primeira praia, de areia alva e inóspita. Sob a sombra de uma *risophora mangle,* fumamos um *beck* e arrematamos os sanduíches que haviam na mochila de mão. A vegetação de mangue já era parca e dava lugar a uma remota restinga, com algumas dunas e poucas árvores à beira-mar.

À tarde o vento leste começou a soprar com força, o mar ficou mexido e picado, por segurança passamos a remar a poucos metros da costa e encostamos algumas vezes para recarregar o corpo - e a mente.

Durante todo o dia deparamo-nos com apenas uma traineira no percurso, o entardecer na Marambaia era alaranjado e silencioso, sob o serenar do vento tudo se tornou a favor para uma ancoragem tranquila.

Pouco antes do anoitecer e avistamos enfim o trecho final daquela enorme Baía. O dia rendera bastante e o barco se comportou bem, com cerca de quarenta quilômetros navegados. À nossa frente, uma faixa de areia estreita invadia o mar por quase um quilômetro, e só assim pudemos entender aquele trecho que tanto nos intrigava no mapa, a bendita Ponta da Pombeba.

O mar sereno e a brisa fresca eram um convite ao ócio canábico, entretanto, depois do *beck* de boas-vindas precisamos fazer as funções em terra. Enquanto eu preparava o macarrão, Zekinha ajeitava o terreno e armava a barraca.

Na outra margem da Baía víamos ao longe os pontos de luz dos cargueiros repousados no porto da Ilha da Madeira, sem mais nenhum sinal de civilização. Depois de um dia dos mais intensos, embalei-me no saco de dormir com um sentimento de gratidão e euforia.

Para a rota do dia seguinte teríamos somente vinte quilômetros, onde faríamos o contorno da Ilha da Marambaia e teríamos como destino sua última praia, a oeste da ilha. O percurso estava todo mapeado no *Google Earth*, impresso e guardado a sete sacos por Zekinha. Não conhecíamos nada daquela região da costa, e qualquer praia aportada ou animal avistado era de extremo encantamento. A sensação de planar sobre as águas movidos apenas por nossos braços era profundamente prazerosa e libertadora. O único tempo a nos guiar seria a luz do sol, quando nos dizia a hora de encostar.

Na face leste da Ilha alguns escritos na costa diziam "AFASTE-SE – ÁREA PROIBIDA" e logo achamos por prudência remar à quase quinhentos metros dali. Grande parte da estrutura militar na Marambaia estava situada na ilha, dentre elas, uma vila de moradores e pousadas para os milicos de alta patente. A pouca receptividade dos escritos era um indício de que a vila estaria próxima, e, para evitarmos qualquer abordagem, remamos por fora sem dar chance ao azar. Ao longe, avistamos algumas edificações em tom acinzentado, além de uns minguados banhistas na praia.

A fim de deixarmos aquele campo minado, aceleramos as braçadas e quase uma hora depois nos deparamos com um visual silvestre e um tanto aconchegante. Duas remotas praias com uma água azul turquesa e translúcida nos fizeram um convite para repousar nas suas areias. A sensação de viajar pelo mar é um tanto intimista, autônoma e simplista. São poucas roupas, comidas e acessórios, quando vivemos alheios à economia do desejo. No oceano nenhum dinheiro passa a ter valor, apenas nossos corpos, alimentos básicos e a força da natureza. A conquista de pisarmos em terra firme seria maior que qualquer compra num *shopping center*.

Com certa desconfiança, resolvemos montar acampamento no início da noite, quando estaríamos camuflados das rondas militares. Era pouco mais de três da tarde e teríamos ainda bastante tempo a desfrutar daquele recanto intocado. Depois de um *beck* comemorativo, fomos até a costa fazer algumas fotos e filmagens. Da ponta de uma pedra passei minha câmera ao Zekinha e com algumas braçadas voltei nadando naquela privativa piscina.

Debaixo de um arbusto maior, escondemos o tanque e nos camuflamos para uma provável investida dos vigias do mar. Infelizmente, nossa previsão pessimista esteve certa e uma pequena lancha passou com um tripulante, a cerca de duzentos metros da praia. Para evitarmos surpresas desagradáveis, nos enfiamos para dentro da floresta e conseguimos fugir dos olhares atentos do milico guardião. O estômago forrado e o iglu montado nos diziam que mais um dia fora vencido. À espera do dia mais aguardado, acendemos o "boa noite" e fomos dormir com a cabeça na Ilha Grande.

Antes mesmo dos primeiros raios de luz, fui desperto com certa dose de ansiedade, apreciei o nascer do sol no horizonte e procurei deixar as coisas em ordem para organizar a partida. A água era escassa e menos de um litro restava na última garrafa, ao avistarmos uma senhora no meio da praia, logo imaginei que teria alguma água disponível no local.

A fim de garantir nossa hidratação, catei três garrafas vazias e deixei Zekinha alongando as costas, que lhe exigiam cuidados. De acordo com minhas expectativas, a senhora caiçara era moradora de uma vila acima e indicou-me uma bica no final do praia. Depois de dois dias imersos no oceano, fiquei eternamente grato ao desfrutar daquele precioso líquido bebível.

Saindo para a Ilha Grande

Zekinha e o tanque na Marambaia

O celular marcava 7h30 quando finalmente o tanque voltou à água. O vento parado e o mar liso eram um convite à navegação. Da ponta da Marambaia, miramos a face leste da ilha e remamos numa só toada, a fim de evitarmos a chegada do vento. Com duas horas percorridas, percebemos que metade da perna havia sido cumprida, sob um mar sereno e o vento parado. No meio do Canal aproveitamos para dar um breve mergulho e acender um *beck* previamente enrolado. Para a larica tínhamos à mão alguns amendoins, biscoito maisena e uns sachês amargos de aminoácidos que Zekinha levara.

Ao nos aproximarmos da terceira maior porção de terra em meio ao mar, embicamos a proa com destino ao sul e contornamos uma costa selvagem até o Farol dos Castelhanos. Num ritmo intenso, não paramos de remar por um só minuto, seguimos adiante em direção ao mar aberto, e, depois de quatro horas na água, finalmente estávamos próximos ao nosso destino. Da ponta leste cruzamos o costão em frente à ilha de Jorge Grego e com mais meia hora de remo vimos despontar a paradisíaca Lopes Mendes. Apesar da sua enseada azul um tanto convidativa, rumamos à diminuta e abrigada Caxadaço, poucos metros depois. Sem avistarmos a praia, localizamos ao longe duas grandes pedras sobrepostas e passarmos rente à elas, onde logo em seguida escondia-se a boca da enseada. Uma traineira se abrigava próxima à praia e ao nos aproximamos, fomos recebidos por um simpático pescador, que, como bom navegante, nos saudou de forma prestativa e um tanto solícita:

– Fala pessoal, tudo certo?

– Tudo beleza, agora estamos melhor nesse paraíso.

– Estão vindo de onde?

– Do Rio, mas no terceiro dia já.

– Minha nossa, como remaram, hein! Segurem esses peixes pra vocês.

– Opa, maravilha. Obrigado!

Não poderíamos ter melhor recepção do que os dois grandes Bonitos de presente. Ao nos aproximarmos da praia minha lombar suplicava por descanso, depois de mais de seis horas a bordo, enfim seria hora de relaxar a musculatura. Intocada e de singular beleza, não havia qualquer banhista na praia, onde teríamos mais uma hospedagem privativa. O primeiro objetivo estaria concluído e, motivados, já programávamos de alcançar novas rotas.

Depois de recolhermos alguns galhos, acendemos uma fogueira e lançamos nosso tira-gosto na brasa, enrolados em folhas de bananeiras.

À noite o silêncio na praia era quebrado apenas pelas pequenas marolas, que, num vai e vem uniforme, soavam-me como cantiga de ninar.

Quase numa rotina, despertei pouco depois do alvorecer e acendi o primeiro do dia, a fim de clarear as ideias e vislumbrar a próxima perna que teríamos pela frente. No pequeno riacho, bebi uma água natural e aproveitei para escovar os dentes. A vida ao ar livre é um tanto singela e fascinante.

Depois de um breve café, enchemos as garrafas e amarramos as mochilas para zarpar. O mar brando do Caxadaço estendeu-se para fora da sua enseada e voltamos a costear uma mata selvagem e inabitada. Algumas ondas mais fortes batiam contra os rochedos e seu refluxo voltava contra nós, o que trazia um balanço a mais ao tanque, mas nada que o fizesse engolir água.

Por quase três horas navegamos sem qualquer vestígio de embarcações, numa costa selvagem e inóspita, até finalmente avistarmos a linda enseada da Parnaioca. Seu recorte em forma de "U" refletia bem sobre a mansidão da praia, com duas paredes de rochedos nas extremidades capazes de dar um bom abrigo à ela. No rio do canto direito usamos sua pequena foz para encostarmos o barco, mergulhamos no bonito lago e esticamos nossos corpos, como num *spa* natural.

Depois de um considerável descanso, seguimos com destino à Reserva da Praia do Sul e em pouco mais de meia hora cruzamos até o ilhote, onde a foz do manguezal tinha boa profundidade para o tanque avançar. Em poucos minutos o cenário se alterou completamente, quando o mangue voltou a ser o palco da nossa navegação. Exuberante e intacto, a dificuldade de acesso levava poucas pessoas a incursionar no seu interior. Com boa desenvoltura, nossa embarcação abria novos caminhos, por vezes precisamos nos embrenhar por entre as galhadas onde só um barco pequeno e valente poderia encarar. Depois de dez minutos mangue adentro, finalmente alcançamos o seu maior tesouro: a Lagoa do Leste.

Empolgados e um tanto inocentes, pensamos em passar a noite naquele intocado lugar, contudo, suas margens hostis logo nos convenceram que não seria uma boa ideia. Ao circundarmos a lagoa, notamos todas as suas bordas enlameadas, completamente inacessíveis. As mutucas grudentas e os temerosos maruins também nos diziam que ali não seria o melhor lugar para pernoitar.

Depois de uma breve incursão pela lagoa, voltamos ao ilhote e seguimos a costear a face sul, onde logo avistamos a igrejinha do Aventureiro. Um bonito crepúsculo emoldurava o céu assim que aportamos em frente ao *camping* do Sr. Waldomiro. Depois de acomodarmos o material nas mochilas, arrastamos o tanque até o muro de uma casa onde mais uns seis caiaques repousavam.

Lagoa do Leste

Forrado o estômago com o carboidrato diário, tomamos uma ducha gelada e saímos para bebericar alguma coisa, onde também fizemos o balanço da viagem. A noite no Aventureiro era de poucos gatos pingados e raras meninas perdidas, o temporal e o desabamento causara uma grande dispersão de turistas. No vazio da boemia encontrei o camarada Raphael Magal, sujeito hilário e um tanto irreverente do Recreio, que conheci numa passagem pela Bahia. Ao saber da nossa expedição, Magal logo nos apresentou aos seus amigos e fez questão de comunicá-los sobre o nosso feito.

– Os caras vieram remando do Rio, meu irmão! Vocês são filhos do Amyr Klink, só pode!

– Hahaha, que nada, chegamos de boa. Remando algumas horas por dia, com paciência chega. Só lugar maneiro, a remada flui bem.

– Vocês são doidos.

A comparação ao Amyr era um tanto exagerada para aquela breve jornada, ainda assim senti uma dose de orgulho ao ser lembrado como um discípulo do maior explorador brasileiro do mundo náutico.

Para a pernada seguinte teríamos a rota mais temida da viagem, quando deixaríamos o sul da ilha e cruzaríamos a Ponta do Drago, destino à face oeste. Nos arredores do Drago, uma enorme laje de pedras formava uma barreira invisível e, ainda que submersa, deixava a área num verdadeiro liquidificador marinho. O local já fora palco de alguns naufrágios, e, em dias de mar bravio, um trecho praticamente intransponível.

Pouco depois das sete fui até a praia acender o estimulante cerebral e deparei-me com a tripulação dos caiaques vizinhos. Barcos oceânicos muito bem equipados com saias, bagageiros, remos reservas e todos os remadores de colete salva-vidas. Eram pelo menos seis barcos e uns dez remadores. Um guia parecia orientar o grupo e puxar o alongamento antes da partida. Ao notar nossos improvisos em relação àquelas embarcações, pude perceber o quanto ainda poderíamos melhorar no esporte.

Dessa vez não esperei Zekinha acordar por conta própria, voltei à barraca e fiz alguns barulhos capazes de despertá-lo da sua preguiça. Apesar de esboçar um resmungo e sacudir a cabeça, logo o comuniquei que seria hora de zarparmos.

O mar flat no Aventureiro indicava que teríamos uma boa regata pela frente, com a despensa parca fizemos um *cocktail* com leite, mel e um suplemento de sabor pouco agradável que Zekinha levou para nos nutrirmos. Mastigamos ainda alguns *cream-crackers* e carregamos uns amendoins para beliscarmos no caminho. A previsão era de aportarmos na Gruta do Acaiá e para o percurso de costa selvagem, não haveria qualquer ponto de parada.

Ainda antes das oito, conseguimos equipar o barco e lançá-lo à água, sem qualquer marola que atrapalhasse nossa saída. Em pouco mais de uma hora deixamos o Aventureiro para trás e nos deparamos com o temeroso Drago, com sua enorme face de pedra análoga ao réptil assoprador de fogo. A fim de evitarmos o embate com as ondas de contrafluxo, nos afastamos a trezentos metros da costa e escapamos também do redemoinho gerado pela laje submersa.

Numa só toada remamos com respeito àquela zona perigosa, que, para a nossa sorte, não esteve tão desafiadora. Menos de quinhentos metros a frente avistamos a Ilha dos Meros e optamos por seguir até ela, onde tentamos uma parada forçada. Selvagem e sem qualquer ponto de ancoragem, abrigamo-nos na encosta da ilha e fizemos um *pitstop* contemplativo, com um baseado a ampliar nossos horizontes. O lado oceânico da ilha havia sido superado, e, a partir dali, teríamos pela frente mares abrigados, com o condicionamento em dia e no tanque bem adaptados.

Depois de tantos dias absorto no oceano, o caiaque e os remos se tornaram extensões do meu corpo, inspirando-me um sentimento minimalista de pouco apego ao material.

Pouco mais de uma hora pela costa e finalmente avistamos os pneus do improvisado *deck* da Gruta do Acaiá. Distante de qualquer urbanização, Nego e sua família mantinham-se sob a energia do gerador, da pescaria e do turismo de baixa frequência. Uma grande rocha em formato de rampa permitiu que subíssemos sem abalar muito o casco do tanque, para depois o arrastarmos sem problemas. O anfitrião limpava o terreno quando nos viu subindo na sua pequena ladeira de rocha, aproximou-se de nós e logo nos saudou com seu jeito caiçara discreto, de poucas palavras, mas de grande hospitalidade e afeto.

"– Estão vindo da onde, rapaziada?"

– Hoje nós viemos do Aventureiro, mas estamos vindo do Rio. Tem quase uma semana viajando.

– Rapaz, já andaram bem.

– Isso, por hoje a gente quer dormir por aqui, pode ser?

– Pode sim, eu cobro R$ 10 por pessoa no *camping*, beleza?

– Tudo bem, vamos ficar então.

Durante toda a tarde nos divertimos no aprazível quintal do Nego, com alguns mergulhos, uma pescaria malsucedida e longa prosa com o anfitrião. Nego fez questão de nos dar uma dúzia de bananas e até lamentou-se por não ceder-nos uma linda garoupa recém-pescada. Com sua voz mansa e cordial disse ter um comprador para o peixe e faria um dinheirinho com ele.

No rancho de pesca encontramos um pequeno espaço para acomodar nosso iglu e nos dividimos entre redes, puçás, isopores e cabos. Depois do corriqueiro macarrão, descemos até a varanda do quintal e acendemos o derradeiro do dia. Sentados no costão, respiramos uma brisa leve e fresca, com ares de prazer e liberdade.

Ao despertar no rancho, voltei à varanda de vista privilegiada e agradeci internamente a oportunidade de estar vivenciando tantas experiências enriquecedoras. A canoagem me dava a possibilidade de conhecer novas pessoas e culturas, em lugares que dificilmente conseguiria alcançar de outra maneira.

O sol das nove já era capaz de iluminar a fenda da Gruta e, antes de zarparmos, incineramos um cigarro no seu peculiar salão rochoso.

No interior da gruta

Quintal do Nego

A perna do dia consistia em apenas vinte quilômetros até a Lagoa Azul, com o tanque vazio acabamos por negligenciar um pouco a questão do tempo e só deixamos o quintal de Nego depois das dez, quando um vento fraco já soprava no oceano.

Ao deixarmos a gruta contornamos o costão e passamos a navegar na face norte da ilha, já de frente para o continente. Em pouco mais uma hora cruzamos a praia Vermelha, avançamos pela enorme enseada de Araçatiba e encostamos na cristalina Lagoa Verde. Uma pequena calheta abrigada pela Ilha Longa resguardava no seu fundo raros corais verdes que davam um tom esverdeado ao oceano. A vasta mata atlântica nas suas bordas também contribuía com o reflexo na água, transformando-a num procurado point de embarcações

Ao sairmos da lagoa, nos deparamos com um vento leste um tanto indigesto, trazendo uma sequência de marolas desconexas que quebravam de todos os lados, exigindo bastante do nosso tanque de guerra. Apesar de perder seu bom desempenho, compensara com tamanha estabilidade. Em poucos minutos atravessamos a pequena baía da praia Longa, e, depois de um costão selvagem, atingimos a enseada do Sítio Forte. Ao longe cruzamos por diversas praias, até nos depararmos com uma camada larga e espessa de barro que tomara grande parte do morro. Sob seus escombros, algumas vidas e diversas casas perdidas.

Em respeito à tragédia, preferimos não nos aproximar e contornamos por fora, de onde ainda vimos bombeiros e voluntários em busca do que restara.

Apesar do trecho não muito longo, o vento seguia a minar nossas forças e o barco já bebia alguns goles d'água pelos *cockpits*.

Ao entrarmos na grande enseada da Lagoa Azul, logo notamos a sua calmaria e o mar mais cristalino. A noite já começava a cair, e, nas margens, não localizamos nenhuma praia deserta para pernoitarmos, seguimos por entre a estreita passagem do Furado e acessamos o outro lado da Lagoa, já não tão manso quando esperávamos. As ondas de leste batiam com força contra o barco e atingiam os *cockpits* sem parcimônia, o que nos fez ligar o alerta para logo encontrarmos terra firme.

Diante de uma larga enseada, olhamos para todas as bordas e identificamos apenas uma praia, de areia estreita e diminuta, repleta de materiais trazidos pela corrente. O terreno não era o melhor esperado, mas ainda assim remamos na sua direção e fomos fazer o reconhecimento do lugar.

A beira da praia era inclinada e quase inabitável, tamanha a quantidade de vestígios de madeira e folhagens. Haveria também o risco da maré encher e inundar o iglu. Zekinha tomou a frente da incursão e se enfiou por entre os bambuzais, do outro lado, logo tratou de me tranquilizar informando que havíamos encontrado o lugar.

– Tem um terreno bom aqui atrás. Chega aqui.

Ao conferir a área vi que era o suficiente para estendermos a barraca e até guardarmos o caiaque ao lado. Precisávamos ainda tirar muitos galhos e folhagens, mas enfim estaria garantido o pernoite. Sob um vento forte procuramos acelerar no desembarque e de uma só vez carregamos todas as tralhas, para depois empurrarmos o barco. Enquanto limpávamos o terreno, logo veio a ideia de queimarmos todo aquele material de alta combustão.

Com o iglu montado, Zekinha começou a preparar o rango e eu fui para a fogueira, com a qual teríamos luz, calor e proteção contra os insetos. Com a fome saciada sentamos próximos à fogueira e acendemos o digestivo, num momento sublime em meio ao nada.

De uma praia hostil a transformamos numa aconchegante hospedagem, sob as sombras dos bambuzais e com uma bela fogueira no quintal. A fim de limparmos de vez o terreno, recolhemos todos os galhos ao redor e até alguns troncos mais largos. Empolgado e inquieto, fui até a praia e voltei com mais duas madeiras pesadas, prontas para se transformarem em brasa. Em poucos minutos a labareda foi ganhando força e ultrapassou todos os limites do esperado. Nossa sala de estar ficou completamente iluminada por aquela enorme chama, até Zekinha demonstrar boa dose de preocupação quando ela ultrapassou sua cabeça. Pensar a vida e prosear sob o queimar da lenha remete a mim um tom saudosista, longe das teclas e telas multicoloridas.

Zekinha já se preparava para dormir e eu fiz questão de curtir mais um pouco daquele recanto acolhedor.

Depois de um breve mergulho, deixamos os arredores da Lagoa Azul rumo ao Abraão. Para o derradeiro dia já não tínhamos nenhuma pressa, optamos por algumas paradas no caminho e até degustamos um PF de filé de peixe, numa praia infestada de turistas. Nesse último trecho já encontramos uma maior circulação de lanchas e barcos de passeio, onde a música nas alturas e a tripulação ébria era parte do cenário. A bordo do tanque, não tínhamos nada daquilo, mas sentia-me num valoroso barco que fora capaz de nos levar a percorrer toda a ilha, sem motor ou grandes acessórios.

Ao aportarmos no Abraão, Zekinha acionou seu amigo Waldeck e conseguimos um canto para dormir. Depois de um bom banho e uma prosa sobre a viagem, descemos até um bar na praia a fim de fazermos um brinde pela chegada.

Nossa inexperiência e destemor foram contemplados com sete dias de solina e mar brando. A resenha da noite tinha um tom de conquista e de despedida, precisávamos deixar a ilha no dia seguinte e o combinado de levarmos o tanque na barca não era bem digerido por nós, pois daria muito trabalho e teria um relevante custo. Num certo teor etílico, Zekinha propôs-me de remarmos até Conceição de Jacareí, e, de lá, tomarmos o rumo do Rio. A fim de desfrutar de mais um dia no mar, logo confirmei que poderia contar comigo, pois fecharíamos toda a jornada movidos pela força dos nossos braços.

Em mais um dia de displicência, deixamos o Abraão depois das onze e encaramos o vento leste com força no canal, ainda assim não fora capaz de superar a força do tanque e, pouco mais de quatro horas depois, enfim pousarmos em terra firme.

O sol ainda reluzia e a praia era repleta de banhistas, precisamos driblar alguns deles para chegar com o tanque no calçadão até encontrarmos um lugar para abrigá-lo por alguns dias. Zekinha teve a mirabolante ideia de acionar Marcelinho para comunicar nossa chegada e, com poucos segundos de prosa, meu companheiro remador logo sensibilizou o interlocutor a vir nos buscar de carro. Percebi que a confirmação não se dera à tona, mas logo Zekinha abriu um sorriso e agradeceu a carona, apesar de relutante.

Não demorou muito e Marcelinho chegou esbanjando receptividade. Com seu jeito moleque nos saudou pela conquista e apresentou um cigarro de porte, ligou o ar do seu carango e nos deixou à vontade para a nossa contação de histórias.

Depois de uma semana à base de macarrão e sachês de aminoácidos amargos, de volta ao Rio paramos para comemorar num apetitoso rodízio de comida japonesa, com direito a camarões, lagostinhas, polvo e lula grelhados. Jamais poderia esperar por tanto, vivia tudo melhor que o esperado.

Eu e Zekinha no pico do Sundaru

Aqui se fala, aqui se paga

Aos trancos e barrancos seguia tocando a vida, readaptei a empresa e meu foco passou a ser finalizar o curso de Jornalismo.

Enquanto minha rotina profissional e estudantil ganhava uma repaginada, meu lado pessoal também passaria por novas tendências. Todavia, nem tão positivas. Manoela e seu marido golpista não se contentaram em usurpar metade do meu apartamento e decidiram fazer um inventário na surdina, de tudo que meu pai deixara. Apesar de não visitar minha avó por mais de cinco anos, fazia-a de pombo-correio e pelo telefone costumava mandar recados para mim, geralmente propostas indecorosas e um tanto absurdas.

Contudo, esta última teria um sentimento de perda de todo um trabalho, de uma vida. Uma facada no meu futuro. O casal de trambiqueiros perdeu de vez o pudor e assumiu sua posição de usurpadores contumazes. Depois de perder a maior parte da minha indenização para o velho achacador, o casal de advogados tentava afanar metade das minhas conquistas conseguidas com Serafim.

Com uma narrativa um tanto mirabolante, Manoela afirmara que tentou me ajudar ao ficar apenas com o apartamento, mas em alguns e-mails trocados, estive muito rebelde e ela resolvera reivindicar todos os seus direitos. Simples assim. Tudo que construí com meu pai durante dez anos seria apossado pelos dois doutores larápios.

Passados alguns meses e sessões de manipulações do seu marido-guru, Manoela deixara de ser a pessoa sensata da reunião no restaurante e voltara com força na construção de uma narrativa que lhe fosse satisfatória. Convencida por seu tutor espiritual, seria capaz de qualquer descalabro, com o ar inflamado e bancando a superior moral.

Com a sensação de impotência diante de mais aquela ladroagem, passava por uma fase de difíceis soluções a serem encontradas. Com tantos compromissos e estresse, engordei como nunca, acrescendo quase dez quilos à minha baixa estatura.

Diante dos novos imbróglios familiares, Rosa Maria voltava a me ligar, mas dessa vez não seria para uma reaproximação, como de outrora.

Com ligações nada amistosas a matriarca passou a me acordar às oito da manhã, com falas típicas de quem teve um encontro com o tinhoso. Questionava minha vida profissional, amorosa e familiar, afirmando que eu seria um fracassado em todas elas. Insistia que eu era de fato a ovelha negra, e eles, o lado bom da força. Custava acreditar que, depois de tantas perdas e traições sofridas por mim, eles ainda teriam a audácia de desvirtuar toda a verdade, sob a influência de algumas sessões de dominação espiritual. A verdade não estaria nos fatos, mas de onde ela absorvia conforto.

Meus ouvidos ofendiam-se diante de tanta heresia. Àquela altura, Rosa Maria vendera seu apartamento no Méier e morava de aluguel na Barra, próxima ao casal aproveitador. Isolara-se de vez das pessoas próximas ou de alguma opinião alheia, para viver exclusivamente o seu mundo paralelo do terreiro.

Não teria mais bens para eu herdar e sabe-se lá o que fizera com o dinheiro da venda. Sua solidão parecia afetar também sua cognição, e proferia sem filtro as maiores sandices que um filho poderia escutar de uma mãe.

A fim de provar a sua submissão insana a um pai de santo, comprei um gravador digital para enfim reunir provas contra o charlatão. Isolar suas duas cordeiras do mapa também fazia parte do plano do sujeito, para que assim a sua narrativa fosse única e soberana. À distância, encontrei no gravador a única forma de provar as submissões às quais Rosa Maria estaria sendo subjugada.

Impressionava-me a forma como acordava destemperada, e, entre devaneios e ofensas aleatórias, ela começava sua saga em abrir o bico para o meu gravador, afirmando aquela submissão que ultrapassava uma década.

– Você acha que é bonito isso, você ofender uma mãe que só vive aqui em prol de tentar te ajudar? Você acha que isto é coisa de gente de bem?! E a babaca está aqui mesmo assim ligando pra você e tentando fazer de você um homem! Coisa que já estou fazendo há tantos anos! Mas você vai ter que se virar sozinho, meu filho! Aprende a ser homem!

A ajuda que ela se referia acontecia exatamente no terreiro do pilantra, meu principal algoz. Como autêntica dona da verdade, seguia com sua metralhadora giratória:

"– Vamos inverter os planos, porque comparando entre eu e você, sou infinitamente melhor a você! E olha, te ensinei a ser melhor, você não aprende, o problema é seu! Você não é homem com "h" maiúsculo porque você não quis. Pois eu trabalhava, seu pai trabalhava e a Manoela trabalha!"

Durante aqueles longos anos de afastamento, o vagabundo pseudovidente alimentara o discurso de me criminalizar, e, naquele estado de transe, jamais seria capaz de processar a verdade. Com trinta e um anos, tinha dezessete de bagagem profissional.

A fim de recordá-la sobre algumas ligações recentes, quando não portava o gravador, tratei de confrontá-la e dar-lhe alguns cutucões, a fim de arrancar o máximo de provas contra si.

– Quer dizer então que eu tentei te matar, matar o marido da minha irmã e matei o meu pai? Esta pessoa que eu sou?

– Ué, mas foi verdade! Do jeito que você gritava aqui comigo, se você não saísse daqui, um dia eu iria morrer! Por isso eu disse que você era um demônio, e é mesmo. E você nega! Eu não nego que fui matar a minha mãe! Eu tenho mágoas da minha mãe, mas mando flores para ela, dou parabéns, vou ao aniversário dela... Olha o tratamento que eu dou a minha mãe e o tratamento que você me dá?! Você sabe como eu fui atormentada a vida inteira?!

– Então você assume que foi matar a sua mãe, dentro da igreja?

"– Ué e eu neguei isto! Quantas vezes eu neguei isto?! Eu assumo! Eu falei, sim! E daí?! Você não assume o que você faz! O problema é meu! Você tem uma mente doente! Você é imaturo ao extremo. O que você tem com isto?!"

– Ano passado você falou que ia matar ela de novo?

– Ah, você conhece a minha infância, conhece a minha vida? O que quero agora é que ela dê paz para as minhas orelhas. Não vem com esta palhaçada! Não adianta que não vai me esculachar com isto, pois eu tenho a minha consciência tranquila. Você finge que gosta da sua avó só porque você quer manter algum vínculo com a família. Assim como ela finge que gosta de você. Você não gosta de ninguém! Você só gosta de você. Você se acha o gostosão.

As ligações quase sempre não duravam mais do que dois minutos, e depois dela proferir todos os absurdos desligava imediatamente, a fim de não escutar minha réplica. Já com o andamento do original deste livro, passei a dar corda e provocá-la com frases curtas e diretas, para que ela alimentasse ainda mais este capítulo.

– Falou também que ia mandar alguém me matar, né?

– Falei! Se você falar de novo em pai de santo, eu pego um matador e mando aí na sua casa! Isto é uma falta de respeito, falta de consideração! Porque eu tenho pai de santo, mas tenho Deus no coração.

Achava impressionante como podia falar em Deus e ao mesmo tempo num matador para ceifar minha vida. Santa heresia! Ao questionar suas incoerências, não encontrava respostas e costumava sair pela tangente. A professora de outrora perdera de vez a razão e o pudor.

– Ninguém gosta de você! Ninguém te aguenta! Você tá precisando de ajuda! Você é doente! Quem tá precisando de cura é você! Não vem me esculachar não, por que não tem moral pra isso! Tenho minha consciência tranquila. Tenho sessenta anos e, se morresse amanhã, poderia morrer tranquila".

Impressionava-me como Rosa Maria perdera por total sua identidade, suas falas não demonstravam qualquer conexão com a realidade, e logo as ligações tornaram-se cada dia mais tóxicas e esclarecedoras. Por mais que não me fizessem bem, fazia questão de provocá-la a cada dia, para que seguisse a tagarelar.

– Vai ficar me ligando todos os dias?

– Vou. Tentando te abrir os olhos, pra você não continuar sendo um cara fracassado e animal! Para ver se você evolui na vida! Você não se digna ao menos a vir me desejar um feliz Natal, aniversário ou qualquer coisa que seja! Com eles (filha e genro), eu tenho uma família, com você eu não tenho! Eles querem te ajudar, você se recusa!

– E o pai de santo também faz parte da sua família?

– Faz, com certeza. Devo tudo a ele! Você viu que ele tem poder, né! (irônica, mencionando o inventário que o vagabundo fez).

– E ele tem poder na sua vida?

– Na minha e na sua também. Brinca com ele? Você brincou com o pai de santo, ele mostrou a você quem tem poder. Brincou com ele, dançou!

– Ele ou o advogado 171? Pai de santo ou advogado?

– Você debochou dos dois. Ficou me sacaneando o tempo inteiro por causa do pai de santo. E ele mostrou, como em toda a vida, quem tem poder!

– Mas eles estavam me extorquindo!

– Eu sei que estavam. Eu sei de toda a história. Estavam te ajudando. Você não quis, se ferrou. Bem feito. E eles ainda foram justos, hein! Estavam sendo pais para você! Ainda achou que era pouco? Você não fez nada pelo seu pai! Eles fizeram mais do que você! Você achava que fazia tudo pra ele, acabando com seu namoro, atormentando a sua vida. Só estava satisfeito com o dinheiro dele. Tá pensando que eu não sei que você levava vida de *playboy* aí sustentado pelo Serafim. Eu sei de tudo, meu filho, e você não ficava satisfeito!

A sua telepatia e bola de cristal atendiam por um só nome: Pai Joaquim. E quanto mais o clima esquentava, mais eu queria ver a discípula do tinhoso baforando as suas chamas.

– Como você sabe de tudo assim da minha vida?

– Ué, você não diz que eu tenho pai de santo?! Então pronto! Você precisa ainda saber mais? Você se comporta como um animal e quer o quê? Que as pessoas rendam homenagens a você? Você não é gente! Você está tendo o que você merece! Olha, esta vida é assim: quem planta, colhe! Você não sabia disto não?!

– Se ele é 171, você o que é? É um vagabundo, fracassado, aproveitador do seu pai... Com trinta anos na cara, continua sem gostar de trabalhar. Há treze anos que eu sei qual é a tua, você não me engana! Tá cansado de saber que eu sei da sua vida! Sei quem é a pessoa que você é! Você vive para atormentar a família, despreza a sua mãe, envia mensagens para sua irmã, tortura o seu pai... Você não se cansa da boa vida não? Tem que se ferrar cada vez mais! E vai se ferrar! Você sabe por que você está ferrado, não sabe? Enquanto você não respeitar o pai de santo, vai continuar sendo este medíocre e fracassado. Você não serve para nada. Se eu fosse você, eu teria vergonha de existir.

– Sou assim porque minha família tirou tudo que era meu!

– Claro, você não presta! Você só faz mal aos outros! Deus queira que um dia você não precise de mim e me procure, tá. Vai ser a maior humilhação da sua vida! Você faz mal a todo mundo e diz que os outros é que te fazem mal! Um filho cuja mãe vem há mais de dez anos tentando melhorar a sua vida e não procura a mãe! Você quer o quê?

– Melhorar como? Dizendo que matei meu pai, etc... Você não faz falta nenhuma pra mim. Sumiu da minha vida há treze anos e ainda tomaram tudo o que era meu!

Aos gritos, sem qualquer escrúpulo e em total descontrole, emendou:

– E é mesmo! Mantenho tudo de ruim que falei de você. Mantenho! Seu filho da puta! Para de falar isso de mim! Ordinário! Mau caráter! Vagabundo! Você é uma das piores pessoas que conheci na minha vida! E olha, eles deveriam tomar mais ainda! Olha, neste momento eu ia te dar tanta porrada, mas tanta porrada, que ia te aleijar! Eu ia te mandar pro hospital, seu ordinário! Essa vida dá muitas voltas, hein! Você pede a Deus para não precisar de mim!

– Eu não admiti você passar a semana inteira num terreiro de macumba e depois me abandonar!

– Não cospe pro alto não! Eu já vi muita coisa na minha vida! Pode me esculachar! Reza muito para você não precisar do meu pai de santo, hein! Olha bem o que tô te falando: reza muito pra Deus para você não precisar de mim e nem dele!

– Eu nunca vou precisar de um pai de santo na minha vida!

– E o futuro? Você pode responder pelo futuro?! Estou morrendo de medo de você! Estou tremendo aqui. Não sou como seu pai que tinha medo de você, eu não! Faz o que você achar que deve fazer. Olha, não sou teu pai que tinha medo de você, como a sua avó também...

– Eu não tenho medo de você não, porque eu tenho pai de santo do meu lado. Pronto, agora eu falei! Não era isto que você queria ouvir! É isto que você ouve! Era isto que faltava agora! Você deveria ter vergonha de ter falado isso pra mim, filho da puta! Você está me ameaçando, experimenta! Eu sou protegida, meu filho! Ele tem poder, se você quer saber, tá! Cria juízo nesta cabeça, vai trabalhar e deixa de ser um fracassado profissional! E como ser humano!"

– Mas foi você que me trocou por um pai de santo!

– E troquei mesmo! Tá com ciuminho, o nenenzinho?! Sabe lá se o pai de santo estava te ajudando e te dando tanto apoio?! Seu miserável, fracassado total! Eu não gosto de você! Eu te detesto! Você vai pagar! Você a partir de hoje não tem mais mãe! Nem pense em me procurar, hein! Eu quero que você morra com a boca cheia de formiga na linha do trem! Você precisa de uma cadeira elétrica! Seu bandido! E praga de mãe não falha! Você vai pagar! Eu não gosto de você! E ainda vou estar aqui para ver o seu fracasso!

Jamais havia visto alguém expelir tanto ódio pela boca, não havia motivos, provas ou qualquer atitude que justificasse aquilo. Apenas a influência maligna do charlatão psicopata. Seu desequilíbrio era evidente, cheguei a propô-la de irmos a um psicólogo, mas ela logo rechaçou a ideia e disse já ter o seu, a entidade. Suas afirmações eram infundadas e ainda assim imponentes e autoritárias. Seu mensageiro procurava emponderá-la para que não houvesse dúvidas quanto à veracidade dos seus préstimos espirituais.

Depois de usar a matriarca como cobaia do meu gravador, voltei minhas forças à mais nova, que detinha um inventário um tanto ardiloso debaixo do braço.

– Oi, Manoela, depois desse inventário na surdina que você fez, vamos negociar pra eu ficar com todos os bens?!

– Não sou eu que tô precisando de você não, você que tá precisando de mim! Não sei se lembra disso! Abaixa a bola e me trate como eu quiser! Trate-me muito bem pra eu fazer aquilo que você quer! (abrir mão do inventário). Eu quero ver a sua humildade! Se meu pai não conseguiu te fazer gente, minha mãe não conseguiu te fazer gente e minha avó não conseguiu te fazer gente, neste momento você vai ter que ser gente! Se ninguém conseguiu te educar até hoje, eu vou te educar... Ou então você não vai conseguir o que você quer! Aprende a ser humilde!

O tal inventário passara a ser o trunfo para a sua chantagem, ao exibir sua empáfia com orgulho demonstrava bem a ausência de caráter que lhe era comum. Não satisfeita, desandou a manifestar suas certezas baseadas no nada.

– A vida toda você tratou meu pai mal igual cachorro, quem é você para dizer algo sobre mim. Afinal, mais vale não cuidar do que maltratar!

– Não é você que afirmava conquistar todos os seus bens por conta própria?

– Gosto mesmo de conquistar os meus bens, mas assim, de graça serão muito melhores. Sem esforço nenhum, então, melhor ainda! Tenho o meu apartamento aqui, estou pagando por ele, mas enquanto não tenho condições de comprar outro, receber a metade de um de graça é muito bom, né!

Não bastava extorquir-me durante a vida toda, distante da minha fúria, ela sentia-se segura para roubar e rir da minha cara, quando pelo telefone poderia exalar toda sua canalhice.

As adivinhações pareciam nortear todas as falas que vinham das duas cordeiras, ficava cada vez mais clara a participação do guru no plano diabólico de enriquecimento voraz do casal 171. Após algumas alfinetadas, ela logo tratou de atestar as minhas suspeitas.

– Queria você ter o privilégio de conviver com um pai de santo! Eu tenho a sensação de que Deus apontou pra mim e disse: você foi a escolhida! Já para você, Deus apontou e disse: você vai ser um largado, você vai ser um imbecil! Eu agradeço todos os dias a Deus por ser a escolhida pra ficar do lado dele. Não é qualquer um que tem esse privilégio não, Bruno! Queria você ter o privilégio de conviver com alguém como ele!

E a doutora muquirana seguia a soltar a língua para o meu gravador, desancando a atingir-me com sua principal arma, o inventário.

– Eu tomei uma atitude muito séria agora! Eu não quero mais nada com você! Eu vou tocar o inventário agora! Eu tô cansada! Olha só, eu abri mão de tudo para você e você fica me pressionando, mandando mensagens, me xinga, etc... Você tem que aprender que as coisas não são como você quer! Eu não me dou contigo, você é ruim pra cacete pra mim, bota a mão na consciência, acabou! Acabou! Não se fala mais em inventário agora!

Alguns meses depois deste martírio com minhas interlocutoras, avó Julieta ficara sabendo de mais este imbróglio e passou a reivindicar por mim junto à sua neta. Apesar de toda sua serenidade, esboçava um tom de revolta quando conversávamos sobre mais aquele golpe que estava sofrendo.

– Agora você vê a Manoela, já tem casa, casa de praia, teve tudo nosso aqui e ainda quer o que você comprou com seu pai.

– Pois é vó, ela só pensa em dinheiro, está cagando e andando pra mim e pra você.

– Eu sei, Bruno, mas se puder vou tentar te ajudar a conseguir isso.

Enquanto estivemos trocando e-mails sem atritos, Manoela propôs que lhe desse R$ 35 mil para abrir mão do inventário, mas logo voltou atrás e numa das ligações ratificou sua decisão cafajeste. Contudo, a vozinha era persistente e seguiu em alguns contatos esporádicos, a fim de tentar sensibilizá-la a meu favor.

Passados alguns meses e uma ligação da avó Julieta trazia certo ar de ansiedade, dizendo precisar falar comigo pessoalmente, para passar na sua casa assim que pudesse.

Depois de um dia de trabalho em Campo Grande, saí da Zona Oeste e aportei na sua casa mais de sete da noite, quando me esperava com um caldo verde recém-feito. Sentados à mesa, avó Julieta não esperou nem dois minutos para enfim desembuchar o que lhe estava engasgado.

– Bruno, a Manoela quer conversar com você.

– Conversar, o quê?!

– Ela quer desistir desse negócio de inventário, pra você negociar com ela. Ela está com câncer no seio, Bruno.

Eita, mulher nova já com câncer... Deve ter sido os males todos que andou fazendo por aí, tenham voltado a ela. Pensei eu.

– Sua mãe também voltou a apresentar uns nódulos nas costas, parece...

– Caramba, que castigo! As duas vivendo o mesmo drama.

– Mas elas estão fazendo tratamento, Bruno... Não estão mal não.

– Ah, beleza. Para quem dizia estar super protegida com pai de santo, não sei se anda funcionando muito bem não...

– Para com isso, Bruno. Você não esquece disso...

Acometida pelo câncer, Manoela parecia demonstrar um pingo de bom senso para enfim abster-se de levar o inventário adiante. Talvez tenha repensado a vida, e sua prioridade se tornara o lucro imediato.

Por alguns meses trocamos e-mails pouco amistosos, seu histórico de desvios de conduta não me permitia ter qualquer confiança nos seus escritos. A fim de me precaver, procurei um advogado imobiliário que pudesse me auxiliar no tal inventário extrajudicial.

Quando não conseguirem te manipular, vão tentar manipular os outros para que tratem você como o mal a ser combatido.

Judicialização da vida

As ligações macabras de Rosa Maria trouxeram-me uma desestabilidade que dificilmente eu externava. A maconha era como um apaziguador aos meus neurônios, um tanto atribulados. Fumava baseado durante a manhã, tarde e noite. Os esportes já não faziam parte da minha rotina e a ansiedade começou a me instabilizar.

Certo dia, despertei sob mais uma ligação sua e não digeri bem aqueles desaforos, novamente enlevando seu guru e com ameaças a mim. A sensação de impotência não me era bem aceita, não suportava a ideia de estar nas mãos da mais nova e todo dia ser ofendido pela mais velha. Como num dia de fúria, almocei em casa e parti ao encalço de quem seria o responsável por aquelas covardias.

Numa viagem à Bahia com Fred, encontramos um porrete no estilo *baseball* e pensei que com ele poderia resolver os meus problemas. Costumava deixar no carro para uma proteção qualquer e, no meu plano de vingança, ele seria um tanto necessário.

A tarde era amena e meu sangue fervia quando deixei o Recreio em direção à Zona Norte, rumo ao consultório do doutor trambiqueiro. Era um dia sem expediente e ele não estaria presente, assim como suas seguidoras.

Estacionei o carro alguns metros antes e me encaminhei ao portão principal, onde um cachorrinho branco latia sem parar, tentando-me fazer desistir do meu plano vingativo. Claudicante, cheguei a dar meia-volta com receio daqueles latidos chamarem atenção de alguém. No andar de cima morava uma família bem próxima ao vagabundo, contudo, estava determinado a efetuar uma ofensiva àquele desprezível sujeito. Voltei ao portão e num só impulso galguei o primeiro obstáculo, direto ao maligno cubículo onde costumava aplicar sua lavagem cerebral. Estava num estado de euforia e de destempero, não sabia bem como começar o estrago, cheguei no ambiente escuro e pouco identificava as imagens dos santos. Minha intenção era quebrar um por um e, logo em seguida, dar um pinote até o carro.

Estava prestes a começar meu serviço sujo quando a moradora do andar de cima surge numa escada no quintal, sob alerta com o esperneio do cão. Pelo basculante, olhei-a sob espreita e procurei esconder-me, com certo medo de ser flagrado. Ao voltar para casa, pensei duas vezes e resolvi desistir da ideia, com pessoas por perto poderia ser pego em flagrante por intolerância religiosa. Intolerância esta, às avessas, pois a religião fora exatamente a responsável por dizimar o cara profano do mapa do dinheiro.

Com a cabeça quente, fui para a faculdade desopilar com Léo e os amigos da fachada. Entre tantos desabafos, o brother já conhecia meus conflitos familiares e, mais uma vez, fora um ouvinte acolhedor e bom companheiro de copo. A resenha andou animada e sequer entrei em aula, sorvendo quase uma dezena de latas ao longo da noite. Era uma véspera de feriado e, ao voltar para casa, resolvi pegar a Av. Brasil, a fim de escapar do trânsito da Zona Sul. A caminho da Linha Amarela o trânsito era claudicante, a Av. Brasil estava congestionada e os carros num ritmo de anda e para. Durante longos minutos minha velocidade não passou de 40 km/h, mantinha-me na pista da esquerda em franca aceleração quando os dois carros a frente desviaram num piscar de olhos, diante de um inesperado busão que se agigantou à nossa frente. Estagnado na pista, não esbocei reflexo suficiente para me livrar daquele grande enrosco, e... powwww!

O estrago estava feito. Por pouco, não perdi a vida.

Sem triângulo, folhagens ou alguém para sinalizar a presença daquele enorme obstáculo, não fora só meu estado etílico o culpado. As leis de trânsito diriam que o sujeito também errou. Errou feio. Uma simbiose quase fatal.

Numa manobra arrojada com o pouco reflexo que mantinha, consegui ainda girar o volante à esquerda e salvei minha cabeça diante daquele para-choque monstruoso. Apesar da ausência do cinto de segurança, ganhei apenas um calombo e um corte na testa, após bater contra o para-sol. Já minha estimada *pick-up* fora completamente devastada, sob a carcaça do gigante irresponsável empacado no meio da Brasil. Com as pernas trêmulas e a cabeça a mil, entrei no ônibus e deparei-me com o motorista ainda sonolento, recém-acordado com a pancada.

– Você é maluco, cara! Como é que você para nessa pista sem nenhuma sinalização, sem nada?!

– Pô, cara, eu já estou há mais de duas horas pedindo reboque, ninguém veio até agora! Não aguentei mais ficar tanto tempo na pista não.

– Porra, meu irmão, você não sinalizou com nada, quase morri por causa disso!

– Estou sem triângulo, não podia fazer muita coisa aqui no meio da pista. Não chegou ajuda até agora.

– Puta que pariu!!

Ao voltar para a cena do acidente, alguns motoristas desceram do carro e perguntaram se precisava de ajuda. Os bombeiros e a polícia também chegaram em seguida, e, ao se depararem com aquele carro destruído, logo procuraram pelo motorista vitimado.

– Cadê a pessoa do carro, onde está?

– Sou eu, estou aqui.

– Rapaz, você está inteiro, inteirinho... Depois de uma batida dessa, pode agradecer por ter nascido de novo.

– Eu sei, foi séria mesmo. Sorte que eu consegui desviar e tirar o meu lado.

– Pois é, se tivesse um carona não estaria aqui pra contar história.

– Verdade.

Para a minha sorte, as autoridades policiais não perceberam meu hálito etílico, e, depois daquela injeção de adrenalina, já não tinha nenhum sinal de embriaguez. Ainda permaneci no lugar por mais uma hora até resolver todo o trâmite burocrático, e, após a chegada do reboque, peguei uma carona até Madureira e terminei meu dia de fúria com mais dois ônibus para casa. Minha instabilidade emocional quase me custara a vida.

No dia seguinte o reboque deixou o que sobrou do carro na concessionária, até que fosse autorizado o pagamento do seguro. Durante a primeira semana utilizei o carro reserva e aguardei a resposta da avaliação, seguida do pagamento indenizatório. Naquele estado de calamidade, a perda total seria o único veredicto a ser dado. Depois de expirado o prazo do carro reserva, o que me salvou foi o *Peugeotzinho* empoeirado da Serafim, que guardava na garagem.

Passados vinte dias do acidente, passei a ligar diariamente à Seguradora, sem nenhuma resposta concreta. Enchiam-me de desculpas vazias e sem uma data prevista.

Certo dia, saí de casa um tanto saturado e a fim de resolver aquela questão que tanto me afligia. No escritório da Bradesco Seguros, cheguei com cara de poucos amigos junto à atendente por trás do balcão:

– Bati o carro há quase um mês e até agora não recebi nenhuma previsão, nada. Você pode ver pra mim como está esse processo, por favor?

– Só um minuto.

Depois de uma demorada pesquisa no sistema, a senhora foi até a impressora e voltou com um papel fresquinho, recém-gerado por ela. Com um silêncio constrangedor, deu-me o documento e solicitou que o próximo cliente se apresentasse ao caixa. Ainda no canto do balcão levei a carta aos olhos, e, num misto de tristeza e frustração, tive a certeza que teria mais um imbróglio pela frente.

"Perda de Direitos:

A Seguradora ficará isenta de qualquer obrigação decorrente desse contrato se:

- O segurado, seu representante ou corretor de seguros, não fizer declarações verdadeiras e completas que permitam o correto enquadramento tarifário do risco, especialmente quanto a:
- endereço de residência do segurado (quando pessoa física) ou da sede da empresa o qual o veículo esteja ligado (quando pessoa jurídica)."

Numa simples canetada, meu carro havia sido usurpado por um banco. Meu dia de fúria ganhava novos contornos e dessa vez não pouparia nenhum funcionário da maldita seguradora. Com gritos de revolta, fiz questão de deixar claro para os clientes o grau de desonestidade daquela instituição.

– Então vocês estão dizendo que não vão me pagar o carro porque eu mudei meu endereço? Eu continuo morando no mesmo bairro, porra! Tenho estacionamento, tudo! Não teve nenhuma mudança de perfil, ou má fé, nada! Vocês trabalham pra uma empresa que rouba seus clientes e vocês são as ferramentas disso!

Em total descontrole, sacudi com todas as forças o monitor do atendente ao lado e segui por mais alguns minutos com minha metralhadora giratória. A fim de me conter, o segurança que estava à porta veio à minha direção e obrigou-me a me retirar, pois meu assunto já havia sido esclarecido.

Meu único bem registrado fora rapinado pela Bradesco Seguros. Minha vida financeira estaria novamente nas mãos da nem tão justa justiça brasileira e, assim como no inventário de Manoela, acionei os préstimos do advogado Leonardo para me auxiliar em mais este litígio.

Durante a semana procurei encontrar uma solução para aquele carro despedaçado, e encontrei no ferro velho duas delas. Poderia encontrar as peças para fazê-lo andar de novo ou venderia todo para a sucata. Munido de uma câmera, fui até a concessionária fotografar o carro para divulgar em ferros-velhos, a fim de negociar com o mais em conta.

Já um tanto cabisbaixo, encaminhei-me ao carro e qual a minha surpresa?

Rebocado pela Bradesco Seguros. Além de não me ressarcirem, levaram-no embora. Novamente fui tomado de um ódio insano ao sentir-me lesado, e ao cobrar a gerência da concessionária, voltei apenas com uma carta informando que a seguradora retirara o veículo.

Com a carta na mão e a mente em ebulição, liguei para Leonardo a fim de saber o que fazer diante de mais aquele impasse:

– Você falou que está com outro carro, certo?

– Isso, o que era do meu pai.

– Deixa esse carro pra lá então, Bruno. Agora é certo que vamos ganhar na justiça. Traz essa carta pra nós juntarmos no processo.

– Tudo bem, deixa comigo.

Em mais um sentimento de perda, deixei a concessionária direto ao escritório de Leonardo, a fim de pelo menos dar andamento em mais aquele conflito judicial.

*   *   *

Enquanto via meu apartamento e meu carro escorrerem pelo ralo, meu lado profissional também passava por situações conflitantes. O patrão Valcir tomara R$ 60 mil da minha indenização e nossa relação passou a não ser tão amigável, bajular alguém nunca foi uma opção para mim.

Era uma sexta-feira à tarde e Cristina me ligara com uma voz séria, diferente da leveza com que costumamos encarar o último dia da semana. A fim de entender melhor o motivo daquela ligação, encostei o carro num canto e dediquei-me exclusivamente ao seu contato. Cristina não era de jogar conversa fora e de imediato fora direto ao ponto:

– Oi Cristina, tudo bem

– Tudo. Mais ou menos. Bruno, Valcir e Jerônimo decidiram que você não vai mais trabalhar conosco. Eu tentei pedir por você, mas eles estavam irredutíveis.

– Ah, não acredito!! Mas é isso aí, segue a vida. Desde aquela proposta absurda de indenização, que eu já esperava o pior, Cristina.

– Sei, sei. Te entendo. Eu juro que tentei ajudar mais.

Pela primeira vez sentia o gosto amargo de uma demissão. Ao receber aquela funesta notícia, logo comuniquei a Hélio sobre este novo revés.

Metade da nossa receita seria extinta e precisaríamos reorganizar as finanças do escritório. O velho Valcir só queria mesmo surrupiar grande parte da minha indenização e me dar um pé na bunda. Meu convívio com os paranaenses nunca fora dos melhores, por outro lado até agradeci pelo fato de não tê-los mais no meu círculo social.

*   *   *

Assim como o Bradesco, Manoela também seguia decidida a acirrar a disputa pelos meu quinhões. Com e-mails interesseiros, demonstrava vontade de reverter toda sua papelada e burocracia por dinheiro vivo. Consumista voraz e um tanto perdulária, a luxúria norteava sua vida. Bacharel em Direito, tinha plena noção de que o inventário levaria longos anos, com altas cifras a serem descontadas, e entendeu que seria melhor receber uma bolada e deixar todas as pendências para eu resolver.

Os e-mails conflituosos deram lugar a escritos em tom moderado, procurei evitar o confronto e passei a só falar de dinheiro, única linguagem entendida por ela. Assim como num suposto acordo inicial, R$ 35 mil seria o valor estipulado por ela para me deixar definitivamente livre, sem mais nenhum vínculo com aqueles que tanto minavam minhas energias.

Depois de tantas desavenças virtuais, imaginei que enfim a palavra dela teria valor. Ledo engano. Em poucos dias seu achaque aumentara para R$ 50 mil, e, num último e-mail usurpador, Manoela fez questão de mostrar o quão larápia seria sua estirpe.

> "Oi,
> Eu havia falado com minha avó que eu queria mais R$ 20.000,00.
> Ontem no telefone, vc falou em R$ 50.000,00.
> R$ 35.000,00 + R$ 20.000,00 = R$ 55.000,00.
> Seguem, em anexo, os documentos.
> Quando vc abrir o e-mail, me liga, pra eu te explicar.
>
> Manoela"

Sem qualquer coragem e decência para me encarar, apunhalou-me em mais R$ 20 mil da maneira mais vil e canalha que alguém poderia executar: através da sua avó de oitenta anos que tanto torcia pela paz familiar.

Minha indenização já havia sido desfalcada e não tinha posse daquelas altas quantias, e mais uma vez, minha salvação atendera pelo nome de Julieta. Ao saber daquele novo golpe da neta, não se furtou a abrir mão de grande parte das suas economias para contribuir com R$ 20 mil e completar o valor exigido por ela.

23 de setembro de 2011, apesar do dia do seu aniversário, o presente de sua neta fora mais um desfalque um tanto danoso à preservação da sua velhice. Para a minha surpresa, sua sequência de golpes não cessaria por aí.

A fim de eximir-se dos impostos e de qualquer prova contra si, Manoela exigiu que o pagamento fosse feito em dinheiro vivo e só depois assinaria os documentos. Passados tantos anos de embates, teríamos enfim a oportunidade de nos encararmos frente a frente. Em prol do dinheiro limpo, ela se sujeitaria a deparar-se com meu ódio e rancor.

No intuito de manter algum diálogo com minha algoz, Leonardo acompanhou-me e preferiu manter-me distante para não frustrar o nosso trato.

Por volta das onze chegamos ao banco, e ela, ansiosa por mais aquele dinheiro fácil, já se fazia presente. Sob o arquétipo de uma portentosa doutora, trajava vestes sociais e exigiu que Leonardo lhe apresentasse o documento de renúncia dos bens, antes de assinar qualquer coisa.

Leonardo sabia de todo os nossos conflitos e, com seu tom apaziguador, pediu para evitar qualquer enfrentamento.

Ao ouvir falar do saque da grana com a gerente, a rapina deu um rasante na mesa da senhora e passou-lhe um pequeno bilhete, para através de um depósito no próprio banco se isentar de qualquer comprovante de recebimento. Manoela não tinha nenhum compromisso com a verdade, todos os seus negócios eram obscuros e ardilosos. Uma autêntica "cidadã de bem", com a fuça em pé e a mente perversa e dissimulada.

Ao assinar os documentos, Manoela recebeu uma ligação e seu interlocutor procurou saber se estaria liberada. O articulador de mais aquele golpe devia estar em êxtase com mais R$ 55 mil na sua conta e, certamente, encontraria sua esposa para um almoço comemorativo.

– Daqui a três minutos você me encontra na porta do banco.

Com a sensação do dever cumprido, olhei fixamente nos seus olhos e passei a ofendê-la com todas os xingamentos possíveis, narrando seu histórico de golpes ao longo dos anos. Já entrávamos pela porta giratória quando Manoela desesperou-se em sair comigo à sua cola, procurando o segurança para conter-me diante do entrevero. Alheio ao nosso imbróglio familiar, o vigia negou-se a se intrometer e deixou-a num verdadeiro dilema ao ganhar a rua.

Num tom frio e ameaçador, falei que a seguiria até encontrar o falsário, e ela, aflita, esboçou procurar Leonardo e ameaçar desfazer o negócio. Contudo, Leonardo fora ligeiro e ao perceber o faiscar dos nossos ânimos logo deu no pé. Se por um lado o casal de larápios me tomara R$ 55 mil, por outro os deixaria em total desconforto para sequer encontrarem-se.

A fim de fazer-me desistir da perseguição, Manoela ligou para o mandrião e implorou para que não parasse em frente ao banco, temendo que meu acerto de contas pudesse causar-lhe danos graves. Meu instinto era apenas de impor medo e ameaçá-los, já não queria agredi-lo ou criar mais problemas contra mim.

Todavia, Manoela suava frio e se mostrava atônita, o que levou-me a seguir diante daquela insana intimidação. Num último suspiro, a doutora mequetrefe ousou ligar para a polícia e voltou em disparada ao banco, único lugar onde encontrou guarida. A essa altura, Leonardo já me ligava e me dava um ultimato para ir até o *shopping* em frente, onde se escondera.

– Bruno, sua irmã está me ligando pra ir até o banco e desfazer o negócio. Eu falei pra você ficar quieto e você não me ouviu! Vem pra cá agora pra acabar com esse tumulto.

– Tudo bem, desculpa, Leonardo. Estou indo!

O inventário seguia como instrumento para tentar fazer-me calar diante de todas atrocidades do casal inescrupuloso. Todavia, Leonardo afirmou que estava longe e não poderia voltar àquela hora. Enfim, estaria livre de mais dois encostos.

Os cães ladram, a caravana passa

Durante o ano de 2012, concluí o curso de Jornalismo. De carro, caiaque ou de *bike*, consegui completar meu objetivo de registrar a maior parte do litoral fluminense e entregar meu TCC sobre o Ecoturismo no Estado do Rio. Trabalho que motivou-me a seguir na fotografia e trouxe-me inesquecíveis experiências. Viver longe da zona de conforto nem sempre é a melhor saída, mas geralmente dela saem as soluções mais criativas.

A vida no Brasil é desigual, injusta e um tanto cruel com a camada de baixo. Conviver em meio à violência e à desigualdade não seria exclusividade minha.

Na ausência do Estado e da família, o refúgio para os corriqueiros problemas torna-se a religião e, junto dela, todos os seus dogmas e recalques. Fora assim com Rosa Maria, Paulinha e tantos outros que presenciei em minhas incursões religiosas. Com tanto sofrimento e angústia, a eles resta o apego a Deus, o ser mais abstrato e respeitável ao qual ouvi falar. Chantagem sentimental que perdura há pelo menos 2021 anos, desde a passagem de seu intitulado filho, Jesus Cristo.

Sob o propósito de alimentar suas ovelhas para a devoção perpétua, quando a prosperidade não é alcançada neste plano lhes é prometida a salvação eterna, ainda mais abstrata e jamais testemunhada.

As bancadas da bíblia, do boi e da bala são os representantes mais simbólicos desse Brasil perverso, que escraviza mentes e corpos a fim de perpetuarem-se no poder, com suas bases de fundamentalistas e necessitados. A teoria da prosperidade evocada por eles nada mais é do que a eterna busca pelo bilhete premiado, às custas de sangue, suor e lágrimas do povo.

Os sociopatas sozinhos são poucos, e assim estarão sempre a tentar arregimentar um rebanho de inocentes úteis, capazes de sujeitarem-se às suas sanhas inquisidoras. Medíocres e ressentidos, anseiam por dinheiro para encontrarem poder. Ou vice-versa.

"Lembre-se de que és um homem e toda glória do mundo é efêmera", já dizia uma citação na Roma antiga.

Neopentecostais e alguns outros mercadores da fé encontraram na aliança com o neoliberalismo a gestão do sofrimento do povo. A verdade das coisas nem sempre está em como elas se apresentam, mas na sua face oculta.

"Há mais coisas entre o céu e a terra do que supõe a sua vã filosofia", já dizia *Shakespeare*, na sua obra Hamlet.

A polícia também esteve a minar minhas energias, que, regida pela retrógrada lei antidrogas, segue com seus achaques cotidianos, a fim de anabolizar seus soldos. Herança maldita da ditadura militar, seus homens de farda insistem em buscar um inimigo imaginário para aniquilar seu próprio povo, em meio à luta de classes onde eles se passam por meros cães de guarda da burguesia. Nas periferias, ela aborda, sentencia e aperta o gatilho. Com a lógica do medo, cerceiam forças e sonhos do povo trabalhador, quando estão prontos a reprimir qualquer greve ou levante popular. Na esfera superior, a justiça é como uma serpente, a morder pés descalços.

A legalização da maconha urge como política pública para cessar o discurso proibicionista tacanho e higienista, onde os jovens negros e pobres sofrem na pele no cotidiano.

Enquanto engalfinham-se por papel moeda, eu escolhi trabalhar e sentir os prazeres da vida. Ao longo da minha rotina pouco caseira, sou grato pelas amizades construídas, a confiança conquistada, e todas as portas que se abriram distante do meu círculo familiar.

À Tati e sua família, meu irmão Felippe, Diogo *Didi* e tantos amigos semeados na estrada.

Meu padrinho Hélio, que acreditou em mim e tornou-se um pilar de retidão e decência na minha vida.

Avó Julieta, principal inspiração e meu sustento para uma trajetória sã e espelhada na resiliência.

Apesar de pacifista, jamais vou fugir do bom combate, da luta contra as desigualdades e da manutenção dos privilégios de uma casta que se perpetua no Brasil. Para os amigos tudo; aos inimigos, as leis.

Às leis tiranas e excludentes, insubordinação e desobediência civil.

Menos é mais. Sou grato por tudo.

“*O que me preocupa não é o grito dos maus,*
mas o silêncio dos bons.”
Martin Luther King

pólen bold 90 gr/m2
tipologia garamond
impresso na verão de 2023